中国少数民族传统法律文献汇编

ZHONGGUOSHAOSHUMINZU
CHUANTONGFALVWENXIANHUIBIAN

（第五册）

张冠梓 ◎ 编

中国社会科学出版社

总 目 录

第一册　法典法规

第二册　地方法规、乡规民约

第三册　习惯法

第四册　司法文书（一）

第五册　司法文书（二）

第五册　司法文书（二）

目 录

典当租赁借贷赠予析产契约 …………………………… （1）
    陈生林赁地基约 …………………………………… （1）
    捌坝出佃地约 ……………………………………… （1）
    赵连出借钱约 ……………………………………… （2）
    朝旺同子到儿出佃地约 …………………………… （3）
    朝旺同子吉木倒儿计出佃地约 …………………… （3）
    谦益成租地约 ……………………………………… （4）
    朝旺同子青木刀尔计出佃地约 …………………… （4）
    倒儿计借钱约 ……………………………………… （5）
    续万阵佃地约 ……………………………………… （5）
    出旺同子吉蜜刀而计借钱约 ……………………… （6）
    朝旺出租地约 ……………………………………… （6）
    朝汪同子出租地约 ………………………………… （7）
    朝汪同子吉蜜到尔计出租地约 …………………… （8）
    张吉品租地约 ……………………………………… （8）
    广盛魁赁空地基约 ………………………………… （9）
    丁廷善租空地基约 ………………………………… （10）
    续全德退地约 ……………………………………… （10）

东顺成租地基约 …………………………………… (11)

范世英佃屋地基约 ………………………………… (11)

梁福明退地约 ……………………………………… (12)

李兴租地约 ………………………………………… (12)

狄计借钱约 ………………………………………… (13)

陈夺、陈宽同侄更虎子退地约 …………………… (13)

公合店租地约 ……………………………………… (14)

狄计女人借钱约 …………………………………… (15)

张金明租地约 ……………………………………… (16)

义成元租地基约 …………………………………… (17)

李果红租地基约 …………………………………… (17)

得计女人借钱约 …………………………………… (18)

得计子凭据约 ……………………………………… (18)

得继出租地约 ……………………………………… (19)

杜发永租地基约 …………………………………… (20)

的计出租地约 ……………………………………… (20)

周魁租地约 ………………………………………… (21)

张奇士租地基约 …………………………………… (22)

鞠湧租空地基约 …………………………………… (22)

赵廷相租地基约 …………………………………… (23)

纳旺刀尔计出租地基约 …………………………… (24)

德计出租宅地基约 ………………………………… (24)

的计借钱约 ………………………………………… (25)

程记肖租地约 ……………………………………… (25)

陈福租空地基约 …………………………………… (26)

白富山租地约 ……………………………………… (26)

李富租地基约 ……………………………………… (27)

到儿计借钱约 ……………………………………… (27)

赵廷相退地基约 …………………………………………（28）
石玉租地约 ………………………………………………（29）
狄计借钱约 ………………………………………………（29）
梁鲁租地约 ………………………………………………（30）
段成财租地约 ……………………………………………（31）
的计约 ……………………………………………………（31）
得记指地铺借钱约 ………………………………………（32）
德计借钱约 ………………………………………………（32）
高明扬租地基约 …………………………………………（33）
章豹借钱约 ………………………………………………（34）
贾兴业租地约 ……………………………………………（35）
哈而牙借钱约 ……………………………………………（35）
张祥出租地约 ……………………………………………（36）
张珍出借钱约 ……………………………………………（36）
张荣华转典房院约 ………………………………………（37）
李吉租地基约 ……………………………………………（38）
章木共甲牦借钱约 ………………………………………（38）
章木共甲牦借钱约 ………………………………………（39）
刘开文租空地基约 ………………………………………（39）
不暗出租地约 ……………………………………………（40）
公合店租地基约 …………………………………………（41）
张文荣租地约 ……………………………………………（42）
王复租地约 ………………………………………………（42）
泰兴永出借钱约 …………………………………………（43）
韩泽民等租地约 …………………………………………（43）
永合全租地基约 …………………………………………（44）
不暗出租地约 ……………………………………………（45）
张把不根出租地约 ………………………………………（46）

不暗出租地约 …………………………………………… (46)
李致发租佃地约 ………………………………………… (47)
吴忠租地约 ……………………………………………… (47)
不暗出佃地约 …………………………………………… (48)
王申有转典院约 ………………………………………… (49)
永还斋租空地基约 ……………………………………… (49)
通益店佃地约 …………………………………………… (50)
张福兴佃地约 …………………………………………… (51)
张威出典房约 …………………………………………… (52)
不暗出租地约一 ………………………………………… (52)
不暗出租地约二 ………………………………………… (52)
不暗出租地约三 ………………………………………… (53)
尹有庆租地基约 ………………………………………… (54)
樊兴仓租地约 …………………………………………… (55)
尹有庆租地基约 ………………………………………… (55)
樊兴苍租地约 …………………………………………… (56)
徐恺泰租地约 …………………………………………… (57)
李泰租地约 ……………………………………………… (57)
吕昌福佃地基约 ………………………………………… (58)
樊兴仓租地约 …………………………………………… (58)
不暗出租地约 …………………………………………… (59)
王有库租地基约 ………………………………………… (60)
赵琏租空地基约 ………………………………………… (60)
姜有宽租地约 …………………………………………… (61)
姜有宽租地基约 ………………………………………… (62)
宏成园租地约 …………………………………………… (63)
张谦益租空地基约 ……………………………………… (63)
乔安租水地约 …………………………………………… (64)

李全忠租地约 …………………………………………… (65)

尚义正租地基约 ………………………………………… (66)

八扣出租地基约 ………………………………………… (66)

孙文瑛租地基约 ………………………………………… (67)

徐心海租地约 …………………………………………… (68)

张永租地基约 …………………………………………… (68)

谈凤祥租地基约 ………………………………………… (69)

李德栏租地约 …………………………………………… (70)

不扣兑地普租钱约 ……………………………………… (71)

张三寡妇收兑地普约 …………………………………… (71)

岳德金、岳德恒租空地基约 …………………………… (72)

王天禄出典房约 ………………………………………… (73)

胡财租地基约 …………………………………………… (73)

梁廷璧租地基约 ………………………………………… (74)

公合和租空地基约 ……………………………………… (75)

石聚金租地约 …………………………………………… (75)

梁吕玉珍租地约 ………………………………………… (76)

卜扣借钱约 ……………………………………………… (77)

胡天清租屋基约 ………………………………………… (77)

合义店租空地基约 ……………………………………… (79)

兴隆美租空地基约 ……………………………………… (80)

公如玉租地基约 ………………………………………… (80)

智周租地约 ……………………………………………… (81)

兴盛远租地基约 ………………………………………… (82)

杨德租地基约 …………………………………………… (82)

樊兴仓租地约 …………………………………………… (83)

范文瑞侄子范丕芝租地基约 …………………………… (84)

李旭租空地基约 ………………………………………… (85)

永和堂租空地基约…………………………………………（85）
巴扣借钱约………………………………………………（86）
成明德租空地基约………………………………………（86）
李明租地约………………………………………………（87）
王成和租空地基约………………………………………（88）
宝荣德租空地基约………………………………………（89）
樊兴有租地基约…………………………………………（89）
田大祯租地约……………………………………………（90）
张德飞租地基约…………………………………………（91）
公和美租空地基约………………………………………（92）
兴隆美租空地基约………………………………………（93）
陈国祯租空地基约………………………………………（94）
段积荣租空地基约………………………………………（94）
张兴泰租地约……………………………………………（95）
丁宝租地约………………………………………………（96）
滕奉明租地约……………………………………………（97）
赵广仁租空地基约………………………………………（97）
不克出租地约……………………………………………（98）
丁宝租地约………………………………………………（99）
丁宝租地约………………………………………………（99）
杭宝租地基约……………………………………………（100）
高尚租地基约……………………………………………（101）
吕继智租地约……………………………………………（101）
王恺租地基约……………………………………………（102）
八扣复租地基约…………………………………………（103）
张生富退租地基约………………………………………（103）
陈福租地基约……………………………………………（104）
白满荣租地基约…………………………………………（105）

温都尔户租地约 …………………………………… (105)
八扣借钱约 ………………………………………… (106)
宫天宝借钱约 ……………………………………… (107)
合义社租地约 ……………………………………… (107)
八叩借钱约 ………………………………………… (108)
八叩借钱约 ………………………………………… (108)
杨有清租地普约 …………………………………… (109)
巴扣借钱约 ………………………………………… (109)
白满荣租地基约 …………………………………… (110)
王建基出租地约 …………………………………… (110)
李泰山换租空地基约 ……………………………… (111)
甄义租地约 ………………………………………… (112)
裴孝租地基约 ……………………………………… (113)
成寡妇伊子成登巳厮租空地基约 ………………… (113)
龚天宝租地基约 …………………………………… (114)
闫步福租空地基约 ………………………………… (114)
把扣换租地约 ……………………………………… (116)
巴扣借钱约 ………………………………………… (116)
巴扣借钱约 ………………………………………… (117)
菅满清租地基约 …………………………………… (118)
广泉兴租空地基约 ………………………………… (118)
张德飞租地约 ……………………………………… (119)
张禄宝租地约 ……………………………………… (120)
梁德馨换租地约 …………………………………… (121)
广泉涌租空地基约 ………………………………… (122)
王世贵租屋地基约 ………………………………… (123)
贺绕租地基约 ……………………………………… (123)
巴扣借钱约 ………………………………………… (124)

张际隆换租空地基约 …………………………………… (124)
赵芝兰租空地基约 ……………………………………… (125)
刘成海租地约 …………………………………………… (126)
巴扣典房院约 …………………………………………… (127)
巴扣借钱约 ……………………………………………… (127)
八扣出租地约 …………………………………………… (128)
八扣出租地约 …………………………………………… (128)
巴扣出典地租折约 ……………………………………… (129)
巴扣出租地约 …………………………………………… (129)
刘泰租空地基约 ………………………………………… (130)
巴扣借钱约 ……………………………………………… (131)
牛德宝租空地基约 ……………………………………… (131)
巴扣租空地基约 ………………………………………… (132)
惠和源租白地基约 ……………………………………… (133)
陈照兴租地约 …………………………………………… (134)
谈凤翔租地约 …………………………………………… (134)
樊财租地约 ……………………………………………… (135)
高华租地约 ……………………………………………… (136)
三官社租地基约 ………………………………………… (136)
巴扣指地租折借钱约 …………………………………… (137)
王登华租地基约 ………………………………………… (138)
赵玘增租地基约 ………………………………………… (139)
八扣租地基约 …………………………………………… (140)
卜扣借钱约 ……………………………………………… (140)
樊兴库租地约 …………………………………………… (141)
长命子借钱约 …………………………………………… (142)
刘茂伟出借钱约 ………………………………………… (142)
吕鸣翔租空地基约 ……………………………………… (143)

张威、张盛租空基约 …………………………………… (144)
梁存成出租地基约 …………………………………… (144)
吕德旺租地基约 ……………………………………… (145)
打力扣同伊孙海宝借钱约 …………………………… (146)
张立亮租地基约 ……………………………………… (146)
樊兴库侄子樊科租地约 ……………………………… (147)
高仲等租地基约 ……………………………………… (148)
樊功租地约 …………………………………………… (148)
郭富佃地约 …………………………………………… (149)
海宝指典租折借钱约 ………………………………… (150)
海宝出租地基约 ……………………………………… (151)
永庆店租空地基约 …………………………………… (151)
海宝同伊西院祖母借钱约 …………………………… (152)
海宝同伊南院祖母借钱约 …………………………… (153)
卜学龄租地基约 ……………………………………… (153)
六十四指折借钱约 …………………………………… (154)
天成德租地基约 ……………………………………… (155)
赵起增租地约 ………………………………………… (156)
张志功租地约 ………………………………………… (156)
海宝质折合同借钱约 ………………………………… (157)
杨生茂租地基约 ……………………………………… (158)
张世威佃房院约 ……………………………………… (158)
海宝出租地基约 ……………………………………… (159)
贺元租地约 …………………………………………… (160)
赵多财租空地基约 …………………………………… (161)
赵枝英租地基约 ……………………………………… (162)
海宝借钱约 …………………………………………… (162)
海宝借钱约 …………………………………………… (163)

张元贵租地基约 …………………………………………（164）
魏泰租地基约 ……………………………………………（164）
樊盛租地基约 ……………………………………………（165）
樊盛租地基约 ……………………………………………（166）
李泰山再换租地基约 ……………………………………（167）
归化城某某人租折 ………………………………………（168）
赵子英租地约 ……………………………………………（168）
海宝指折借钱约 …………………………………………（169）
海宝借钱约 ………………………………………………（170）
海宝指折借钱约 …………………………………………（170）
海宝指折借钱约 …………………………………………（171）
张德租地约 ………………………………………………（171）
杨万升租地约 ……………………………………………（172）
冯统租地约 ………………………………………………（173）
赵有租地约 ………………………………………………（174）
王威租地基约 ……………………………………………（174）
海宝指折借钱约 …………………………………………（175）
永益成租地基约 …………………………………………（176）
智荣升借钱约 ……………………………………………（176）
李海租地水约 ……………………………………………（177）
刘廷璋租空地约 …………………………………………（178）
李富租地约 ………………………………………………（179）
张占鳌租地约 ……………………………………………（180）
海宝出典房院约 …………………………………………（180）
任和太典租约 ……………………………………………（181）
陈启沂、陈启淦租地基约 ………………………………（182）
李润长租地约 ……………………………………………（182）
张升租地约 ………………………………………………（183）

巨兴隆、大德兴换租空地约 …………………………… (184)

徐谦租空地基约 …………………………………………… (185)

袁海租地基约 ……………………………………………… (186)

海宝佃房院约 ……………………………………………… (186)

李海租地基约 ……………………………………………… (187)

田万顺租地约 ……………………………………………… (188)

魏有财租地基约 …………………………………………… (189)

任和太租地基约 …………………………………………… (190)

侯万峻租地基约 …………………………………………… (190)

智有良租地基约 …………………………………………… (191)

贺寿租地约 ………………………………………………… (193)

田珌泰租地基约 …………………………………………… (194)

刘廷仲租地基约 …………………………………………… (195)

刘廷璋租地约 ……………………………………………… (195)

杨生茂租地基约 …………………………………………… (196)

刘义和子收伏约 …………………………………………… (197)

张翔租地基约 ……………………………………………… (197)

智琏租地基约 ……………………………………………… (198)

衣有明租地基约 …………………………………………… (199)

任和太典折约 ……………………………………………… (200)

老令架出租地约 …………………………………………… (201)

李海租地水约 ……………………………………………… (201)

赵恒租地约 ………………………………………………… (202)

田吉庆、田兰套复租地约 ………………………………… (203)

西盛店租空地基约 ………………………………………… (204)

赵通租地约 ………………………………………………… (205)

陈达仁租宅地基约 ………………………………………… (206)

杨生茂租地基约 …………………………………………… (207)

赵通租地约 ………………………………………… (207)
章木素典租折出借钱约 …………………………… (208)
章木素典租折出钱约 ……………………………… (209)
刘春梅租地约 ……………………………………… (210)
郭玘宝租地约 ……………………………………… (210)
海宝出典租折借钱约 ……………………………… (211)
马如治典租折出钱约 ……………………………… (212)
郑泉金租地基约 …………………………………… (212)
田起泰租地约 ……………………………………… (213)
复兴盛租空地基约 ………………………………… (214)
底鸿旺租地基约 …………………………………… (215)
李海租屋地园地约 ………………………………… (216)
张有租地约 ………………………………………… (217)
任和太典折约 ……………………………………… (218)
李秀荣租地基约 …………………………………… (218)
花得源租地约 ……………………………………… (219)
张辅庭租地水房院约 ……………………………… (220)
海宝出租地约 ……………………………………… (221)
张有租地约 ………………………………………… (221)
田起泰租地约 ……………………………………… (222)
张维善推佃永远第四天大水约 …………………… (223)
广顺亨租地基约 …………………………………… (224)
马明泰租地约 ……………………………………… (224)
刘湧深租地约 ……………………………………… (225)
二旦出租舍窠地约 ………………………………… (226)
和合堂租地约 ……………………………………… (227)
姚广文租地约 ……………………………………… (228)
李贵租地基约 ……………………………………… (229)

常永升租地基约 …………………………………… (230)
赵恒出租舍窠地约 ………………………………… (231)
赵芝耀租地约 ……………………………………… (231)
李发昌租地约 ……………………………………… (232)
李佐清租到补换过租约 …………………………… (233)
王如周租坟地约 …………………………………… (234)
蔡清山租坟地约 …………………………………… (235)
朱永明租地基约 …………………………………… (236)
李贵租地基约 ……………………………………… (236)
尹光义出租地约 …………………………………… (237)
王名成租地基约 …………………………………… (238)
祁万长租地约 ……………………………………… (239)
张明租地基约 ……………………………………… (240)
田忠、马云租地约 ………………………………… (240)
张生珠租空地基约 ………………………………… (241)
海宝出租地约 ……………………………………… (242)
赵芝耀租地约 ……………………………………… (243)
二旦出租地约 ……………………………………… (244)
张德亮租地基约 …………………………………… (244)
姜鼐鹏租空地基约 ………………………………… (245)
鄗起银租地约 ……………………………………… (246)
白金出租地约 ……………………………………… (247)
姜鼐鹏租空地基约 ………………………………… (247)
贾有和租地基约 …………………………………… (248)
郑全金租地约 ……………………………………… (249)
张荣租地约 ………………………………………… (250)
乔文魁租地基约 …………………………………… (251)
巴珍出租地约 ……………………………………… (252)

樊邦忠租地约 …………………………………………（253）
郭起仓租地约 …………………………………………（254）
王章租地约 ……………………………………………（255）
郭永谦出租地约 ………………………………………（255）
白金租地约 ……………………………………………（256）
岳永升、岳金元宝租地基约 …………………………（257）
岳世茂、岳世盛租地基约 ……………………………（258）
仁义堂租地基约 ………………………………………（259）
陈荣租地约 ……………………………………………（260）
贾升租空地基约 ………………………………………（261）
李上智、福义元出租空地基约 ………………………（262）
二旦出租地约 …………………………………………（264）
高兴邦租地约 …………………………………………（264）
沈魁租地约 ……………………………………………（265）
田生发租地基约 ………………………………………（266）
赵芝耀租地约 …………………………………………（267）
张善德租地约 …………………………………………（268）
李照林租地约 …………………………………………（269）
杨清泰租房院园地约 …………………………………（270）
赵芝耀租地约 …………………………………………（271）
刘祥租地基约 …………………………………………（272）
刘满租地基约 …………………………………………（272）
柳明租地约 ……………………………………………（273）
张世厚租屋地基约 ……………………………………（274）
贺存长租地约 …………………………………………（275）
贾清顺租地基约 ………………………………………（276）
高明玉租地约 …………………………………………（277）
许三毛租地基约 ………………………………………（278）

赵恒租地约 …………………………………… (279)

赵恒租地基约 ………………………………… (280)

郭九成租房院地基约 ………………………… (281)

赵恒租地基约 ………………………………… (282)

赵宽租地约 …………………………………… (283)

智晋升租地约 ………………………………… (284)

智晋侯租地基约 ……………………………… (285)

田玉红租地约 ………………………………… (285)

赵四铙租地约 ………………………………… (286)

赵宽租熟茬地约 ……………………………… (287)

田小亭租屋地基约 …………………………… (288)

张玉福租地约 ………………………………… (289)

王安俊租地基约 ……………………………… (290)

李双宝租地基约 ……………………………… (291)

武占鳌租大水约 ……………………………… (292)

陈元喜租大水约 ……………………………… (293)

赵题荣租地约 ………………………………… (293)

赵宽租地约 …………………………………… (294)

金元宝租地基约 ……………………………… (295)

潘鹤租坟地约 ………………………………… (296)

张有德租地约 ………………………………… (297)

白受爵租空地基约 …………………………… (298)

姜鬻鹏租空地约 ……………………………… (299)

禄珍堂租地基约 ……………………………… (299)

李茂租地基约 ………………………………… (300)

郝金库租地基约 ……………………………… (301)

王作兴租地基约 ……………………………… (302)

李锦荣纳租地基约 …………………………… (303)

贾尚义租坟地基约 …………………………………… (304)

李茂租空地基约 ……………………………………… (305)

富兴租地基约 ………………………………………… (305)

刘宪文租地水约 ……………………………………… (306)

薛应忠租地基约 ……………………………………… (307)

李培搪租地基约 ……………………………………… (308)

乔大兴、乔大荣租空地基约 ………………………… (309)

王登银租坟地约 ……………………………………… (310)

胡玺、张锐租空地约 ………………………………… (311)

张盛掌柜租地基约 …………………………………… (311)

吕振林租地基约 ……………………………………… (312)

李子蕃租空地基约 …………………………………… (313)

王兆魁租地基约 ……………………………………… (314)

郑廷璧租地约 ………………………………………… (315)

德厚义租铺产地基约 ………………………………… (316)

巴焕章出租地基约 …………………………………… (317)

巴文洞出租地基约 …………………………………… (318)

福善堂租地基宅院约 ………………………………… (319)

荣升阁租地基约 ……………………………………… (320)

张泽租地基约 ………………………………………… (320)

任有财租地约 ………………………………………… (321)

巴焕章过地谱租约 …………………………………… (322)

卜兆瑞承租房屋地基约 ……………………………… (323)

巴文尚过地谱租约 …………………………………… (323)

刘先千租地约 ………………………………………… (324)

巴焕章过地谱租约 …………………………………… (325)

龚韶光、邢克明租地基约 …………………………… (326)

巴文尚过地普租约 …………………………………… (326)

金威庭租房院地基约 …………………………………… (327)
巴鹤年过地普租约 ……………………………………… (328)
广顺恒租屋地基约 ……………………………………… (328)
巴合年过地谱租约 ……………………………………… (329)
诗礼堂置买破房院白地约 ……………………………… (330)
三美堂租地基过约 ……………………………………… (331)
巴征祥过地谱租约 ……………………………………… (332)
王恩渥租水地约 ………………………………………… (332)
张玉亭租房院地基约 …………………………………… (334)
巴爱爱过房院地基约 …………………………………… (334)
郝允恭租房院地基约 …………………………………… (336)
巴征玡过房院约 ………………………………………… (337)
张耀广租房院地基约 …………………………………… (338)
巴爱爱过房院约 ………………………………………… (339)
赵二仁租屋地约 ………………………………………… (340)
巴征祥过地租约 ………………………………………… (341)
陈国祥租房院约 ………………………………………… (341)
巴征祥过地租约 ………………………………………… (342)
白宪周租大水约 ………………………………………… (343)
巴征祥过地租约 ………………………………………… (344)
冯五九租旱地约 ………………………………………… (345)
巴征祥过地租约 ………………………………………… (346)
冯五九买地约 …………………………………………… (347)
张绍业等租地基约 ……………………………………… (348)
巴云氏过地租约 ………………………………………… (349)
张绍业买旱地约 ………………………………………… (350)
张绍业等租地基约 ……………………………………… (351)
巴云氏过地租约 ………………………………………… (352)

张绍业买旱地约 …………………………………… (353)

张绍业等租地基约 ………………………………… (354)

巴云氏过地租约 …………………………………… (356)

张绍业买旱地约 …………………………………… (356)

蔡国璋租大水约 …………………………………… (358)

巴云氏过地租约 …………………………………… (359)

吴怀厚租白地约 …………………………………… (360)

巴云氏过地租约 …………………………………… (361)

吴怀厚买旱地约 …………………………………… (361)

刘荣租旱地约 ……………………………………… (363)

巴云氏过地租约 …………………………………… (364)

归化城某某人租折(残件) ………………………… (365)

利民诊疗所租房地基约 …………………………… (366)

巴爱爱过房院地基约 ……………………………… (367)

福兴寺格斯贵确珠尔买房院信票 ………………… (368)

把独蒙扣出租地约 ………………………………… (368)

东冻出租地约 ……………………………………… (369)

塔拉气转佃空地基约 ……………………………… (370)

源兴聚出佃房院约 ………………………………… (371)

郭亮出佃地约 ……………………………………… (371)

本达转典地约 ……………………………………… (372)

把老爷同少爷哈成圪出过地约 …………………… (372)

把老爷过租地约 …………………………………… (373)

三合和卖空地基约 ………………………………… (374)

韩府吉林泰出赁房院约 …………………………… (374)

甲赖等出押地约 …………………………………… (375)

尔计出佃地约 ……………………………………… (376)

三合和出佃地约 …………………………………… (377)

三合和过地基约 …………………………………… (378)

三合和出佃地约 …………………………………… (378)

郭永发出租山厂约 ………………………………… (379)

昔第出佃地约 ……………………………………… (380)

万象新智中和出佃房约 …………………………… (380)

杨广泰出租山厂约 ………………………………… (381)

伊老爷出赁房约 …………………………………… (382)

三合和出过地基约 ………………………………… (382)

宋兆鸣租空地基约 ………………………………… (383)

三合和三老爷出典地约 …………………………… (384)

倭老爷出押地约 …………………………………… (385)

万寿出过地约 ……………………………………… (385)

孔广明典地约 ……………………………………… (386)

三少爷出典地约 …………………………………… (387)

把太老爷等出典地约 ……………………………… (387)

巴府伊太太同子万寿出典地约 …………………… (388)

伊太太同子万寿、倭仁泰过租地约 ……………… (389)

巴府三少爷出租地约 ……………………………… (390)

倭仁泰出典地约 …………………………………… (390)

万蜂过租地约 ……………………………………… (391)

万寿、万福出典地约 ……………………………… (392)

巴府伊太太同子万寿、万福出典地约 …………… (393)

刘贵佃房约 ………………………………………… (393)

万寿、万福出租地约 ……………………………… (394)

赵招典地约 ………………………………………… (395)

合村蒙古甲头过地基约 …………………………… (396)

蒙古海亮过地基约 ………………………………… (396)

海亮过租地约 ……………………………………… (397)

海明等出佃地 …………………………………………（398）

海亮出佃地约 …………………………………………（398）

李万胜租地约 …………………………………………（399）

蒙古海亮出卖空地基约 ………………………………（400）

海明出卖地约 …………………………………………（400）

蒙古海亮出典地约 ……………………………………（401）

丁福之推让地约 ………………………………………（402）

陈院生出典地约 ………………………………………（402）

陈院生出典地约 ………………………………………（403）

云升户口印照 …………………………………………（404）

蒙古海亮出典地约 ……………………………………（405）

蒙古中秀过租地约 ……………………………………（405）

荣中义出典地约 ………………………………………（406）

云忠秀过租地约 ………………………………………（407）

中义出租地约一 ………………………………………（407）

中义出租地约二 ………………………………………（408）

蒙古荣中义过租空地基约 ……………………………（408）

归化城某某人租折（残件）……………………………（409）

万昌等地谱单、租单 …………………………………（411）

归化城某人地单 ………………………………………（412）

蒙古荣中支、荣中义出典地约 ………………………（415）

荣中义出佃地约 ………………………………………（416）

无名氏租地约 …………………………………………（416）

赵喜赁房约 ……………………………………………（417）

圪令出租地约 …………………………………………（417）

公庆出租地约 …………………………………………（418）

捏圪登出租地约 ………………………………………（419）

聂圪登出租地约 ………………………………………（419）

聂圪登出租地约二 …………………………………… （420）
三黄宝出租地约 ……………………………………… （421）
三黄宝出租沙地约二 ………………………………… （421）
三黄宝出租地约 ……………………………………… （422）
三黄宝出租地约二 …………………………………… （423）
骁骑校三皇宝出租地约 ……………………………… （423）
三还宝老爷典地租约 ………………………………… （424）
回民费文玉赁地约 …………………………………… （425）
金宝同母出租地约 …………………………………… （425）
刘范中出租地约 ……………………………………… （426）
蒙古金贵出租地约 …………………………………… （427）
马元出租地约 ………………………………………… （427）
马元佃地约 …………………………………………… （428）
沙红德佃地约 ………………………………………… （429）
董全福租地约 ………………………………………… （429）
马子文租地约 ………………………………………… （430）
蒙古丹府三太太同子三人出典地约 ………………… （431）
马登亮租地约 ………………………………………… （432）
归化城礼噶东达苏木下三太太同子金宝出推地约 … （433）
曹俊佃地约 …………………………………………… （433）
郝品润赁地约 ………………………………………… （434）
马和租地约 …………………………………………… （435）
曹凤□佃地约 ………………………………………… （435）
冯华佃地约 …………………………………………… （436）
穆万林佃地约 ………………………………………… （437）
马万义佃地约 ………………………………………… （438）
归化城蒙古金宝金印同母出典地约 ………………… （438）
樊存荣转地约 ………………………………………… （439）

任玉胜出租地约 …………………………………… (439)

库仓兹佃地约 …………………………………… (440)

穆林佃地约 ……………………………………… (441)

赵亮佃地约 ……………………………………… (441)

金宝金印二人出佃地约 ………………………… (442)

马良俊佃地约 …………………………………… (443)

王泰公佃地约 …………………………………… (444)

金贵出赁地约 …………………………………… (444)

曹禄佃地约 ……………………………………… (445)

狄万荣佃地约 …………………………………… (446)

狄万荣佃地约二 ………………………………… (447)

马万银佃地约 …………………………………… (447)

官印保出典地约 ………………………………… (448)

拜印佃地约 ……………………………………… (449)

宋治国出典地约 ………………………………… (449)

宋治国出典地约二 ……………………………… (450)

唐贵佃地约 ……………………………………… (451)

唐宗义佃地约 …………………………………… (451)

于明佃地约 ……………………………………… (452)

观音保出佃地约 ………………………………… (453)

官印保卖地约 …………………………………… (454)

官印保出租地约 ………………………………… (454)

官印保出租地约二 ……………………………… (455)

官应保出佃房约 ………………………………… (455)

观音保出佃地约 ………………………………… (456)

白富佃地约 ……………………………………… (457)

马万兴佃地约 …………………………………… (457)

观音保卖地约 …………………………………… (458)

马花佃地约 …………………………………………………… (459)
唐宗明佃地约 …………………………………………………… (459)
马林租地约 ……………………………………………………… (460)
观音保出租地约 ………………………………………………… (461)
白祁公出典地约 ………………………………………………… (461)
白祁公典地约 …………………………………………………… (462)
虎必泰出租地约 ………………………………………………… (463)
虎必泰出租地约二 ……………………………………………… (463)
官音保出佃地约 ………………………………………………… (464)
左锦先租地约 …………………………………………………… (465)
官音保出佃地约 ………………………………………………… (465)
贾六八断典地约 ………………………………………………… (466)
官印宝寡妇仝子达木气出典地约 ……………………………… (467)
观音保出租地约 ………………………………………………… (467)
官印保出佃地约 ………………………………………………… (468)
官印宝出佃地约 ………………………………………………… (469)
白起成佃地约 …………………………………………………… (470)
拜永贵佃地约 …………………………………………………… (470)
周启明典地约 …………………………………………………… (471)
香香同子达木齐出租地约 ……………………………………… (472)
任建堂退永远地约 ……………………………………………… (473)
马根虎租地约 …………………………………………………… (473)
唐宗财佃地约 …………………………………………………… (474)
唐宗明佃地约 …………………………………………………… (475)
唐宗明佃地约二 ………………………………………………… (476)
王永福佃地约 …………………………………………………… (477)
官印宝寡妇仝子达木气出租地约 ……………………………… (478)
达木气出佃地约 ………………………………………………… (478)

达木欠同母过租地约 …………………………………… (479)
达木气同母出租地约 …………………………………… (480)
同母达木欶出佃地约 …………………………………… (480)
同母达木欶出佃地约二 ………………………………… (481)
达穆欶同母出租地约 …………………………………… (482)
达木欠同母过租地约 …………………………………… (482)
于明租地约 ……………………………………………… (483)
达木气出租地约 ………………………………………… (484)
蒙古虎登山佃地约 ……………………………………… (484)
达木欶出佃地约 ………………………………………… (485)
达木欶出佃地约 ………………………………………… (485)
达木欶出佃地约二 ……………………………………… (486)
文玉祥赁地约 …………………………………………… (487)
金贵出佃地约 …………………………………………… (487)
崇福堂拜姓佃地约 ……………………………………… (488)
马大汉佃地约 …………………………………………… (490)
胡天全租地约 …………………………………………… (490)
苗大庆租地约 …………………………………………… (491)
胡天会租地约 …………………………………………… (492)
丁寡妇同子丁起云佃地约 ……………………………… (494)
苗大庆租地约 …………………………………………… (495)
王福租地约 ……………………………………………… (495)
任老喜佃地约 …………………………………………… (496)
拜德重换合同约 ………………………………………… (497)
刘永财佃地约 …………………………………………… (498)
任状元佃地约 …………………………………………… (499)
任状元佃地约二 ………………………………………… (500)
达木气出佃地约 ………………………………………… (501)

达木欠出佃地约 …………………………………………（502）

刘花荣租地约 ……………………………………………（502）

陈六十尔佃地约 …………………………………………（504）

白凤鸣堂佃地约 …………………………………………（504）

吴生荣佃地约 ……………………………………………（505）

同母□全、达木欠出佃地约 ……………………………（506）

傅兴佃地约 ………………………………………………（507）

王玉堂佃地约 ……………………………………………（507）

马万才租地约 ……………………………………………（508）

胡天全租地约 ……………………………………………（508）

蒙古香香同子达木齐及□全尔推绝地约 ………………（509）

达木气粘单约 ……………………………………………（510）

马红梿租地约 ……………………………………………（511）

蒙古孀妇达木气同母出租地约 …………………………（511）

满亿佃地约 ………………………………………………（512）

马俊租地约 ………………………………………………（513）

妥恩佃地约 ………………………………………………（513）

马德荣赁地约 ……………………………………………（514）

王志周佃地约 ……………………………………………（515）

马俊租地约 ………………………………………………（516）

满义佃地约 ………………………………………………（516）

燕福安租地约 ……………………………………………（517）

达木计出佃地约 …………………………………………（517）

杨四玺租地约 ……………………………………………（518）

白福租地约 ………………………………………………（519）

庞富租地约 ………………………………………………（519）

马正福租地约 ……………………………………………（520）

杨住寿典地约 ……………………………………………（521）

蒙古达木气过约约 …………………………………… (521)
蒙古达木气过约约二 ………………………………… (522)
蒙古达木气过约约三 ………………………………… (522)
蒙古达木气过约约四 ………………………………… (523)
蒙古达木气过约约五 ………………………………… (523)
刘占元租地约 ………………………………………… (524)
张兴旺租地约 ………………………………………… (525)
高宝、高焕出推地约 ………………………………… (525)
蒙古金万富出佃地约 ………………………………… (526)
达木器过租约 ………………………………………… (527)
兄达木气、弟拾全尔过约约 ………………………… (527)
马汗宝过地约 ………………………………………… (528)
任富年佃地约 ………………………………………… (528)
张福寿堂租地约 ……………………………………… (529)
杨生义佃地约 ………………………………………… (530)
钱永孝租地约 ………………………………………… (531)
杨万福租地约 ………………………………………… (532)
于茂英重过地约 ……………………………………… (532)
马三元租地约 ………………………………………… (533)
韩兴茂佃地约 ………………………………………… (534)
马正魁租地约 ………………………………………… (535)
兴隆堂阑怀喜租地约 ………………………………… (535)
徐向荣佃地约 ………………………………………… (536)
潘启成赁地约 ………………………………………… (537)
唐玉佃地约 …………………………………………… (537)
刘荣租地约 …………………………………………… (538)
刘荣租地约 …………………………………………… (539)
靳福租地约 …………………………………………… (539)

孟财租地约 …………………………………………… (540)
孙有仁租地约 ………………………………………… (541)
寇文学租地约 ………………………………………… (542)
于福租地约 …………………………………………… (542)
杨学祥租地约 ………………………………………… (543)
焦瑞租地约 …………………………………………… (544)
刘库租地约 …………………………………………… (544)
尹贵租地约 …………………………………………… (545)
达木欠出推约 ………………………………………… (546)
刘富印租地约 ………………………………………… (546)
佟德义租地约 ………………………………………… (547)
张真租地约 …………………………………………… (548)
李增荣租地约 ………………………………………… (548)
沙瑞租地约 …………………………………………… (549)
刘瑞租地约 …………………………………………… (550)
刘尚仁、申明亮租地约 ……………………………… (551)
白福租地约 …………………………………………… (551)
毕瑞臣租地约 ………………………………………… (552)
陈一明租地约 ………………………………………… (553)
白全租地约 …………………………………………… (553)
周学仁租地约 ………………………………………… (554)
白亮同子白荣租地约 ………………………………… (555)
杨在忠租地约 ………………………………………… (556)
费荣德租地约 ………………………………………… (557)
唐宝租地约 …………………………………………… (557)
王宏租地约 …………………………………………… (558)
刘尚仁租地约 ………………………………………… (559)
武守良租地约 ………………………………………… (560)

郝建业租地约 …………………………………… (560)
张清贤租地约 …………………………………… (561)
毛华冉租地约 …………………………………… (562)
曹世光租地约 …………………………………… (563)
白中义租地约 …………………………………… (563)
公安学校租地约 ………………………………… (564)
陈友仁租地约 …………………………………… (565)
国民自治区人民政府租地约 …………………… (566)
杜振之租地约 …………………………………… (566)
何兰生租地约 …………………………………… (567)
马儒租地约 ……………………………………… (568)
陈玉卿、傅佩英租地约 ………………………… (569)
马连根租地约 …………………………………… (569)
马有泉租地约 …………………………………… (570)
马文玉、马骞租地约 …………………………… (571)
马玉群租地约 …………………………………… (571)
阿不都黑力力毛拉等为遗产分配、出售立约 ……… (572)
鲁斯特木将小店及池塘、井、地作为永久施舍并
　　交付其子管理事立约 ……………………… (573)
吾买尔谢赫立约为子女分配房地产 …………… (574)
巴牙孜阿克萨卡力为伙种土地和借种子事立约 …… (575)
印花布匠买买提给喀什乌布里海山典地及树木
　　契约 ………………………………………… (576)
印花布匠买买提给乌布里海山转让土地契约 ……… (576)
亚库甫阿訇的继承人请努尔阿訇、哈孜斯拉木做主将
　　遗产作价、分配事立约 …………………… (577)
和田皮匠艾沙和加为妻热比亚继承遗产立约 ……… (580)
赛义拉阿訇尤素夫从三人伙种的土地中分出自己

一份事立约 ………………………………………… (580)
依布拉音海里排为子女分配财产立约 ……………… (581)
托合太松谢赫将土地转让给乌布里海山契约 ……… (582)
阿吉穆罕默德尼亚孜给安瓦尔汗等三人分赠
　　土地契约 ………………………………………… (582)
托合台逊谢赫给克夫克谢赫转让土地契约 ………… (583)
乌布里海山将土地分配给子女立约 ………………… (583)
海比拜姒姒等立约将土地作为子孙公地 …………… (584)
米吉提司迪克将土地转让给其孙契约 ……………… (585)
依布拉音阿訇给乌布里海山赠地契约 ……………… (585)
赛杜拉出租水磨索要租金事 ………………………… (586)
热依斯阿布拉喀孜委托米吉提阿訇等向欠主肉孜
　　阿訇拉拉木索要欠物书 ………………………… (586)
艾布都热黑木阿訇杰米西德给乌布里海山赠送
　　土地契约 ………………………………………… (587)
夏巴尼吐尔逊之子与肉孜阿訇解除租金申诉立约 … (587)
阿依夏姆姒姒上报白俄驻喀什领事分配其亡夫
　　遗产约 …………………………………………… (588)
艾合买提买得麻札瓦合甫地又被乌布里海山退
　　还价款仍作瓦合甫地事 ………………………… (590)
哈希木阿吉将土地、房产施舍给乌布里海山契约 … (591)
纳瓦依肉孜租种优奴斯哈肯木的地保证按时
　　交租及管理树林 ………………………………… (591)
玉田人艾力夫下特巴依给乌布里海山施舍土地
　　契约 ……………………………………………… (592)
且末人米拉甫吾守尔伯克给艾布都来海依和
　　加赠地契约 ……………………………………… (593)
胡达拜地给乌布里海山赠送草地契约 ……………… (593)

肉孜阿吉立约由其子达洪收地租事 …………… (594)
大毛拉艾里阿訇之子将祖先地产分给其子立约 …… (595)
依拉宏阿不都热素尔阿訇将祖业土地分给小儿子
　契约 ………………………………………… (595)
宗教法庭裁决米吉提等人偿还债务书 …………… (596)
已故乌布里海山之女安拜尔汗和其弟继承遗产
　契约 ………………………………………… (596)
乌布里海山的继承人为土地继承权立约 ………… (597)
苏皮尔阿訇等索回租地所欠工钱事 ……………… (597)
依达耶提立约及时还清债务事 …………………… (598)
乌布里海山在玉田的继承人分配遗产契约 ……… (598)
塔力甫阿吉立约归还借款事 ……………………… (602)
托乎提亚尔和加阿不拉巴依立约按时缴纳地租事 … (603)
阿不拉巴依租种艾布都来海依汗土地契约 ……… (604)
麻札经文学校教师马木提哈黑收用水磨租金事
　立约 ………………………………………… (604)
斯玛依尔立约按时缴纳地租事 …………………… (604)
克里木阿訇等立约按时缴纳地租事 ……………… (605)
买合木德卡力等通知租种优奴斯王土地的农民
　缴纳欠租书 ………………………………… (605)
玉田人阿不都热合曼立约偿还借款事 …………… (606)
依玛目赛都拉租得土地、园子、厕所事立约 …… (607)
赛里买妣妣租种艾里阿吉土地契约 ……………… (607)
乌布里海山之女将遗产地转赠其兄契约 ………… (608)
赛依丁阿訇立约还清债务事 ……………………… (608)
苏皮阿訇向艾布都来海依阿吉赠地契约 ………… (609)
肉孜阿訇接受经营阿不都来汗土地事立约 ……… (609)
谢里卡肉孜将地施舍给其子立约 ………………… (610)

某人立约死后由其子偿还债务约 …………………… (610)
疏附人阿不都里艾则孜阿訇索回遗产契约 ………… (611)
阿不都里艾则孜阿訇收到遗产立据 …………………… (611)
肉孜阿訇等补交欠租契约 …………………………… (612)
买买提伊明立约按时缴纳地租 ……………………… (612)
色衣提阿訇借得粮收据 ……………………………… (613)
乌布里海山之女阿依夏姆汗将房、地转让其弟
　苏皮阿訇契约 ……………………………………… (613)
斯依提阿訇借粮收据 ………………………………… (614)
阿布杜阿吉兄弟平分遗产立约 ……………………… (614)
赛里买姒姒给苏皮阿訇赠地契约 …………………… (614)
巴拉提库尔班等为瓦合甫水磨租税事立约 ………… (615)
尼亚孜阿訇等因砍伐树木事立约 …………………… (615)
乃则尔阿訇租种艾布都来海依汗土地契约 ………… (616)
巴格阿訇租用水磨契约 ……………………………… (616)
沙乌尔汗偿还债务事 ………………………………… (617)
阿依谢汗借款收据 …………………………………… (617)
库尔班巴拉提之子承认分配给其母的遗产事立约 … (618)
库尔班尼牙孜租种伊里汗阿吉土地契约 …………… (619)
赛买提库尔班租得土地契约 ………………………… (619)
买买提艾力继承人分配遗产事立约 ………………… (619)
肉孜给其妻施舍房、地契约 ………………………… (620)
阿卜拉卡尔因儿子割礼馈赠土地契约 ……………… (621)
哈西木阿訇借阿不都拉艾来木款做买卖获利
　均分契约 …………………………………………… (622)
卡迪尔汗肉孜阿訇偿还借款契约 …………………… (622)
肉孜苏卡借款收据 …………………………………… (623)
裁缝托合提阿訇等立约按时缴纳租种艾布都来海

依汗土地租子事 …………………………………… (623)
乌布里海山的继承人将草场委托买合苏提阿訇等人
　经营事立约 ………………………………………… (624)
艾布都来海依汗将遗产转赠其弟苏皮阿訇事立约 … (624)
苏皮阿訇将其父遗产转让给其兄事立约 …………… (625)
吐尔逊妣妣将遗产转赠他人事立约 ………………… (625)
吐尔逊阿訇将财产分给其子事立约 ………………… (626)
阿依夏姆汗与其兄艾布都来海依分配出卖水磨
　款事立约 …………………………………………… (626)
亚库甫巴依为艾布都来海依放牧牲畜事立约 ……… (627)
农班典当田契约 ……………………………………… (628)
农吉典当田契约 ……………………………………… (628)
农文金典当田契约 …………………………………… (629)
农乐顺典当田契约 …………………………………… (630)
黎聪典当田契约 ……………………………………… (630)
张王祥典当田契约 …………………………………… (631)
黄世奇典畲地契约 …………………………………… (632)
黄世草等典当畲地契约 ……………………………… (632)
梁利典田契约 ………………………………………… (633)
黎美典当田契约 ……………………………………… (633)
黎美当田契约 ………………………………………… (634)
黄庄典田契约 ………………………………………… (634)
黄暖当田契约 ………………………………………… (635)
李贤典当田契约 ……………………………………… (636)
梁顺典当田契约 ……………………………………… (636)
农严典当田契约 ……………………………………… (637)
黎周典当田契约 ……………………………………… (638)
黄元结当田契约 ……………………………………… (638)

黎周典田契约	(639)
黄元结当田契约	(639)
黄元生当田契约	(640)
黄暖典当田契约	(641)
农凤典田契约	(641)
农凤连卖田契约	(642)
梁金禄卖田契约	(642)
黎美借钱谷约书	(643)
黄暖当田契约	(644)
何暖当田契约	(644)
农承基当田契约	(645)
黄何陈典当田契约	(646)
黄安当田契约	(646)
黄安典当田契约	(647)
农勤慈借钱立约书	(647)
黎完典当田契约	(648)
唐永兴典当茅屋契约	(648)
许志进典当畲地契约	(649)
吴英全借钱约书	(650)
赵云借钱约书	(651)
农秀隆当田契约	(651)
黎崇权典当田契约	(652)
季超荣借钱约书	(652)
赵必冠转典当田契约	(653)
农生美当田契约	(653)
黄金龙典当田契约	(654)
农秀仪典当田契约	(655)
农世禄当田契约	(655)

梁生金典当田契约 …………………………………… (656)
农永杰典当田契约 …………………………………… (656)
朱老连借当契 ………………………………………… (657)
杨文元等佃契 ………………………………………… (657)
范世珍借契 …………………………………………… (658)
姜发元借当契 ………………………………………… (658)
姜万镒借契 …………………………………………… (658)
姜文甫典田契 ………………………………………… (659)
范文澜借银契 ………………………………………… (659)
姜文甫典田契 ………………………………………… (659)
龙绍远、光华佃契 …………………………………… (660)
范锡畴借当契 ………………………………………… (660)
范宗尧借当契 ………………………………………… (661)
邓有训典田契 ………………………………………… (661)
姜光齐借当契 ………………………………………… (662)
姜光齐借当契 ………………………………………… (662)
杨思礼父子佃契 ……………………………………… (663)
姜魁元借契 …………………………………………… (663)
姜文经佃契 …………………………………………… (663)
姜志长、引长兄弟借当契 …………………………… (664)
姜魁元借当契 ………………………………………… (664)
姜开渭、姜朝杰佃契 ………………………………… (664)
姜老邱、老方佃契 …………………………………… (665)
龙文瑜佃契 …………………………………………… (665)
龙文瑜佃契 …………………………………………… (666)
姜生乔借当契 ………………………………………… (666)
姜桐荣借当契 ………………………………………… (666)
姜绍齐借当契 ………………………………………… (667)

姜绍略借契 …………………………………………… (667)
姜权借当契 …………………………………………… (667)
姜璧彰佃契 …………………………………………… (668)
姜绍怀、廷贵佃契 …………………………………… (668)
范玉恒佃山契 ………………………………………… (668)
姜相荣借契 …………………………………………… (669)
龙文品、龙光渭佃契 ………………………………… (669)
姜昌华、老恒兄弟借契 ……………………………… (670)
蒋景明、仲华叔侄佃契 ……………………………… (670)
龙绍宾佃契 …………………………………………… (671)
范朝宗佃契 …………………………………………… (671)
姜光典卖仓契 ………………………………………… (671)
姜世元、世英借契 …………………………………… (672)
范锡寿佃契 …………………………………………… (672)
姜占魁借当契 ………………………………………… (672)
李必才佃契 …………………………………………… (673)
全福生佃契 …………………………………………… (673)
姜光宗借契 …………………………………………… (674)
王永祥、文大亨借讨契 ……………………………… (674)
龙光运、宗达佃契 …………………………………… (674)
姜显智借契 …………………………………………… (675)
范锡贵佃契 …………………………………………… (675)
李如兰佃契 …………………………………………… (675)
姜宗揆佃契 …………………………………………… (676)
姜贵保佃契 …………………………………………… (676)
姜光汉佃契 …………………………………………… (677)
姜朝顺佃契 …………………………………………… (677)
薛正元、阳天鹰佃契 ………………………………… (677)

姜兆理典契 …………………………………………（678）
姜相荣等借当契 ……………………………………（678）
姜光典卖仓坪契 ……………………………………（679）
姜开荣典田契 ………………………………………（679）
姜先宗典契 …………………………………………（680）
姜宗揆佃契 …………………………………………（680）
范长庚佃契 …………………………………………（680）
龙宗达、薛元顺佃契 ………………………………（681）
姜老福佃契 …………………………………………（681）
龙文瑜等佃契 ………………………………………（681）
姜光月典契 …………………………………………（682）
姜相弼、老显佃契 …………………………………（682）
王乔贵佃契 …………………………………………（683）
姜绍齐典契 …………………………………………（683）
姜青宇借当契 ………………………………………（684）
龙宗达、薛映福、姜佼生佃契 ……………………（684）
姜钟英借当契 ………………………………………（684）
彭玉杰、李老保佃契 ………………………………（685）
姜大兴佃契 …………………………………………（685）
姜开智典契 …………………………………………（685）
薛元顺佃契 …………………………………………（686）
姜老根佃讨契 ………………………………………（686）
姜光祖借契 …………………………………………（686）
姜邦正佃契 …………………………………………（687）
姜应元佃契 …………………………………………（687）
范福乔佃契 …………………………………………（687）
范炳贤、炳燥、炳文兄弟佃契 ……………………（688）
姜兆佳、姜兆成佃契 ………………………………（688）

姜天渭佃契 …………………………………………………… (689)

杨昌伍、魏延元佃契 ……………………………………… (689)

林文连兄弟佃契 …………………………………………… (689)

龙武辉佃契 ………………………………………………… (690)

姜开熊佃契 ………………………………………………… (690)

姜钟述、潘老七佃契 ……………………………………… (691)

范本光佃契 ………………………………………………… (691)

范锡荣、里林佃契 ………………………………………… (692)

龙老天、姜荣发佃契 ……………………………………… (692)

张益孟佃契 ………………………………………………… (693)

姜氏玉秀典契 ……………………………………………… (693)

姜永兴、发德佃契 ………………………………………… (693)

李先晚佃契 ………………………………………………… (694)

姜世珍等借当契 …………………………………………… (694)

姜老宗、龙老天佃契 ……………………………………… (695)

姜正元、正科佃契 ………………………………………… (695)

姜世官借契 ………………………………………………… (695)

范某某佃契 ………………………………………………… (696)

扬荣发佃契 ………………………………………………… (696)

范有保、炳治佃契 ………………………………………… (697)

姜有开等佃契 ……………………………………………… (697)

潘明富佃契 ………………………………………………… (698)

龙万宗等佃契 ……………………………………………… (698)

范炳芝佃契 ………………………………………………… (699)

姜贞祥、胜祥兄弟典契 …………………………………… (699)

姜世臣借契 ………………………………………………… (700)

姜世官典契 ………………………………………………… (700)

龙万顺、姜送祖佃契 ……………………………………… (701)

姜世官、世凤借当契 …………………………………… (701)

姜盛祥典契 …………………………………………… (702)

姜世美父子借当契 …………………………………… (702)

姜登行、元昌佃契 …………………………………… (703)

姜世官典契 …………………………………………… (703)

易元泉移典契 ………………………………………… (704)

孙什保等佃契 ………………………………………… (704)

姜熙浩、熙明兄弟典田契 …………………………… (705)

姜登科典契 …………………………………………… (705)

林荣才佃契 …………………………………………… (705)

姜登鳌典契 …………………………………………… (706)

某某佃契 ……………………………………………… (706)

姜登廷借契 …………………………………………… (707)

姜永辉借当契 ………………………………………… (707)

和氏香等分割田地合同 ……………………………… (707)

姜吉祥等分关契 ……………………………………… (708)

姜洪美等分木合同 …………………………………… (709)

姜玉保、岩保兄弟分银合同 ………………………… (710)

龙飞池、廷彩分木合同 ……………………………… (710)

姜廷望等分山合同 …………………………………… (710)

姜绍略等分关契 ……………………………………… (711)

范咸宗、范玉堂等主佃分成合同 …………………… (712)

姜光齐等主佃分成合同 ……………………………… (712)

姜绍祖等与张姓主佃分成合同 ……………………… (713)

姜绍略等分田契 ……………………………………… (713)

龙玉宏、绍本兄弟分木合同 ………………………… (715)

朱卓廷、姜映飞田地分成合同 ……………………… (715)

姜映辉、连合分山合同 ……………………………… (715)

姜绍熊等主佃分成合同 …………………………… (716)

党假令山分木合同 ………………………………… (716)

姜绍吕等分木合同 ………………………………… (717)

姜绍吕等分山合同 ………………………………… (718)

姜钟奇等分关契约 ………………………………… (718)

姜世杨等主佃分成合同 …………………………… (719)

范本顺等分山合同 ………………………………… (720)

姜钟奇等分山合同 ………………………………… (720)

姜相珍等分银合同 ………………………………… (721)

姜映祥等分地基合同 ……………………………… (721)

姜开宏、姜世官兄弟分山合同 …………………… (722)

姜钟碧等分银合同 ………………………………… (722)

姜世凤等分银合同 ………………………………… (724)

姜世臣、世美兄弟分关合同 ……………………… (725)

王大炳等分山合同 ………………………………… (726)

姜钟碧叔侄、范伍连主佃分成合同 ……………… (726)

姜永兴等佃契并主佃分成合同 …………………… (727)

姜世臣、姜凤文等主佃分成合同 ………………… (727)

姜世臣等分山合同 ………………………………… (728)

姜昌保等佃契并主佃分成合同 …………………… (728)

姜世清等分山合同 ………………………………… (729)

姜超武等分山合同 ………………………………… (730)

姜熙豪等分山合同 ………………………………… (730)

姜世美等分合同 …………………………………… (731)

姜登熙等分银合同 ………………………………… (732)

盈江傣族刀德高当契 ……………………………… (732)

盈江傣族刀宽勐卖契 ……………………………… (733)

盈江傣族刀德高等当契 …………………………… (734)

盈江傣族管专线当契 …………………………………… (734)
盈江傣族刀线准当契 …………………………………… (734)
盈江傣族刀富国当契 …………………………………… (735)
盈江傣族刀继绪当契 …………………………………… (735)
盈江傣族刀辅国当契 …………………………………… (735)
盈江傣族干崖土司刀盈廷退还当田契约 ……………… (736)
盈江傣族刀品阳卖契 …………………………………… (736)
盈江傣族干崖土司发给刀运准买田执照 ……………… (737)
盈江傣族验契 …………………………………………… (737)
盈江傣族刀正洪当契 …………………………………… (738)
盈江傣族干崖土司发给刀洛勐口粮田执照 …………… (739)
盈江傣族刀安绪当契 …………………………………… (739)
盈江傣族何秉锐转当契 ………………………………… (740)
盈江傣族干崖土司借契 ………………………………… (740)
盈江傣族龚兴邦当契 …………………………………… (740)
盈江傣族刀显廷当田给佛爷的当契 …………………… (741)
盈江傣族姜兆弼送契 …………………………………… (742)
盈江傣族刀位准卖契 …………………………………… (742)
盈江傣族刀位准当契 …………………………………… (742)
盈江傣族干崖土司借契 ………………………………… (743)
盈江景颇族排早山官卖契 ……………………………… (743)
盈江景颇族郑嘴毛腊卖契 ……………………………… (744)
盈江景颇族排早山官卖契 ……………………………… (744)
盈江景颇族姜华选当契 ………………………………… (745)
盈江景颇族梁腊摸卖契 ………………………………… (746)
盈江景颇族谢尚芳典契 ………………………………… (746)
盈江景颇族赵有相典契 ………………………………… (747)
盈江景颇族王连蕃卖契 ………………………………… (747)

盈江景颇族杨大鳖当契 …………………………………… (748)

盈江景颇族袜靠当卖契 …………………………………… (748)

盈江景颇族李文佐转当契 ………………………………… (749)

盈江景颇族杨小双卖契 …………………………………… (749)

盈江景颇族睦然贵章当契 ………………………………… (750)

盈江傈僳族朱老二卖契 …………………………………… (750)

盈江傈僳族二官当契 ……………………………………… (751)

盈江傈僳族李应福当契 …………………………………… (751)

盈江傈僳族李应洪卖契 …………………………………… (752)

盈江傈僳族栋二卖契 ……………………………………… (752)

盈江傈僳族栋五卖契 ……………………………………… (753)

盈江傈僳族李朝万卖契 …………………………………… (753)

盈江傈僳族刘姓换田合同 ………………………………… (754)

李学荣借契 ………………………………………………… (754)

程登云借契 ………………………………………………… (754)

杨结贵借契 ………………………………………………… (755)

夏景姚借契 ………………………………………………… (755)

陈国富借契 ………………………………………………… (756)

坝租阿鲁若借契 …………………………………………… (756)

坞丘斯格次尔借契 ………………………………………… (756)

粮叔典卖契 ………………………………………………… (757)

伙头干儿苴典卖契 ………………………………………… (757)

巨甸更妈典卖契 …………………………………………… (758)

和均毛典卖契 ……………………………………………… (758)

瓦意典卖契 ………………………………………………… (758)

李德泰典卖契 ……………………………………………… (759)

潘氏分田契约 ……………………………………………… (759)

典当租赁借贷赠予析产契约

陈生林赁地基约①

原件长四十公分宽三十六公分

　　立赁地基约人陈生林，今赁到包头街路南八拜名下蒙古白地壹段，东至刘玉斌，西南俱至本主，北至大街。

　　四至分明，东西阔六丈，南北长贰拾丈。同众言定每年地基银肆两贰钱。春秋两季交还。日后任凭赁主修盖住坐，永远为约。

　　恐口无凭，立约存照

　　乾隆叁十捌年正月初一日立

　　中见人曾印官

　　智成文

　　刘玉斌

　　合同〔骑缝〕

　　〔蒙古文签注〕

捌圳出佃地约

原件长二十六公分宽二十七公分

　　立出佃地铺契人捌圳，今在西包头西街街南有荒地两段，

---

① 陈生林赁地基约至荣中义出佃地约摘自内蒙古大学图书馆/晓克编《清代至民国时期归化城土默特土地契约》，内蒙古大学出版社2011年版。

情愿出佃与苗计有。东西伍丈，南北贰拾丈，（此）〔北〕至街前。南至地主，东至张居相，西至地主。四至分明，永远承住，每壹丈地铺银七钱。四季交（清）。

恐后无凭，立此契为照用

乾隆四十七年五月初四日立

中见人强居相十

合同为照用〔骑缝〕

赵连出借钱约

原件长二十九公分宽三十公分

立收约人赵连，今有五十七年十二月廿三日朝旺借去钱伍拾千文，因他别无辗转，同众说合包头西街三义公地普赵连名下收十一年，每年地普银拾两零壹钱伍分，玖百合钱，十一年为满，共合钱壹佰千零肆佰捌拾伍文，本利两清，至五十七年十二月廿三日起，至六十八年十二月廿三日止。

恐口无凭，立约存照

乾隆五十七年十二月廿三日立

中见人三架十

史应绅十

续全珍十

旨金十

王登十

纳班长木素十

合同约为〔证〕〔骑缝〕

〔蒙古文签注〕

朝旺同子到儿出佃地约

原件长四十公分宽四十公分

立佃地约人朝旺同子到（见）〔儿〕，今因自己紧急别□□□□□□，情（原）〔愿〕将自己租后臭水井（见）〔儿〕西北地壹块，计地亩壹顷四十亩□□。东□〔至〕二哥，西至滕宝子，南至大道，北至滕宝子。四至分明，同众言定□□价钱贰十千文整。其钱现交系押地钱。又每年另交地租钱，仝人后改地租钱五百文□□，佃与丰祥（?）昌名下，永远耕种，许退不许夺，又不许长租钱。

恐口无凭，立佃约存照用

乾隆五十八年十一〔月〕廿五日立

中见人张凤鸣十

王甲（见）〔儿〕拉末十

朋生十

杨正兴十

朝旺同子吉木倒儿计出佃地约

原件长二十九公分宽三十三公分

立佃地约人朝旺同子吉木倒儿计，因差事紧急无钱使用，今将原分到臭水井儿村后白地一段，情愿出佃与源茂异承种，系南北畛。东至（勾）〔沟〕，西至（勾）〔沟〕，南至秃能亥地畔，北至本主地畔。四至分明，同众言定佃价钱四十一千整。其钱当日交足，另与伊每年出地租钱贰千整。春季交付。

恐口无凭，立佃约存照

嘉庆二年正月十一日立

佃地约人朝旺同子吉木倒儿计

谦益成租地约

原件长三十八公分宽四十五公分

立租空地基约人谦益成，今租到朝旺同子金木到儿计名下空〔地〕基贰段。东至太和店，西至广昌永，南至承业主，北至承业主。又一段，东至张文成，西至承业主，南至复信魁水渠，北至太和店。二段四至明白。同中言定贰段每年共出地普钱银贰两零九分，以文百合钱。其钱年终交还，不许短欠。至立约之后许承业主随便修盖。如有蒙汉人等争夺〔者〕，有朝旺一面承当，恐口无凭，立约存照。

至道光二十四年十二月十三日重换过合同，新约贰张。此约以为故纸，不用

嘉庆三年十贰月十一日立十

合同贰张各执一纸〔骑缝〕

中人成恒永十

合义店十

王澄十

朝旺同子青木刀尔计出佃地约

原件长三十公分宽三十一公分

立出佃地约人朝旺同子青木刀尔计，因（前）〔钱〕使用不

足，情愿将自己（赎）〔熟〕地一段，坐落陈胡窑子道南，东至河，西至大道，南至本主，北至大道。四至分明，情愿出佃与马自成耕种，同人言明佃价钱壹拾伍仟整。（元）〔原〕系银壹拾叁两整，其钱当交不欠，异日钱到回赎。恐口无凭，立佃约存照用

嘉庆陆年十二月十九日立佃约人

合同（支）〔纸〕

中见人陈善斌十

哦尔居儿十

哦居儿十

倒儿计借钱约

原件长四十三公分宽四十四公分

立借约人倒儿计，今因无钱使用，今借到洛什扛儿旦名下清钱贰拾千整，每年言明共利钱玖仟文。恐口无凭，将王仓地租折付与洛什扛儿旦每年收去。如若将贰拾仟不清还，倒儿计将王仓地租折原物收回。恐口无凭，立借约存照

嘉庆七年十二月初五日倒儿计立

见人□彦十

儿吉兔十

合麻儿十

续万阵佃地约

原件长四十八公分宽四十五公分

立佃地文约人续万阵，今佃到蒙古得计名下户口〔地〕臭水

井村北开荒地一段，东至河槽，南至大道，西至湿河，北至李得兰地界。四（字）〔至〕分明，仝人言定地价钱陆拾陆千文整。其钱当日交足，并无欠少。同众言定每年出地钱壹千贰百文整，永远为约。日后蒙古民人争夺〔者〕，有得计一面承当。至今以后此地由种地人续万阵自（变）〔便〕。恐口难凭，立佃地约存照用

大清嘉庆捌年十二〔月〕九〔日〕约

中见〔人〕王吉儿拉末十

合毛儿十

甲头张俊十

张兴深十

出旺同子吉蜜刀而计借钱约

原件长三十一公分宽三十一公分

立借钱文约人出旺同子吉蜜刀而计，今借到王明名下清钱陆拾伍千文，每年共作利钱壹拾捌仟文。情愿将自己所打祥盛号地租钱壹拾捌千文兑与王明收要，作为每年利息。日后钱回赎。恐口无凭，立约存照

大清嘉庆九年九月初一日出旺同子吉蜜刀而计十

知见人云木架十

哎而吉兔十

以习拉不登十

王声远书

朝旺出租地约

原件长三十五公分宽四十一公分

立租屋地约人朝旺，今将西包头村大西街屋地壹块，东西阔壹拾四丈五尺，南至大路，北至河渠，东至仁义全，西至丁继明。四至分明，情愿租与义和公修理居住。同中言定每年地普银拾两零壹钱五分。日后许退不许夺。倘有亲邻拦阻，有本主一面承当。

恐口难凭，立租约人存照用

嘉庆九年十二月十八日朝旺立十

合约二张各执一张〔骑缝〕

中人孙瑞十

闫敦素十

王节十

哦而只兔十

朝汪同子出租地约

原件长三十七公分宽四十二公分

立出租地约人朝汪仝子，有臭水井儿村南地一块，东至（何）〔河〕沟地界，西至刘全保地界，北至赵天法地界，南至门口合麻各读地界。四（字）〔至〕（开）〔分〕明。仝人言定每〔年〕出地租钱九百文，春秋二季交还。（清源）〔情愿〕出租姜盛，永远为业。日后有（明）〔民〕人（门）〔蒙〕古（增）〔争〕夺者，有七木刀儿计一面（成）〔承〕当，放生林地（拄）〔主〕人成保二家（清源）〔情愿〕。恐后无凭，此约存照用

嘉庆十年二月十九日立约

（只）〔执〕照合同〔骑缝〕

中见人王荣基

杨有明

尹隔材

朝汪同子吉蜜到尔计出租地约

原件长三十七公分宽四十一公分

立出租地文约人朝旺同子吉蜜到尔计，今将自己臭水井（尔）〔儿〕村北祖遗熟（杈）〔茬〕地壹块，东至沟，南至道，西至沟，北至李德兰。四至明别，情愿出租与续全珍耕种。同众言定每年地租钱伍百文。现支过押地钱肆拾（阡）〔仟〕文。言定壹拾伍年以后钱到回赎。恐口无凭，立租地约存照用

嘉庆拾年十一月十七日立

合同约一样二张各执一张〔骑缝〕

知见〔人〕朝圪兔十

吕发十

王甲尔拉嗅十

马腾龙十

张吉品租地约

原件长三十八公分宽四十公分

立租种地约人张吉品，今租到包头村出旺同子吉蜜刀而计名下河东地壹段，东至张志，西、南俱至何荣枝，北至道。四至分明，情愿长年耕种。同中言定每年租钱壹仟叁佰文，六月内交纳。久无长（迭）〔跌〕，许退不许夺，亦不许倒佃倒卖。

如不遵规，地归本主。恐口无凭，立租地约存照

于光绪廿六年五月初七日另立新约

大清嘉庆十一年二月初一日立租约人张吉品十

文约二纸各一张　合同〔骑缝〕

知见人王廷俊十

色布登十

张辉十

袄儿吉兔十

张吉善十

广盛魁赁空地基约

原件长四十七公分宽四十五公分

立赁空地基文约人广盛魁，今赁到以什刀而计、老不三王甲而拉末二人名下，伊伯弟妻名下本包头东街路北空地基一段，东至王登之处，西至山西店，南至道，北至宫和尚。四至明白，情愿赁作永远生理，由其自便。同中言定每年租赁钱陆千文。按春秋二季交纳，不许长支短欠，亦无长（迭）〔跌〕。恐口无凭，立约存照

嘉庆十一年三月十七日立赁空地基约人广盛魁十

文约二纸各执一张〔骑缝〕

见人哎而吉兔十

明文而拉末十

合毛兔十

虎必兔十

李现昕十

王俊安十

续全珍十

王声远书

丁廷善租空地基约

原件长二十九公分宽三十一公分

立租空地基约人丁廷善，今租到德计女人西包头西街地一块，阔八丈有余，东至义和公，西至西大社圜圙，南至大道，北至大道。四至分明。仝众言定永远修理房屋为（约）〔业〕。每丈出租（艮）〔银〕叁钱，日后修盖铺面以柒钱出租，银以玖两合钱，如有蒙古人争夺，有地主人一面承当。恐口难凭，立永远租约存照用。日后不许典卖，典卖者通蒙古知（到）〔道〕，计开每年共出租（艮）〔银〕贰两肆钱。以文合

大清嘉庆十四年十二月十三日立十

合同各一张〔骑缝〕

知见人陈老三十

哦而吉兔十

刘礼十

续全德退地约

原件长三十公分宽三十一公分

立退地文约人续全德，今有臭水井现东碱（难）〔滩〕地四块，至今不能耕种，（间）〔闲〕地退回本主。至后此地于姓续人并不相干。同众言明与地租钱柒仟文。有姓续人争夺，有

续全德一面承当。恐后无凭，立约存照

嘉庆十五年十月初五日立

中见人哦儿吉兔十

李继盛十

哈毛兔十

东顺成租地基约

原件长四十三公分宽四十五公分

立租到地基约〔人〕东顺成，今租到蒙员消旗校马乐嘉房后空地基一块。东至以什纳木儿，西至哦儿吉拜，南至本主，北至后棵路，四至长阔分明。日后许东顺成任意修理房屋久远为业。同中言定每年与伊地普钱三千五百文。春秋二季交还，当日使过押地钱贰拾千文。嗣后倘有户内人等争夺〔者〕，本主一面承当。恐后无凭，立租约存照

东西宽壹拾丈，南北长壹拾式丈

嘉庆二十五年，同众退地基北至南三丈，本主北墙外（获）〔护〕墙（垠）〔根〕水渠路一丈，情愿退地普钱壹千整

嘉庆十六年四月廿七日立

合同为证〔骑缝〕

中见哦儿吉拜十

天宝定十

任慎汉十

范世英佃屋地基约

原件长三十公分宽十六公分

立佃屋基地约人（英）〔范〕世英，今佃到范胡营三豹屋基地一块，东至韩乃玉，西至牛典，南至坝，北至本主。四至分明，情愿出租与范世英居住，永远承业。过约钱四百文，每年吃地租钱贰佰文。倘有蒙民人等争论〔者〕，三豹一面承当，立此存证。

合同〔骑缝〕

中见〔人〕哈木洞

范世安

范世公

嘉庆十六年十月廿九日立

梁福明退地约

原件长三十公分宽三十一公分

立退地文约人梁福明，今将臭水井地四块，情愿退与蒙古地（租）〔主〕儿袄儿吉兔，同众言明与梁福明退地钱捌仟文整。两家情愿（在）〔再〕无反复。以后若有人（净奎）〔争夺〕，有梁福明一面承当。恐口无凭，立约为照用

嘉庆十七年十二月十三日立

甲头高进通十

中见人张峻十

梵兴苍十

李兴租地约

原件长三十八公分宽四十一公分

立租地约人李兴，今因租到的计白地壹段，（记）〔计〕地贰拾亩，永远长种。每年出租钱壹千五百文，二季交还。四至，东至平花，西至复信魁，南至复信魁，北至祥盛园。四至明白。日后若有人等争夺〔者〕，的计一面承当。恐口无凭，立约存照用

出过约钱二千文

嘉庆十七年十二月十七日立

立合同各为一张（骑缝）

中见人赵存仁十

李湖十

高遇喜十

将地转租与陈荣，乳名长命子，系园户

狄计借钱约

原件长二十九公分宽三十二公分

立借钱约人狄计，今因无钱使用，今借到广盛公名下本钱肆拾伍千文，行息。情愿将自己收祥盛瑞地租折一个，每年钱壹拾捌仟文，面兑与钱主，收五年，本利清还。十九年春季起，二十三年秋季收清，折归原主。恐口无凭，立借〔约存〕照用

嘉庆十八年九月十一日立

中人张兴斌十

我儿只兔十

陈夺、陈宽同侄更虎子退地约

原件长三十公分宽三十一公分

立退地文约人陈夺、〔陈〕宽同侄更虎子，因自己原租到蒙古得计园地壹段，东至道，西至张枝英，南至高克英，北至大道。四至明白。今因自己地租不能交付，情愿将地退归本主。各自应便，与己毫不相干。同众说合使过退约钱壹拾千整。得计出钱四千文，何荣枝出钱六千文，俱属情愿。嗣后再无返悔。恐口难凭，立退约为证

嘉庆十九年八月廿五日立

退约人陈夺十、〔陈〕宽十

知见〔人〕哦儿吉兔十

常龙十

岳三哥十

色布登十

拉末明交儿十

戴廷冕书

系还何荣枝借项

更根子使过得计钱二千文，何荣枝钱二千文

陈夺、〔陈〕宽使过得计钱二千文，何荣枝钱四千文

四宗俱系十千之内

公合店租地约

原件长四十八公分宽四十八公分

立租到地约人公合店，今将金木倒而〔计〕妻狄计、色令圪力更、王兑妻吉不赠后厂汉吃劳熟（查）〔茬〕地五块。村西地壹块，东□□□，□□□□□，西至冯姓。社房地壹块，东北至路，西至乌拉交界，南至兴义永。后石湾地壹块，西至

路，北至赵汉祥，东至赵姓，南至冯姓。村北地壹块，北至赵姓，南至冯姓，东西至路。后平地壹块，西至路，北至兴义永，东至赵姓，南至冯姓。四至分明，情愿公合店租到永远耕种为业。同中言定每年地租银五两二钱五分，以玖佰合钱。春秋二季交纳，不许长收短付，许退不许夺。此系两愿，并无别情。倘有蒙民人等争碍〔者〕，出租地人一面承当，与种地人无干。恐口难凭，立此租约以为永远存照用

  色令圪力更每年地租银柒钱五分

  金木倒而计妻狄计每年地租银叁两

  王兑妻吉不赠每年地租银壹两五钱

  三宗俱以文两合钱

  道光廿五年一月十五日同大行蒙民中人重换新约，各分各租，各执各约，日后此约以为故纸，不用

嘉庆贰拾壹年拾贰月二十六日立十

合同贰纸一样贰张〔骑缝〕

总领○通祥号十

○王全礼十

○广源店十

○广兴元十

中人○张大智十

程品十

狄计女人借钱约

原件长二十八公分宽三十一公分

立借钱约人狄计女人，今因无钱使用，今借到复盛公名下

本钱伍拾肆千文整，行利。情愿将自己收祥盛瑞地租折壹个，每年租钱壹拾捌千文。同众兑与钱主收六年为满，本利全清，折归本主。二十五年（圮）〔起〕，叁拾年秋后止。恐口无凭，立约为证

嘉庆贰拾四年十一月廿一日立十

一样贰张（格）〔各〕执壹张〔骑缝〕

〔蒙古文签注〕

中见人郭德义十

朝圪兔十

赵峄十

张金明租地约

原件长三十公分宽三十公分

立租地约人张金明，今租到得计后厂汗迟老村村东北地壹块，东至圪梁，西至水渠，南至土圪梁，北至马厂。四至开明，情愿租与张金明永远立坟。同众言定作过约钱二千整。每年出地租钱柒拾文。嗣后若有蒙古人等争碍〔者〕，有得计一面承当。恐口无凭，立合同约存照

嘉庆二十五年十二月初七日立十

赵万年代书十

立合同约二张〔骑缝〕

中见〔人〕康元贵十

赵更汗十

杨平儿十

义成元租地基约

原件长三十七公分宽三十七公分

立租地基约人义成元，今租到以什色不个地基一块，东至以什纳木儿，南至王姓墙根，西至本主，北至后梁路。东西宽壹拾丈，南北长壹拾丈。四至长阔分明，情愿租与义成元任意修理房屋，日久为业。同众言定水路由前院流出，行路从北行。每年地普钱二千五百文，春秋二季交还。当日使过约钱伍仟文，日后倘有户内人等争夺，有以什色不个一面承当。恐后无凭，立租约为证

后批，地普钱东顺成收

嘉庆二十五年十二月十九日立

合同为证〔骑缝〕

中见人杜世金十

天宝定十

以什落不登十

哦儿吉祥十

任培翰十

李果红租地基约

原件长二十九公分宽三十公分

立租地基约人李果红，今租到极木捣儿计之妻得计西包头西街地基壹块，东西南俱至本主，北至大街心，四至开明，情愿租与自己永远成宅、修垒、居住。仝中言明，每年应出地租

钱贰仟贰佰零伍文，春秋二季交纳，不许长支短欠，现支过约钱玖仟文，日后倘有蒙民人等争夺，有得计一面承当。两出情愿，永无异说。恐口无凭，立约存照

道光元年三月初六日立十

合同各执一纸〔骑缝〕

中人刘兴元十

庄喜十

羊皮儿十

得计女人借钱约

原件长二十九公分宽二十九公分

立借钱约人得计女人因使用不足，今借到永长公原本钱玖千肆佰伍拾文，行息。情愿将自己收如意公壹折地租钱每年钱叁千壹百五十文，面兑与钱主，共收六年为满，本利全清，折归本主。二年（玘）〔起〕七年秋后止。恐口无凭，立约为照用

道光元年十二月十八日立十

知见人程仕和十

羊皮儿十

得计子凭据约

原件长四十二公分宽四十四公分

立凭据约人得计子因执永和元地租原约向牛月喜翻悔旧规，互相抵赖致起讼端。今同大行遵谕查明永和元与牛月喜实系财

东伙〔计〕二脉相连，而永和元之遗业理应牛月喜掌管，别无异说。但念得计子年迈居孀，度日维艰，他无展转。存公议定牛月喜出与钱贰拾千文，以为情帮义助之资。其原约地租银拾壹两五钱仍按旧规，每两以玖佰合数，向牛月喜抽取地租，得计子永远不许长（迭）〔跌〕，亦勿听唆横行骚扰。恐口难凭，立永远凭据约存证

　　道光元年十二月二十日立
　　壹样二纸各执壹张〔骑缝〕
　　在中〔人〕以什洛不登喇嘛
　　总领
　　羊皮儿

得继出租地约
原件长三十六公分宽三十九公分

　　立出租地基约人得继，今将祖遗西包头东街空地壹块，东至本主，西至公盛永，南至水渠，北至色令圪力个，四至分明，计东西拾丈五尺，南北阔肆丈五尺，计地捌分贰厘，情愿出租与乔生兰永远管业修盖由其自便。同中言定，每年出地租银壹两肆钱柒分陆厘，齐年收给。其银以九百合钱，不许长收短欠。倘有蒙古民人争端〔者〕，有得继一面承当。恐口无凭，立约存证

　　道光二年二月十九日
　　得继立十
　　合同二张〔骑缝〕
　　〔蒙古文签注〕
　　知见人李生有十

尤君辅十

杜发永租地基约

原件长二十九公分宽三十二公分

立租到地基约人杜发永，今租到蒙古的记单旦儿白地基壹块，东西阔六丈，南北长拾五丈五尺。东至白老二，西至岳青山，南至本主，北至官街，四至开明。情愿出租与杜发永修理、永远居住。同中言明，每年地（潜）〔谱〕钱叁千文，春秋二季交纳，不许长支短欠，内东边出路伙走。当日使过约钱壹拾贰千文。恐后无凭，立约存照

至咸丰六年六月廿一日言明故纸不用

道光二年十式月十式日仝立

合同各执壹张〔骑缝〕

〔蒙古文签注〕

中见刘文耀十

把楞十

夏得发十

的计出租地约

原件长二十公分宽三十二公分

立出租地约人的计，今有梁家营子村东地三块，计地壹顷六十六亩。内东地一块，东至李登高，西至田二根子，南至李虎，北至大路。内中地一块，西至田二根子，东至田二根子，南至李虎，北至大路。内西地一块，东至李登高，西至孙处，

南至李虎，北至大路，四至分明，出租与张布永远耕种为业。仝众言定，每年出地租钱壹千文，当日使过押地钱肆拾千文整。如有蒙民人争夺者，有的计一面承当。恐口无凭，立合同约存照用

    大清道光二年十二月十三日立约

    合同二纸各执壹张〔骑缝〕

    知见人天宝定十

    义什那蜜尔十

    讨圪色奎十

    义什若不登十

    丁木气十

    义当十

周魁租地约

原件长三十公分宽二十八公分

立租到蒙地文约人周魁，今租到蒙妇得计祖遗祖成胡窑子村北梁地一块，东至西南九丈，西北至东南六丈五尺，东至本主，西至本主，北至本主山顶，南至出路，内有出路一道，四至分明。情愿向得计名下租到永远埋坟为业。同人言明现使过，过约钱伍仟文整，其钱笔下交清不欠，言明每年出地租钱壹佰伍拾文，按春秋两季交付，不许长支短欠，日后倘有蒙民争夺者，有吃租蒙妇得计一面承当。两出情愿，各无反悔。恐口无凭，专立永远过租文约为证，备后照用

    大清道光叁年弍月十九日立十

    蒙民过租文约二张各执壹张〔骑缝〕

中见人郝喜成十

蒙古三报十

韩有财十

张奇士租地基约

原件长四十三公分宽四十三公分

立租地基约人张奇士，今租到德计名下包头镇西街路南地基一块，东至复茂成，西至通街，南至路，北至大街，四至分明。东西阔五丈，南北长叁拾丈。今情愿租到修理房屋居住，永远为业。同中言定，每年地普钱七千文，四季交还，永不许长缩。恐口无凭，立租到地基约存照用

大清道光三年三月廿五日立

合同二约各拿壹约〔骑缝〕

中见人以什拉不登十

以什纳木而十

王斌十

王柱十

天保定十

糿湧租空地基约

原件长四十三公分宽四十三公分

立租空地基约人糿湧，今租到苏发荣南园路东空地基壹块，东西长四丈七尺，南北宽四丈二尺五寸，共地亩四分壹厘六毫，东至本主，西至大路，南至张珍，北至高天枢，四至分明。情

愿租到永远修理、住座管业。同中人言定，每年地租钱壹千文，按春秋二季交付，不许长支短欠，永不许地租长缩。日后修理者，西界以内退官街走路五尺，不许往外长占。倘有蒙民人等争碍者，有苏发荣一面承当。恐口难凭，立合同租地基约，存后照用

　　道光三年七月初十日立十
　　合同租地基文约二纸各执壹张〔骑缝〕
　　中见人皇甫存林十
　　高天枢十
　　张珍十
　　王生玉十
　　高光梅十

赵廷相租地基约

　　原件长三十二公分宽三十二公分

　　立租地基约人赵廷相，今租到纳旺刀尔计祖遗地三丈，北至（何漕）〔河槽〕，南至大道，西至社房，东至天成永，四至分明。仝人言明，永远管业居住。每年地租钱陆佰文，秋季交还，不许长支短欠。倘有蒙民争端等弊，有纳旺刀尔计一面承当。恐口无凭，立永远文约存证

　　当日支过五年租钱叁千文
　　道光三年十月十三日赵廷相立十
　　合同文约二纸各执壹张〔骑缝〕
　　中见人赵正中十
　　哦尔吉拜十

纳旺刀尔计出租地基约

原件长三十公分宽三十二公分

立出租地基约人纳旺刀尔计，今将祖遗包头镇前街西阁尔东北空地三丈，北至（何漕）〔河槽〕，南至大道，西至社房，东至天成永，四至分明。情愿出租与赵廷相永远营业居住。同中言明，每年地租钱陆佰文，秋季交还，不许长支短欠。倘有蒙民争端等弊，有纳旺刀尔计一面承当。恐口无凭，立永远文约存证

当日支过五年租钱三千文

道光三年十月十三日纳旺刀尔计立十

合同文约二纸各执壹张〔骑缝〕

中见人赵正中十

哦尔吉拜十

德计出租宅地基约

原件长四十三公分宽四十三公分

立出租宅地基约人德计，今将自己包头镇西街路南地基一块，开立四至，东至复茂成，西至通街，南至道，北至大街，四至分明。东西阔五丈，南北长叁拾丈。情愿出租与王宾名下修理房屋居住，永远为业。同中言定，每年出地普钱柒千文，四季交还，永不许长缩。恐口无凭，立出租宅地基约存照用

廿六年十二月十五日另立新约，此约以故纸勿论

大清道光三年十二月廿五日立十

立合同为照用〔骑缝〕

以什拉不登十

刘光美十一

的计借钱约

原件长四十三公分宽四十三公分

立借钱约人的计女人，因使用不足，今借到永长公原本钱贰拾伍千贰百文，行息。情愿将自己收程魁壹折地租钱每年钱捌千肆百文，面兑与钱主，共收陆年为满，本利全清，折归本主。肆年正月起，拾年正月初壹日止。恐口无凭，立约为照用

道光四年正月初七日立十

每月到景明店收程魁地租钱七百文

知见人的木气十

程记肖租地约

原件长三十公分宽三十三公分

立租地文约人程记肖，今租到得计名下成户（要）〔窑〕子地壹块，情（原）〔愿〕〔租〕到。同人言明，每年地租钱四百文。东至本主，西至本主，南至路，北至山坡，四至分明。恐口无凭，立约存照用

道光四年正月二十日立十

立合同为证〔骑缝〕

中见赵廷元十

狄佩十

陈福租空地基约

原件长三十七公分宽四十三公分

立租空地基约人陈福，今租到张逢相原租到西包头村南蒙古空地壹段。东边南北长壹拾壹丈五尺，西边南北长壹拾壹丈，东西宽陆丈，计地壹亩壹分半。东至李生信，西至阎君德，南至王大锁子，北至坝（稜）〔棱〕，四至分明。北往南退，走路柒尺，情愿租到永远修理、住座管业。同中言定，每年出地租钱二千零五拾文，按春秋二季交纳，不许长支短欠，亦不许地租长缩。日后倘有蒙古人等争碍者，有地主人一面承当。恐口无凭，立约存照

大清道光四年二月初一日立

立合同租地基约二张各执一张〔骑缝〕

知见人刘万福十

段荣贵十

白富山租地约

原件长三十一公分宽三十二公分

立租地基文约白富山，今租到吉不曾、的计二人名下空地基一块，东至任零，西至李零，下边至道，南至大道，北至山仙，东西二丈五尺，四至分明。情愿出租与白富山居住为业。同人言定每年出地普钱六百文，春秋两季交还。恐口无凭，立约存照用

合同执照〔骑缝〕

大清道光四年二月十七日立约

见人李大福十

公盖十

李富租地基约

原件长三十四公分宽三十七公分

立租地基约人李富，今租到得计、丹格儿西包头西街路北空地基壹塅，计东西阔壹拾肆丈有余。东至永丰店，西至增盛西，（使）南至街心，北至河槽，四至分明，永远修理房舍为业。同中言明每年地租钱柒千文整，四季交纳，不许长支短欠。日后修理门面，除去原租钱每丈以柒钱出租。每租银壹两，以九佰文合数。日后倘有蒙民人等争夺者，有地主一面承当。恐后无凭，立租约为证

道光伍年十二月二十五日立

立合同二张各执壹张〔骑缝〕

咸丰六年六月十一日补交过压地钱肆拾千文，另换合同新约，此为废纸不用了

中人夏德发十

的木气十

以什洛不登十

刘礼十

郝培英书

到儿计借钱约

原件长三十四公分宽三十八公分

立借钱约人到儿计之妻得计,自因无钱使用,今借到兴盛公现钱贰拾千文,同人将自己祖遗张致合每年地普折钱伍千文(附)〔付〕与兴盛公收(附)〔付〕,同张致合言明,收过捌年为满。本利全清,待收完之日,折归本主。恐口无凭,立约为证

大清道光六年二月初十日立十

本年起壹拾叁年秋后收完交折

中见人哦儿圪生住十

丁不气十

拉不登拉莫十

张致合十

赵廷相退地基约

原件长四十二公分宽四十五公分

立退地基约人赵廷相,今出情愿退与蒙古原主德计现有纳旺刀尔计支过赵廷相钱叁千整。同人言明,原主德计还过赵廷相钱叁千整。恐后无凭,立退约存照

立卖房约人赵廷相,自因紧急,今将自己正房二间、西房二间,情愿出卖与蒙古地基原主德计居住,永远为约。

同人言明作房价钱叁拾贰仟文整,其钱旦日交足。日后有赵廷相亲叔人(登)〔等〕争夺房屋者,有赵廷相一面承当。恐口无凭,立卖房约存照

道光捌年四月初一日立

中见人以什拉不登十

泥麻十

刘显富十

张玉成十

王纯十

八到子十

傅有玉十

石玉租地约

原件长四十七公分宽五十公分

立租地约人石玉，今租到恼包上路南的计地壹块，东西四丈，南北十丈，东至信成远，西至田世威，南至田世威，北至大街。四至分明，情愿出租与石玉名下，永远修理居住。同人言定，每年出地租钱捌佰文整。春秋二季交纳，不许长支短欠。日后倘有蒙民人等争夺者，有的计一面承当。恐口无凭，立粗地约为证

大清道光八年五月初一日立约

立合约各执一张〔骑缝〕

中见人王丕先十

于道光廿八年转与石良、〔石〕满栋子吕积禄十

逆莫十

狄计借钱约

原件长三十三公分宽四十公分

立借钱约人狄计女人，自因使用不足，今借到泰兴永钱壹拾陆仟文整。情愿将自己原收张逢相名下地普钱折壹个，每年

地普钱肆仟文执与泰兴永，照折收钱。同众言明，收捌年为足，本利全清，原折交与本人。（自）〔至〕于钱折，当日两交不欠。恐口无凭，立借约存照用

立合同约二纸各执一张〔骑缝〕

道光捌年八月廿三日立

知见人张逢相十

三豹十

高廷兰十

梁鲁租地约

原件长二十九公分宽三十一公分

立租地约人梁鲁，今租到德计陈胡窑子路南地壹块。东至沙河，南至王来富，西至路，北至路，四至分明。情愿租到永远承业耕种。同人言定每年出地租钱壹千叁百伍拾文，春秋二季交纳，不许长支短付，不许争夺。如有蒙民人等争夺者，有地主人德计一面承当。恐口无凭，立租约存照用

同人言定，现使过压地价钱柒仟文整，其钱笔下交清不欠

道光八年十一月十一日立

中见人赵尔生十

李天长十

那木儿十

马鏖十

立合同约二张各执一张〔骑缝〕

〔蒙古文签注〕

段成财租地约

原件长三十公分宽三十公分

立租地约人段成财,今租到得计后厂汗迟老村土默地二块,计地柒拾贰亩半。内黄圪垴地壹块,东至薛、赵二姓,北至冯姓,南至大路,西至刘姓墙根。又东井沟坡地壹块,东至沟,西至张姓,南至路,北至水渠。四至开明,情愿租段成(才)〔财〕永远耕种为业。同中(受)〔收〕到过约钱四千文,言定每年出地钱叁百伍拾文,许退不许夺,不许长支短欠。嗣后若有蒙人等争碍者,有得计一面承当。恐口无凭,立租地约存照

道光九年二〔月〕十六日立

各执合同约一纸〔骑缝〕

〔以后为契约封套处文字〕

后(侧)〔厂〕汗察涝村

段成财,每年一约,租钱川百

又一约租钱川百

道光九年

知见人义兴公十

康元贵十

李进富十

把刀子十

狄佩十

的计约

原件长四十六公分宽四十九公分

立约人的计，自因使用不足，九年三月十八日，今使过石玉钱伍仟文整。日后支地（甫）〔谱〕儿还钱。同人言明按月分半，行利。恐口无凭，立约存照用

至廿（？）八年一并，明日后以为故纸

计开

大清道光九年三月十八日立钱约用

李二十

知见人姜元十

得记指地铺借钱约

原件长二十九公分宽三十一公分

立指地铺借钱约人得记，自因使用不足，今借到永合全钱本壹拾七千六佰文，所有杨国柱路南、永合店与蒙人每年出地铺钱肆千肆佰文，情愿兑与永合全收取。自本年至十八年，八年为满，本利全清，地铺仍归本主。恐口无凭，立此借约

合同为证

道光拾年正月初三日立

合约为证〔骑缝〕

中见人智天福十

三报十

王佑贤十

德计借钱约

原件长二十八公分宽三十公分

立借钱文约人德计，因自己使用不足，今借到杨成亮名下本钱叁拾叁千文。同中言定将自己景明店地普钱壹拾贰千文面兑与钱主，收六年为满，拾年三月起，十六年三月止，收清之日，折归本主。恐口无凭，立借钱约存照用

大清道光拾年二月廿七日立

合约二张〔骑缝〕

知见人丁木起十

以什拉不登十

天保定十

高明扬租地基约

原件长二十九公分宽三十一公分

立租永远地基约人高明扬，今租到的计母子名下坐落东瓦窑沟地基壹块。东至山坡，东北至乔章，南至袁天顺，北至乔章出路，西至官街。四至分明，自己情愿租到永远修理承业。同众言定，每年地铺钱壹千贰百文，春秋两季交还，不许长支短欠，永不许增长地铺。如有蒙民人等争端，的计母子一面承当。恐口无凭，立租永远地基约存照用

付过过约钱四千，又批

道光拾年闰肆月拾壹日高明扬立十

合同为证〔骑缝〕

中见人

丁木气十

以十拉布登十

袁天章十

乔国柱十

李大福十

另立租约，此约作废存查

此约之地于民国七年十二月廿九日转租与回民海潮云名下

〔以后为契约封套处文字〕

东瓦窑沟高肉铺巷内二〔约〕

高（名）〔明〕扬，每年租钱一千二

道光十年后四月十一日

此约之地于民国七年十二月转租与

海潮云名下

高（名）〔明〕扬是高六十三之祖先人

此地□□在高肉铺巷西口大盛源隔壁□

章豹借钱约

原件长三十公分宽三十三公分

立借钱文约人得几子的女婿章豹今因使用不足，今借到崇德堂名下，本钱壹拾贰千八百文，情愿将天锡泰地普折钱三千二。同中言明质与钱主收捌年，本利全清，折归本主。两出情愿，异日折钱付不到者，蒙古（人名）〔民人〕争夺者，有章豹一面承当，还原本以二分行利。恐口难凭，立约为证。至道光十一年起十八年秋后收清止

道光十年（后）〔闰〕四月十五日立

壹样两张各执壹张〔骑缝〕

中见人丁木气十

贾兴业租地约

原件长二十九公分宽三十二公分

立租地约人贾兴业，今租到合立牙名下西同关北白地一块。东至大路，西至马（信）〔姓〕，南至路，北至本主，四至开明。每年租钱二百文。春秋二季收付，不许长支短欠。日后倘有蒙古民人等争夺者，有蒙古一面承当。恐口无凭，立合同存（正）〔证〕

过约钱壹千文

道光十一年五月初二日立

合同约（正）〔证〕〔骑缝〕

于光绪廿九年四月间重立新约，此约

以为故纸勿用

中见人陈元龙十

拉不登十

孙宜盛十

贾姓道光十九年佃约系假约，业已批伪约，不用

异日出售，不准伊卖，只准永种，再无别据，当宜知之

哈而牙借钱约

原件长三十公分宽三十公分

立借钱约人哈而牙，因自己使用不足，今借到梁金玉子名下本钱贰拾捌千文，同中言定，将自己荣顺店地普钱每年壹拾贰千文面兑与钱主，本利收六年为满，收清之日地普退与本主。

恐口无凭，立钱约存照用

　　大清道光十一年五月十一日立

　　合同二本〔骑缝〕

　　知见以什拉不登十

　　陈元十

　　束独保十

　　天保定书

张祥出租地约

原件长四十一公分宽四十五公分

　　立出租地约人张祥，今将原租到蒙古地基壹块，计长壹拾式丈，计宽六丈八尺，情愿出租与冯万名下，永远居住为业，任其修理。仝中言明，每年出地铺钱贰仟文，春秋二季交纳，不许长收短付，亦不许长缩，许退不许夺。日后倘有蒙古民人争夺者，有张祥一面承当。此系情出两愿，各无反悔。恐口无凭，立出地基约存用

　　使过过约钱四仟文。

　　道光十一年十一月初十日立约

　　合同文约各（质）〔执〕壹张〔骑缝〕

　　中见人程本枝十

　　双印十

　　张大全十

张珍出借钱约

原件长三十公分宽三十公分

立出借钱文约张珍，今借与哈力叶同伊姐作木甲埧本钱贰拾叁千文整，钱主不凭，同中言明，质去每年应收广泉兴地普折壹个计钱□千，收十年为满。道光十一年十二月廿一日起，至道光廿一年十二月廿一日止，至日本钱全无，折子自抽。两出情愿，恐口难凭，立合同约为证

道光十一年十二月廿一日自立十

合同各执壹份〔骑缝〕

中人徐万年十

三豹十

以什洛不登十

张荣华转典房院约

原件长四十公分宽四十五公分

立转典房院文约张荣华，有原典到三保、哈力牙房院，今因手中钱短并无展转之处，情愿将自己原典到蒙古房院出典于任玉成名下，典价大钱叁拾仟文整，其钱笔下交足。计房正房三间，南房壹间，东房半间。仝众言明，原典五年为满，钱到归赎。每年出于蒙古地租钱陆百文，春秋二季交还，不许短欠，随带原典约壹张。恐口无凭，立转典约存照用

道光十二年二月初一日张荣华立十

中人张兆十

张盖子十

岳秉荣十

李吉租地基约

原件长三十一公分宽三十一公分

立租到地基约人李吉，今租到蒙古哈立牙后厂汉吃洛村地基壹块，东至王〔姓〕、赵姓，西至大路，南至王〔姓〕、刘姓大路，北至公合店王姓，四至开明，情愿租到永远居住修理。同中言明，每年地普钱壹百捌拾文，不许长支欠短，当日使过换约押地钱四千五百文。倘有蒙民人（挣）〔争〕夺者，有蒙古一面承当。恐后无凭，立合同存证

立合同二张各执壹纸〔骑缝〕

道光十二年四月廿七日全立

知见人三报十

矣什拉不登十

必立共十

王景花十

刘佳智十

刘文耀书十

章木共甲牦借钱约

原件长三十一公分宽三十一公分

立借钱文约人章木共甲牦，自因使用不足，今借到王朝尹，本钱玖千六佰文。情愿质与将复义成一折钱下来一千二、广盛魁一折钱二千，收六年满，至十三年起。异日有蒙古民人争夺，折钱付不到者，有章木共甲牦本利清还，按月以二分利。恐口

难凭，立约为证

道光十二年（又）〔闰〕九月初九日立十

以什若不登拉末十

五伦扣女人十

章豹十

（又）〔闰〕九月初九日合同约〔骑缝〕

章木共甲牦借钱约

原件长三十公分宽三十一公分

立借钱文约人章木共甲牦，自因使用不足，今借到王朝尹本钱五拾千（△）〔零〕叁佰廿文。情愿将祖遗旧折复义成一折钱三千，五福园一折钱十千，内补去天锡太一千二，收六年。二折钱收八年，至十三年起，收至廿年秋后，收清为满。异日有折钱付不到，蒙古民人争夺者，有章木共甲牦本利清还，按月以二分行利。恐口难凭，立约为证

道光十二年（又）〔闰〕九月初九日立十

以什若不登拉末十

五伦扣女人十

章豹十

（又）〔闰〕九月初九日合同约〔骑缝〕

刘开文租空地基约

原件长四十八公分宽四十九公分

立租空地基永远文约人刘开文，今租到张逢相西包头村南

蒙古空地基壹块。东边南北长壹拾丈，西边南北长玖丈柒尺，南边东西宽玖丈肆尺，北边东西宽壹拾丈，计地壹亩伍分玖厘。东至阎君德，西至大道，南至本主，北至余之维，四至分明。北往南退走路柒尺。自租之后，任从刘姓永远修理、住坐为业，由其自便。同中言明，当日共使过压地钱壹拾伍仟文整。言定每年共出地铺钱柒百玖拾伍文，按春秋二季交收，不许长支短欠，亦不许地铺长缩。日后倘有蒙古民人争碍者，有地主人张逢相一面承当。恐后无凭，立租地基合同文约为证

大清道光十二年闰九月十五日立

合同约二张各执壹纸〔骑缝〕

知见人张献祥十

边宁十

刘万富十

文仰东十

武玉银十

白亮珩书

不喑出租地约

原件长三十公分宽三十一公分

立出租地约人不喑，今将自己陈葫窑子壖地一块，东至天沟，南至袁贵，（比）〔北〕至袁富，西至荒畔，四至分明，情愿出租与梁德永远耕种。每年出地租钱陆佰叁拾文，春秋二（计）〔季〕交还，不许长（枝）〔支〕短欠，立约存照用。蒙古（明）〔民〕人争夺，有不喑一面（成）〔承〕当

大清道光十二年又九月十六日立

合同为证〔骑缝〕

中见人武安德十

武喜旺十

三报十

公合店租地基约

原件长五十五公分宽四十六公分

立租地基约人公合店，今租到乌莫独、波克名下包头西街路北空地基壹块，东至贾兴业，西至本店出水路，南至官街，北至河（漕）〔槽〕大道，四至分明，东西阔柒丈伍尺。每年一丈地谱银柒钱，每钱以九拾合数。情愿租到修理永远为业，同中说合押地过约钱从佃主价内兑拨受过，至于地谱银，按春秋二季凭折交纳，不许长支短付，亦不许长缩地谱。嗣后倘有蒙古民人争碍者，有乌莫独、波克一面承当。恐口无凭，立此合同约存证

波克、乌莫独二人凭折来取三千一、一千八，二人受过押地过约钱肆拾千文，兑付不欠

道光十二年十一月十九日公合店立约十

立约〔骑缝〕

合同文约各执壹纸〔骑缝〕

中见本年总甲

张登高十

朱天德十

三报十

以什洛不登十

贾兴业十

任得宝十

石万有十

苏德十

张文荣租地约

原件长三十公分宽三十公分

张文荣（明）〔名〕下，（主）〔租〕（道）〔到〕土（亩）〔默〕地一块，（记）〔计〕地一亩，地主人不克，同（重）〔众〕言明，每亩钱三百文，春秋二（记）〔季〕交（换）〔还〕，许（推）〔退〕不许夺，不许长支短欠，（用）〔永〕远为约，立出（主）〔租〕地约为照用

道光拾二〔年〕十一月廿九日立

合同为照〔骑缝〕

中见李福元

丁木气十

洛不登十

杜成十

王复租地约

原件长三十公分宽三十公分

王复（明）〔名〕下，今（主）〔租〕（道）〔到〕土（亩）〔默〕地一块，（记）〔计〕地三亩，地主人不克。同（重）〔众〕言明，每亩钱三百文，春秋二（记）〔季〕交

（换）〔还〕，许（推）〔退〕不许夺，不许长支短欠，（用）〔永〕远为约，（主）〔立〕出租地约为照用

道光拾二年十一月廿九日立

合同为照〔骑缝〕

中见李福元十

丁木气十

洛不登十

杜成十

泰兴永出借钱约

原件长三十六公分宽三十七公分

立出借钱文约人泰兴永，今因三报之妻则木亘甲耙女人借钱本壹拾二千文整。情愿将自己原收张逢相名下地普钱折壹个，每年地普钱肆千文质与泰兴永，照折收钱。同人言定，收陆年为期，从道光十二年冬季起，至道光十八年冬季，本利全清，原折交与本人。（自）〔至〕于钱折，当日两交不欠，恐口无凭，立出借文约人为（正）〔证〕用

大清道光十二年十二月廿四日立

中见人温丹十

张逢相十

乔海发十

韩泽民等租地约

原件长三十六公分宽三十七公分

立租地约人韩泽民、周达、贺俊杰，今租到三成公辨到茂明案合少塔拉补拉圪袄尔七了地壹段，熟茬代荒共叁奉，计地柒拾贰顷。东至二奉地界，西至陆奉地界，南至归化城大道为界，（比）〔北〕至广义魁大道为界，四至分明。言明每壹顷出付三成共白银壹拾叁两整，系交宝银，言明四月标交宝银伍佰两，七月标全清。每年随代水草钱柒拾贰千文整。此地道光拾叁年春季（圮）起，至道光廿二年秋后止，地内不许窝娼聚赌。地满之日，约归三成公（守）〔收〕（官）〔管〕，与种地人无涉。日后有蒙古民人衙门差事种地人所出，与三成公无干。有蒙古民人争夺者，有三成公一面承（搅）〔挡〕。恐口难凭，专立此合同约为用

计开此地南北至大道，东西阔陆佰柒拾陆步，另写新约，此约以为故纸

道光十三年新正月二十一日立

合同为凭各执一纸〔骑缝〕

同中人银良征十

白尚智十

王发十

永合全租地基约

原件长四十六公分宽五十公分

立租地基约人永合全，今租到扎木更甲补西包头西街空地基壹块。东至道，西至全盛合，南至岳思明，北至大街，四至分明。（捷）〔建〕造修〔理〕，长年门面住坐，仝众言明，每年地铺钱肆仟肆佰文，永无长（迭）〔跌〕，亦不许长收短付。两

造情愿，并无折弊等情。恐后无凭，立永远地铺约存照

　　计开地铺钱按四季交付

　　此约后〔为〕故纸

　　道光拾三年二月十四日立十

　　立合同约存照〔骑缝〕

　　中见人智天福十

　　智有良十

　　温达十

　　拉不旦十

　　三报十

不喑出租地约

　　原件长三十公分宽三十二公分

　　立出租地约人不喑今将自己陈葫窑子梁地一块，东至天沟，南至袁（信）〔姓〕，西至天沟，（比）〔北〕至畔。四至分明，情愿出租与梁德永远耕（重）〔种〕。每年出地租钱贰佰三拾文，春秋二（计）〔季〕交还，不许长（枝）〔支〕短欠，立约存照用。蒙古（明）〔民〕人争夺者，有不喑一面（成）〔承〕当。

　　大清道光拾三年二月十九日立

　　合同为证〔骑缝〕

　　中见人赵廷元十

　　李天长十

　　三报十

张把不根出租地约

原件长三十公分宽三十一公分

立出租地约人张把不根，今将自己成胡窑子袁（间）〔家〕沟梁地一段，东西至水沟，南至袁三，（比）〔北〕至张本其子，四至分明。情愿出租与马德永远耕种。同人言明每年出租钱陆佰三十文，春秋交纳，不许长支短欠，日后不许争夺此地。如有蒙民人等争夺〔者〕，有地主一面承当。恐口无凭，立约为用

道光十三年九月十九日立

立同约〔骑缝〕

中见人武安德十

李天长十

厂汗□十

梁廷十

不暗出租地约

原件长三十公分宽三十一公分

立出租地约人不暗，今将自己陈葫窑子墚地一块，东至天沟，南至本主，西至天沟，北至本主，四至分明，情愿出租与梁德永远耕（重）〔种〕，每年出地租钱伍拾文，立约存照用。蒙古（明）〔民〕人争夺〔者〕，有不暗一面（成）〔承〕当。

合同为（正）〔证〕〔骑缝〕

大清道光拾三年十月廿一日立

中见人赵廷元十

武安德十

李致发租佃地约

原件长四十公分宽四十五公分

立租佃永远地约人李致发，今租佃到蒙古民人竹木圪甲罢祖遗下成胡窑子道南熟茬地壹块。东至马自成，西至路，南至马文玉，北至梁鲁，四至分明，情愿租佃到永远耕种为业。同众言定，佃价钱捌拾千文整，当交不欠。每年应出地租钱贰千伍佰文，按春秋二季交纳，不许长支短欠。至于地租永无长（迭）〔跌〕。如有蒙古民人争夺者，有竹木圪甲罢一面承（搅）〔当〕。恐口难凭，立租佃永远地约为证

道光十三年十一月十一日李致发立十

合同二纸各执壹张〔骑缝〕

作见〔人〕王发十

温达十

三报十

尹有庆十

吴忠租地约

原件长三十公分宽三十公分

立租永远地（吉）〔基〕约人吴忠，今租到蒙古民人扛尔顺他尔本、竹木圪甲罢祖遗下东瓦窑沟后岭地（吉）〔基〕壹块。东至王吉，西至吴礼，南至大路，北至岭顶。四至分明，

情愿租到永远居住，许退不许夺。同众言定，每年应出租钱叁千柒佰文。按春秋二季交纳，不许长支短欠。现使过约钱柒千文，当交不欠。日后如有蒙古民人争夺者，有竹木圪甲罢一面承（搅）〔当〕。恐口难凭，立租永远地（吉）〔基〕约为证

合同二纸各执一张〔骑缝〕

道光十三年十一月十七日立十

作见〔人〕温达十

三报十

李尚忠十

〔以后为契约封套处文字〕

东瓦窑沟高肉铺巷内

吴忠租钱三千圡

道光十三年十一月〔廿〕七日

不喑出佃地约

原件长三十公分宽三十二公分

立佃地约人不喑，情（怨）〔愿〕将自己（远间）〔袁家〕沟墚地一块出佃与昌玉祯永远耕种。地一块，东至天沟，西至马德，南至赵二（叱）〔圪〕旦，（此）〔北〕至梁（信）〔姓〕，四至分明。每年出地租钱六佰三十文整，春秋二季交还，不（中）〔准〕长（智）〔支〕〔短〕欠。日后有人（净）〔争〕（当）〔夺〕者，有不喑一面（成）〔承〕当。

合同为（正）〔证〕〔骑缝〕

道光十三年十二月初五日立

同人言定现使过压地钱贰仟五佰文整

中见人赵廷元十

赵有十

马怀泰十

梁存成十

武安德十

远生子笔十

王申有转典院约

原件长三十公分宽三十八公分

立转典院文约人王申有，典三保、哈力牙房院，今因手中缺乏并无展转之处，情愿将自己原典到蒙古房院出典与郭玉全名下，典价大钱叁拾千文，其钱笔下交足。计房正房三间、南房壹间、东房半间。同众言明，原典五年为满，钱到（归）〔回〕赎，每年出与蒙古地租钱陆百文，春秋二季交还，不许短欠。随带（愿）〔原〕典约壹帋，恐口无凭，立转典约存照用

道光十四年三月二十一日立转典约

中见人刘金发十

孙继先十

永还斋租空地基约

原件长四十一公分宽四十五公分

立租约人永远斋，今租到沙木干甲布今同姑舅弟温达西包头西街路北空地基壹段，东北至范姓，东南至广泉兴，南至前街大道，北至炭市儿大道，西至本主，东西阔伍丈。四至分明，

情愿租到永远修理、打井、居住为业。同人言明，现支过押地钱叁拾仟文，又支过旧账长支钱贰拾仟零柒佰八十文。每年出租银陆两，每两以玖佰合数。按春秋二季交纳，不许长支短欠，亦不许长（迭）〔跌〕地租。嗣后倘有蒙民人争碍者，有沙木干甲布、温达一面承当。恐口无凭，立租约存照

大清道光拾伍年四月十九日立十

立合同两张各执壹张〔骑缝〕

中见人妥妥户十

程兴极十

〔以后为契约封套处文字〕

包镇前街路北

永远斋租去白地一块，租钱　　千

道光十五年四月十九日

通益店佃地约

原件长五十五公分宽四十六公分

立佃地约人通益店，今佃到张生富租到包头村南空地壹段，东至官路，西至大路，北至义和兴，南至正兴隆，四至分明。东西长玖拾丈零伍尺贰寸，南北阔壹拾伍丈，共计地贰拾贰亩陆分叁厘。仝中言明，每亩作佃价钱壹拾伍仟伍佰文整，共佃钱叁佰伍拾仟零柒佰陆拾伍文，其钱当日交足并不欠短。自佃之日起房盖屋、筑墙、穿井，由己自便，永远承（主）〔住〕。又张生富每亩向通益店收地铺儿钱伍佰文。每年共地铺儿钱壹拾壹仟叁佰壹拾伍文整。按春秋二季交纳，不许长支短欠，亦不许长缩。日后倘有族人、蒙古民人争端等情，有张生富一面

承当，与通益店无干。恐口无凭，专立佃地合仝约为存照用

道光十五年十一月二十七日通益店立

合同约二张各执壹纸〔骑缝〕

仝中〔人〕马步中书人十

庞廷臣十

王成和十

李祥十

薛廉十

张福兴佃地约

原件长四十九公分宽五十二公分

立佃空地基约人张福兴，今佃到张生富名下自置到西包头荣寿街蒙古德记名下地基壹块，修（里）〔理〕住座永远成业。东西宽陆丈，南北长壹拾二丈七尺，计地壹亩二分七厘。东至白有富，西至吕厂福，南至官街出路七尺，北至余子威，四至分明。同人言明共使过佃价大钱壹拾二千七百文。其钱笔下交清并不短欠。日后倘有蒙民人争夺〔者〕，有张生富壹面（呈）〔承〕当。每年出地普钱陆百叁拾伍文，不许长支短欠。恐口无凭，立合同约存证

道光拾陆年三月初弍日

立合同约壹样两纸各执壹张〔骑缝〕

同中人李恒明十

刘成德十

张威出典房约

原件长四十四公分宽四十八公分

立出典房约人张威，今因紧急使用，将自己院内西正房叁间情愿典与杨儒林名下居住管业。同众（受）〔收〕到典价钱系贰拾千文整。其钱当日交足并无欠短。每年（摸）〔抹〕房人工〔费用〕房主（任）〔人〕纳。言明三年为满，钱到房归。

恐口无凭，专立典约为照

道光十六年五月二十九日立

知见〔人〕张偀十

王德启十

不喑出租地约一

原件长三十公分宽三十一公分

立出租地约人不喑，今将自己陈葫窑子梁地一块，东至天沟，南至袁世通，（比）〔北〕至天沟，西至天沟，四至分明，情愿出〔租〕与梁德永远长种。每年出地租钱六百卅文，春秋二季交还。〔倘有〕蒙古（明）〔民〕人争夺者，有不喑一面（成）〔承〕当。

合同为证〔骑缝〕

大清道光十六年十二月十六日立

不喑出租地约二

原件长三十公分宽三十二公分

立出租地永远约人不喑，今因自己使用，将自己陈胡窑子东梁中地一块。东至天沟，西至大沟，南至买主，（比）〔北〕至买主，四至分明。又有北梁达头地三块，东至亳错沟（彦）〔沿〕，西至赵汗祥，南至买主，（比）〔北〕至天沟，四至分明。情愿租与梁德（明）〔名〕下永远耕种。同人言明每年出地租钱陆佰叁拾文整，春秋二季交还，不许长支短欠。两出情愿，永无反悔。（内）〔倘〕有蒙古民人争夺者，不喑一面承当。恐口难凭，立租地约存照用

　　大清道光拾陆年十二月十六日立

　　立合同约〔骑缝〕

　　使过约钱壹千捌佰文

　　中见人赵廷元十

　　李兴仁十

　　李天根十

　　三报十

不喑出租地约三

原件长三十公分宽三十二公分

　　立出租地永远约人不喑因自己使用，将自己陈胡窑子东梁达头地一块，东至亳糟沟（彦）〔沿〕，西至袁世吉，南至梁德，（比）〔北〕至赵汗祥。四至分明，情愿出租与吕玉祯（明）〔名〕下，永远耕种。同人言明，每年出地租钱壹佰文整，春秋二季交还，不许长支短欠。两出情愿，永无反悔。日后有蒙古民人争夺〔者〕，有不喑一面承当。恐口难凭，立租约存照用

大清道光拾陆年十二月十七日立

立合同约照用〔骑缝〕

中见人赵廷元十

李兴仁十

李天根十

三报十

尹有庆租地基约

原件长四十公分宽四十五公分

立租地基约人尹有庆，今租到高如意包头镇南圪洞二道巷地基一段。东至孟泰昌伙墙为界，西至大路，南至申起家子，北至通街巷子，四至分明。情愿租到永远修理居住为业。同众言明，每年出地普钱伍佰文，其钱春秋二季交还，不许长支短欠。日后倘有蒙（名）〔民〕人等争夺者，有地主人一面承当。两出情愿，各无反悔。

恐口无凭，专立租地基约存证

现使过押地钱贰仟伍佰文

大清道光十七年五月廿七日立

专立租地基二纸各执一纸存证〔骑缝〕

此约地基于同治元年四月廿日高姓将其地基退与原地主蒙古赤唠名下，二咼并为一约，（从）〔重〕立新约为凭，此为故咼勿论

此二纸并立新约一张为凭〔骑缝〕

知见〔人〕孟泰昌十

李天元十

刘佩义十

刘成亮十

刘永发十

刘福枝十

樊兴仓租地约

原件长三十四公分宽三十八公分

立租地约人樊兴仓，今租到毫赖沟门东村地壹块。东至贺老大沟，西至砂河，南至郭姓，北至赵姓，四至分明。情愿租到捌扣的地永远耕种。同人言定付过八扣过约钱伍仟文。每年与八扣出地租钱壹仟肆佰文，春秋二季交纳，永不许长支短欠。日后永不许退地。恐口无凭，立约存照用

大清道光拾七年十二月初九日立

同中合同约各执壹张〔骑缝〕

中见人赵廷元十

高花十

三报十

尹有庆租地基约

原件长四十公分宽四十四公分

立租地基约人尹有庆，今租到高如意包镇南圪洞地基壹段。东至张凤生，西至尹姓，南至沈起家子，北至大路，四至分明。当日使过过约钱伍仟文，情愿租到永远修理、居住为业。同众言定，每年出地租钱柒佰文整。其钱春秋二季交纳，不许长支

短欠。日后倘有族中人等争夺者，有地主人一面承当。此系两出情愿，各无反悔。恐口无凭，专立租地基约存证

大清道光拾捌年三月十五日立

专立合同约二纸各执一纸永远存证〔骑缝〕

此约地基于同治元年四月廿日高姓将其地基退与原地主蒙古赤唠名下，二岊并立新约为凭，此为故岊不用

此二纸并立新约一张为凭〔骑缝〕

知见人杨数万十

孟泰有十

张德十

庞福十

樊兴苍租地约

原件长四十三公分宽四十五公分

立租地约人樊兴苍，今租到八扣后厂汗测涝坐落白地二块。东壹块，东至水渠，西至赵姓，南至康姓，（比）〔北〕至高姓。又壹块，东至赵姓，西至赵姓，南至康姓，（比）〔北〕至高姓，四至分明，情愿租与樊兴苍永远耕种承业。言明每年出租钱七百壹拾文，春秋二季交还。日后倘有蒙民人争夺者，有八扣一面承当。两出情愿，永无反悔，恐口无凭，立租地约存照用

道光拾捌年三月廿九日立

合同为（正）〔证〕〔骑缝〕

中见〔人〕赵华十

三报十

白立共十

张庆宝十

王锦花十

转租与赵枝英

徐恺泰租地约

原件长三十八公分宽三十九公分

立租地约人徐恺泰，今租到不扣东梁城胡窑子白地一段。东自（讲）〔沟〕，西自天（讲）〔沟〕，南自袁姓，（比）〔北〕自张姓，四（自）〔至〕分明。永远耕种，许退不许夺。同人言明每年地租钱六百卅文，春秋二季交还。取过约钱壹千八百文，其钱当日交足并不短欠。日后有蒙古（明）〔民〕人争夺者，有地主人不扣一面承当。恐口难凭，立租地约为证

大清道光十八年四月廿三日徐恺泰立

立合同文约各执一张〔骑缝〕

中见人许致中十

李天昌十

赵廷元十

李泰租地约

原件长二十九公分宽三十公分

立租地约人李泰，今租到不扣（明）〔名〕下并周窑村西北地一块，永远耕种。东至公义店，南至赵根汉，西至赵汉祥，北至马厂，四至分明。两出情愿，每年地租钱壹仟陆佰文整，

春秋二季交足，不许长支短欠。有蒙古民人争夺者，有不扣一面承当。恐口无凭，立约存照用，仝日使过约钱叁仟贰百文。

  合同约〔骑缝〕中见人赵启豹十

  合同约〔骑缝〕毛扣十

  道光十八年拾月初六日立十

吕昌福佃地基约

原件长三十六公分宽三十八公分

  立佃地基约人吕昌福，今佃到张生富、〔张生〕贵西包头荣寿街巷空地基壹块，南北长壹拾叁丈五尺，东西宽六丈，计地壹亩叁分五厘，东至张福兴，西至陈福，北至余姓，南往北退官街走路七尺，四至分明，情愿佃到修理居住为业。仝人言明，佃价钱壹拾陆仟文。其钱当日交清不欠，每年随地铺钱五佰文，春秋两季交收，不许长支短欠，亦不许地铺长缩。日后有蒙古民人争夺者，有张生富、〔张生〕贵二兄弟一面承当。恐口无凭，立约为照用

  大清道光十八年十月十二日立

  合同二张为证〔骑缝〕

  在中人郑永禄十

  崔德荣十

  马驯十

樊兴仓租地约

原件长四十九公分宽四十八公分

立租地约人樊兴仓，今租到贺老大沟门白地壹块。东至天沟，西至天沟，南至大路，北至李德兰，四至分明，情愿永远耕种承业。同人言明每年出地租钱壹仟贰佰文，春秋二季交纳，不许长支短欠。出过过约钱伍仟文整。日后倘有蒙民人争夺者，有八扣壹面承当。恐口难凭，立租地约存用

大清道光拾捌年拾壹月初九日立

抄账

合同两张各（直）〔执〕壹张〔骑缝〕

中见人三豹十

北力共

杨花十

不喑出租地约

原件长三十公分宽三十一公分

立出租地永远约人不喑，今因自己使用，将自己陈胡窑子东梁地一块，东至腾、吕二（信）〔姓〕，西至赵汗祥，南至买主人，（比）〔北〕至赵汗祥。四至分明，情愿出租与梁德（明）〔名〕下永远耕种。同人言明，每年出地租钱五拾文整，春秋二季交还，不许长支短欠。两出情愿，永无反悔。（内）〔倘〕有蒙古民人争夺者，有不喑一面承当。恐口难凭，立租地约存照用

大清道光拾八年十一月廿九日立

中见人赵廷元十

合同为（正）〔证〕〔骑缝〕

李天根十

三报十

王有库租地基约

原件长三十一公分宽三十一公分

立租空地基约人王有库，今租到吉步仲臭水井儿村路北空地基一块。东至谈凤祥住院伙墙为界，西至任喜福、姜有宽二人地界，南至大道为界，北至樊兴苍地界。四至分明，情愿租到吉步仲空地基，永远修理房屋、起盖住宅，永远为业。同人言定，每年与蒙古吉步仲地（补）〔谱〕儿钱玖佰文整，言定春秋二季交还，不许长支短欠。日后若有蒙古民人（净）〔争〕夺者，有吉步仲一面承当。恐口无凭，立租地基永远约为证

大清道光十八年十一月廿九日　立合同约十

立合同约各执一张〔骑缝〕

存旧约一张，同人言定，使过过约钱三千五百文整

知见人合尔生塔儿耙十

张光智十

姜有宽十

姜芝威十

赵琏租空地基约

原件长五十公分宽四十八公分

立租空地基文约人赵琏，情因从蒙古色贡、杜各尔、〔色〕蹬、满家红兄弟四人名下租到白地壹段。东至索姓，南〔至〕官道，西至路，北至河（漕）〔槽〕，四至分明。同中现给过押

地钱伍千文，言明每年地租钱壹千捌百文，其钱春秋二季收付，永远不准长支短欠，亦不许长缩地租。异日若有蒙民人等争碍者，有伊等收租之人一面承当。此系两造情愿，各无反悔，恐口难凭，立此合同文约为证存照

　　道光十八年十二月廿三日赵琏亲立十
　　此合同文约二纸各执一张〔骑缝〕
　　四人每年应收分钱肆百伍拾文
　　内有色贲所收之租，伊另与伊侄满家喜分用
　　知见〔人〕李富十
　　大行总甲十
　　郭有智十
　　三报十

姜有宽租地约

　　原件长三十公分宽三十一公分

　　立租地约人姜有宽，愿租八扣名下臭水井儿村东南地壹块，永远耕种为业，由种地人自（变）〔便〕。计开四至，东至草（半）〔畔〕为界，南至草（半）〔畔〕为界，西至本主姜有宽地界，北至大路为界，四至分明。同人言定使过押地钱叁仟文整，其钱当日交足不欠。言定每年出地租钱玖佰文整，言明春秋二季交还，不许长支短欠。日后若有自己蒙古民人争夺者，有八扣一面承当。恐口无凭，立租地约为证

　　大清道光拾玖年三月十七日立约
　　立合同约各执一张〔骑缝〕
　　中见人三报十

稍读报十

生皮儿十

张兴宝十

续栋海十

何中立书十

姜有宽租地基约

原件长三十公分宽三十公分

立租地基约人姜有宽，因无地基修理，今租到八扣臭水井儿村荒地基壹块，永远修理居住，使过（捭）〔押〕地基钱叁仟文整，其钱当日交足无欠。计开四至，东至王有库墙根为界，南至大路，西至河心，北至任喜福为界。每年出地基租钱陆佰文整。春秋二季交还，不许长支短欠。日后若有民人蒙古争论者，有蒙古人八扣一面承当。两出情愿，恐后无凭，立租地基约为（整）〔证〕

道光拾九年三月十七日立

合同约为用〔骑缝〕

中见人三报十

稍独报十

生皮尔十

张兴宝十

续栋海十

孙廷植笔十

宏成园租地约

原件长四十二公分宽四十四公分

立租地永远约人宏成园，今因租到八扣毫赖沟门村南白地壹段。东至根驴子，西至赵根鱼子，南至根驴子，北至大道，四至分明。同中言明，每年出地租钱伍佰文整，春秋二季交，亦不许长支短欠，当交过约钱二千文整。日后倘有蒙民人等争夺者，有八扣一面承当。恐口难凭，立租地约为证用

道光十九年十二月初一日宏成园立十

合同约为证〔骑缝〕

知见梁鲁十

张逢通十

张椿龄十

张谦益租空地基约

原件长四十四公分宽四十四公分

立租空地基文约人张谦益，今租到卜扣西包镇西阁里白地壹段。东至永合店，西至永丰店，南至岳姓，北至大街，四至分明。同中说合永远修理承业，由己自便。现付过押地价钱肆拾千文。言明每年地谱钱肆千肆佰文，其钱按春秋二季交纳，永远不准长缩地租，亦不许长支短欠，嗣后倘有另人争端者，有卜扣一面承当。事属情甘，永无反悔。恐口难凭，立此租地约据为证存用

道光二拾年五月二十二日张谦益亲笔立十

合同约二张各执壹张〔骑缝〕

中见人赵丕谟十

傅良佐十

蒙〔古〕三报十

〔蒙〕古色贲十

乔安租水地约

原件长四十一公分宽四十四公分

立租永远水地文约人乔安，今租到蒙古八扣名下祖遗到西包头村南官街道南水地壹块，随带第八天大水壹奉，东至宏成园，西至大道，南至北园，北至大道，西北至官水渠，四至分明。地内有乔姓原修房院一所，与蒙古无干，由乔姓自便。有旧年长支短欠旧约账目，以为故纸不用，情愿租到永远，使水耕种管业。同人言定连水带地，每年共出租钱贰拾仟文。按春秋二季收（附）〔付〕，不许长支短欠，不许长缩地租。现使过押地钱柒拾仟文整，其钱当交不欠。两出情愿，各无反悔。恐口无凭，立租永远水地文约为证

大清道光二十年十一月十七日民人乔安立十

合同执照〔骑缝〕

大水半奉

每年租钱陆仟文

卜到天生园名下

下余地水出推与张辅廷

故纸不用

大水二厘

地壹块

每年租钱肆仟五佰文

卜到张廷俊名下

知见〔人〕尹有庆十

高洪十

元亨西十

三木登十

七登十

扫独报十

李全忠租地约

原件长四十一公分宽四十五公分

立租地约人李全忠，今租到八扣祖遗南圪洞四道巷坐北向南白地一块。东西宽五丈五尺，南北长拾壹丈，计地一亩零。东至赵銎，西至石聚金，南至官道，北至李明义，四至分明。情愿租到永远修盖为约。同众言定，过约钱陆仟文整。其钱笔下交清不欠。每年地租钱贰仟文。春秋交还，不许长支短欠，永无反悔。日后倘有蒙古民人争夺者，有八扣一面承当。恐口无凭，立约存照用

道光贰拾壹年五月初八日立十

合同约各执壹张〔骑缝〕

知见人高洪十

赵明十

张荣正十

捎读保十

王守让十

侯喜升十

尚义正租地基约

原件长三十七公分宽三十八公分

立租地基约人尚义正，今租到八扣西包头西街路南地基壹块。东至洪盛义，南至买主，西至买主，北至许士宽，四至分明，情愿出租与尚义正名下永远住坐，修理承业。同中言定，每年地普钱玖百零九文。按春秋二季交纳，永远不许长续长支。恐后无凭，立租约为证存用

大清道光贰拾壹年九月初四日立

立合同约二张各执壹张〔骑缝〕

于廿四年七月十七日另与公合和重立新约，此约不用

中见人以什洛不登十

天保定十

站报十

及不曾十

赵厚岳十

八扣出租地基约

原件长四十八公分宽四十八公分

立出租地基修理房屋合同文约人八扣，今将自己包头南圪衕南祖遗地基壹块，计四拾亩。东至大道，西至大道，南至刘登福，北至余兹巍，四至分明，情愿出租与张生富名下修理房

屋,穿井、招邻,永远承业,由其自便。同中言定,每年地租钱肆千文整。按春秋二季交纳,不许长支短(附)〔付〕,永不许长缩。日后倘有蒙古本族民人等争夺者,有八扣一面承当。恐后无凭,立出租修理房屋永远地基〔约〕为证。

现使过压地过约钱二千文后批至咸丰二年十一月十六日,因欠八扣累年地谱钱叁拾柒仟文,情愿仝白云翩、王富清、李载阳、千家保将自己租到在约四拾亩地内,转租与吕〔姓〕、陈〔姓〕、白姓三家,地基共陆亩壹分,退租地主作为还谱钱。地谱叁拾柒仟文。伊带回在约地谱钱二仟五佰文,下余钱壹仟伍百文,仍按春秋二季交纳八扣。

大清道光二十一年十一月二十二日立十

合同约各执一张〔骑缝〕

在中人贺世荣十

韩清杰十

李天元十

色奔十

孙文瑛租地基约

原件长四十五公分宽四十二公分

立租到地基文约人孙文瑛,今租到包头南圪洞二道巷路南高如意地基壹块。东至张广修,西至张生金、〔张生〕银,南至高福,北至巷路,四至分明,出路通街,情愿租到修理房屋居住,永远承业。同中言定每年与高如意出地普钱陆百五拾文。按春秋二季交纳,不许长支短欠。现使过过约钱五千文。日后倘有本族蒙古民人等争夺者,有高如意一面承当。恐口无凭,

立租到地基文约为证

　　大清道光二十二年四月初七日立

　　合同约各执一纸〔骑缝〕

　　在中人程涌十

　　高福十

　　王建和十

徐心海租地约

　　原件长四十一公分宽四十五公分

　　立租永远屋地约人徐心海，今租到不扣南圪洞四道巷坐北向南白地壹段。计地东西阔五丈三尺，南北长八丈五尺，北至苏发云、张大财子，东至岳秉福，西至吉瑜，南至大路中心，四至分明，情愿租到永远修盖、居住管业。现使过押地钱贰仟文整。同中言定每年地租钱壹仟壹佰文整。按春秋二季交纳，不许长支短欠，永不许地租长（迭）〔跌〕。日后倘有蒙古民人争夺者，有不扣一面承当。恐口难凭，立永远租屋地约为证

　　道光二十二年十月初一日不扣立十

　　合同约二张各执壹张〔骑缝〕

　　中见人捎独报十

　　王玉福十

　　七登十

张永租地基约

　　原件长四十一公分宽四十五公分

立租地基文约人张永，今租到不扣名下西包头镇大街路南地基壹块。东至广源店，西至亨通西，南至根（璎）〔腰〕子，北至大街。四至分明，向南有出水路壹条，情愿租到永远承业修理居住。现使过押地钱陆拾仟文，其钱当日交清不欠。同众言明，每年出地普直银柒两玖钱，内有南头地普直银玖钱，共在一处，每两以玖佰合钱。按春秋二季交纳，不许长支短欠，永远不许长缩地普。日后倘有蒙民人等争夺者，有不扣一面承当。两出情愿，各无反悔。恐口难凭，专立租地基约永远存证

道光二拾二年十月二十一日立十

专立地普约二纸各执一纸永远存证〔骑缝〕

中见〔人〕厂汉扣十

尹有庆十

杨海十

七邓十

〔以后为契约封套处文字〕

包镇车市尔中街路南

张永租去屋地一块，租银三两三钱

以　百合钱　千

道光廿二年十月廿一日

即张肉铺家

谈凤祥租地基约

原件长二十九公分宽三十一公分

立租到地基约人谈凤祥，今租到臭水井村卜扣村东大路北

地基一块，东至王姓，南至大道，西至尹姓，北至王姓地界，四至分明，情愿租到永远居住修理，任其自便。同中言明，每年出租地钱肆佰文，使押地钱捌佰文。两相情愿。倘有蒙古民人争夺者，有卜扣一面承当。恐后（为）〔无〕凭，立租到永远地基约存照

大清道光二十二年十月廿九日立

合同各执一张为证〔骑缝〕

知见人刘全华十

常汗扣十

傅九河十

李德栏租地约

原件长三十公分宽三十一公分

立租地约人李德栏，今租到蒙古人八叩毫赖沟门村东坡地壹段，东至南北路，西至贺老大沟，南至樊姓，北至尹姓，四至分明。今租到永远耕种，每年与八叩地租钱壹千文，春秋二季交（讷）〔纳〕，不许长支短欠。日后如有蒙古民人等争夺者，有八叩一面承当，恐口无凭，立租地约为照

大清道光廿二年十一月初三日立

立合同各执一张〔骑缝〕

此地先年王肉铺租过，至今退地将租约失也。

日后王肉（甫）〔铺〕有约出，系废约，无用矣

中人赵大业十

厂汗叩十

赵有宝十

不扣兑地普租钱约

原件长二十九公分宽二十九公分

立兑地普租钱约人不扣，今有短张三寡妇钱债伍拾仟整，有利。言别付伊现钱壹拾捌仟四佰文，下短伊钱叁拾壹仟六百文。同众说合，情愿将自己祖遗南圪洞四道巷赵璧、石掌柜二人地普钱伍仟贰百五十文，连伊地普钱柒佰文，收六年为满。恐口无凭，立约为证

大清道光二十三年三月廿九日立

立合约〔骑缝〕

中见人赵明十

捎读报十

张荣政十

色本十

张三寡妇收兑地普约

原件长二十九公分宽三十公分

立收兑地普约人张三寡妇，今有去年不扣短自己钱债伍拾仟整，有利。言别收过现钱壹拾捌仟四佰文，下短咱钱叁拾壹仟六佰文。同众说合不扣将伊祖遗南圪洞四道巷赵璧、石聚锦二人地普钱伍仟贰百五十文，连自己地租钱柒佰文兑咱，收六年为满。恐口无凭，立约为证

大清道光二十三年三月廿九日立

立合约〔骑缝〕

中见人赵明十

捎读报十

张荣政十

色本十

岳德金、岳德恒租空地基约

原件长四十一公分宽四十五公分

立租永远空地基文约人岳德金、〔岳德〕恒，情因先人于乾隆年间租到薄扣先人名下本镇大庙道南白地壹段。东至张姓，南至金木素，西至王、周二姓，北至根娃子。今因年深日久，已将旧约损坏，因而两造复立新约。经中说合，仍租与吾弟兄名下修盖承业。同中现付过押地钱壹拾千文，言明每年地谱儿钱壹千贰百壹拾伍文。其钱按春秋二季交纳，永远不许长缩地谱儿钱，亦不准长支短欠。嗣后倘有另人争碍者，有伊收租之人一面承当，事属情甘，各无反悔。恐口难凭，立此合同约据为证存用

道光二十三年十月初一日岳德金、〔岳德〕恒亲立十

合同文约二纸〔骑缝〕

知见人七凳十

白瀧十

大行总甲十

石琮十

色贲十

王天禄出典房约

原件长四十一公分宽四十四公分

立出典房约人王天禄，自因无钱使用，今将自己南边房院一（锁）〔所〕，正房三间出路通行。东至田大成，南至大路，西至武明，北至大路，四至分明。情愿出典与董福岐、贺有财名下居（柱）〔住〕，五年为满。同人言明，典房钱陆千文整，钱无利房无（令）〔赁〕，钱到回赎。内有西边正房一间为本主，日后有人争夺者，有王天禄一面承当。恐口无凭，立典房约存照用

大清道光廿三年十一月初六日立约

知见〔人〕武德万十

韩发十

借钱质折符约

胡财租地基约

原件长四十公分宽四十五公分

立租地基文约人胡财，今租到把扣名下包头西街路南地基壹块，北边东西阔捌丈，南院东西阔九丈五尺，前后共长式拾捌丈五尺。东至公如玉，西至杜姓，南至岳姓，北至官街大路。四至分明，情愿租到永远居住、修盖承业，许退不许夺。同人言明，现过押地基钱叁拾仟文整，其钱当交不欠，言明每年地基钱四仟四佰，按春秋二季交纳，不许长（技）〔支〕短欠，亦不许地基租钱长（宿）〔缩〕。日后倘有蒙民人等争夺者，有

地主人一面承当。恐口无凭，立租地基约为证

　　大清道光廿三年十一月十九日立

　　立合同二纸各执壹张〔骑缝〕

　　中见人都嘎十

　　杨海十

　　忠谷利十

　　龙彪十

　　毛扣十

梁廷璧租地基约

原件长四十九公分宽五十一公分

　　立租地基约人梁廷璧，今因（垫）〔佃〕到永合全前街西头路南地基壹块。东至大道，西至永盛西，南至岳姓，北至街。四至分明，每年地铺钱肆千肆佰文。目今系八扣地主，按春秋收使钱文。经仝中人说合，过约，使过约钱柒拾千文，由己修理自便。嗣后照旧收地铺钱肆千肆佰文，按春秋分交，永不许长缩，并不准长支。两出情愿，决无翻悔。恐口难凭，立约存照

　　合同约二张各执一张〔骑缝〕

　　中见〔人〕牛广和贵

　　郭有智〔画押〕

　　梁悦孔〔画押〕

　　色贡十

　　大清道光二十四年新正月初八日立

公合和租空地基约

原件长四十七公分宽四十八公分

立租永远空地基文约人公合和，情因租蒙古博扣名下白地壹段，坐落本镇前街路南，东至洪盛义，南至官道，西至永复全，北至更娃子。四至皆明。同中现给过押地价钱壹拾伍千文，言明每年地谱儿钱壹千玖百陆拾贰文。其钱按春秋二季收付，永远不许长支短欠，亦不准长缩地租。日后倘有另人争碍者，有伊收租之家一面承当。此系两造情愿，各无反悔。恐口难凭，立此合同租约为证存用

道光二十四年七月十七日公合和立

立合同文约二张各执一张〔骑缝〕

租与张敦刚

知见〔人〕张逢通十

大行总甲书十

七凳十

石聚金租地约

原件长四十五公分宽四十六公分

立租地约人石聚金，今租到八扣祖遗南圪洞四道巷坐北（相）〔向〕南白地一段，东至李全忠，西至韩寡妇，南至官道，北至李明玉。四至分明，情愿交石聚锦修盖、居住。同众言定，使过押地钱壹仟五百文整，其钱笔下交清。每年地普钱二千二百文，春秋二季交还，不许长支短欠。日后有蒙古民人

争夺者，有八扣一面承当。恐口无凭，立约为证（春）〔存〕用

日后有单张片纸，此约以为故〔纸〕，不用

大清道光廿四年九月初三日八扣立十

合同二张各执一张〔骑缝〕

中见人张继列十

常见喜十

七登十

梁吕玉珍租地约

原件长四十二公分宽四十五公分

立租地约人梁吕玉珍，今租到蒙古不叩名下祖遗陈湖窑子村东南户口地壹块，系东西畛，东至河（漕）〔槽〕，西至沙河，南至梁姓，北至靠山坡开，四至分明，情愿租到蒙古地长久永远耕种为业。仝众言明，现出过压地价钱肆千文整。其钱当交不欠。日后倘有蒙古民人争夺者，有不叩一面承当。情出两愿，永无反悔。每年随地出地租钱壹千叁百伍拾文，秋后收租，不许长支短欠。恐口无凭，专立租永远地约为存照用

大清道光二十四年十一月初九日立

立合同约各执壹张存照为证〔骑缝〕

仝知见〔人〕必力贡十

李天长十

巧尔计十

孙见十

党宝重书十

卜扣借钱约

原件长二十九公分宽三十公分

立借钱文约人卜扣，今借到王山阜名下钱本伍千四百文，情愿将吕玉珍一折钱二千〇百三十、徐开泰一折钱　百三十，质与钱主收五年为满，异日折钱付不到，按月三分利，本利卜扣清还。恐口无凭，立约为证

道光二十四年十二月廿一日立十

至廿五年起收五年

合同各壹张〔骑缝〕

知见人长命厮十

胡天清租屋基约

原件长四十二公分宽四十五公分

立租永远屋基约人胡天清，今将阿力牙、八扣名下坐落包头镇圪料街斜尖屋基壹段，已于乾隆年间自己先人租到永远承业。因旧约交界不明，未注押地。今同中人指明交界，复立约据。东至亨通西，西南俱至西顺店，西北至路，东北至亨通西。四至分明，自己仍愿租到永远修理承业，当交过押地钱柒拾仟文，〔至同治　年五月廿三日，同人卜去刘姓谱钱壹仟五百文〕每年地谱钱叁千文。春秋二季交收，不许支欠，永无增长。日后如有蒙民人等争夺者，蒙主一面承当。恐后无凭，立租永远屋基文约存证

旧约以为废昺

道光贰拾伍年伍月初玖日胡天清立十

合同为证各执壹纸〔骑缝〕

中见〔人〕稍独报十

七登十

王春泉十

张维新十

王守让十

冯善述十

今批此约。因谓先远在日原租到圪料街斜道南蒙古土（墓）〔默〕永远空地基壹块，以后由自己修理方便。有道光年间不料先远将西畔出佃外姓刘姓居住，壹半所留，东畔自己占（主）〔住〕修理。所有四至各分别镜，胡姓从东畔起界，东至惠和元房后，西至斜道官街，南至刘姓西界墙，北至惠和元房前官街。两家四界分别明镜，界内木土相连，因前篇地谱未（层）〔曾〕分别，原在胡姓约内暗藏匿，两家息靠蒙古钱数不足。到同治年夏月请人查照，原约据内原是胡姓。约内查照地界分明，原地谱钱叁仟，未（层）〔曾〕与刘姓，卜外一半谱钱壹仟伍佰文，地屋仍然照旧住占。今同众中人蒙古七木的十、〔蒙古〕侄子二拉莫十、王禄十、苏成十，当面辨明，原将自己约据批写（跟）〔更〕改，所有胡、刘二姓，每年以后各出地普钱壹仟伍佰文。前篇虽有地普钱三仟，叉，至此壹分两家（公）〔共〕出。今同中刘姓复写新约，以后谱钱（害）〔还〕债，各守老约分开。至今谱钱辨明，各守原约存照。以后以此为凭

同治五年五月廿二日批立

〔以后为契约封套处文字〕

西包头圪料街

胡天清内札计约壹张

道光二拾年五月初九日

合义店租空地基约

原件长四十八公分宽四十九公分

立租永远空地基约人合义店，情因先年租到单皮儿名下西包头东街路南白地壹块。东至合兴永，西至占主，南至合兴永、恒裕德车路，北至大街。四至分明，租到合义店名下，永远修理为业。每年地租钱二千五佰二拾文，按春秋式季交纳。至后单皮儿丁倒户绝，其地应归束木公中章盖高老爷，公项同保什号六托、巧尔气、毛扣经理收租事。因多年旧约无存，因而央人复立新约，同人议定旧使过押地并来往长支钱肆拾玖千伍佰捌拾捌文，俱作为押地之价。今同中又使过过约钱二拾千文。言明此地租钱仍依前纳，永远不许长支短欠，亦不准长缩地租。嗣后倘有蒙民人等争夺以及拣出旧约狡展者，有束木公中人等一面承当。此系两出情愿，永无返悔。恐口无凭，立租永远空地约为证存用

道光二拾五年十一月廿八日立十

合同租约各执为证〔骑缝〕

中见〔人〕王良辅十

必力贡十

大行总甲书十

扫独报十

千　〔日〕〔百〕　十

〔蒙古文签注〕

兴隆美租空地基约

原件长四十七公分宽四十八公分

立租永远空地基文约人兴隆美，今租到蒙古波扣名下包头镇东街路南白地壹段。东至续姓、本主、张姓，南至速木呀，西至兴盛远，北至老金架，四至分明。租到永远修理为业，由己自便。同中现使过押地钱陆千陆百肆拾文。言定每年地租钱壹千叁佰贰拾捌文。按春秋二季交纳，永远不许长支短欠，亦不准长缩地租。嗣后倘有蒙民人等争夺者，有波扣一面承当，事关属寔，永无返悔。恐口无凭，立租永远空地基约为证存用

道光二十五年十弍月十三日立

中见〔人〕捎独报十

合同租约各执为证〔骑缝〕

大行总甲十

田种玉十

四喇嘛十

公如玉租地基约

原件长四十七公分宽四十八公分

立租永远地基约人公如玉，情因于道光五年九月初三日将得记名下西包头村西南土默空地基壹块，东至复盛魁，西至白处，南至道与东圐圙齐，北至道。四至分明，约南阔玖丈，北阔捌丈，业已租到本号，永远随意修营、住座、生理为业。依

北阔作地普，每年按柒丈五尺，应出地普钱肆仟柒佰贰拾伍文，内有五尺地基出于义让，不出地普。今因巴扣翻改，经人理处，评得义让出于前人，本无悖祖翻改之理，自己念在主客情面，遵众评说，前后共给过押地过约钱捌拾肆仟陆佰文，故约不论，另换此约。以后按四至内每年共地普钱伍千零肆拾文，永无长缩，亦不许长支短欠。倘有蒙民争夺者，有巴扣一面承当。恐口难凭，立合同约为证

　　计开

　　地普钱按四季交收

　　道光二十六年□□□□□□立

　　各执壹张〔骑缝〕

　　中见〔人〕郭有智十

　　大行总甲十

　　牛广和十

　　门扣十

　　换新约，此约为之故㕶

智周租地约

原件长二十六公分宽二十八公分

　　立永远租地约人智周，今租到卜扣祖遗西包头龙王庙南地壹段。东至李长金，西至卜成锁，南至大道，北至张四驴。四至分明，情愿租到永远耕种为业。同中言明，现使过过约钱伍仟贰佰文，其钱当交不欠。每年随〔带〕地租钱捌佰文，租钱秋后交纳，不许长支短欠。日后若有亲族、蒙民人等争碍者，有卜扣一面承当。恐口无凭，立永远租约为证

道光二十六年正月廿三日立

合同二纸各执壹张〔骑缝〕

中见人张悦十

七登十

兴盛远租地基约

原件长四十七公分宽四十八公分

立租永远白地基文约人兴盛远，情因嘉庆七年三次租到朝旺名下座落包镇东街路南白地基相连三块。每年应纳租钱（附）〔付〕清不欠。今伊孙八扣恐旧约叁昦年远难稽，情愿重新（较）〔校〕明四至，新立租约，其地三块合一。东至兴隆美，西至张成泰，南至承业主，北偏东至呎七儿，偏西至张成泰，四至分明。今八扣仍租与兴盛远名下，永远修理为业，由其自便。言定每年地租钱伍千玖佰玖拾四文。按春秋二季交纳，永远不许长支短欠，亦不准长缩地租。同中言明，新旧共使押地钱壹佰千文。其钱（附）〔付〕清不欠。嗣后倘有蒙民人等争〔夺〕者，有出租人八扣一面承当，此系两出情愿，永无反悔。恐口无凭，立租白地基约永远为证

道光二十六年弍月廿九日立

合同租约各执为据〔骑缝〕

中见〔人〕大行总甲书十

七登喇嘛十

杨德租地基约

原件长三十公分宽三十公分

立租地基约人杨德，今租到高湖南圪洞三道巷路北白地壹块，东至李祯，西至东子，北至张娃，南至大路，四至分明。同人言明，使过押地钱拾仟文。其钱当交不欠，每年随代地普钱叁佰文。日后若有蒙古（明）〔民〕人争夺者，有高湖一面承当。恐口无凭，立合同约为证

大清道光二拾六年三月初八日立

立合同约为证〔骑缝〕

中见人庞廷亮十

李祯十

樊兴仓租地约

原件长三十公分宽三十公分

立租地约人樊兴仓，今租八扣贺老大沟门地壹块，东至本主樊姓，南至张兴实，西至沙河，北至路，四至分明。情愿租到永远承业耕种。同人言定每年出地租钱二千五佰文，春秋二季交纳，不许长支短付。日后不许争夺回赎。如有蒙民人等争夺者，有地主人八扣一面承当，当日使过樊姓过约钱肆千文整。恐口无凭，立租约存照

道光二十六年四月初九日立

立合同约二张各执壹张〔骑缝〕

中见人厂汗扣十

张兴宝十

张泰荣十

三报十

范文瑞侄子范丕芝租地基约

原件长四十三公分宽四十三公分

立租永远地基约人范文瑞侄子范丕芝，情因先年原租到蒙古八扣祖遗西包头后街路南地基壹块，东至范丕云，西至永远斋，南至广泉兴，北至大街。四至分明，情因旧约年深日久，同中人重换合同新约，情愿租与范文瑞侄子范丕芝永远修理住占承业，日后旧约以为故纸不用。现使过押地过约钱伍拾伍千壹佰伍拾文，其钱笔下交清不欠。每年地租钱叁千壹佰伍拾文，按春秋二季交纳，永不许长支短欠，亦不准长缩地租钱。日后如有蒙古亲族民人等争碍者，有八扣一面承当。此系两出情愿，各无反悔。恐口无凭，立租永远地基约为证存照用

立合同弌张各执壹张〔骑缝〕

大清道光二十六年八月十八日范文瑞同侄子范丕芝（清）〔亲〕立

在中人范丕谟十

蒙扣十

扫独报十

王弼十

〔以后为契约封套处文字〕

包镇后街路南

范文瑞，租去白地一块，租钱三千一

道光廿六年八月十八日

李旭租空地基约

原件长四十九公分宽四十八公分

立租永远空地基文约人李旭，今租到蒙古八扣名下本镇前街路南通内伙行出路壹条，南至李旭，东至王成和，西至永和堂，北至通街大道，四至分明。经中说合，两造情愿，租与李旭名下永远修理、住占为业。前后共给过押地价钱伍拾式千文，其钱笔下交清不欠。每年地普儿钱式佰文。按冬季收纳，不许长支短欠，亦不准长缩地普。日后倘有蒙（名）〔民〕人等争碍者，有八扣一面承当，事关属寔，永无反悔。恐口难凭，立此租地基文约人永远为证

立合同约式张各执壹张〔骑缝〕

道光式拾陆年九月廿七日

在中〔人〕田种玉十

李旭立十

大行总甲十

七登十

永和堂租空地基约

原件长四十五公分宽四十五公分

立租空地基文约人永和堂，今租到八扣祖遗本镇前街路南空地基壹段，东南至李旭，西至刘天亮，南至李旭，北至大道，四至分明。东北角上有伙行出路壹条通街。情愿租到本铺名下永远修理为业，经中说合，现（附）〔付〕过八扣押地钱伍拾

千文，其钱笔下交清，分文不欠。同中言定，每年地谱钱式仟伍佰文。按冬季完纳，不许长支短欠，亦不准长缩地谱。日后倘有蒙民人等争夺者，有八扣一面承当，事关属寔，各无反悔，恐口难凭，立此租地合同文约永远为证

合同式纸各执壹张〔骑缝〕

于道光廿九年九月廿五日与段积荣另有新租约，此约以为故乭不用

道光二十六年九月二十七日立

在中〔人〕田种玉十

大行总甲十

七登十

内包租约不可毁失，慎慎

巴扣借钱约

原件长二十九公分宽二十九公分

立借钱文约人巴扣，今借到陈世泰钱拾仟文，质李明壹折租钱肆仟式佰文，式拾六年起，收六年为满。日后蒙古民人争夺者，有巴扣一面承当。恐口无凭，立约为证

各执合同一张秋后交口中见人〔骑缝〕

道光廿拾六年十月廿八日立

中见人三报十

张兴十

成明德租空地基约

原件长四十三公分宽四十五公分

立租空地基约人成明德，今租到张生富名下西包头村南空地基壹块，南北长壹拾丈，东西宽陆丈，计地壹亩，东至孟全会，西至苏姓，北至马富，南至本主。南退官路陆尺五寸，四至分明，永远修理、住（坐）〔座〕为业，同中人言明，当日使过下地租钱五千文，以后出地租钱捌佰文。按春秋二季交付，不准长支短欠。日后倘有蒙民亲族人等争夺者，有张生富一面承当。恐口无凭，立约存证

道光二十六年十一月十六日立

立合同文约弐张各执壹张〔骑缝〕

同知见人王典十

只子禄十

唐安十

程定亨十

孟全会十

龚天宝十

李明租地约

原件长四十公分宽四十三公分

租地文约人李明，今租到的计名下包头村南白地壹块，计地柒亩半，随带水俸壹厘弐毫半。东至五福元，西至祥盛园，南至复信魁，北至李兴。四至分明，同众言定，每年出地租钱叁仟壹佰五十文，其钱按春秋二季经收，不许长支短欠，现使过押地钱五千文整。日后倘有蒙古人等争夺者，有地主一面承当。恐后无凭，立约存照

道光二十六年十二月初九日立

合同弍纸〔骑缝〕

中见人蒙古三报十

马金统十

王成和租空地基约

原件长三十公分宽三十公分

立租永远空地基文约人王成和，今租到蒙古八扣祖遗本镇前街路南空地基壹块。东至洪泰炉，西至三兴成，南至李旭，北至大街，西北角有伙行出路壹条，出入通街。四至分明，租到己名下永远修理为业，由己自便。言定，每年地租钱壹千零伍拾玖文，按春秋弍季交纳，永远不许长支短欠，亦不准长缩地租，同中现使过押地钱伍千文。嗣后如有蒙民人等争夺者，有收租人壹面承当。此系两出情愿，永无返悔。恐口无凭，立租地基约永远为证

道光弍十七年九月廿五日立

合同租约各执为证〔骑缝〕

中见人大行总甲书

在中〔人〕蒙古七登

〔以后为契约封套处文字〕

包镇前街路南

王成和租去地基一块，租钱一千〇

道光廿七年九月廿五日

宝荣德东边

宝荣德租空地基约

原件长三十二公分宽三十一公分

立租永远空地基文约人宝荣德，今租到蒙古八扣祖遗本镇前街路南空地基壹块，东至王成和，西至李旭伙行大门，南至王成和，北至大街，西北角有伙行出路壹条，出入通街，四至分明，租到〔自〕己名〔下〕，永远修理为业，由己自便。言定每年地租钱壹千柒百玖拾壹文。按春秋式季交纳，永远不许长支短欠。亦不准长缩地租。同中现使过押地钱柒千五佰文。嗣后如有蒙民人等争夺者，有收租人壹面承当，此系两出情愿，永无反悔。恐口无凭，立租地约永远为证

道光式十七年十月十八日　立中见〔人〕

合同租约各执为证〔骑缝〕

大行总甲十

蒙古彻汗扣十

樊兴有租地基约

原件长三十公分宽三十一公分

立租到永远地基约人樊兴有，今租到卜扣臭水井村东大路北地基壹块，东至常玉柱，西至长命子，南至大道，北至大道，四至分明，情愿租到永远修理、居住，任由自便为业。同众言明，使过过约钱二宗，共钱壹千文，其钱交足。又随蒙古地租钱肆佰文，春秋二季交纳，不许长支短欠。两相情愿，并无异说。日后倘有人等争夺者，有卜扣一面承当。恐后无凭，立租

地约存证

  大清道光二十七年十一月十七日

  合同约各执壹张〔骑缝〕

  立知见人樊兴仓十

  赵祯十

  张泰荣十

  吴明泰十

田大祯租地约

原件长四十二公分宽四十五公分

  立租地约人田大祯，今租到巴扣名下梁甲营子村东大小地四块，东边一块，东至李明玉，西至本主，南至李姓，北至大路。中一块，东至本主，西至本主，南至李姓，北至大路。又一块，东至本主，西〔至〕李明玉，张姓，北至大路。西边一块，东至租主，西至岳姓，南至李姓，北至李明玉。各四块四至分明，情愿租与田大祯永远耕种、修盖房屋为业，许退不许夺。同人言定，每年地租钱捌佰文整，春秋二季交付。日后有蒙古民人争夺者，有巴扣一面承当。恐口难凭，立租地约存照用

  房西边内有出路壹丈，房后通包头车路行

  道光式拾柒年十二月十二日立约

  西边第四块地内，北边有本主（于）〔余〕地一块，计地阔东西捌丈，南北长拾丈

  〔画押〕

  合同式张各执一张〔骑缝〕

知见〔人〕韩清玘十

岳秉荣十

韩发十

吴明泰十

当日使过过约钱叁拾式千文

〔以后为契约封套处文字〕

梁家营子村东大小地

田大祯，租去四块白地，租钱　百

道光廿七年十一月十二日

张德飞租地基约

原件长三十公分宽三十公分

立租永远地基约人张德（非）〔飞〕，今租到巴扣名下南黄草凹村东地基式块。东边一块，计地壹拾八亩，东至焦姓，西至焦姓，南至焦姓，北至焦姓。西边一块，东至焦姓，西至焦姓，南至乌拉交界，北至焦姓，计地叁拾式亩。四至俱各分明，情愿租到永远耕种为业。同众言明，现使过约钱肆千文，当日交足。又随蒙古地租钱一千四佰文，春秋式季交纳，不许长支短欠。倘有蒙民人等争夺，有巴扣一面承当。恐口无凭，立约为证

大清道光二十七年十一月十七日立

巴扣（猜）〔亲〕笔立约十

知见人张喜贵十

张发十

吴明泰十

立合同弌张各一张〔骑缝〕

〔以后为契约封套处文字，内附有咸丰约一份〕

南黄草凹村东地二块

张德飞，每年租钱　千

又一约咸丰七年十一月廿九日租钱　百

道光二十七年十一月十七日

公和美租空地基约

原件长四十八公分宽四十九公分

立租永远空地基文约人公和美，今租到八扣名下祖遗包镇厂汗恼包路北白地东西弍块，共阔叁拾伍丈六尺。东至吕酒馆，西至承业主，南至大路，北至墚顶。四至分明，与长玉柱先人共合一约，应伊分壹半。又路北空地基壹块，东西阔九丈。东至长玉柱承业，西至乌拉地界，南至大道，北至承业主圐圙。又路南空地基壹块，东至本主，西至道，南至本主，北至大道。又路南空地基壹块，东西阔九丈，南北长弍拾伍丈，东至长玉柱，西至乌拉地界，南至长玉柱，北至大道。以上四宗四至俱各分明，情愿租到永远修理为业，由己自便。言定，每年共合地租钱弍拾肆千柒佰弍十弍文。按春秋弍季交纳，永远不许长支短欠，亦不准长缩地租。同中现使过押地过约钱陆拾千文。嗣后如有蒙民人等争夺者，有收租人壹面承当。事出两愿，永无反悔。恐口无凭，立租地基约永远为证

旧约四畛计东西二块共阔　十丈，租银　十　两、文曰〔约〕合钱各分一半，钱　十　千，东西阔九丈一块，租银　两，文（曰）〔约〕合钱　千，又路南地一块，连张姓退以钱

共租钱　千，各分一半钱　千，东西阔九丈南北长　千文，租银　两，文（曰）〔约〕合钱

　　道光式十八年七月初七日立
　　合同租约各执壹张〔骑缝〕
　　中见人大行总甲书十
　　蒙古捎独报十
　　海德公十
　　旧（长）〔账〕支，另有账簿

兴隆美租空地基约

原件长四十八公分宽五十公分

　　立租永远空地基文约人兴隆美，情因租到蒙古卜扣名下白地壹段，座落在本街臭屎巷路西。东至刘三，南至张老四，西至自己，北至李进实，通街大道，有出水走路，四至皆明。同中现给过押地价钱壹拾伍千文整。言明每年地谱儿钱伍百文，其钱每〔年〕按春秋式季交收，永远不准长缩地租，亦不许长支短欠。嗣后倘有另人争碍者，有伊收租之家一面承当。此系两造情愿，各无反悔。恐后无凭，立此合同租约为证存用

　　道光二十八年十一月兴隆美立
　　立此合同文约式纸各执壹张〔骑缝〕
　　在伴〔人〕张连汉十
　　大行总甲书
　　田成业十
　　蒙古吴明太十

陈国祯租空地基约

原件长三十八公分宽三十八公分

立租宅地基文约人陈国祯,租到八扣名下西包头圪料街路南吉泉湧巷内东边宅基地壹块。东西宽伍丈伍尺,南北长柒丈零四寸。东至尚一正,西至大路,南〔至〕王门张氏,北至兴盛玉。四至分明,情愿租到永远修理居住为业。同中言明,每年出地普钱壹仟伍百文,按四季交纳,不许长缩,亦不许长支短欠。恐口无凭,立租地基约为证用

当日现使过押地钱捌仟文

合同式纸各执壹张〔骑缝〕

道光二十九年闰四月十九日立

知见人王锦十

王好珅十

吴明泰十

崔文元十

段积荣租空地基约

原件长四十四公分宽四十四公分

立租永远空地基文约人段积荣,今租到八扣名下祖遗包头前街路南白地壹块,东至王成和,西至刘天亮,南至李旭,北至大街,东北角上有伙行出路通街,四至分明。情愿租到永远修理、住占为业,言定每年地租钱弍千五佰文,按冬季交纳,永远不许长支短欠,亦不准长缩地租。同中现使过押地过约钱

拾陆千文，嗣后如有蒙民人等争夺者，有八扣一面承当。事出两愿，永无反悔。恐口无凭，立租空地基约永远为证

　　道光式十九年九月廿五日立

　　合同租约各执为证〔骑缝〕

　　中见〔人〕袁奎章十

　　大行总甲十

　　富根子十

　　宫天保十

　　卜与赵元震

张兴泰租地约

　　原件长四十二公分宽四十四公分

　　立租地合同约人张兴泰，今租到把扣城乎窑〔子〕祖遗白地壹坂，东至马自成，西至路，南至马文玉，北至梁鲁，四至分明。情愿租到永远耕种承业。同众言定，立约现使过过约钱壹拾式千文整，其钱当日交足不欠，嗣后每年共出地钱式仟五百文，按春秋二季交纳，不许长支短欠，地租永远不许长（迭）〔跌〕。地内倘有蒙民人等争夺者，有地主人一面承当，惟有神缘社会差务按二厘摊出。此系情出两愿，各无反悔。恐口无凭，立此合同文约为证

　　立合同式纸各执壹张〔骑缝〕

　　道光廿九年十二月十七日立

　　知见〔人〕陈库十

　　邬令十

　　冀海成十

吴明泰十

褚献恺十

李腾华十

丁宝租地约

原件长四十八公分宽四十八公分

立永远租地约人丁宝，今租到卜扣祖遗厂汗恼包村南白地弍块。东边壹块，计地弍顷。东至韩清起，西至本主，南至贾姓，北至高、郭二姓。西边壹块，计地伍拾伍亩，东至本主，西至安吉，南至焦姓，北至大道，共白地弍顷伍拾伍亩，四至分明。情愿租到永远耕种修理承业。同人言明，每年应与卜扣名下租地钱弍千柒佰文整。其钱春秋二季交纳，不许长支短欠，许退不许夺，当日卜扣使过押地过约钱壹拾仟文整。日后倘有蒙民人等争夺者，卜扣一面承当。恐口难凭，专立租地合同约为证，原有广盛魁租约弍张，卜扣家存，日后以为故昼不究

大清道光三十年三月十三日立

立合同约弍张各执壹张〔骑缝〕

于光绪五年十一月初五日同中拨与银如泉地租钱壹千文，另立新约

知见〔人〕扫独报十

李永祥十

吴明太十

光绪五年十二月初二日拨与韩兴地柒拾亩租钱捌百。又于光绪八年三月十四日拨与韩兴地陆拾七亩，租钱玖百

滕奉明租地约

原件长三十公分宽二十九公分

立租地约人滕奉明，今因自己使〔用〕不足，今将自半道毫赖沟地壹块，情愿租（道）〔到〕巴扣（明）〔名〕下耕种为（约）〔业〕。东至本主，西至本主，南至张姓，北至赵姓。四至分明，出路通行。同人言明每年地租钱壹佰文整。倘有蒙古（明）〔民〕人争夺者，有巴扣一面承当。恐口无凭，立约存照用

大清咸丰元年二月二十三日立约

合同约人〔骑缝〕

知见人柳来春十

李金山十

智福书

赵广仁租空地基约

原件长三十公分宽三十公分

立租空地基约人赵广仁，今租到西包头村南张生富原佃到蒙古白地壹段，东西阔陆丈，南北长玖分柒厘。东至苏（信）〔姓〕，西至武永，南〔至〕郭（信）〔姓〕，北至董（信）〔姓〕。四至分明。北往南退走路陆尺五寸。情愿租到永远修理（柱）〔住〕座承业。同人言明每年地普钱壹千柒佰肆拾陆文，按春秋二季交纳。不许长支短欠，亦不许地普钱长缩。倘有蒙古民人争（套）〔夺〕者，有张生富壹面承当。恐口无凭，立

约为证用

大清咸丰元年四月初四日

立合同二张各执壹张〔骑缝〕

立知见人史克旺十

王永义十

庞贵荣十

不克出租地约

原件长四十八公分宽四十八公分

立义据永远分收三家地租银两人不克，情因三家之地面原系自己祖遗之产，宝与别人无干。有本族内吉圪密将三家之祖银迷收年久，今多赖，婶母金木素将前情查明，向吉圪密争论兴讼在萨。今蒙筛老爷、清大老爷会审，断明与吉圪密毫无干涉。将三字号之租银如数断归自己名下承产收租。今自己念及婶母年迈、族弟幼小，仝众情愿将应收三字号之租银永远义让与族弟温启尔户，各号分收租银一半，下余一半自己收使。毫无异说，事出己愿，永无更改。今因人心不古，立此义据，永远合同，后为照用

一样二㐂各执壹张〔骑缝〕

大清咸丰元年四月廿八日立

计开三家字号应收租白银：

丰隆长每年应纳地租白银壹拾两零捌钱

五伦堂每年应纳地租白银肆两五钱

桂荣堂每年应纳地租白银捌钱

三字号收租文约存于不克名下

在中人千德功十

必力功十

刘启明书十

王文华十

丁宝租地约

原件长四十四公分宽四十三公分

立永远租地合同约人丁宝，今租到卜扣名下祖遗厂汉恼包村南白地壹块，计地陆拾亩上下。东至本主，西至陈玘，南至焦姓，北至路。四至分明，情愿租到永远耕种、修理承业。同人言定，每年应出地租钱陆佰陆拾文整。春秋二季交纳。不许长支短欠，许退不许夺。当日相连二约，共使过押地过约钱壹拾叁千文整。日后倘有蒙民人等争夺者，有卜扣一面承当。恐口无凭，专立永远租地约为证

原有安吉租地约一张，卜扣家存，日后以为故纸，不究

大清咸丰元年八月初五日立

立合同约二张各执壹张〔骑缝〕

于光绪五年十一月初五日同中拨与银如泉地租钱贰百文，另立新约

知见〔人〕李永祥十

扫独报十

马海十

丁宝租地约

原件长四十三公分宽四十三公分

立永远租地合同约人丁宝，今租到卜扣名下祖遗厂汉恼包村南白地壹块。东至本主，西至高勤，南至焦姓，北至广盛永墙根。四至分明，情愿租到永远耕种、修理、承业，同人言定每年应出地租钱壹千玖百捌拾文整。春秋二季交纳，不许长支短欠，许退不许夺。当日相连二约，共使过押地过约钱壹拾叁千文整。

日后倘有蒙民人等争夺者，有卜扣一面承当。恐口无凭，专立永远租地合同约为证

原有陈玘租地约弍张，卜扣家存。日后以为故纸，不究

大清咸丰元年八月初五日立十

立合同约弍张各执壹张〔骑缝〕

于光绪五年十一月初五日同中拨与银如泉，地租钱捌百文，另立新约

知见〔人〕李永祥十

扫独报十

马海十

杭宝租地基约

原件长三十一公分宽三十公分

立租到永远地基约人杭宝，今租到卜扣臭水井村东大路北地基壹块。西畔东至高姓，西至谈姓，南至大道，北至王姓墙根。四至分明，情愿租到永远修理居住，由杭姓自便为业。同众言明使过押地钱肆佰文，每年地租钱弍佰伍拾文。两出情愿，并无返悔。日后倘有人等争夺者，有地主人一面承当。恐口无凭，立约为证

大清咸丰元年十月初七日立

合同约各执一张〔骑缝〕

〔知〕见人王有库十

姜有珠十

拉什十

高尚租地基约

原件长三十公分宽三十公分

立租到永远地基约人高尚，今租到卜扣臭水井村东大路北地基壹块。东畔东至王姓路为界，西至杭姓，南至大道，北至王姓墙根。四至分明，情愿租到永远修理居住，任由高姓自便为业。同众言明，使过押地钱四佰文，每年地租钱式佰伍拾文。两出情愿，并无返悔。日后倘有人等争夺者，有卜扣一面承当。恐口无凭，立约为证

大清咸丰元年十月初七日立

合同约各执一张〔骑缝〕

〔知〕见人王有库十

姜有珠十

拉什十

吕继智租地约

原件长三十二公分宽三十一公分

立租约人吕继智，今租到后厂汗鹬鹚〔村〕八扣名下东北后石湾地壹块。东至天沟，西至赵汗祥，南至刘姓，北至李泰。

四至分明，情愿租到耕种，永远为（约）〔业〕。同人言明，每年出租钱陆拾文整。其钱不许长支短欠。嗣后如有蒙古（明）〔民〕〔人〕争夺者，有八扣一面承当。恐口无凭，立租〔约〕为证存照

　　咸丰元年十月初捌日立

　　每年与八扣处地租钱陆拾文

　　今日出过约钱肆佰文整

　　立合同弍张各执（弍）〔壹〕张为证用〔骑缝〕

　　中见人齐经邦十

　　赵芝茂十

　　〔以后为契约封套处文字〕

　　后测汗察涝

　　吕继智每年存地租钱

　　咸丰元年

王恺租地基约

原件长三十八公分宽三十七公分

立租地基约人王恺，今租到高河名下西包头南圪洞二道巷路南地基壹块。东至王福喜，西至张积成，南至孙长命，北至大路中心。四至分明，出路通街，永远修盖居住为业。同众言明每年地租钱壹千文，现付过过约钱肆千文整。不许长支短欠，永无长（迭）〔跌〕钱。按秋春交纳。日后倘蒙古民人争碍拦阻者，有高河一面承当。此系情出两愿，各无反悔。恐后无凭，立约为据

　　大清咸丰贰年二月二十一日王恺立十

合同为证〔骑缝〕

知见人李海璧十

乔万实十

贾光春十

八扣复租地基约

原件长四十五公分宽四十二公分

　　立复租到地基合同约人八扣，今因张生富租去自己祖遗南圪衕地基四拾亩，累年欠下地谱钱三十柒仟文，无处起取。情愿将伊转租与吕、陈、白姓三家，地基共六亩一分作为还自己地普钱十千，复租到永远收租管业利害均与张生富毫无相干，事系同人带回地谱钱式仟伍佰文。日后如有蒙民本族人等争夺者，有张生富一面承当。两出情愿，各无翻悔。恐口难凭，专立复租到地基合同约存证

　　咸丰式年十一月十六日立

　　立合同式纸各执壹（章）〔张〕〔骑缝〕

　　知见人王辅清十

　　李载阳十

　　千家保十

　　白云翙十

张生富退租地基约

原件长四十五公分宽四十五公分

　　立退租地基合同约人张生富，将自己原租到蒙古南圪衕地

基四拾亩，内因累年（歉）〔欠〕下地谱钱叁拾柒仟文，无处起取。情愿将租与吕、陈、白姓三家，地基共陆亩壹分，作为还伊地谱钱三十柒仟文，退租原地主八扣，永远收租管业，利害均与张生富毫无相干，事系同人带回地谱钱式仟五佰文。日后如有蒙民本族人等争夺者，有张生富一面承当。两出情愿，各无翻悔。恐口难凭，专立退租地基合同约存证．

咸丰二年十一月十六日立

知见人王辅清十

李载阳十

千家保十

白云翻十

陈福租地基约

原件长三十公分宽三十公分

立租到永远修理地基约人陈福，今因租到蒙古巴扣原包头南圪䞍荣寿街巷路北空地基壹段，东至吕全娃，西至闰老虎，南至车路，北至于姓。四至分明，情愿租到永远修理、居住、管业，原出过过约钱壹千文，其钱当交不欠。每年出地铺钱一千玖百文。按二季交付。不许长支短欠。日后亦不许长地铺。两出情愿，有蒙古民人争夺者，有八扣承当。恐口无凭，立租到地约为用

咸丰式年十二月初八日陈福、八扣具

立合同约贰张各执壹张〔骑缝〕

知见〔人〕贾永长十

刘贵十

白满荣租地基约

原件长四十八公分宽四十六公分

立租地基约人白满荣，今租到八扣名下西包头南圪衕地势壹块。南边东西宽壹拾式丈，北边东西宽式拾丈。东边南北长壹拾九丈，西边南北长壹拾叁丈，计地叁一亩六分。东壹拾九丈，西壹拾叁丈以里，北往南退走路七尺，南至官街，北至余姓，东至官街，西至张姓。四至分明，出路通街。情愿租到永远修理、住座为业。言定每年出地谱钱伍千伍佰文。每年按四季交清。不许长支短付，嗣后此地由己所便。如转推与别人，不许地主人拦阻。倘有蒙古民人等争夺者，有地主一面承当。永无反悔。恐口无凭，立合同约为证

咸丰式年十二月十五日立

立合同二纸各执一张〔骑缝〕

中见人千家保十

张生富十

韩德兴十

贺寿十

米信春十

东边一半卜与贾尊美

西边一半先卜与李姓、又卜与任姓

温都尔户租地约

原件长四十八公分宽四十八公分

立出租地约人温都尔户，今因自己南圪□□□□巧白地壹块。西至大道大行交界，东至老渠，南至高河，北至协和园。四至分明，情愿出租与王建基，永远修理、居住、承业。日后出租与另人居住承业，过约、吞租，与蒙古无干，由王建基自便。同人言明使过约地价钱式拾伍仟文整。其钱当日交清不欠。每年出地租钱式仟陆佰文，按春秋二季交纳，不许长支短欠，亦不许长缩。日后倘有蒙民人争夺者，有温都尔户一面承当。两出情愿，恐口无凭，立出租地约为照用

咸丰三年三月十七日立

合同约式纸各执壹张〔骑缝〕

知见〔人〕李文花十

闰步清十

王辅清十

巴扣十

八扣借钱约

原件长三十二公分宽二十九公分

立借钱文约人八扣，今（将）〔因〕使用不足，今借到宫天宫名下钱本捌拾四千文，按月三分行息，质与三折，祥盛元钱　十　千，复盛元钱　千，武有福钱　千，三折共钱叁拾五千三（日）〔百〕文，质与钱主收，除本下利。两出己愿，恐口无凭，立借钱约为证

咸丰三年十二月廿七日立

中见人王辅清

千家保十

立合同约〔骑缝〕

宫天宝借钱约

原件长二十九公分宽三十公分

立出借钱文约人宫天宝，今借与八扣名下钱本壹拾五千文，按月三分行息，质折一个，大行钱四千九百六十文，质与钱主收利。异日折钱付不到，有八扣本利清还。恐口无凭，立约为证

咸丰叁年十二月廿八日立十

合同约〔骑缝〕

知见人王辅清十

温都尔户十

合义社租地约

原件长二十九公分宽三十公分

立承租永远地约人包头合义社，情因公社议定今租到蒙古巴扣祖遗陈湖窑子村西坡地壹段。东至杨姓，西至水渠，南至高姓，北至坟地界畔。四至分明，言明做坟地使用永远为业。同众说合，现出过约钱式千。其钱当交不欠，言明每年与蒙地主出租钱叁佰文，春秋二季交纳，不许长支短欠，两出情愿。恐口无凭，立承租文约为照用

大清咸丰四年十一月二十三日立永远文约人合义社　立

合同约各壹张〔骑缝〕

知见〔人〕陈善贵

王辅清

〔以后为契约封套处文字〕

陈胡窑子村西坡地一段

包镇合义社，内计租约一张，租钱　百

咸丰四年十一月廿三日立

八叩借钱约

原件长三十一公分宽三十公分

立借钱约人（巴）八叩，情因使用不足，今向刘茂伟名下借过街市钱四拾仟文整，言利息二分五厘。按春秋二季交利。现与伊地普折五个收利。如收利钱不足，后日还本之（特）〔时〕，本利如数全清。同人言明，两出情愿。恐后无凭，与伊立借钱文约存照用

大清咸丰四年十二月十七日立

于同治三年二月廿九日另立新约，此约以为故纸，不用

知见人王万寿十

王文芳书

八叩借钱约

原件长三十一公分宽三十公分

立（揭）〔借〕钱约人八叩，情因家中使用不足，今向刘茂伟名下（揭）〔借〕来街市钱式拾仟文整。言定利钱叁分。按春秋二季交利。现与过伊折子式个收利。如收利钱不足，有长有短，后日还本之（特）〔时〕，如数全清。同人言明，两出

情愿。恐后无凭，与伊立（揭）〔借〕钱文约为证

大清咸丰四年十二月二十一日立

于同治三年二月廿九日另立约据，此约以为故乕，不用

知见人王万寿十

王文芳书

杨有清租地普约

原件长三十公分宽三十公分

立租地普约人杨有清，今租到高湖愿租蒙古地基壹块，由自己修盖房屋，永远住座为业。同中言明，高湖现使过约钱伍千五百文，每年交地普钱五百文。日后有蒙古民人争夺者，有高湖一面承当。恐口无凭，立租地普约存照

大清咸丰五年四月廿八日立

立合同约两张，各执壹张为证〔骑缝〕

中见人魏琳十

薛成十

孟先生十

巴扣借钱约

原件长三十公分宽二十八公分

立借钱文约人巴扣，今借到宫天宝名下钱本柒拾仟文，按月三分行息质〔与〕丰隆长，每年收租银拾两（〇）〔零〕捌钱，质与钱主名下收利。异日按月钱到回赎。如钱不到，不计年限。恐口无凭，立约为证

立借钱合同约〔骑缝〕

大清咸丰六年式月初八日立

中见人富根子十

王辅清十

白满荣租地基约

原件长二十九公分宽二十九公分

立租地基约人白满荣，今租到巴扣南圪衕路西空地基一块，北至于姓，东至贾姓，西至张姓，南至大路。出水行走，四至分明。情愿租与永远修理、居住承业。同人说合，每年应收地普钱式千七佰五十文整。按春秋二季交还。不许长支短欠，亦不长缩。倘有蒙民人争夺者，有巴扣一面承当。言明当日使过押地钱四千文整。其钱笔下交清。恐口无凭，立租地基约存照用

咸丰六年三月初四日立

立合同纸各壹张〔骑缝〕

拉什

知见〔人〕王辅清

王建基出租地约

原件长五十公分宽四十公分

立出租地约人王建基，今将自己南圪衕二道巷路北白地壹块，东至李桂林，西至大路，北至孟皮房，南至出路。四至分明，情愿出租与刘懿元，永远修理、居住、承业。同人言明每

年出地租钱壹千五佰文整。按春秋二季交纳，不许长支短欠。现收过过约钱五千文整。日后倘有蒙民人争夺者，有王建基壹面承当。恐口难凭，立过约为证十

　　咸丰六年五月十一日立
　　立合同约式张各执一张〔骑缝〕
　　中见人岳秉文十
　　刘福厮十
　　李源魁十

李泰山换租空地基约

原件长四十八公分宽四十八公分

　　立换租空地基约人李泰山，情因先父李富名下于道光五年十二月二十五日，向卜扣祖母得计名下租到西包头西街路北空地基一块，东至永丰店，西至增盛，西南至街心，北至河（漕）〔槽〕。四至分明，计东西阔南壹拾伍丈零柒寸，北壹拾肆丈。租到永远修理、住占为业。同人言定，每年出地租钱柒千文整。不许长支短欠，亦不长缩地租。倘后日修理门面拦柜，除原租钱外，每壹丈拦柜以柒钱出租，其银不论时数大小，以街市钱玖佰合数。如有蒙民争夺者，地主人一面承当。彼时租约非不分明，但无压地形迹。想当年出于主客交厚处义不论，唯恐人性不齐，后滋口角，同中理处补交过压地钱肆拾千文。因而换立租空地约据。两出情愿，永无翻悔。恐口难凭，合约为证

　　巴云氏呈交
　　咸丰六年六月十一日立
　　合约式纸各执壹张为证〔骑缝〕

旧中人夏德发

的不气

以什洛不登

刘礼

郝培英

中人王勋十

必力贡十

李荣十

梁汝范〔画押〕

巴云氏交

甄义租地约

原件长四十一公分宽二十三公分

立租地约人甄义，今租到巴扣西包头村西梁家营子白地式块，计地柒拾亩。内西地壹块，计地伍拾亩，东至田姓，西至古路，南至田姓，北至古路。又东地壹块，计地式拾亩，东至大路，西至田姓，南至李虎，北至古路。四至分明，情愿租到永远耕种、安葬、栽树、穿井、承业。同人说合每年地租钱壹仟式佰伍十文整。按春秋二季交收。不许长支短欠，亦不长缩。同中说合当日使过押地钱捌仟文整。其钱笔下交清，两出情愿，各无反悔。若有蒙民人等争夺者，有巴扣一面承当。恐口无凭，立租地约为证用

合同约各执壹张〔骑缝〕

咸丰六年七月廿二日立

裴孝租地基约

原件长四十二公分宽三十九公分

立租地基约人裴孝，今租到高湖南圪洞三官庙坐东向西地基壹块，东西长壹拾壹丈五尺，南北宽五丈陆尺。东至杨栓柱，西至大路通街，南至朱五子，北至尹有庆。四至分明，同人言明使（换）〔唤〕过约钱壹拾五仟文整。其钱当交不欠，每年随地基钱叁百文。按春秋二季交（附）〔付〕，不许长支短欠。日后若有蒙古民人争夺者，有出租人一面承当。恐口无凭，立合同弍张，各（直）〔执〕（支）〔纸〕为照用

大清咸丰六年八月廿九日立

合同为照〔骑缝〕

中见人赵元升十

韩德兴十

成寡妇伊子成登已厮租空地基约

原件长三十公分宽三十公分

立租空地基约人成寡（夫）〔妇〕伊子成登已厮，今租到巴扣名下西包头村南空地基壹块。南北长壹拾丈，东西宽陆丈，计地壹亩。东至孟全会，西至苏姓，北至马富，南至大路。四至分明，情愿租到永远修理、居住为业。同中言明当日使过押地钱肆仟文，其钱笔下交清。每年应出地铺钱捌百文。按春秋二季交纳。不准长支短欠。日后若有蒙民人争碍者，有巴扣一面承当。恐口难凭，立约存证

本主南退官路六尺五寸

咸丰六年九月十六日立

合同约各执壹份〔骑缝〕

知见〔人〕宫天宝十

王辅清十

龚天宝租地基约

原件长三十公分宽三十公分

立租到地基约人龚天宝，今租到巴扣名下西包头南圪衕南地基壹块。南北宽拾丈，东西长拾捌丈，计地叁亩。东至大路，西至郭天俊，南至郭天俊，北至大路官路六尺五寸。四至分明，租到永远修理、住（唑）〔座〕为业。东北路由本主自便。同人言明押地钱柒仟文整，其钱笔下交清。每年出地谱钱壹仟肆佰文。按春秋二季交纳，不许长支短欠。日后倘有蒙民人争夺者，有巴扣一面承当。恐口难凭，立租地约存照用

咸丰六年九月十六日立十

合同约各执壹张〔骑缝〕

知见〔人〕郭天俊十

王辅清十

闫步福租空地基约

原件长四十七公分宽四十九公分

立租空地基永远文约人闫步福，今租到蒙古巴扣名下系包头南圪衕金龙庙西南荣寿街巷内空地基壹块。东西宽陆丈，东

边南北长壹拾壹丈，西边南北长壹拾丈，计地壹亩零五厘。东至陈姓，西至刘姓，南至本巷走路，北至余姓，后有坟墓，日后移清有余地。南北宽柒尺，东西长陆丈。四至分明，本巷退走路柒尺。情愿租到自己名下，永远修理、栽树、穿井、住坐承业，由己自便。同中言明，当日出过压地钱壹千文。言定每年共出地铺钱伍佰弍拾五文。其钱按春秋二季交收。不许长支短欠，永不许长缩地组。嗣后倘有蒙民人等争碍者，有地主人巴扣一面承当。两出情愿，永无异言。恐后无凭，端立租地基合同文约永远为证

　　故纸不用

　　此约于民国廿八年三月廿一日转与王寿之名下，长地租洋六角

　　大清咸丰六年十月十六日立约人闫步福十

　　合同弍纸各执壹张〔骑缝〕

　　在中人王辅清十

　　温都尔户十

　　刘启明十

〔以后为契约封套处文字〕

　　荣寿街巷内

　　闫步福租去空地一块，租钱　百

　　咸丰六年十月十六日

　　民国　十　年阴历三月廿二日专租与王寿之名下，地租六角正

把扣换租地约

原件长五十公分宽四十六公分

立过换出租永远地基人把扣，情因祖父于道光五年间将自己西包头村西南空地基一块，四至约载已经出租与公如玉随意修盖、住座、生理为业。至廿六年，此地旧约已与公如玉新换，两出情愿，毫无异说。目今咸丰五年因公如玉财伙推接，改设山成玉在中生理，一切修盖由伊随意过换合约。目下居邻东至义盛宁，西至胡姓，南至岳姓，北至大路。四至分明，约南阔九丈，北八丈。言明每年地普（见）〔现〕钱伍千零四拾文。按四季交收，不许长支短欠，亦不准长缩。笔下现使过压地钱四拾千文，日后倘有蒙民争夺者，有自己一面承当。两出情愿，永无翻悔。恐口难凭，立过换出租约为证

咸丰六年十一月初三日立

中见〔人〕郭有智十

大行总甲十

温都尔户十

合同弍纸各执壹张〔骑缝〕

巴扣借钱约

原件长三十二公分宽三十公分

立借钱文约巴扣，今借到宫天宝名下钱本柒拾仟文，按月弍分行息典与，共拾壹折，共租钱弍十壹仟四佰九十八文，质与钱主收利。异日折钱付不到，有巴扣补还。恐口无凭，立借

约为证

  咸丰六年十二月廿日立

  立合同约一张〔骑缝〕

  复成元　千，叚积永　千

  武有福　千三，岳秉福　千二

  李全忠　千，岳秉玉　千

  李旭　　（日）〔百〕

  崇义魁　（日）〔百〕

  张兴堂　千一〔百〕

  宝荣德　千文

  曹凤林　（日）〔百〕

  知见人王辅清十

  拉计十

巴扣借钱约

原件长三十公分宽二十九公分

  立借钱约巴扣，今借到宫天宝名下钱本式拾九千文。按月式分半行利，典与郭天俊　千、张肉（甫）〔铺〕钱　千，典与钱主收利。恐口无凭，立借〔钱约〕为证

  咸丰六年十二月廿日立

  立合同〔骑缝〕

  知见〔人〕王辅清

  拉计

菅满清租地基约

原件长四十公分宽四十三公分

立租地基文约人菅满清，今租到海宝名下祖遗西包镇南圪衕西南空地基壹段。东西宽壹拾陆丈四尺，南北长壹拾壹丈，计地亩叁亩。东至温姓，西至张步荣，北至王姓，南至复成元。出路通行，四至分明，情愿租到自己名下，永远修理住座。同人说合，现使过压地钱壹拾仟文整。其钱当日交清不欠。言明每年收地铺钱壹仟零五拾。按春秋两季交收。嗣后倘有蒙古民人争碍者，有收租人一面承当。两出情愿，各无反悔，恐口无凭，立租约为证存照用

咸丰七年二月初二日立

立合同弍纸各一张〔骑缝〕

中见人陈世泰十

蒙古七登十

王俊英十

〔以后为契约封套处文字〕

咸丰七年二月初二日

海实北院约

菅满清每年应出地租钱壹仟零五拾文

南圪衕立约

广泉兴租空地基约

原件长四十七公分宽四十七公分

立租永远空地〔钤"会馆图书"印〕基约人广泉兴，今租到西包头西街村不扣名下空地基壹块。座北向南，长阔不开。东至范姓，西至永远斋，南至大道，北至范姓。四至分明，情愿租到自己号内，永远修理、住占为业。同人言定，每年出地租钱伍千零伍拾文〔钤"会馆图书"印〕。按春秋二季交纳。不许长支短欠，亦不许长缩地租。当日交过过约钱肆拾伍仟文〔钤"会馆图书"印〕。其地基许退不许夺。日后倘有蒙民争夺者，有不扣一面承当。两出情愿，永无翻悔。恐口难凭，立合同永远租空地基约为证

咸丰七年六月□□□立

合同约式（支）〔纸〕各执壹纸〔骑缝〕

咸丰八年过过新约，此约租钱两清，嗣后

此为废纸，不用

证　〔人〕公行总甲十

必力贡十

郭如山十

梁如范〔画押〕

王锦充十

推与李秀荣

张德飞租地约

原件长三十九公分宽四十三公分

立租地文约人张德飞，今租到西包头南黄草凹巴扣村东白地壹块。东至王姓，西至杨宇，南至大路，北至张姓。四至分明，情愿租到永远耕种为业。同人言定，现使过过约钱捌佰文

整，其钱笔下交清不欠。每年地租钱贰佰零柒文，其钱按春秋二季交纳。日后倘有蒙民人等争碍者，有巴扣一面承当。恐口无凭，立合同文约为证

咸丰柒年十一月二十九日立

立合同约各执壹张〔骑缝〕

中见人胡成宝十

张锦春十

张锦泰十

赵起荣十

张禄宝租地约

原件长五十公分宽五十公分

立租地文约人张禄宝，今租到西包头西阁尔街坐南向北空地基壹块，东至广成魁，西南俱至岳姓，北至官街。四至分明，情愿租到巴叩名下地基，永远修理为业。同人言定现使过过约钱壹拾九仟文整，其钱笔下交清不欠。每年应出地谱（见）〔现〕钱贰仟弍佰零五文。其钱按春秋二季交纳。日后倘有蒙民人等争碍者，有蒙主一面承当。恐口无凭，立合同约为照用

咸丰八年二月二十七日立

立合同约各执壹张〔骑缝〕

中见人王辅清十

王永宁十

温都尔户〔画押〕卜与天成德

故纸不用

梁德馨换租地约

原件长四十二公分宽四十五公分

立换租永远地约人梁德馨，情因自己先父原向岳俊昌、岳进昌、岳俊秀、岳俊德四人租到土默地四块，共换租，今作一约。共地亩均依四人原（垫）〔佃〕约为证。东至大道，西至永盛西（犒）〔靠〕西南角岳姓，南至岳姓，〔钤"西包头会馆具"章〕留下出水路一条，宽壹丈四尺，北至自己原买永和全地基。其原买永和全顶南亦有走水路，今成一院，前系四人收使地铺。今因民人不准架吃蒙租，岳姓等将此租退归蒙古卜扣，其地仍由自己修理、住占、生理永远为业。同中言明照旧每年共出地铺钱壹拾贰千零伍拾五文。按春秋二季交纳，不许长支短欠，亦不准另行长缩。今现交使过过约压地钱壹佰零伍千文。日后如有蒙民等争夺者，有卜扣一面承当。各出情愿，永无翻悔。恐口难凭，换立租合约为证

从咸丰九年起首出地铺

以前系岳姓四人收使，原其四人（垫）〔佃〕约俱随地铺同行批写，退归蒙古卜扣。内有岳俊德一约已失，未经批写。日后岳姓现出失约索使地铺，作为故纸，不论。有卜扣承当。卜扣执岳姓退地约为证

大清咸丰八年七月初七日立

合同贰张各执一张〔骑缝〕

中见人公行总甲〔钤"西包头会馆具"章〕

智荣光十

郭有智十

文独而户十

于悦圣十

广泉涌租空地基约

原件长五十公分宽四十八公分

　　立租永远空地基〔钤"会馆图书"印〕约人广泉涌，今租到西包头村西街不扣名下空地基壹块。座北向南，长阔不开，东至范姓，西至永远斋，南至大道，北至范姓。四至分明，情愿租到自己号内，永远修理、住占为业。同人言定，每年出地租（见）〔现〕钱伍千零伍拾文〔钤"会馆图书"印〕。按春秋二季交纳。不许长支短欠，亦不许长缩地租，当日交过过约压地钱叁拾捌千文〔钤"会馆图书"印〕。其地基日后倘有蒙民争夺者，有不扣一面承当。两出情愿，永无翻悔。恐口难凭，立合同永远租空地基约为证

　　地租钱从咸丰八年十一月二十二日起

　　咸丰八年八月二十五日立

　　合同约式（支）〔纸〕各执壹张　〔钤"会馆图书"印〕和为贵〔骑缝〕

　　知见人〔钤"西包头会馆具"章〕公行总甲十

　　郭有智十

　　赵庆元十

　　文独而户十

　　张兴邦书

　　光绪十年，公和美接到广泉涌原置到空地基一块。今同伊子海宝手过约压地钱

陆拾千文（正）〔整〕，其钱笔下交清，再无别说，和为贵三字，合约为证

光绪十年二月廿八日立

王世贵租屋地基约

原件长四十公分宽四十三公分

立租屋地基约人王世贵，今租到高河空屋地基壹段，东至郝升禄，西至刘福，南至苏祯，北至大街。四至分明，情愿租到自己名下，永远修（里）〔理〕（倨）〔居〕住为业。同中言定，每年地谱钱壹仟文。按二季交纳。不许长支短欠。倘日后有蒙古民人争夺者，有高河一面承当。恐口无凭，立租屋地基约为证

现使过押地钱肆仟文

咸丰八年十一月廿三日王世贵立

合同约各执一张〔骑缝〕

知见人任德明十

孙有荣十

苏祯十

贺绕租地基约

原件长四十八公分宽四十八公分

立租地基约人贺绕，今租到巴扣南圪衕西空地基一块，南边东西宽七丈弍尺，北边东西宽七丈六尺。南北长十五丈五尺。东至贾姓，西至张姓，南至官街，北至余姓。四至分明，情愿

租到永远修理、住座承业。同人说合言明每年应收地普钱式仟七佰伍拾文整。按春秋二季交还。不许长支短欠，亦不长缩。倘有蒙民人争夺者，有巴扣一面承当。言明当日使过押地基钱拾仟文整。其钱笔下交清。恐口无凭，立租地基约存照

南边退官道九尺

咸丰八〔年〕十二月十四日立

合同〔骑缝〕

知见人李顺十

白成发十

王达邦十

韩德兴十

巴扣借钱约

原件长二十九公分宽二十八公分

立指借钱约人巴扣，今借到陈世泰名下钱本壹拾叁千文整。言明质去徐心海、赵璧二折，共钱四千壹佰文，不计年限，钱到回赎。恐口无凭，立借钱约为证

咸丰八年十二月廿七日立

知见人王辅清十

温都尔户十

张际隆换租空地基约

原件长四十七公分宽四十七公分

立换租空地基合同约人张际隆，情因道光十五年间，自己

向张生富名下佃到西包头村南蒙古空地基壹块。东至官路，西至大道，南至复成园地界，北至义和兴地界。四至分明，计东西长玖拾丈零伍尺式寸，南北阔壹拾伍丈，共地式拾式亩陆分叁厘。该地系早年巴扣显祖母的记出租与张生富，由其筑垣、凿井、修盖房屋、永远住占、生理为业。每亩地铺儿钱伍佰文，每年共地铺儿钱壹拾壹千叁佰壹拾伍文。后张生富于道光十五年间将此地基转佃与自己通益店，迄今数十年矣。租钱系民人复成园收使。今把扣向复成园将租夺回该空地基，同人说合仍情愿租到自己名下，永远住占、生理为业。其地铺儿〔钱〕并一切情形仍照自己通益店旧约所行。不许长支短欠，亦不准长缩地铺，每年按春秋二季交纳。现交过压地钱玖拾千文。日后倘有蒙民等争夺者，有把扣一面承当。各出情愿，永无翻悔。空口难凭，换立合同租空地基约为证

　　咸丰九年十月二十五日立
　　合同约式纸各执壹张〔骑缝〕〔钤"西包头会馆具"章〕
　　公证人〔公〕行总甲十
　　徐万金十
　　文独儿户十
　　郭有智十
　　卜与李芝富名下

赵芝兰租空地基约
原件长三十公分宽三十公分
立租空地基合同约人赵芝兰，今因卜扣祖遗西包头前街路北空地基壹块。东至公如德，西至李泰山，南至道，北至河槽。

四至分明。系早年卜扣先人朝旺出租与万源聚，由其筑垣、凿井、修盖房屋，永远住占、生理为业。每年出地谱钱肆千陆佰叁拾文。内有永合成出钱壹仟捌佰玖拾文，系万源聚与卜扣经由，后于嘉庆年间万源聚将此地推于自己。今卜扣搜查明白，情愿着伊换新约，仍出租与自己。今同人言定永合成旧出地谱钱壹千捌佰玖拾文，永合成与卜扣立新租约存照，下余地谱钱贰千柒佰肆拾文，卜扣按春秋二季向己收取。不许长支短欠。此地准己永远住占生理为业。同人说合现付过压地过约钱玖拾伍千玖佰壹拾捌文。嗣后倘有蒙民人等争夺者，有卜扣一面承当。各出情愿，永无翻悔。恐口无凭，立合同约为证

　　立合同约式张各执壹张存照〔骑缝〕

　　中见人颉占魁十

　　郭有智十

　　温读尔户十

　　大清咸丰九年十二月初一日立

刘成海租地约

原件长三十公分宽二十九公分

立租地约人刘成海，今租到八扣贺老大地沟西地壹块。东至贺老大地沟，西至赵润贵，南至大路，北至侯（信）〔姓〕。四至分明，情愿永远耕种，仝人言明使过约钱壹仟文，每年出地租钱伍佰文，春秋二季交还。不许长支短欠。两出情愿，永无翻悔。恐口无凭，立过约为证用

　　合同约为证〔骑缝〕

　　大清咸丰九年十二月初十日立

知见人赵怀功十

贺存仁十

巴扣典房院约

原件长三十公分宽二十九公分

立典房院文约人巴扣，今因自己紧急借到刘茂伟名下现钱壹佰弍拾千文整。其钱笔下交清，情愿典与自己，愿置到召梁上房院一所、正房七间、西房弍间、马棚一间、大门一合。西至白姓，东至张姓，北至小巷，南至大路。四至分明，情愿质典与刘茂伟名下居住承管，日后钱到回赎。钱无利息，房无房钱。恐口无凭，立典房约为证用

咸丰十年九月初一日巴扣立十

于同治三年二月廿九日另立新约，此约以为故纸，不用

知见〔人〕千家宝十

王辅清十

巴扣借钱约

原件长三十公分宽三十公分

立借钱文约人巴扣，今借到刘茂伟名下现钱伍拾五千整，月息三分行利。恐口无凭，立借钱约为证

咸丰十年九月十五日立

知见〔人〕千家保十

王辅清十

于同治三年廿九日另立新约，此约以为故纸，不用

八扣出租地约

原件长三十公分宽三十公分

立出租地约人八扣，今将自己城胡窑子白地一块，情（怨）〔愿〕出租与吕德旺永远修垒、盖宅、耕种，成约。东至赵（信）〔姓〕，西至马、吕二（信）〔姓〕，北至梁（信）〔姓〕，南至大路。四至分明，仝人言明（寿）〔收〕过押地价钱柒佰五十文，每年出地租钱壹百文。日后有蒙古民人（曾寿）〔争夺〕者，有八扣一面承当。恐口无凭，立约为（正）〔证〕用押地价钱笔下交（青）〔清〕

大清咸丰拾年十一月初七日立

合同两张各执一张〔骑缝〕

中见人张公十

梁举十

拉十十

八扣出租地约

原件长二十九公分宽三十公分

立出租地约人八扣，今将自己城胡窑子白地一块，情（怨）〔愿〕出租与赵有，永远修垒、盖宅、耕种，成约。东至李（信）〔姓〕出路，西至吕（信）〔姓〕，北至梁、李二（信）〔姓〕，南至大路。四至分明。仝人言明（寿）〔使〕过押地价钱壹仟弍佰五十文，每年出地租钱叁佰文，日后有蒙古（明）〔民〕人（曾寿）〔争夺〕者，有八扣一面承当。恐口无凭，立

约为（正）〔证〕用

　　押地价钱笔下交（青）〔清〕

　　清咸丰拾年十一月初七日立

　　合同约二张（合只）〔各执〕一张〔骑缝〕

　　中见人张公旺十

　　梁举十

　　拉十十

巴扣出典地租折约

原件长二十九公分宽二十九公分

立出典地租折文约人巴扣，今因用钱紧急，将自己所收刘廷章（各）〔名〕下地租钱伍仟四佰九十四文整，出典与刘廷旺收，借到刘廷旺钱本式拾千文整。按月二分半行息，异日此折钱到回赎。如钱不到者，永远收租。两出情愿，恐口无凭，立借钱约为证

　　咸丰拾年十二月十三日立十

　　中见人谈凤才十

　　千家保十

　　吴永书

　　立合同各执壹张〔骑缝〕

巴扣出租地约

原件长三十公分宽三十公分

立出租地文约人巴扣，今将自己成胡窑子村东壖地基壹块，

东至本主，西至马（性）〔姓〕，南至本主，北至本主，四（自）〔至〕分明，情愿出租与袁海永远埋坟。同人言明现使过过约钱四佰文整。其钱当日交（情）〔清〕不欠。每年收地租钱壹佰文。按春秋式季交清不欠，日后有蒙古（明）〔民〕人（增）〔争〕夺者，有巴扣保什号一面承当。恐口无凭，立约为（整）〔证〕

大清咸丰拾壹年立

立合同约各执壹张〔骑缝〕

中见人王连兴十

刘旺十

赵殿侯十

刘泰租空地基约

原件长四十六公分宽四十七公分

立租空地基文约人刘泰，今租到补克南圪衕三官庙路东空地基一块。东至石、李二姓，西至大路，南至大路，北至李姓。四至分明，情愿租到永远修理住占承业。同中说合，当使过押地钱式拾仟文整。其钱笔下交清不欠。每年应收地铺钱壹仟伍佰文。按春秋两季交收，不许长支短欠，亦不许长缩地租。倘有蒙古民人争碍者，有蒙主一面承当。两出情愿，各无反悔，恐口难凭，立租此地约为证用

大清同治元年三月二十一日立

合同各执壹张〔骑缝〕

知见〔人〕马增气十

蒙古千家保十

王辅清十

〔以后为契约封套处文字〕

同治元年三月二十一日

海宝北院约

刘泰，每年应出地租钱壹仟五佰文

南圪洞三官庙路东

巴扣借钱约

原件长四十八公分宽四十八公分

立借钱文约人巴扣，今借到宫天宝名下钱本壹佰叁拾千文，（安）〔按〕月弍分行息，限（子）〔于〕秋后本利清交。恐口无凭，立合同约为证

大清同治元年三月廿九日立

立合同约为证〔骑缝〕

中见人老金架十

补老爷〔画押〕

隆栋十

牛德宝租空地基约

原件长四十九公分宽四十九公分

立租永远空地基文约人牛德宝，情因祖遗到包头圪料街口路西铺产壹业。至后我等牛门人众将此产分为三门，所以两门皆已出售，惟己分此产仍然现在此，特收地租钱。八扣之家因与乾隆年间老约不相符，因此两造口角，意欲起事。家众亲友

从中妥处。念起主客多年，勿伤和惠。八扣现给过押地钱柒拾伍仟文整。所有地租钱每年叁仟陆佰文，亦不许长支短欠，永不准长缩地租。所有四至伊已立约载明，毋庸重叙，自己仍然租到承管为业。其基内至后牛姓改立字号，推佃房屋地基，由其牛姓自（变）〔便〕。日后若有蒙古民人争夺者，有八扣一面承当。此系两造情愿，各无反悔。恐后有碍，专立此合同租约永远为证存用

  大清同治元年七月贰拾五日牛德宝立

  立合同租约贰纸各执壹张〔骑缝〕

  中见人籍志咏

  七口登

  如要出典，此约不论

  如要出卖，有凭信约（值）〔执〕照

巴扣租空地基约

原件长四十二公分宽四十三公分

立出租空地基永远文约人巴扣，今将自己祖遗西包头大街路南地基壹块，东至李吞贵，西至牛姓，南至广兴号，北至大街。四至分明，情愿出租与牛兆魁、牛兆元二人名下，永远修理住占承业。同中言定，每年共作地租钱壹仟贰佰文整。按春秋二季交纳。不许长支短欠，永不许长缩地租。当日同中现使过押地钱壹拾伍千文整。其钱笔下交清不欠，如有蒙古民人（净）〔争〕夺者，有巴扣一面承当。恐口无凭，立约为证用

  大清同治元年九月初四日立约

  知见牛德通十

远生厮十

惠和源租白地基约

原件长四十九公分宽五十公分

立租永远白地基约人惠和源，今租到补克名下西包头中街路南白地基壹段，东至张肉铺，西至圪料街，南至根才子，北至大街。四至分明，水出旧路。情愿自己租到永远修理房屋、穿井、盖屋、承管为业，由己自便。同中议定，每年纳地谱钱伍仟伍佰捌拾文。至弍年起，按春秋弍季交纳，永远不许长支短欠，亦不许长缩地谱，现给过押地价钱陆拾柒仟玖百叁拾肆文。嗣后倘有蒙民人争夺者，有补克壹面承当。事关属实，永无反悔，恐口无凭，专立租地基约永远存照用

合同贰张各执壹张〔骑缝〕

大清同治元年九月初六日立

同中人张标十

王辅清十

〔钤"西包头会馆具"章〕

李太清十

根才子十

〔以后为契约封套处文字〕

包镇中街路南

惠和源，租去白地一块，租钱　　千

大清同治元年九月初六日

陈照兴租地约

原件长三十公分宽三十公分

立租地约人陈照兴，今租到八扣名下后厂汉测洛村（旸）〔场〕面地基壹块，东至张元贵墙界，西至赵铁柱墙界，南至李姓，北至路。四至分明，情愿租到自己名下，永远修理、居住管业。同众言明使过押地钱贰仟伍百文整。其钱笔下交足。每年应出地铺钱壹百文。两出情愿，永无反悔。日后倘有蒙古民人等（净）〔争〕夺者，有八扣一面承当。恐后无凭，立约为证

大清同治元年十月初三日立

立合同贰张各执壹张〔骑缝〕

中见人赵华十

恼而报十

冯锦恒十

谈凤翔租地约

原件长三十公分宽二十九公分

立租永远地约人谈凤翔，今租到八扣臭水井村北西圪嘴地壹块。开列四至；东至河（漕）〔槽〕，南至张万福，西至河（槽）〔槽〕，北至樊财。四至分明，同中说合情愿租到自己名下，永远耕种承业。言明每年出地租钱伍百文，不许长支短欠，许退不许夺。自租之后地内起房盖屋、立坟、栽树、挑渠、打坝、穿井诸事，由租地人自便。日后倘有蒙古民人争夺〔者〕，

有地主人一面承当。恐口无凭，立永远租约为证

　　同中使过约钱弍千五佰文十

　　大清同治元年十一月廿七日立永远约人谈凤翔十

　　合同各执壹张〔骑缝〕

　　中见人甲头高华十

　　李生荣十

　　任起华十

　　蒙古千家保十

樊财租地约

原件长三十公分宽二十九公分

立租地约永远人樊财，今租到八扣臭水井村北西圪嘴地壹块。开列四至，东至河（漕）〔槽〕，南至谈凤翔，西至河（漕）〔槽〕，北至张万德。四至分明，情愿租到名下永远耕种承业，言明每年出地租钱伍百文，不许长支短欠，许退不许夺。自租之后，地内起房盖屋、立坟、栽树、挑渠、打坝、穿井诸事，由地主人自便。日后倘有蒙古民人争夺〔者〕，有地主人一面承当。恐口无凭，立永远租约为证

　　同中使过约钱弍千五百文十

　　大清同治元年十一月廿七日立永远地约人樊财十

　　合同弍张各执壹张〔骑缝〕

　　中见人甲头高华十

　　李生荣十

　　任起华十

　　蒙古千家保十

高华租地约

原件长三十公分宽三十公分

此约上（长）〔账〕

高二

高长生

楞狗

立租永远地约人高华，今租到八扣臭水井村北西圪嘴地壹块。开列四至，东至河（漕）〔槽〕，南至樊财，西至河（漕）〔槽〕，北至郭天成。四至分明，同中说合情愿租到自己名下耕种承业。言明每年出地租钱壹仟五百文整。不许长支短欠，许退不许夺。自内租之后地内起房盖房、立坟、栽树、挑渠、打坝、穿井，一切诸事由租地人自便，不许拦阻。两出情愿，毫无异说。日后倘有蒙古民人争夺者，有地主八扣一面承当。恐口无凭，立永远租约为证

使过约钱捌仟文十

大清同治元年十二月十一日立永远租约人高华十

合同约弍张各执一张〔骑缝〕

中见人蒙古满家红十

李生荣十

张九如十

谈富十

三官社租地基约

原件长四十八公分宽四十五公分

立租地基文约人三官社,今租到㖿唠名下南圪衕三道巷东口地基一块。东至大路,西至孙姓、张姓、张朋举、李姓,共四姓,南至岳姓,北至王福喜。四至分明,情愿租到自己名下永远修理庙（与）〔宇〕承业。同人言定,现使过压地钱柒仟文整。其钱笔下交清不欠。言明每年应收地铺钱式佰文。将自己每年所收地铺钱式佰文,情愿施（畲）〔舍〕与三官庙收施,永远施（畲）〔舍〕。日后倘有蒙古民人等争碍者,有地主人一面承当。两出情愿,各无反悔。恐后无凭,立约为证用

大清同治二年二月廿五日立约为证

立合同二纸各执一张〔骑缝〕

知见人重会首高亮十

杨拴住十

李锦秀十

高河十

八扣十

吴启明十

恼尔报十

巴扣指地租折借钱约

原件长四十三公分宽四十二公分

立指地租折借钱文约人巴扣,情因自己紧急,今借到宫天宝名下借去钱三佰肆拾式仟九佰文整。将自己每年所收租钱柒拾九仟四佰六十七文,共租折壹拾七个质典与宫天宝名下,收租至同治式年（玘）〔起〕,同治十伍年秋后为（此）〔止〕。年满之日,本利两清,折归本主。异日折钱付不到者,借钱人补

还。两出情愿，各无反悔。恐口无凭，立约为证用

人名开列于（在）张兴堂租钱　千一百，郭天俊租钱　千百，公合店租钱　千　百，长源川租钱　千　百，宝荣德租钱　千　百，侯喜升租钱　千　百，张肉铺租钱　千，卜学龄〔租〕钱　千，岳秉玉〔租〕钱　千，李全忠〔租〕钱　千，祥盛源〔租〕钱　十千，岳秉福〔租〕钱　千　百，王秉礼〔租〕钱　百，马献瑞〔租〕钱　百　十，广盛魁〔租〕钱　千，九如泉〔租〕钱　十　千　百

大清同治二年三月初七日立

立合同二纸各执一张〔骑缝〕

中见人远生子十

七登十

千家保十

王登华租地基约

原件长三十一公分宽三十一公分

立租地基文约人王登华，今租到八扣名下祖遗后厂汗测落本村地基一块。东至赵芝旺，西至赵芝茂，南至大道，北至赵姓。四至分明，情愿租到自己名下永远修理、住座承业。同人言定，现使过压地钱柒佰文整。其钱笔下交清不欠。每年应纳地铺租钱伍拾文。按春秋二季交纳，不许长支短欠。嗣后倘有蒙民人等争碍者，有收租人一面承当。两出情愿，各无反悔。恐后无凭，立约为证用

大清同治二年三月二十九日立

立合同约贰纸各执一张〔骑缝〕

中见人赵玘增十

冯锦恒十

赵花十

哈什太十

远生子十

推与吕海亮

赵玘增租地基约

原件长三十公分宽三十一公分

立租地基文约人赵玘增，今租到八扣名下祖遗后厂汗测洛本村地基一块。东至王姓，西至（管）〔官〕街，南至出路公行，北至大路。四至分明，情愿租到自己名下，永远修理居住承业。同人言定，使过压地钱壹仟柒佰文。其钱笔下当交不欠，言明每年应纳地铺钱壹佰文。按春秋两季交纳。不许长支短欠。嗣后倘有蒙民人等争碍者，有收租人一面承当。恐后无凭，立约为证用

大清同治二年三月二十九日立

立合同约二张各执一纸〔骑缝〕

中见人赵花十

王根泰十

冯锦恒十

哈什太十

远生子十

八扣租地基约

原件长三十公分宽三十公分

立出永远租地基文约人八扣，今将自己祖遗后厂汗测落本村地基一块，东至本姓，西至大道，南至本姓，北至陈姓。四至分明，情愿出租与赵华名下永远修理、居住承业。同人言定现使过压地钱伍佰文整。其钱笔下当交不欠。言明每年应纳地铺钱伍拾文。按春秋两季交纳，不许长支短欠，日后倘有蒙民人等争碍者，有地主人一面承当。两出情愿，各无反悔。恐后无凭，立约为证用

大清同治二年三月二十九日立

中见人冯锦恒十

王根泰十

哈什太十

赵玘增十

远生子十

以旧约不用

卜扣借钱约

原件长二十八公分宽二十九公分

立借钱文约人卜扣，今借到陈登基名下钱本式拾千文。共钱（安）〔按〕月三分利。今兑收李政齐一折钱 千，李四娃一折钱 千，张为善一折钱 千。各无反悔，恐口无凭，立借钱〔约〕为（正）〔证〕。异日钱到回赎

同治弍年十月初七日立

立合同为（正）〔证〕〔骑缝〕

知见人龚天保十

千家保十

樊兴库租地约

原件长四十九公分宽五十公分

立租永远地约人樊兴库，今将臭水井村北壕八扣户口地壹块，开列四至，东至河（漕）〔槽〕，南至张万福，西至张世威，北至樊科。四至分明，同中说合，情愿租到自己名下永远耕种为业。言明每年地租钱壹仟文整。春秋二季交付。不许长支短欠，许退不许夺。自租之后，言明准其修理、盖房居住、挑渠、打坝、穿井、栽树、立坟，一切事情由租地人自便。使过约钱壹拾壹仟文整。其钱交清不欠。日后倘有蒙古民人争夺〔者〕，有地主八扣一面承当。两出情愿，毫无异说。恐口无凭，立永远租约为证

大清同治二年十二月初三日立永远租约人樊兴库十

合同贰张各执一张〔骑缝〕

中见人甲头窦国斌十

蒙古老金架十

任起富十

赵德元十

王德荣十

张治十

长命子借钱约

原件长三十公分宽三十公分

立借钱文约人长命子，今借到亢全俊（各）〔名下〕钱本陆仟五佰文。广成魁　折钱叁仟文，情愿质典与钱主收六年为满，三年（玘）〔起〕，捌年秋后为（此）〔止〕。异日折归本主，本利两清。恐后无凭，立约为证用

大清同治叁年二月廿六日立

立合同二纸各执一张〔骑缝〕

中见人恼尔报十

六十四十

吴俊英十

刘茂伟出借钱约

原件长四十二公分宽四十公分

立出借钱文约人刘茂伟，情因先年与蒙古八扣来往，屡年周借己钱，共该钱肆佰伍拾千文零。于同治三年正月间，八扣病故，自己向伊子海宝讨要。伊无力（赏）〔偿〕还，因而央恳说合，将自己前后账目一切算明，共该己钱四佰伍拾千文。同中〔人〕妥处将己钱按拾伍年拨还。言明指折每年拨还钱叁拾千文。言明同治三年起至十七年秋后止，拨到年满之期。言明本利全清，将伊租折原归本主。以后（在）〔再〕无异言。两造情愿，各无反悔，恐口难凭，专立此出借钱合同文约为证存用

随带租折七个

永兴堂钱　千，高顺子钱　千，张廷俊钱　千，洪成园钱　百，公合店钱　千，高肉铺钱　折　千，张肉铺钱　千。嗣后倘有租折不付之家，有蒙古收租之人讨要

同治三年二月廿九日立

立合同约为证各执壹张〔骑缝〕

在中〔人〕籍志咏十

千家保十

王金和十

吕鸣翔租空地基约

原件长四十三公分宽四十二公分

立租空地基永远文约人吕鸣翔，今租到蒙古海保名下西包头金龙庙南荣寿街巷内路北空地基壹块。东至张姓，西至赵姓，南至官街走路，北至佘姓，南往北退官街走路七尺。四至分明，情愿租到自己名下永远修理、居住承业。同人言定，现使过压地钱式仟文整。其钱笔下交清不欠。言明每年应纳地铺钱伍佰文。按春秋二季交纳，不许长支短欠，亦不许长缩地铺〔钱〕。日后倘有蒙古民人等争碍者，有地主人一面承当。两出情愿，各无反悔。恐后无凭，立约为证存照用

大清同治叁年八月初七日立约人海保十

合同二纸各执壹张〔骑缝〕

在中人刘启明十

恼尔报十

远生子书十

张威、张盛租空基约

原件长五十公分宽五十公分

立租空地基永远文约人张威、〔张〕盛，今租到蒙古海实名下西包头南圪洞荣寿街巷内路北空地基壹块。东西宽六丈，南北长壹拾式丈七尺，计地壹亩式分七厘。东至贺姓，西至吕鸣翔，南至出路官街，北至余姓，南往北退官街走路七尺。四至分明，情愿租到自己名下永远修理、住坐、承业、栽树、穿井，由己自便。同中现使过自己押地钱叁千文，其钱笔下交清不欠。言定每年地铺钱六百叁拾五文。其钱按春秋二季交纳，不许长支短欠，永不许长缩地租。嗣后如有蒙古民人争端者，有收租人一面承当。情出两愿，永无异言。（空）〔恐〕后无凭，专立租地基合同文约永远为据

合同式纸各执壹张〔骑缝〕

大清同治三年八月十一日立约人张威、〔张〕盛十

在中人刘启明十

弓天宝十

蒙占挠尔报十

梁存成出租地基约

原件长二十九公分宽二十九公分

立出租地基文约人梁存成，今租到海保名下成胡窑子村东路（比）〔北〕空地基壹块。东至吕姓，西至赵有，南至出路通行，北至梁姓，四至分明。情愿租到自己名下永远修理、住

坐、承业，同人说合现使过压地基钱捌佰文整。其钱笔下交清不欠，言明每年应纳地铺钱式佰文。按春秋二季交纳。不许长支短欠，日后倘有蒙古民人等争碍者，有收租人一面承当。恐口无凭，立约为存照用

大清同治叁年九月十五日立

立合同二纸各执一张〔骑缝〕

中见〔人〕赵有十

吕德旺十

吴敢明十

吕德旺租地基约

原件长二十九公分宽二十九公分

立租地基文约人吕德旺，今租到海保名下成胡窑子村东地基一块，东至赵姓，西至张姓，南至出路通行，北至梁姓。四至分明，情愿租到自己名下永远修理、住座承业。同人言定，现使过压地钱式仟文整。其钱笔下交清不欠。言明每年应出地铺钱式佰文。按春秋二季交纳，不许长支短欠，日后有蒙古民人等争碍者，有收租人一面承当。恐后无凭，立约为证存照用

大清同治三年十一月初七日立约人吕德旺十

立合同二纸各执一张〔骑缝〕

知见人梁存成十

赵有十

远生子十

打力扣同伊孙海宝借钱约

原件长三十公分宽三十公分

立借钱文〔约〕人打力扣同伊孙海宝，自因使用不足今借到王如源名下钱本壹佰零一千二百八十五文。情愿将聚源店折钱　千，高名扬　折钱　千，付严　折钱　千，张广益　折钱　千，义源魁　折钱　千，赵城　折钱　百，质与钱主收十年为满。异日折钱付不到，按月　分利，本利清还，恐口无凭，立约为证

至四年起收十年

同治三年十一月廿四日立

此钱旧账卜来

合同约各执壹张〔骑缝〕

中见人根才厮十

千家保十

张立亮租地基约

原件长四十二公分宽五十公分

立租地基文约人张立亮，今租到海保名下成胡窑子村东地基一块，东至吕姓，西至河（漕）〔槽〕，南至大路，北至梁姓。四至分明，情愿租到自己名下永远修理、（倨）〔居〕住承业，同人说合现使过压地钱壹千五佰文整。其钱笔下交清不欠。言明每年地租钱式佰文。按春秋二季交纳。不许长支短欠。日后倘有蒙古民人等争碍者，有收租人一面承当。两出情愿，各

无反悔。恐后无凭，立约为证存照用

大清同治叁年十二月初五日立

立合同二纸各执一张〔骑缝〕

知见〔人〕赵有十

张泰旺十

远生子十

樊兴库侄子樊科租地约

原件长五十公分宽五十公分

立租永远地约人樊兴库侄子樊科，今租到海宝臭水井村北墚地壹块。开列四至，东至樊姓，南〔至〕张姓，西至张姓，北至樊姓。四至分明，情愿租到自己名下，永远耕种为业。同中言明每年出地租钱肆百文，春秋二季交付。不许长支短欠，许退不许夺。自租之后所有地内起房盖屋、挑渠打坝、作场、立坟、栽树、穿井，无论一切甚事，由租地人自便。日后倘有蒙民人等争夺者，有地主人海宝一面承当。同中使过约钱陆仟五百文。其钱当交不欠。两出情愿，毫无异说。恐后无凭，立出租永远地约为据

大清同治三年十二月十七日立租永远地约人樊兴库侄子樊科十

合同弍张各执一张〔骑缝〕

中见说合人甲头傅成万十

蒙古远生子十

方永富十

王德荣十

赵德元十

任其富十

高仲等租地基约

原件长二十九公分宽三十公分

立租地基文约人高仲、〔高〕和、〔高〕正、〔高〕直、〔高〕发，今租到本海名下祖遗西包头东河东梁地壹块。东至白二狗子，西至贾姓，南至水沟，北至殷姓。四至分明，情愿租到自己名下，永远埋坟承业。同人言定现使过押地钱壹仟伍佰文整。其钱笔下交清不欠。言明每年应收地租钱壹佰文。按春秋二季交收。不许长支短欠。日后倘有蒙古民人等争碍者，有收租人一面承当。两出情愿，各无反悔，恐后无凭，立约为证存照用

大清同治四年十一月初七日立

立合同二纸各执壹张〔骑缝〕

中见人吴启明十

梁珍十

达赖子十

樊功租地约

原件长四十八公分宽五十公分

立租地永远约人樊功，今将海宝臭水井村北户口地壹块，开列四至，东南至吕姓地界，西南至河（漕）〔槽〕，西北至张姓小路，东北至垛顶大路。四至分明，同中说合，情愿租到自

己名下永远耕种承业。同中言明，出每年地租钱壹佰伍拾文。春秋二季交付，不许长支短欠，许退不许夺。自租之后，地内所有起房盖屋、挑渠、打坝、穿井、做场、栽树、立坟、捡石、起土、掏窑、填地，无论一切甚事，由租地人自便，不能阻挡。日后倘有蒙古民人争夺，有地主海宝一面承当。同中人使过约钱壹千文，其钱当交不欠，两出情愿，并无异说。恐口无凭，立永远租约为证

  大清同治四年十二月十三日立租永远地约人樊功十
  合同贰张各执壹张〔骑缝〕
  中见人蒙古远生子十
  王德荣十
  王开府十

郭富佃地约

原件长二十九公分宽三十公分

  立永远佃地约人郭富，今（治）〔租〕到海宝芝麻沟祖遗坡地一块。北至赵〔姓〕、郭姓，南至侯姓，东至天沟水渠，西至芝苏沟水渠。四至分明，永远（请）〔埋〕坟耕种为业。同人言定过约钱壹千文。笔下交清不欠。每年地谱钱壹佰文。日后倘有蒙民人等争夺者，有海（保）〔宝〕一面承当。恐后无凭，立佃地文约存照用

  同治四年十二月十五日立
  中见人韩生海十
  六十四十
  合同约各执壹张〔骑缝〕

〔以后为契约封套处文字〕

芝麻沟坡地一块

乳名郭老虎伊子卜鱼子在召梁二道巷口住

郭富，内计租约一张，租钱　百

同治四年十二月十五日

海宝指典租折借钱约

原件长四十六公分宽四十六公分

　　立指典租折借钱文约人蒙古海宝，情因手乏使用紧急，今借到刘尚仁名下本钱陆拾式仟文整，其钱笔下交清不欠。情愿将自己祖遗本街每年应收张廷俊　折〔钱〕　千、公合店　折〔钱〕　千，高肉铺　折钱　百，　折钱　千，兴隆远　折钱百，高步云　折钱十千，以上共陆折租钱　十　千。其折系刘茂威收至同治拾肆年冬季止。收足年限，将其折钱拾伍年春季起抽回，交刘尚仁收使，钱足为满，折归本主。其钱长短不齐，年满之日再为找结。情出两愿，永无反悔。恐后无凭，立此指折借钱约为证

其折内有张廷俊壹折租钱，刘茂威与刘尚仁早收壹年

大清同治伍年四月十五日立

合同贰纸各执壹张〔骑缝〕

在中知见人根才厮十

叔父六十四十

老金架十

高兰福十

福如海书

海宝出租地基约

原件长四十八公分宽四十八公分

立出租地基约人海宝，今将自己祖遗西包头南圪洞二道巷口路东地基壹块，南北长陆丈陆尺五寸，东西宽柒丈捌尺，东至张翼廷，西至官路，南至刘姓，北至〔张〕翼廷。四至分明，情愿出租与陈锦名下，永远修盖居住、（川）〔穿〕井，壹应由租地基人管业，许退不许夺。同中言明使过地基押地钱伍千文。其钱当日交足。每年随地普钱式千文。按春秋二季交纳。不许长支短欠，亦不许长缩地普〔钱〕。两出情愿，（异）〔亦〕无反悔。恐口难凭，立出租地基为证

大清同治五年四月廿六日立

合同式纸各执壹张〔骑缝〕

知见〔人〕老金架十

张维廉十

韩清月十

张治邦十

永庆店租空地基约

原件长四十八公分宽四十八公分

立租到永远空地基文约人永庆店，今租到包头镇海宝东街路南白地壹段。东至高姓、顾〔姓〕，南至打力骂，西至刘廷章，北至老金架。四至分明，情愿租与自己名下，永远修理为业，由己自便。同中说合，现付过押地过约钱壹拾千（〇）

〔零〕七百五拾文。言明每年地租钱壹千叁佰式拾捌文。其钱按春秋式季交纳，永远不许长支短欠，亦不准长缩地租。嗣后倘有蒙民人等争夺者，有海宝一面承当。事关属寔，永无反悔。恐口无凭，立租空地基约永远为证存用

同治五年五月二十一日立

立合同约式纸各执壹张〔骑缝〕

〔钤"西包头会馆具"印〕

中见人老金架十

杨花十

公行总甲十

闫茂业十

打力骂十

此约转租与朱永明名下，另立新约为据

海宝同伊西院祖母借钱约

原件长三十公分宽二十九公分

立借钱文约人北院海宝同伊西院祖母，今借到王如源名下钱本利伍佰叁拾五千五佰文。情愿将自己祖遗地普折每年钱九拾千零七佰文，质与钱主，收壹拾壹年为满。异日折钱付不到，有海宝按月二份本利清还。恐口无凭，立约为证

至六年起收十一年

同治五年十二月初五日立

合同约各执壹张〔骑缝〕

中见人千家保十

满家红十

高永兴十

海宝同伊南院祖母借钱约

原件长三十九公分宽二十九公分

立借钱文约人北院海宝同伊南院祖母，自因使用不足，今借到王如源名下钱本九拾六千文。情愿质刘广仁　折钱　百，胡天清　折钱　千，谢湧　折钱　千，公和合　折钱　百，洪盛义　折钱　千，济宁堂　折钱　千，张兴太　折钱　千，智周　折钱　百，黑玉润　折钱　百，张廷俊　折钱　百，五伦堂　折（艮）〔银〕　两，协和成　折（艮）〔银〕主钱。日后银数（长迭）〔涨跌〕，两无各找。情愿质与钱主收八年为满。异日折钱付不到，有海宝按月三分利，本利清还。恐口无凭，立约为证

（艮）〔银〕数按　千二百。至六年起收八年

同治五年十二月十六日立

合同约各执壹张〔骑缝〕

中见人千家保十

力圪生十

高永兴十

卜学龄租地基约

原件长四十二公分宽四十三公分

立租地基文约人卜学龄，今租到海宝名下祖遗西包头南龙王庙南地基壹块。东至河槽，西至四合园，南至祥盛元、本主，

北至本主。四至分明，情愿租到自己名下，永远耕种承业。同人说合，现使过押地钱壹拾弍仟文整。其钱笔下当日交清不欠。言明每年应收地租钱叁百文。按春秋两季交收，不许长支短欠。嗣后倘有蒙古民人等争碍者，有收租人一面承当。两出情愿，各无反悔，恐口无凭，立约为证存照用

  大清同治六年六月十七日立约人卜学龄十

  立合同弍纸各执一张〔骑缝〕

  中见人张敏财十

  敖锐十

  亢全俊十

  恼尔报十

  韩四娃十

六十四　指折借钱约

原件长二十九公分宽二十九公分

  立指折借钱文约人六十四，情因自己紧急使用不足，将自己原收樊登举烂驰每年地租钱壹仟文，情愿质典与赵梁小子名下。同人说合，现使过典折钱壹仟伍佰文。其钱笔下当日交清不欠，至同治六年（玘）〔起〕，同治九年秋后为（此）〔止〕。异日折归本主，本利两清。恐口无凭，立约为证存照用

  推与李小秀子

  大清同治六年六月廿四日立

  立合同弍纸各执一张〔骑缝〕

  中见人德生子十

  牛锁娃子十

远生子十

天成德租地基约

原件长四十七公分宽五十公分

立租到地基永远合同文约人天成德,情因租到海保先祖所遗本镇西阁尔街路南地基壹段。东至张文秀,西至岳姓,南至岳姓,北至官街大道,水路出路以通官街。四至分明,情愿(向)〔从〕海保名下租到自己名下,永远修理高低、剜井浅深、栽树、打坝一切等等,由己如意承(主)〔住〕自便为业。同人言明,现出过过约押地钱弍十弍千文整。每年应出地租钱弍千弍百零五文。秋季交纳,不许长支短欠,亦不许(迭)〔跌〕长地租。日后倘有蒙民争夺者,有地主海保一面承当,此系各出如意,永无反悔。恐口难凭,专立租到永远合同约存照用

同治六年九月二十六日天成德立十

立合同弍纸各执壹张〔骑缝〕

知见人张银十

郝得明十

郭永和十

刘日安〔画押〕

〔以后为契约封套处文字〕

包镇西街阁内南边屋地

天成德,租去屋地一块,租钱 千二百

同治六年九月廿六日

赵起增租地约

原件长四十五公分宽四十八公分

立租地文约人赵起增,今租到海宝名下祖遗后厂汗测落村东地式块,村北地壹块。东至赵姓,西至赵姓,南至赵姓,北至康姓。第式块,东至天沟,西至赵姓,南至天沟,北至李姓。第三块,东至赵姓,西至赵姓,南至赵、马二姓,北至马厂梁。四至分明,情愿租到自己名下永远耕种承业。同人说合,现使过押地钱陆仟文整。其钱笔下当日交清不欠,言明每年应收地租钱肆佰伍拾文。按春秋二季交收,不准长支短欠。日后倘有蒙古民人等争碍者,有收租人一面承当。两出情愿,各无反悔。恐口无凭,立约为证存照用

计开内有杨靠山坟地半亩

大清同治六年十月初二日立

立合同式纸各执一张〔骑缝〕

中见人王锦成十

赵枝桂十

远生笔十

张志功租地基约

原件长四十八公分宽四十九公分

立租地基文约人张志功,今租到海宝名下祖遗老爷庙路南地基一块,东至兴隆远,西至兴隆店,南至兴隆远,北至大路。四至分明,情愿租到自己名下,永远修理、住座。同人言定,

使过押地钱式拾千文整。其钱当日交清不欠。言明每年应出地普钱壹仟式佰文，按春秋二季交纳，不许长支短欠。日后倘有蒙〔古〕民人等争夺者，有地主人一面承当。两出情愿，各无反悔。恐口无凭，立约为证

大清同治六年十二月廿九日立

合同约式张各执壹张〔骑缝〕

知见人蒙古力圪生十

亢全俊十

李仓十

推与王明经名下

海宝质折合同借钱约

原件长四十八公分宽四十七公分

立质折合同借钱约人海宝，今（将）〔因〕自己使用不足，情愿将自己原主地普折质与崔宝安名下，每年收地普折义中魁钱　千，永合成钱　千，山成玉钱千，高九林钱　千，增隆昌钱　千，丁宝钱　千，梁廷璧钱　千，广成魁钱　千，共折八个，共租钱叁拾千零五佰一十六文，每年收利。同人言明海宝使过崔宝安名下本钱壹佰千文整。其钱笔下海宝用过。按每一月式分五厘行利。如有地普折，有蒙古民人争夺者，有海宝一面承当。同治七年十月十六〔日〕起利八年，春秋二季崔宝安收折。如折钱不到有海宝承当。此折收二年过来，不计年（眼）〔限〕，钱到回赎。如钱不到者，收折钱算利。两出情愿，永无反悔。恐口无凭，立质折约为证用

同治七年十月十六日立

立合同约各执壹张〔骑缝〕

中见人刘思武十

远生厮十

杨生茂租地基约

原件长五十公分宽四十七公分

立租到永远地基文约人杨生茂，情因租到蒙古海保先祖所遗厂汗恼包村路南地基壹段，东至韩、宋两姓，西至梁姓，南至大道，北至大道。四至分明，情愿向海保名下租到自己名下，永远承（主）〔住〕、修（益）〔盖〕高低、挖井浅深、栽树、耕种、挑渠、打坝一切等等，由己如意，管理自便为业。同人言定，过约押地钱壹十弎千文。现交不欠，每年应出地租钱壹千柒百伍十文整。春秋交纳，不许长支短欠，亦不许长缩地租。所有水路出路，地内南北，由己方便行走。日后倘有蒙民争碍者，有海保一面承当。此系情出两愿，世无反悔。恐口难信，端立此永远合同约存照用

同治七年十一月十一日立

立合同约贰纸各执壹张〔骑缝〕

知见人王应魁十

远生厮十

刘日安十

张世威佃房院约

原件长四十六公分宽四十七公分

立佃房院地基文约人张世威，情因自己紧急使用不足，将自己原置到土默臭水井村东北院一所，内正房伍间，南房式间，南大门壹间，上下一并土木石铁顶砖瓦，院内有井壹（堰）〔眼〕，井口水（陆陆）〔辘辘〕一并相连。东至张姓，西至大路，南至大道，北至窦姓。向西出路水路，向南通至（管）〔官〕道。又有场面壹块，东至吕姓，西至大路，南至吕姓，北至吕姓。四至分明情愿出租佃与田（玘）泰名下，永远玘〔起〕房盖房、修理住座、栽树、穿井，由其自便。同人说合现出过佃房院场面地价钱捌拾捌仟文整。其钱笔下当日交清不欠。言明每年随带蒙古地谱钱式百陆拾叁文，又随带神社官差壹厘。嗣后倘有蒙古民人亲族户内人等争碍者，有佃主一面承当。两出情愿，各无反悔。恐口无凭，立出佃房院约为证存照用

大清同治七年十二月初九日立约人张世威十
中见人蒙古远生厮笔十
甲头傅殿美十
方永富十
樊俊十
全福十
此约以为故（之）〔纸〕，不用

海宝出租地基约

原件长四十七公分宽五十公分

立出租地基文约人蒙古海宝，今将自己臭水井村东北地基壹块，今地基上有张世威盖房居住至今，张世威过日不得，今将修盖房屋推与田玘泰名下永远修理居住。计开场面四至，东

至吕姓地界，南至吕姓地界，西至路，北至吕姓地界，四至分明。又地基四至，东至张姓，南至路，西至路，北至窦姓地界。四至分明，情愿出租与田玘泰名下，永远修盖居住。每年出地租钱式佰陆拾叁文。其钱春秋二季交纳，不许长支短欠。同人说合使过约钱式千文。其钱笔下交清不欠。日后由房主自便。日后倘有蒙古民人争夺者，有海宝一面承当。空口无凭，立约为证

大清同治七年十二月初九日立约

立合同约式张各执壹张〔骑缝〕

中见人蒙古远生子十

甲头傅殿美十

方永富十

樊俊十

全福十

此约以为故（之）〔纸〕，不用

贺元租地约

原件长四十四公分宽四十公分

立租地文约人贺元，今租到海宝名下祖遗成胡窑子村南地壹块，东至河（漕）〔槽〕，西至路，南至张、康、郭姓，北至大路。四至分明，情愿租到自己名下，永远耕种承业。同人说合现使过压地钱壹拾式仟文整。其钱笔下当日交清不欠。言明每年应收地租钱壹仟叁百伍拾文。按春秋两季交收，不准长支短欠。嗣后倘有蒙古民人等争碍者，有地主人一面承当，两出情愿，各无反悔。恐口无凭，立约为证存照用

大清同治柒年十二月廿二日立

立合同弍纸各执一张〔骑缝〕

中见人马怀泰十

吕德旺十

吴启明十

赵多财租空地基约

原件长四十六公分宽四十七公分

立租永远空地基约人赵多财，今租到海实南圪洞金庙南路西白地壹块，东至大路，南至王、陈、孟三姓，西至董姓，北至荣寿巷大路。四至分明，自己情愿租到修理、住占管业，日后栽树、穿井、改设铺面，由其自便。同人言定（限）〔现〕使过押〔地〕钱叁拾千文整。其钱当交不欠，每年地普钱六百六十六文。按春秋二季交纳，不许长支短欠，亦不许长缩租钱。日后倘有蒙民人等争夺者，有海宝一面承当。两出情愿，各无异言。恐后无凭，立租约永远为证

大清同治八年六月二十九日立

合同贰张各执一张〔骑缝〕

中见人贾中美十

宫维新十

王金音十

刘世清十

推刘荣又推侯积善名下

赵枝英租地基约

原件长四十公分宽四十二公分

立租地基文约人赵枝英,今租到海宝名下祖遗后厂汗测落村东地式块。东壹块,东至赵姓,西至赵姓,南至康姓,北至刘姓。西壹块,东至赵姓,西至赵姓,南至康姓,北至刘姓。四至分明,情愿租到自己名下永远耕种承业。同人言定,现使过压地钱柒仟文整。其钱笔下当日交清不欠,言明应收地租钱柒佰壹拾文。按春秋式季交收,不准长支短欠。嗣后倘有蒙古民人等争碍者,有收租人一面承当。两出情愿,各无反悔。恐口无凭,立约为证存照用

大清同治捌年十月初八日立

立合同式纸各执一张〔骑缝〕

中见人张惠十

王根泰

吴涌海笔十

海宝借钱约

原件长二十九公分宽二十九公分

立指折借钱文约人海宝,今借到沙圪庆满家社钱本式佰仟文整。按月壹分捌厘行利,将自己每年所收地租折公和美租钱壹拾陆仟柒百捌拾文,庆丰张租钱四千式佰伍拾文,九如店租钱式仟五佰文,三成马店租钱五千四佰文,马粉房租钱玖千四百五拾文,崔草铺租钱壹拾捌千文,兴隆远租钱四千文,公顺

店租钱四千弍佰文。以上共收八折租钱陆拾四千五佰捌拾文。（直）〔质〕与钱主收利，言明除利下本。恐口无凭，立借钱约为证

　　大清同治捌年十弍月十九日立

　　立合同约为证，各执一张〔骑缝〕

　　中见人郭永和十

　　崔保安十

　　〔蒙古文签注〕

海宝借钱约

原件长二十九公分宽二十九公分

　　立典折借钱文约人海宝，情因自己手中缺乏，今借到康玘宝名下钱九千文。按三分行息。同人说合，将自己所收元成店一折租钱壹千文，又一折五福周租钱弍千弍百五十文，共二折租钱　千二，情愿质典与康玘宝所收，至同治九年（玘）〔起〕。异日如有钱赎折者，按满年算利，月息三分。有钱回赎，无钱收租，不计年限。两出情愿，各无反悔。恐口无凭，立约为证

　　大清同治八年十二月廿九日立

　　立合同弍纸各执一张〔骑缝〕

　　中见人马登云十

　　远生子十

　　哧唠十

张元贵租地基约

原件长二十九公分宽二十九公分

立租地基文约人张元贵，今租到海宝名下祖遗到后厂汗测落村中地基壹块。东至大道，西至张姓墙根为界，西北至段姓墙根为界，南至大道。内有门前天水井壹座，由其自便，北至段姓。四至分明，情愿租到自己名下永远（玘）〔起〕房盖屋、修理、住座、栽树、穿井，均由自便承业。同人言定，当日现使过压地钱壹仟文整。其钱笔下当日交清不欠。言明每年应收地谱钱壹佰文。按春季交收，不准长支短欠。日后倘有蒙古民人等争碍者，有地主人一面承当。两出情愿，各无反悔，恐口无凭，立约为证存照用

出路水路向正南道行大道

立合同弍纸各执一张〔骑缝〕

中见人冯锦恒十

张慧十

赵万富十

大清同治九年三月廿九日立

〔以后为契约封套处文字〕

后营子村中地一块

张元贵，内计租约一张，租钱　百

同治九年三月廿九日

魏泰租地基约

原件长四十八公分宽五十公分

立租地基文约人魏泰，今租到海宝名下祖遗西包镇南荣寿街巷南路北地基壹块。东至赵姓，西至张姓，南至大道，北至董姓。出路水路向南通行大道。四至分明，情愿租到自己名下永远（玘）〔起〕房盖屋、修理住座、栽树、穿井，由其自便，勿（伦）〔论〕做甚。同人说合，现使过压地钱式拾仟文整，其钱笔下当日交清不欠。言明每年应收地谱钱壹仟文，按春秋两季交收。不准长支短欠，亦不准长缩地租。嗣后倘有蒙古民人等争碍者，有收租人一面承当。两出情愿，各无返悔。恐口难凭，立约为证存照用

　　大清同治玖年四月初三立约人海宝十

　　立合同式纸各执一张〔骑缝〕

　　中见人龚维新十

　　杨富十

　　吴涌海十

　　〔以后为契约封套处文字〕

　　包镇南圪洞南荣寿街巷内路北地基一块

　　魏泰，每年租钱　千

　　同治九年四月初三日

樊盛租地基约

原件长二十九公分宽三十公分

　　立租地基约人樊盛，今租到蒙古八扣名下臭水井当村户口地基壹块。情愿租到永远居住、修盖房屋、穿井、栽树株、做场面，由租地人自便。计开四至，东至梁姓交界，南至通街大路，西至樊盛交界，北至通官大路。四至分明，同人言定每年

出地租钱叁佰式拾文整。春秋二季交纳，不许长支欠少。又同人使过过约钱式仟叁百壹拾四文。其钱交清不欠，倘有蒙〔古〕民人争夺者，有八扣一面承当。恐口无凭，立约为证

大清同治九年九月初八日立约

合同约为证〔骑缝〕

中见人蒙古哈各磴十

任起富十

王福宝十

陈德宝十

此地推与王名成名下，系光绪十八年十一月间

樊盛租地基约

原件长三十公分宽二十八公分

立租地基约人樊盛，今租到蒙古海宝名下臭水井当村地基壹块，情愿租到永远居住、修盖房屋、穿井、栽树树株、做场面，由租地人自便。计开四至，东至梁姓交界，南至通街大路，西至樊盛交界，北至通官大路。四至分明，同人言定每年出地租钱式百文整。春秋二季交纳。不许长支短欠，又同人使过过约钱壹仟四百四拾陆〔文〕。其钱交清不欠，倘有蒙民人等争夺者，有我海宝一面承当。恐口无凭，立约为证

大清同治九年九月初八日立约

合同约为证〔骑缝〕

中见人蒙古哈各磴十

任起富十

王福实十

陈德宝十

李泰山再换租地基约

原件长四十八公分宽四十八公分

立再换租地基约人李泰山，因道光五年十二月廿五日海保之曾祖母得计，将伊西包头西街路北地基壹块，东至李泰山，西至梁聚永，南至街心，北至河（漕）〔槽〕大道。四至分明，计东西阔南壹拾伍丈零柒寸，东西阔北壹拾肆丈。情愿租与自己永远修理、住占、生理、凿井为业。同人言定，每年地租钱柒仟文整。按春秋二季交付，不许长支短欠，不许长缩地租。如有蒙民争夺者，有海保一面承当。

咸丰六年六月十一日因原约无压地形迹，同人使过压地钱肆拾千文。因换合同约两纸，彼时约据非不明白，但有后日修理拦柜加租一节，后日恐滋口角，因同中人理处现使过后日修理拦柜再不加租钱伍拾千文整。随又换合同新约两纸，日后李姓不论如何修理，或有凿井等情，均由李姓自便，不许另加地租。至于此地长阔均是依旧约书写，但早年地势不平丈尺，恐未能准。日后或有余不足，两造，俱不准另起别说。此系各出情愿，各无翻悔。空口难凭，立租永远

地基合同约为证

同治九年十月廿一日立

合〔同〕纸两张各执壹张为证〔骑缝〕

同治九年十月廿一日，同人海保使过李泰山钱伍拾千文，为嗣后修理铺面拦柜、凿井再不加租，现因海保将咸丰六年所换之合同约失落，因同大行总甲并外请之中人于新约批写明白，

嗣后海保、李泰山两人所执之旧约均以为故纸，不用

中人大行总甲〔钤"西包头会馆具"印〕

海泰十

远生子十

巴图吉力格十

赵万库

王子中〔画押〕

归化城某某人租折

原件长十五公分宽三十一公分

陈德光租钱　千，岳俊德租钱　千，岳俊秀租钱　千，周有富租钱　千。至同治拾年（玘）〔起〕，至同治拾伍年为满。同人说合收六年为满

大清同治九年十二月初十日立

立合同式纸各执一张〔骑缝〕

中见人远生笔十

哈圪衖十

福禧子十

赵子英租地约

原件长四十公分宽四十三公分

立租地文约人赵子英，今租到土默海宝名下祖遗后厂汉测落村东北白石头湾地叁块。西壹块，东至本主，西至大道，南至马姓，北至张姓。北壹块，东至天沟，西至奉主，南至本主，

北至马、赵二姓。南壖地壹块，东至天沟，西至公合昌，南至康姓，北至本主。四至分明，情愿租到自己名下永远耕种、（玘）〔起〕房盖屋、修理住座、栽树、穿井。同人说合，现使过压地钱叁拾仟文整。其钱笔下当日交清不欠。言明每年应收地租钱柒仟式百文。按春秋两季交收。不准长支短欠，亦不准长缩地租。嗣后倘有蒙古民人等争碍者，有地主人一面承当。两出情愿，各无反悔，恐口无凭，立约为证存照用

大清同治玖年十一月十九日立约人赵子英十

中见人尹胜威十

张玉海十

王清十

远生厮笔十

海宝指折借钱约

原件长四十三公分宽三十九公分

因于同治柒年拾月拾陆日海宝使钱紧急，仝中人将自己每年应收地谱钱叁拾千零伍百壹拾陆文，俱有折子为证，兑交与崔宝安收使该年利钱，因而立约借到崔宝安名下钱本壹百千文，日后钱到回赎。所有折内名讳捌家、陆家俱以兑过，照折收钱。唯有广成魁、丁宝两家，共钱捌千叁百伍拾文并无折子，不能收使，迤延至今。又仝中人言明补高芳租钱壹千伍百文，赵玉同租钱叁千文，范通顺租钱叁千伍百文，兑整每年利。照此玖家共收钱叁拾千零壹百壹拾陆文，其后与广成魁、丁宝两家无干。恐后无凭，立约为证

大清同治玖年拾式月拾陆日立

合同约各执壹张〔骑缝〕

中见人宋克长十

李福成十

此项钱债于光绪廿二年春暮三月，协同大行甲头白亨归结，从复盛公付过文十现钱壹百千文，崔套子亲手取钱。故纸不用

海宝借钱约

原件长三十公分宽二十八公分

立借钱文约人海宝，今将自己钱用不足，情愿借满家社现钱壹百吊，言明按月利钱一分八厘，将自己地租折（执）〔质〕与满家社、元纯店二折钱五千五百文，李顺二折钱五千四百五十文，和义成一折钱六千叁佰文，元亨老号一折钱七千零陆拾八文，永盛远一折钱弍千九百文，侯喜升一折钱壹千三百文，言兴盛永使钱，张禄奎一折钱叁千文，言元兴魁使钱。言明按二季收租钱，除利下本。立借钱约为证

〔蒙古文签注〕

见人李清春十

潘科十

同治九年十二月廿七日立

海宝指折借钱约

原件长二十八公分宽三十公分

立指（拆）〔折〕借钱文约人海宝，今借到魏泰名下钱捌仟文整。同人言明将赵芝英名下地租钱捌千伍佰文，将租折质

典与钱主收使。异日有钱回赎，无钱不计年限。恐口无凭，立借钱约为证

　　大清同治九年十二月廿八日立

　　合同约式张各执壹张〔骑缝〕

　　中见人远生厮十

　　杨富十

海宝指折借钱约

原件长二十八公分宽三十公分

　　立指折借钱文约人海宝，今借到吴魁名下现钱叁拾千文整，其钱当交不欠。言明按月三分行息。将自己每年所收赵顶财一折租钱捌千五百文，张世荣一折租钱式千文，五福园一折租钱式千文。共三折租钱质与钱主收利。异日有钱回赎，如钱不到者不计年限。两出情愿，各无反悔。恐口无凭，立约为证存照用

　　大清同治拾年十月廿八日立

　　合同约贰纸各执一张〔骑缝〕

　　中见人高升十

　　远生厮十

张德租地约

原件长四十一公分宽四十三公分

　　立租地文约人张德，今租到海宝名下祖遗后厂汉测涝村东地壹块，东至本主，西至王姓，南至王姓，北至官道。四至分

明，情愿租到自己名下，永远耕种承业。同人说合，现使过压地钱陆仟文整。其钱笔下当交不欠。言明每年应收地租钱壹千壹百文，按春秋两季交收，不准长支短欠。嗣后倘有蒙古民人争碍者，有收租人一面承当。两出情愿，各无反悔。恐口无凭，立约为证存照用

地内东南角有赵枝明坟墓地弐亩

大清同治拾年十二月十二日立

立合同弐纸各执一张〔骑缝〕

中见人王义十

王和十

马旺十

赵金山十

杨万升租地约

原件长三十五公分宽三十五公分

立租地文约人杨万升，今租到海宝名下祖遗梁甲营子村南地壹块。东至郭姓，西至郭姓，南至焦姓，北至张、贾二姓。四至分明，情愿租到自己名下，永远耕种承业。同人说合，现使过压地钱肆仟文整。其钱笔下当交不欠。言明每年应收地租钱壹百弐拾文，按春秋交收，不准长支短欠。嗣后倘有蒙古民人等争碍者，有地租人一面承当。两出情愿，各无反悔。恐口难凭，立约为证存照用

计地壹拾玖亩五分

大清同治十一年三月廿七日立

立合同弐纸各执一张〔骑缝〕

中见人成其名十

王秉福十

吴湧海十

冯统租地约

原件长三十五公分宽三十九公分

立租地文约人冯统,今租到海宝名下祖遗成胡窑子村北壋坟地壹块。东至沟底,西至周姓,南至沟底,北至大山顶。四至分明,情愿租到自己名下,永远埋坟葬墓、耕种承业。同约人说合,现使过压地钱伍仟文整。其钱笔下当日交清不歉,言明每年应收地租钱式百文。按春季交收,不准长支短歉。嗣后倘有蒙古民人等争碍者,有收租人一面承当。两出情愿,各无返悔。恐口无凭,立约为证存照用

大清同治十一年六月初三日立约人冯统十

立合同贰纸各执一张〔骑缝〕

中见人翟林十

阿圪登十

远生厮十

〔以后为契约封套处文字〕

成胡窑子村北壋坟地壹块

冯统,内计租约一张,租钱式佰文

同治十一年六月初三日立

系向张某乳名大全子、二〔全子〕地内拨来

张某在召梁三道巷路西居住

伊子侄五毛子

赵有租地约

原件长二十八公分宽二十九公分

立租地文约人赵有，今租到海宝名下祖遗成胡窑子村东地壹块。东至水沟，西至坟界，南至吕姓，北至马姓。四至分明，情愿租到自己名下，永远耕种（圮）〔起〕房、盖屋、修理、住座、承业。同人言定，现使过压地钱壹仟文。其钱当交不欠。每年地租钱伍拾文，按春秋交收，不准长支短欠。日后倘有蒙古民人等争碍者，有地主人一面承当。恐口无凭，立约为证存照用

大清同治十一年六月十二日立

立合同弍纸各执一张〔骑缝〕

中见人吕元善十

远生厮十

王威租地基约

原件长四十七公分宽四十八公分

立租地基文约人王威，今租到海宝名下祖遗西包镇南圪衕金龙庙大路东地基壹块。东至高姓，西至大道，南至周姓，北至刘姓。四至分明，情愿租到自己名下永远（圮）〔起〕房盖屋、修理住座、栽树、穿井、设立生意、修理铺面，均由自便。同人说合，现使过压地钱肆拾仟文整。其钱笔下当日交清不欠。言明每年应收地普钱伍佰伍拾文。按春季交收，不准长支短欠。嗣后倘有蒙古民人等争碍者，有地主人一面承当。恐口无凭，

立约为证存照用
　　出路水路向西通至大道
　　大清同治十一年七月廿一日立约人王威十
　　立合同贰纸各执一张〔骑缝〕
　　中见人杨智怀十
　　赵楫十
　　远生厮笔十
　　此约之地于民国十年转租与郭正贤名下
　　〔以后为契约封套处文字〕
　　西包镇南圪衕金龙王庙大路东地基一块
　　王威，内计租约一张，租钱　百
　　同治十一年七月廿一日立
　　在哈善噔扣村东王八窑子居住

海宝指折借钱约

原件长四十七公分宽五十公分

　　立指折借钱文约人海宝，今借到沙圪庆满家社钱本壹佰叁拾仟文整。按月贰分行利，将自己每年所收地租折丰隆昌　折租钱　两　钱、公如玉　折租钱　千、公合店　折租钱　千、贾善实　折租钱　千、大行　折租钱　千、李泰山　折租钱　千、永和魁　折租钱　千、徐国泰　折租钱　百、曹文福　折租钱　百。直〔质〕与钱主收利，言明除利下本。恐口无凭，立借钱文约为证

　　同治拾壹年十月廿二日立
　　立合同为证用〔骑缝〕

中见人远生子十

基圪米十

五十五十

永益成租地基约

原件长四十公分宽四十二公分

立租地基永远文约人永益成，今租到海宝名下祖遗西包镇前街路南地基壹块。东至洪盛义，西至余安泰，南至张姓，北至大街中心，计东西宽贰丈柒尺。四至分明，情愿租到自己名下永远修理、住占、穿井、生理为（约）〔业〕。同人言定，现出过换约钱柒拾仟文。每年应出地普钱玖佰零九文。按春秋式季交纳，不许长支短欠，亦不准长缩地租。日后倘有蒙民等争碍者，有海宝一面承当。各出情愿，永无翻悔。恐口无凭，立永远文约为证

此地基出佃与张生华名下，故纸不用

大清同治拾壹年拾壹月十三日立

合同约贰张各执壹张〔骑缝〕

〔钤"西包头会馆具"印〕

中见人张锦权十

梁汝范十

余安泰十

远生厮十

智荣升借钱约

原件长四十七公分宽四十九公分

立出借钱文约人智荣升，情因将自己九四现钱出借与海宝名下，原本钱式拾伍千文整。当日交清不欠。仝人言明，情愿将伊原收到梁聚永壹折钱肆千伍佰文，永益成壹折钱九佰零九文，丰盛店壹折钱捌佰文，共叁折地普钱陆仟式佰零九文。仝人言明，情愿将伊地普钱满年（附）〔付〕拾个月利钱收使，异日钱到回赎。两出情愿，各无反悔。恐口无凭，立约为证存用

大清同治十二年九月初六日亲笔立

合同约式张各执壹张〔骑缝〕

中见人远生子十

傅月登十

杨尧泉十

测潦十

李海租地水约

原件长四十七公分宽四十八公分

立租到永远地水合同文约人李海，今租到西包镇南龙王庙南园地叁段，地主蒙古海宝。上一段，东至李姓，西至老渠，南至田姓，北至田姓。中一段，东至城墙，西至老渠，南至田姓，北至田姓。下一段，东至城墙，西至老渠，南至田姓，北至田姓。四至分明，又值代第七天长旱大水叁厘伍毫。情愿租到自己名下，永远长占耕种、起盖房屋、穿井、栽树、（握）〔挖〕厕，一并由己自便，所有地内使水渠路通行老坝。同中言定现（附）〔付〕过蒙古海宝押地过约钱壹百壹拾伍仟文，每年随代蒙古地水租钱九千柒百文。按春秋二季交纳，不许长支

短欠，永远亦不许长缩地水租。又随代每年蒙古地水租麦子叁斗，草麦柒斗，亦按期交纳。日后倘有蒙民人等争夺并拦挡渠路者，有地主海宝一面承当。两出情愿，各无反悔。恐口无凭，立租到永远地水合同文约为证

大清同治十一年十二月十二日李海立十

立合同约式张各执壹纸〔骑缝〕

于光绪五年十二月廿六日，同中言明，将自己应出地水租麦子草麦式宗，共作价钱式仟文，每年式季交纳。言明本主耕种照后批行事。如另人耕种，照前行付。言明当日付过文十钱壹拾五千文

知中人总甲张照万十

李富成十

代笔　杨维林十

〔以后为契约封套处文字〕

包镇南龙王庙南园地三段

李海，每年地水租钱　千

光绪四年十一月初七日又一约地水租钱　千

同治十一年十二月十二日

刘廷璋租空地约

原件长二十九公分宽二十九公分

立租空地文约人刘廷璋，今租到海宝名下祖遗后厂汗测涝村空地壹块。东至刘姓，西至大道，南至大路，北至刘姓。四至分明，情愿租到自己名下永远（玘）〔起〕房盖屋、修理住座、栽树、穿井承业。同人言定，现使过压地钱式拾仟文整。

其钱当交不欠。言明每年应收地租钱壹百四十文。按春秋二季交收，不许长支短欠。日后倘有蒙古民人争碍者，有地主人一面承当。恐口无凭，立约为证存照用

　　大清同治十三年三月廿四日立
　　立合同式纸各执一张〔骑缝〕
　　中见人康慧十
　　测潦十
　　远生厮十
　　〔以后为契约封套处文字〕
　　后厂汗测涝村
　　即刘小子一家
　　刘廷璋，每年约租钱　百、　百、　百，共钱　百
　　大清同治十三年一约
　　〔大清〕光绪元年一约
　　〔大清〕光绪四年一约

李富租地约

原件长四十五公分宽五十公分

立租地文约人李富，今租到海宝名下祖遗恼包上村西南地壹块，东至丁姓，西至韩姓，南至张姓，北至大道。四至分明，情愿租到自己名下永远耕种、起房、盖屋、修理、住座承业。同人说合现使过压地钱伍仟文整。其钱笔下当日交清不欠。言明每年应收地租现钱弍仟零伍拾文，按春秋弍季交收。不准长支短欠。嗣后倘有蒙古民人争碍者，有收租人一面承当。两出情愿，各无反悔。恐口难凭，立约为存照

大清同治十三年十一月廿九日立约人李富十

合同式纸各执一张〔骑缝〕

中见人吕之成十

远生厮十

张占鳌租地约

原件长四十三公分宽四十一公分

立租地文约人张占鳌，今租到海宝名下祖遗城胡窑子村东梁地壹块，东至沟，西至水沟，南至袁姓，北至张姓。四至分明，情愿租到自己名下永远耕种、（玘）〔起〕房、盖屋、修理、住座、栽树、穿井、埋坟葬墓，均由自便。同人说合，现使过压地钱伍仟文整。其钱笔下当日交清不欠。言明每年应收地租钱陆佰叁拾文。按春秋弍季交收，不准长支短欠，日后倘有蒙古民人等争碍者，有收租人一面承当。两出情愿，各无反悔。恐口无凭，立约为证存照用

光绪十二年十二月初四日推与花德源名下

大清同治十三年十二月十七日立十

立合同式纸各执一张〔骑缝〕

中见人吕德旺十

王克功十

梁海十

居住，东河上住

海宝出典房院约

原件长三十公分宽二十九公分

立出典房院约人海宝，今（将）〔因〕自己使用不足，将自己召梁上房院一所，情愿出典与刘义和居住。同人典价钱壹佰叁拾仟文整，其钱当交足，不计年限。异日后钱到回赎。两出情愿，永无反悔。恐口无凭，立典房约人为证

大清同治十四年十二月廿九日立

合同为证〔骑缝〕

中见人拴柱子十

远生子十

任和太典租约

原件长二十九公分宽三十公分

立典租折文约人任和太，今典到来宝所有李茂富一千、天生园一千，张维义　千，三折共收钱四千一百七十文。同人言明借使过咱现钱八千，言明每月三分行息，将租钱作为利钱收使。除利下本，异日本利除清，折归本主，异日倘有租钱付不到，（迭）〔跌〕欠多少，有本族人等拦（当）〔挡〕者，有来宝同中人等极力归处。恐口无凭，立约为证

光绪元年三月廿八日

任和太立十

内有李茂富租钱本年收六（日）〔百〕七十文，下年照租折，按一千一收使，再本主长支等项与己无干

合同弍张各执壹张为证〔骑缝〕

保见人海宝十

祁禄十

李茂富十

陈启沂、陈启淦租地基约

原件长四十四公分宽四十八公分

立租地基文约人陈启沂、〔陈启〕淦，今租到海宝名下祖遗到西包镇南荣寿街巷大路西地基壹块，东至大道，西至张姓，南至郭姓，北至大道，出路水路向东向北，通行大道。四至分明，情愿租到自己名下，永远（圯）〔起〕房盖屋、修理、住座、栽树、穿井、设立生意，勿（伦）〔论〕做甚均由自便承业。同人言定，现使过压地钱肆拾玖仟文整。其钱笔下当日交清不欠。言明每年应收地谱钱壹仟肆百文。按春秋二季交收，不准长支短欠。嗣后倘有蒙古民人等争碍者，有收租人一面承当。两出情愿，各无反悔，恐口难凭，立约为证存照用

言明亦不准长缩地谱钱

大清光绪元年四月廿一日立约人陈启沂、〔陈启〕淦十

立合同式纸各执一张〔骑缝〕

中见人郭祥十

马禄十

贾忠美十

李忠十

远生厮笔十

民国三年转租与福庆隆名下

李润长租地约

原件长二十九公分宽二十九公分

立租到永远合同地约人李润长，今将海保祖遗到包镇所属前厂汗鹬鹬村西南地壹块。东至刘姓，西至本主，南至本主，北至天沟。四至皆明，情愿租到自己名下永远耕种承守管业，自便生利。同中言定，现出过压地钱壹仟伍佰文。其钱笔下交清。每年应出地租钱贰佰文。按秋后交纳，不许长缩。嗣后倘有蒙民人等争碍者，有吃租人一面承当。事关属实，各无翻悔。恐后有碍，专立租到永远合同地文约为证存用

  大清光绪元年十一月初二日李润长立十

  立合同式纸各执一张〔骑缝〕

  中见人吕天富十

  徐顺十

  〔以后为契约封套处文字〕

  前厂汗鹬鹬村西南地

  李润畏，每年租钱　百

  光绪元年十一月初二日

  在先明窑子村住居

张升租地约

原件长二十八公分宽三十公分

立租地文约人张升，今租到海宝名下祖遗到毫赖沟门村南地壹块。东至赵姓，西至滕姓，北至张姓。四至分明，情愿租到自己名下永远耕种、（玘）〔起〕房盖屋、修理、住座、栽树、穿井、开渠、打坝承业。同人言明当日现使过压地钱叁仟文整，其钱笔下当日交清不欠。言明每年应收地租钱捌拾文。按春秋二季交收，不准长支短欠。嗣后倘有蒙古民人等争碍者，

有收租人一面承当。两出情愿，各无反悔。恐口无凭，立约为证存照用

　　大清光绪元年十一月初三日
　　立约人张升十
　　立合同式纸各执一张〔骑缝〕
　　中见人赵禧财十
　　孙起苍十
　　贺存仁十
　　滕起荣十
　　远生子十

巨兴隆、大德兴换租空地约

原件长四十八公分宽四十五公分

　　立过换租永远空地约人巨兴隆、大德兴，今租到海宝祖遗包头西街路南两约地基壹块。东至义盛宁，西至岳姓，西北至胡姓，南至岳姓。通出水路壹条，北至街心。四至分明，今同人情愿仍租到自己两号，永远修盖、住座、凿井、生意为业。每年共出地租钱壹拾弍千壹佰五拾弍文。按春秋二季交纳。不许支欠，亦不许长缩地租。现使过压地钱壹佰肆拾千文。日后如有蒙民争端者，有海宝一面承当。此系各出情愿，两无反悔。恐口无凭，立过换租空地永远合同约为证

　　大清光绪元年十二月廿六日立
　　合同约式张各执壹纸〔骑缝〕
　　知见人德宝十
　　公行总甲

李毓章十

邬兴山〔画押〕

此系旧约以为故纸，不用

徐谦租空地基约

原件长三十五公分宽三十八公分

　　立租空地基文约人徐谦，今租到海宝名下祖遗到西包镇南荣寿街西巷路南空地基壹块。东至李姓，西至张姓，南至张姓地为界，北至大道。四至分明，情愿租到自己名下，永远（叾）〔起〕房盖屋、修理住座、栽树、穿井，均由自便承业。同人言明当日现使过压地钱叁仟文整。其钱笔下当日交清不欠，言明每年应收地租钱肆佰文。按春秋二季交收，不准长支短欠。嗣后倘有蒙古民人争碍者，有地主人一面承当。两出情愿，各无反悔。恐口无凭，立约为证存照用

　　出路水路向东通至大道

　　大清光绪式年二月十五日立约人徐谦十

　　立合同式纸各执一张〔骑缝〕

　　又佃来张明和名下空地基壹块，又每年地租钱壹佰五拾文

　　中见人杨娃子十

　　赵忠茂十

　　远生子笔

　　〔以后为契约封套处文字〕

　　荣寿街西巷路南

　　徐谦，租去白地一块，租钱　百。又约内批租钱一百

　　光绪式年二月十五日

袁海租地基约

原件长二十九公分宽二十九公分

立租地基文约人袁海，今租到海宝名下祖遗成胡窑子村东北塂空地基壹块。东至赵姓，西至马姓地为界，南至张、马二姓，北至本主。四至分明，情愿租到自己名下永远（玘）〔起〕房盖屋、修理、住占、栽树、穿井，由其自便承业。同人言定当日现使过压地钱壹仟文整。其钱笔下当日交足不欠。言明每年应收地租钱伍拾文。按春秋二季交收，不准长支短欠。嗣后倘有蒙古民人等争碍者，有收租人一面承当。两出情愿，永无反悔，恐口无凭，立约为证存照用

大清光绪弍年七月初九日立约人袁海十

立合同弍纸各执一张〔骑缝〕

中见人张超清十

马富金十

远生子笔

海宝佃房院约

原件长四十八公分宽四十八公分

不用

立佃房院约人蒙古海宝，今因手中空乏，将自己〔祖〕遗地壹块、房院壹所，坐落在臭水井村中，东至河槽，西至曹姓墙根，南至大道，北至大道，走路通街，四至开明。内有正土房柒间。又有临街（东）〔冬〕夏土房叁间，均上下土木石相

连。又有大榆树（乙）〔壹〕〔棵〕。同人说合，情愿出佃与王太有名下居住，作价钱伍拾柒千整，其钱笔下交足，并无利债折准情弊，日后穿井、栽树、起盖房屋，由王太有自便。倘有蒙古民人争夺者，有海宝一面承当。恐后无凭，立佃约为证

三年十月初一日公同甲会大社花户人等，同面言明以捌毫应神社官差所出

故纸，作废

光绪二年七月十一日立约

中见人老金架十

方永富十

樊杰十

张何代笔十

李海租地基约

原件长四十八公分宽四十九公分

立租到永远地基合同文约人李海，今租到西包镇南龙王庙南蒙古海宝地基一块。东至李姓，西至水渠，南至田姓，北至李姓。四至分明，情愿租到自己名下，永远修理、住占管业，由己自便，出路通行。同人言定押地过约钱捌仟文。其钱笔下交清不欠。每年随代蒙古地租钱弍百文。按春秋二季交纳，不许长支短欠，永远亦不许长缩地组。情出两愿，各无反悔。恐口难凭，立租到永远地基合同文约为证。日后倘有蒙民人等争夺者，有收租人一面承当

大清光绪弍年九月廿三日李海立十

立合同约弍纸各执壹纸〔骑缝〕

中见人园行总甲张照万十

蒙古远生厮十

杨维林十

田万顺租地约

原件长四十一公分宽四十一公分

立租地文约人田万顺，今租到海宝名下祖遗到西包镇南梁家荣子村南地壹块。东至郭（信）〔姓〕地界，西至郭建都地界，南至崔姓地界，北至贾姓地界，计地南北长肆佰步，东西宽壹拾壹步壹荞，计地壹拾玖亩伍分。四至分明，情愿租到自己名下，永远耕种、（玘）〔起〕房、盖屋、修理、住座、栽树、穿井，均由自便承业。同人言定当日现使过压地钱叁仟文整，其钱笔下当日交清不欠。言明每年应收地租钱壹佰弍拾文，按春秋弍季交收。不准长支短欠，日后倘有蒙古民人等争碍者，有地主人一面承当，两出情愿，各无反悔。恐口无凭，立约为证存照用

大清光绪弍年十二月初十日

立约人田万顺十

立合同弍纸各执一张〔骑缝〕

中见人陈连十

郭信十

杨永成十

郭建都十

远生子笔

魏有财租地基约

原件长四十七公分宽四十七公分

立租地基文约人魏有财，今租到海宝名下祖遗到西包镇南荣寿街东巷路北地基壹块。东至鲁姓墙根为界，西至王姓墙根为界，南至大路，北至赵姓。四至分明，情愿租到自己名下，永远（玘）〔起〕房盖屋、修理住座、栽树、穿井、设立生意。勿（伦）〔论〕做甚，均由自便承业。同人言明；当日现使过压地钱叁拾仟文整。其钱笔下当日交清不欠。言明每年应收地谱钱捌佰文。按春秋二季交收。不准长支短欠。嗣后倘有蒙古民人争碍者，有收租人一面承当。两出情愿，各无反悔。恐口无凭，立约为证存照用

出路水路向南通行大道

大清光绪弍年十二月廿七日

立约人魏有财十

立合同弐纸各执一张〔骑缝〕

中见人庞深十

赵荣十

任玘旺十

马河图十

龚维新十

王老伍十

远生子十

〔以后为契约封套处文字〕

南荣寿街东巷路北

魏有财，租去宅地一块，租钱　百

光绪弍年十二月廿七日

任和太租地基约

原件长四十七公分宽四十八公分

立租地基文约人任和太，今租到海宝祖遗包镇南圪洞荣寿街路东地基壹块。东至魏姓，西至大道，南至张姓，北至赵姓。四至分明，水陆出路通行大道。情愿租到自己名下，永远居住、修理房屋、（川）〔穿〕井、栽树、起盖铺面，由其自便为业。仝人言（说）〔定〕现出过押地过约钱捌仟文整。其钱当交不欠。言定每年地租钱四佰文，按春秋二季交纳，不许长支短欠。日后倘有蒙古民人争碍者，有地主人一力承当。此皆两出情愿，永无反悔。恐口无凭，立此租约为证存用

大清光绪三年四月十七日立约人任和太十

立合同约式约各执一张为证〔骑缝〕

中见人裴遇美十一

赵有十

祁禄〔画押〕

〔以后为契约封套处文字〕

荣寿街巷路东

任和太，租去屋地一块，租钱　百

光绪三年四月十七日

侯万峻租地基约

原件长四十六公分宽四十八公分

立租地基文约人侯万峻，今租到海宝名下祖遗西包镇南荣寿街路北地基壹块。东至贾姓，西至张姓，南至大道，北至余姓南墙外，有自己空地基伍尺，出路水路向南通至大道。四至分明，情愿租到自己名下，永远（玘）〔起〕房盖屋、修理住座、栽树、穿井、修理铺面、设立生意、修理楼亭瓦舍，高（底）〔低〕一切（登登）〔等等〕，（勿伦）〔无论〕做甚，均由自便承业。同人言定当日现使过压地钱陆拾仟文整，其钱笔下当日交清不欠。言明每年应收式仟柒佰伍拾文。按春秋二季交收。不准长支短欠，亦不准长缩地租。嗣后倘有蒙古民人等争碍者，有海宝一面承当，两出情愿，各无反悔。恐口无凭，立约为证存照用

　　大清光绪叁年九月初九日

　　立约人侯万峻十

　　立合同式纸各执一张〔骑缝〕

　　中见人余安太十

　　贾忠美十

　　秦世强十

　　樊德十

　　张殿魁十

　　远生厮笔

　　推与李福□□，又推与任亮小子

智有良租地基约

原件长四十四公分宽四十七公分

立租地基文约人智有良，今租到福征寺、打力麻、海宝名

下祖遗西包镇大南街西头路北地基壹块。东至公合店，西至永合成，南至大街，北至官街。四至分明，情愿走到自己名下，永远成其街巷，招揽、修理、（玘）〔起〕房盖屋、修理铺面、设立生意、栽树、穿井，勿（伦）〔论〕做甚，均由自便承业。同人言定当日现出过压地钱弍佰伍拾仟文整。其钱笔下当日交清不欠，以叁分之一海宝应分过压钱捌拾叁仟叁佰叁拾叁文。言明每年共出地谱钱陆仟玖佰叁拾文。海宝以叁分之一，每年应分地谱钱弍仟叁百壹拾文。按春秋两季交纳。不准长支短欠。嗣后倘有蒙古民人争碍者，有叁家地主人一面承当。两出情愿，各无反悔。出路水路前后任其通至大道。恐口无凭，立约为证存照用

　　大清光绪叁年十月廿八日
　　立约人智有良十
　　立合同弍纸各执一张〔骑缝〕
　　中见人马禄十
　　闫凤高十
　　老金架十
　　李忠十
　　刘开亮十
　　李春园十
　　智天昇十
　　智安邦十
　　祁禄十
　　吴永海十
　　马禄十

〔以后为契约封套处文字〕

西包镇大南街西头路北

智有良，租钱　千

光绪三年十月廿八日

此约转与王梅应和合堂名下，不用

贺寿租地约

原件长四十七公分宽四十八公分

立租地文约人贺寿，今租到海宝名下祖遗梁家营子村南白地壹块，计地壹拾玖亩半。东至本主，西至田姓地界，南至崔姓地为界，北至郭姓坟地畔为界。四至分明，情愿租到自己名下，永远耕种、（玘）〔起〕房盖屋、修理、住座、栽树、穿井、埋坟墓承业。同人言定，当日现使过压地钱弍仟伍佰文整。其钱笔下当日交清不欠。言明每年应收地租钱壹佰弍拾文。按春秋二季交收。不准长支短欠。嗣后倘有蒙古民人等争碍者，有收租人一面承当。两出情愿，各无反悔。恐口无凭，立约为证存照用

大清光绪叁年十二月初一日

立约人贺寿十

立合同弍纸各执一张〔骑缝〕

中见人郭盛都十

陈连十

赵忠义十

吴永海十

推与杨全

田玘泰租地基约

原件长二十九公分宽三十公分

立租地基文约人田玘泰，今租到海宝祖遗后厂汗测落村南地基壹块。东至陈、李二姓，西至陈姓，南至大道，北至小道。出路水路向南通至大道。四至分明，情愿租到自己名下，永远（玘）〔起〕房盖屋、修理住座、栽树、穿井，均由自便承业。同人言定，当日现出过压地钱伍仟文整。其钱笔下当日交清不欠。言明每年应收地租钱壹佰文。按春季交收。不准长支短欠。嗣后倘有蒙古民人争碍者，有收租人一面承当。两出情愿，各无返悔。恐口无凭，立约为证用

立合同弍纸各执一张〔骑缝〕

中见人赵芝英十

田玘善十

吴永海十

大清光绪叁年十二月廿三日立约人田玘泰十

〔以后为契约封套处文字，封套内两约，另见光绪十一年十一月初五日田玘泰约〕

后厂汗测涝村内场面地一块

又村南地一块

又租约一张，租钱一百

田起泰，内计租约一张，租钱一百

〔光绪〕三年十一月廿三日

光绪十一年十一月初五日

刘廷仲租地基约

原件长四十六公分宽四十七公分

立租永远地基约人刘廷仲，今租到南海宝前厂汗测洛村地基壹块。东至刘姓，西至官道，南至赵姓，北至官道。四至分明，出路通行。刘廷仲情愿租到永远居住、修垒，随便管业，土木石水随地相连，房后有场面壹块。东至官道，西至官道，南至官道，北至刘、王二姓。四至分明，出路通行。刘廷仲情愿租到永远使用二块地。仝中人言明现使过压地钱式千文。二块地每年出蒙古地租钱三佰文。日后倘有蒙古民人等争端者，有南海宝一面承当。恐口无凭，专立租永远地约为证

大清光绪四年二月卅日立

立合同约为证各有一张〔骑缝〕

中见人赵福清十

刘海十

刘天亮十

〔以后为契约封套处文字〕

前厂汗测涝村

刘廷仲，租去白地一块，租钱　百

光绪四年二月卅日

刘廷璋租地约

原件长二十九公分宽三十公分

立租地租地文约人刘廷璋，今租到海宝名下祖遗后厂汗测

落村南庙东地壹块。东至张姓地为界，西至庙墙为界，南至王姓社墙为界，北至大路中行为界。四至分明，情愿租到自己名下，永远耕种、（玘）〔起〕房盖屋、修理住座、栽树、穿井、做场，均由自便承业。同人言定，当日现使过压地钱叁仟文整。其钱笔下当日交清不欠。言明每年应收地租钱壹佰文。按春秋二季交收。不准长支短欠。嗣后倘有蒙古民人等争碍者，有海宝一面承当，两出情愿，各无反悔。恐口无凭，立约为证存照用

  大清光绪四年三月初九日立约人刘廷璋十

  立合同弍纸各执一张〔骑缝〕

  中见人谈凤海十

  康天富十

  远生厮十

  此约之地共十　亩多，卖与赵恒七亩多、田生发　亩多，下余二亩多。刘姓仍留刘威小子经管

杨生茂租地基约

原件长四十一公分宽四十二公分

  立租地基文约人杨生茂，今租到打力扣同孙海宝、报德稍同子海宝名下厂汗瑙包当街路南地基壹段，修理设立生意为业。其地基东至本主为界，西至张（性）〔姓〕为界，南至丁（性）〔姓〕大路为界，北至通街大道为界。日后栽树、凿井、开渠放水，由己自便。以上四至分明，永远长占。仝人言明每年应出地租钱弍仟文整。按春秋二季交纳，亦不许长缩，笔下使过过约钱伍仟文整。其钱当日交清不欠。日后倘有蒙民人等争论者，

有打力扣同孙海宝、报德稍同子海宝一面承当。两出情愿，各无反悔。恐口无凭，专立租地基文约存照用

大清光绪四年四月十三日立

立合同约贰张各执一张〔骑缝〕

知见人李炳十

阎荣十

武裕十

吕海晏十

推与孙光林

刘义和子收伏约

原件长二十九公分宽三十公分

立收伏款项永无异说事约人刘义和子，情因海宝与己至交，先年屡次所借款项，自己本无账目，但事有终变，人心难测，今佯请杭海宾子、刘海金，言明自本年四月十六日，自己情愿总给本利钱柒拾伍千文。此钱当日收清不欠。嗣后倘有片纸只字，均为废纸，永无葛藤异说等事。此系两出情愿，并无反悔。恐口无凭，故立收伏约为证

说合人杭海宾子十

刘海金十

光绪四年四月十六日刘义和子立十

张翙租地基约

原件长四十五公分宽四十八公分

立租地基文约人张翙，今租到海宝名下祖遗西包镇南圪洞四道巷东口路北地基壹块。东至李姓，西至本主，南至大道，北至本主地为界。四至分明，情愿租到自己名下，永远耕种、开渠、打坝、（圮）〔起〕房盖屋、修理、住座、栽树、穿井、修理铺面、设立生意，一切均由自便承业。同人言定，当日现使过压地钱捌仟文整。其钱笔下当日交清不欠。言明每年应收地租钱壹仟文。按春秋二季交收。不准长支短欠。嗣后倘有蒙古民人等争碍者，有收租人一面承当。两出情愿，各无反悔，恐口无凭，立约为证存照用

出路水路向南通至大道

大清光绪四年五月初七日立约人张翙十

立合同式纸各执一张〔骑缝〕

中见人刘春和十

韩锡财十

吴永海十

〔以后为契约封套处文字〕

西包镇南圪洞四道巷东口路北

张翙，租去白地一块，租钱一千

光绪四年五月初七日

智琏租地基约

原件长四十八公分宽四十八公分

立租到永远地基合同文约人智琏，今租到海宝名下包镇祖遗南圪洞荣寿巷北骡门地基壹块。东至张姓，西至赵姓，北至赵姓，南至通街大道。四至分明，情愿自己租到永远建舍、修

理、住占为业。同人言定，自己当日出过押地钱拾仟文整。其钱当交不欠。每年应与蒙古出地谱钱伍佰文整。按春秋二季交收，不准长支短欠，永远亦不准增长缩地谱钱文。言明一切穿井、植树由其自便。嗣后倘有蒙民人等争夺者，有地主人一面承当。两出情愿，各无反悔。恐口无凭，专立此租到永远地基文约合同为证用

　　大清光绪四年五月十九日立

　　合同约贰张各执壹张〔骑缝〕

　　知见人褚福全十

　　袁清十

　　赵克俭十

　　书约人白建中十

　　〔以后为契约封套处文字〕

　　包镇南圪洞荣寿街巷北骡门

　　智琏，改名玉清。租去屋地一块，租钱　百

　　光绪四年五月十九日

衣有明租地基约

原件长四十七公分宽四十九公分

　　立地租基文约人衣有明，今租到海宝名下祖遗西包镇东瓦窑沟高面铺巷路北地基壹块。东至本主，西至贾姓墙根为界，南至大道，北至梁顶。出路水路向南通至大街。四至分明，情愿租到自己名下，永远（玘）〔起〕房盖屋、修理住座、栽树、穿井，勿（伦）〔论〕做甚，由其自便承业。同人言定，当日现使过压地钱肆仟文整。其钱笔下当日交清不欠。言明每年应

收地租钱肆佰文。按春秋二季交收，不准长支短欠。嗣后倘有蒙古民人等争碍者，有收租人一面承当。两出情愿，各无返悔，恐口无凭，立约为证存照用

　　大清光绪四年六月初三日立约人衣有明十

　　合同约式张各执一张〔骑缝〕

　　中见人张文明十

　　赵旺十

　　衣宏旺十

　　尹洪旺十

　　远生厮十

　　〔以后为契约封套处文字〕

　　西包镇东瓦窑沟高面铺巷路北

　　（底）〔衣〕有明，租去屋地一块，租钱四百

　　光绪四年六月初三日

　　于民国廿五年间卜与

　　马登盈名下出租洋一元

任和太典折约

　　原件长二十九公分宽三十一公分

　　立典折文约人任和太，今典到海宝所收五折租钱九千式佰壹拾文，计开租折人名钱数：续照魁一折租钱　千，张翱一折租钱　千，智有良一折租钱　千三，智连一折租钱　百，徐谦一折租钱　百。同人言明，海宝情愿将五折租钱典与任和太名下收使，不计年限。仝人言定，当出过典折钱式拾千文整，其钱言明按三分利息，除利下本，异日本利收清，折归本主。日

后租钱倘有收付不足，有使钱人海宝如数交还。两出情愿，各无反悔。恐口无凭，立约为证用

  大清光绪四年六月廿二日立十

  立合同文约式张各执壹张〔骑缝〕

  中见人智连十

  徐六娃子十

  祁禄十

老令架出租地约

原件长二十八公分宽二十九公分

  立出租地约人老令架，今因情（远）〔愿〕出租与张美银名下永远耕种西梁地陈胡窑子。计开地亩一块，东至天（讲）〔沟〕，西至天（讲）〔沟〕，南至张姓，北（自）〔至〕梁姓。四至分明，同人言明使过约地钱五百文。当日交清不欠。日后有蒙古（名）〔民〕人争夺者，有老令架一面承当。恐口无凭，立约为证

  立合同约为证〔骑缝〕

  中见人梁存成十

  马怀泰十

  赵俊清十

  光绪四年戊寅十月廿六日立

李海租地水约

原件长四十五公分宽四十九公分

立租到永远地水合同约人李海，今租到西包镇南龙王庙南蒙古海宝白地四块。上一块，东至李姓，西至老渠，南至李姓，北至李姓。第二块，东至城墙，西至老渠，南至田姓，北至李姓。第三块，东至城墙，西至老渠，南至李姓，北至田姓。第四块，东至城墙，西至田姓，南至城墙，北至李姓。又城外一块，东至老渠，西至田姓，南至董姓，北至城墙。各块地四至分明，随代第四天（伦）〔轮〕流大水弍厘五毫，一并情愿租到自己名下，永远耕种承业。同中言定，押地水过约钱四拾仟文。其钱笔下交清不欠。所有各块地内使水渠路通行老坝。每年随代蒙古地水租钱伍仟六百文。按春秋二季交纳，不许长支短欠，永远亦不许长缩地水租。日后倘有蒙民人等争夺者，有海宝一面承当。两出情愿，各无翻悔，恐口难凭，同中立租到永远地水合同约为证

　　光绪四年十一月初七日立约

　　立合同约弍张各执壹纸〔骑缝〕

　　中见人甲头亢行财十

　　尹震威十

　　张岑十

　　杨维林十

赵恒租地约

原件长四十七公分宽四十八公分

立租地文约人赵恒，今租到海宝名下祖遗后厂汗测落村北地基地壹块。东至赵姓地为界，西至大道，南至公合店地畔为界，北至赵姓。四至分明，情愿租到自己名下，永远耕种、

（玘）〔起〕房盖屋、修理住座、栽树、打井，由其自便承业。同人言定当日现使过压地钱式仟文整，其钱笔下当日交清不欠。言明每年应收地租钱壹佰廿五文，按春秋二季交收，不准长支短欠。嗣后倘有蒙古民人等争碍者，有收租人一面承当。两出情愿，各无返悔。恐口无凭，立约为证存照用

地内当中有坟地伍分，异日（需）〔许〕（玘）〔起〕不许埋

大清光绪四年十二月十一日立约人赵恒十

立合同式纸各执一张〔骑缝〕

中见人雷召德十

吕天宝十

赵金山十

远生子十

〔以后为契约封套处文字，内装二约，另见光绪十一年二月廿一日海宝约〕

后厂汗测落村北地基地一块

又，村南地一块，租钱卅文

又租约一张

赵恒，内计租约一张，租钱一百二

〔光绪〕十一年二月廿一日

光绪四年十二月十一日

田吉庆、田兰套复租地约

原件长四十七公分宽四十九公分

立复租到地以（社）〔嗣〕后（患）〔换〕约人田吉庆、

〔田〕兰套，今复租到蒙古海宝名下南龙王庙南地，现时弟兄等年幼无知，不能执掌，恐其赁姓久废失业，因而复在蒙古名下立过新约，赁姓不能推典，奈弟兄等成人长大执掌产业。计地水旱地四块。头一块，东至城墙，西至王姓，南北俱至李〔姓〕。第二块，东至城墙，西至王姓，南北俱至李〔姓〕。第三块，东至李〔姓〕，西至王〔姓〕，南至城墙，北至李姓。城外旱地一块，东至李姓，西至王姓，南至董姓，北至城壕。四至俱各分明。情愿自租到永远耕种承业，由己自便。当出过约钱壹拾伍千文整，其钱笔下交讫。随带地内每年租按旧约均摊。此系两出情愿，俱无翻悔。日后倘有蒙民人等争论者，有海宝一面承当。恐口难凭，仝中人立租到合同文约以为证用

推与李发昌

光绪四年十二月廿日立约

随带大水第四天二厘五毫

在中知见人杨维深十

焦芝十

代笔赵九功十

立合同约弍张各执一张以为证用〔骑缝〕

西盛店租空地基约

原件长四十一公分宽四十二公分

立租空地基约人西盛店，今租到海宝祖遗西包头南圪洞荣寿街路北空地基壹块。东至官道，西至魏姓，南至大道，北至赵姓。四至分明，情愿租到自己永远承守、管理、起房盖屋、修理住占、栽树、穿井，由其自便。水陆出路通行至道。同人

言定，现使押地过约钱贰拾捌仟文整。其钱笔下交清不欠，言明每年地谱钱玖佰伍拾文。按春秋二季交使，不准长支短欠，亦不许长缩地谱。此系两情甘愿，各无返悔。嗣后倘有蒙民人等争碍者，有收租人一面承当。恐后无凭，立租永远合同空地基约为证存用

　　大清光绪伍年二月二十二日立十
　　合同租约式张各执壹纸〔骑缝〕
　　中见人鲁成选十
　　公行总甲十
　　钟玉十
　　〔以后为契约封套处文字〕
　　南圪洞荣寿街路北空地基
　　西盛店，每年租钱　百
　　光绪五年二月二十二日
　　转与邢如林名下

赵通租地约

原件长四十七公分宽四十七公分

立租地文约人赵通，今租到海宝名下祖遗后厂汗测落村北地壹块。东至刘姓，西至赵姓，南至公合店，北至赵姓。四至分明，情愿租到自己名下，永远耕种、（玘）〔起〕房盖屋、修理住座、栽树、穿井，由其自便承业。同人言定，当日现使过压地钱壹仟伍佰文整。其钱笔下当日交清不欠，言明每年应收地租钱壹佰伍拾文。按春季交收。不准长支短欠。嗣后倘有蒙古民人等争碍者，有海宝一面承当。两出情愿，各无返悔。恐

口无凭，立约为证存照用

大清光绪伍年二月廿九日立十

立合同弍纸各执一张〔骑缝〕

中见人任大德十

赵金宝十

蒙古吴永海十

〔以后为契约封套处文字〕

后厂汗测落村北地一块

赵通，内计租约一张，租钱一百

光绪五年二月廿九日

陈达仁租宅地基约

原件长四十公分宽四十三公分

立租宅地基合同约人陈达仁，今租到西包头圪料街路南积泉涌巷路东海保宅地基壹块。东至张姓，西至巷路大街，南至官街，北至置主。四至分明，情愿租与自己名下永远修理、居住为业。嗣后（握）〔挖〕井、栽树，由租地基人自便。同人言明，每年应出地普（见）〔现〕钱弍吊文整。按两季交纳不欠，不许长支短欠、长（叠）〔跌〕。日后倘有蒙古民人争夺者，有收租人一面承当。恐口无凭，立租宅地基合同约为照

当日现使过约钱弍拾吊文

大清光绪五年又三月十二日立十

立合同弍（支）〔纸〕各执壹（支）〔纸〕〔骑缝〕

中见人李海明十

乔得胜十

刘旺十

赵忠义十

杨生茂租地基约

原件长四十七公分宽四十七公分

立租永远地基约人杨生茂，今租到蒙古海宝同母地基壹段。情因祖遗厂汗恼包村南地基壹段，东至本主，西至才娃厮，南至才娃厮，北至大路。四至分明，情愿租与杨生茂名下永远承（主）〔租〕。日后修理高低、挖井深浅、栽树、挑渠、打坝，一切起房盖屋等等，由主如意自便管理为业。同人言明，过约钱叁仟文整。其钱当交不欠，每年应出地租钱叁佰文整。春秋交纳，不许长支短欠，亦不许长缩地租。所有水路出路，地内南北任主行走自便。嗣后倘有蒙古民人争夺者，有海宝同母一面承当。此各出如意，世无反悔。恐口难凭，立此合同地基约为证用

光绪五年七月初四日立十

立合同弍张各执一张〔骑缝〕

知见人二外厮十

韩三元十

李明十

卜租与孙光林名下起租

赵通租地约

原件长四十五公分宽四十八公分

立租地文约人赵通，今租到海宝名下租遗后厂汗测落村东北地壹块。东至张、赵二姓畔为界，西至张、赵二姓地为界，南至赵姓，北至大道。四至分明，情愿租到自己名下永远耕种、（玘）〔起〕房盖屋、修理住座、栽树、打井，由主自便承业。同人言定，当日现使过压地钱伍仟文整，其钱笔下当日交清不欠。言明每年应收地租钱弍佰伍拾文。按春秋两季交收。不准长支短欠。嗣后倘有蒙古民人等争碍者，有收租人一面承当。两出情愿，各无反悔。恐口无凭，立合同约为证存照用

大清光绪伍年十一月廿一日立约人赵通十

立合同弍张各执一张〔骑缝〕

中见人康天富十

冯万财十

赵三牛十

远生厮笔

〔以后为契约封套处文字〕

后厂汗测落村

赵通，年一约，租钱　百

光绪五年

章木素典租折出借钱约

原件长三十公分宽二十九公分

立典租折出借钱约人沙尔沁新召喇（叹）〔嘛〕章木素，今典到西包头海宝名下　家租折本钱壹拾六仟弍佰伍拾文，同人现使过典租折本钱四拾八仟七佰五拾文，系按月弍分行息。此本利之贽计算收讫伊之祖折六年为满。光绪六年（玘）〔起〕

收至拾壹年为止，本清利足，折归本主。己之本钱刻下收清不欠。恐口无凭，立典租约为证用

　　光绪五年十一月立

　　立合同弍张各执壹张〔骑缝〕

　　中见人荣福保十

　　五十五十

　　长命厮十

　　包镇租项复盛公　千

　　公合店　千

　　张廷俊　千

　　兴隆远　百

　　徐存柱一千

　　李高名扬一千二

　　胡天清　百

章木素典租折出钱约

原件长二十九公分宽三十公分

　　立典租折出钱文约人沙尔沁新召章木素，今因长命厮手中空乏，借到自己名下街市本钱九仟文，按月弍分行利。此本利之赀，将伊西包头吉庆堂租钱叁千文之数交自己收讫，本利之项有光绪六年（玘）〔起〕收六年为满。本清利足，折归本主自己，本钱刻下收清不欠。恐口无凭，立典租折约为证

　　光绪五年十一月初一日立

　　立合同弍张各执壹张〔骑缝〕

　　中见人海宝十

荣福保十

五十五十

刘春梅租地约

原件长四十七公分宽四十七公分

立租地文约人刘春梅，今租到海宝名下祖遗前厂汗测落村北大路西地基壹块。东至刘春贵地畔为界，西至大道，南至本主，北至刘春旺地界。四至分明，情愿租到自己名下，永远耕种、（玘）〔起〕房盖屋、修理住座、栽树、打井，由主自便承业。同人言定当日现使过压地钱叁仟伍佰文整。其钱笔下当日交清不欠。言明每年应收地租钱捌拾文，按春季交收，不准长支短欠。嗣后倘有蒙古民人争碍者，有收租人一面承当。两出情愿，各无反悔。恐口无凭，立约为证存照用

大清光绪伍年十二月十九日立约人刘春梅十

立合同弍纸各执一张〔骑缝〕

中见人焦芝十

王海余十

德海厮十

远生厮十

郭玘宝租地约

原件长四十四公分宽四十八公分

立租地文约人郭玘宝，今租到海宝名下祖遗毫赖沟门村南白地壹块。东至张姓地为界，西至本主，南至刘姓地畔为界，

北至张姓地为界。四至分明，情愿租到自己名下，永远耕种、（玘）〔起〕房盖屋、修理住座、栽树、打井，由主自便承业。同人言定，当日现使过压地钱伍仟伍佰文整。其钱笔下当日交清不欠，言明每年应收地租钱壹佰文。按春秋两季交收，不准长支短欠。嗣后倘有蒙古民人等争碍者，有地主人一面承当。两出情愿，各无反悔，恐口无凭，立约为证存照用

大清光绪六年正月廿日立约人郭玘宝十

立合同弍纸各执一张〔骑缝〕

中见人赵存富十

赵金十

赵如贵十

远生厮十

〔以后为契约封套处文字〕

毫赖沟门村南白地一块

郭（起）〔玘〕宝，内计租约一张，租钱一百

光绪六年正月廿日

海宝出典租折借钱约

原件长三十公分宽三十公分

立出典租（拆）〔折〕借钱文约人西包头海宝，情因紧急事借到沙尔沁新召住持章木素名下本钱叁拾四仟六百廿文整。钱系按月弍分行息。此本利之资，将自己西包头租（拆）〔折〕永盛西租钱四千四百卅文，张肉（甫）〔铺〕〔租钱〕柒仟壹佰壹十文之数，交伊收除。本利之项（拆）〔折〕由光绪七年起收讫，六年为满。本清利足，折归本主。伊之本钱刻下交清不

欠。恐后难凭，立出典租（拆）〔折〕约为证用

光绪六年四月十九日立

立合同两张各执壹张〔骑缝〕

中见人圪力圪图十

齐禄十

云连冈十

马如治典租折出钱约

原件长二十九公分宽三十公分

立典到地租（拆）〔折〕约人马如治，今典到海宝地租（拆）〔折〕二个，借去现钱壹拾仟文。二（拆）〔折〕每年收钱陆仟陆百伍拾文。三年为满，本利全清，原折归与本（租）〔主〕。如地租短欠，有蒙古人一面承当。如有蒙古（名）〔民〕人争夺者，有海宝一面承当。恐口无凭，立合同约为证用

光绪七年十月初六日立十

立合同弍（支）〔纸〕各执壹张〔骑缝〕

中见人福宽十

马如继十

郭创基十

郑泉金租地基约

原件长四十七公分宽四十七公分

立租地基文约人郑泉金，今租到后厂汗测涝村南地基壹块。东至张姓，南至刘姓，西至大道，北至石姓。四至分明，情愿

租到（至）〔自〕己名下耕种、栽树、穿井，（有）〔由〕其自便。同人说合，现使过约钱壹仟文整。其钱当交不欠。每年随带地租钱五十文整。按春秋弍季交纳。不准长支短欠。两出情愿，各无反悔。日后有蒙古民人（曾）〔争〕夺者，有收租人一面承当。（空）〔恐〕口无凭，立合同文约为证存用

　　大清光绪七年十月十八日郑泉金立十

　　立合同弍纸各执壹张〔骑缝〕

　　中见人李明十

　　王镜十

　　福宽书

　　〔以后为契约封套处文字〕

　　后厂汗测涝村南地基一块

　　郑泉金。内计租约一张，租钱　十

　　光绪七年十月十八日

　　卜与马文才名下

田起泰租地约

原件长四十五公分宽四十七公分

立租地文约人田起泰，今租到后厂汗测涝村东北地基地一块，东至康姓，西至张姓，南至赵姓，北至大道。又白石头湾土默地一块，东至赵姓圪梁，西至天沟，南至李姓，北至召地。又随带本营场面半块。四至分明，计地弍块。情愿租到海宝名下地永远耕种为业，一应地内所办甚事，由己自便。同人言明，使过二块押地钱陆仟弍佰文整。每年应出租钱一千四百文整。按春秋二季交纳，不许长（迭）〔跌〕，许退不许夺。日后倘有

蒙民人等争夺者，有地主一面承当。两出情愿，各无返悔，恐口无凭，立永远租地约为证

　　大清光绪八年二月十六日立

　　立合同约为证〔骑缝〕

　　中见人渠三十

　　赵子英十

　　张本端十

　　康天富十

　　〔以后为契约封套处文字〕

　　后厂汗测涝村东北地基地一块，白石头湾土默地一块，又随带本营场面半块田起泰，内计租约一张，租钱一千

　　光绪八年二月十六日

复兴盛租空地基约

原件长四十六公分宽四十六公分

　　立租到永远空地基文约人复兴盛，今租到海宝西包头关帝庙街路南空地基壹块。东至刘姓，西至张姓，南至祁禄，北至打力扣。四至分明，出路出水南北通行至道。情愿租到自己名下永远管业、住占，地内起房盖屋、栽树、穿井、成街设巷，由己自便。同中言明，现付过押地过约钱式拾仟文整。每年应出地谱钱伍佰文。其钱按春秋式季交付。不许长支短欠，亦不准长缩地谱〔钱〕。嗣后倘有蒙民人等争夺者，有收租之人一面承当。此系两出情愿，各无反悔。恐口无凭，专立租到永远空地基文约为证存用

　　此约五月廿八日与王道成重立新约，此约不论

大清光绪九年四月廿七日立十

合同约式张各执壹张〔骑缝〕

中见人常履亨十

公行总甲十

王道成十

李积十

底鸿旺租地基约

原件长四十五公分宽四十八公分

立租到永远合同地基约人底鸿旺，今租到蒙古海宝愿将自己祖遗西包镇西街南北（卷）〔巷〕南边地基壹块。东南至恒盛源，东北至路，西至大顺成，南至大顺成，北至杜姓。四至分明，将自己地基情愿租（到）〔与〕民人底鸿旺名下，永远修理住占立业。同人当面言定，现受过压地钱壹拾叁仟文整。其钱笔下交清不欠。每年随带二宗地谱钱壹仟陆百文。春秋两季收使，不准长支短欠。嗣后地内栽树、穿井、修理、设立贸易，一切等任由自便。出路向北公行出入行走。嗣后倘有蒙民人等争夺者，有蒙古海宝一面承当。系事情出两愿，概无返悔。恐后有疑无凭，立转租合同地约为证用

大清光绪玖年四月式拾柒日立

立合同约式帋各执壹张〔骑缝〕

同中人詹勇十

周凤明十

李光玉十

常发荣十

张江〔画押〕十

〔以后为契约封套处文字〕

西包镇西街南北（卷）〔巷〕南边地基一块

此地原佃不明

伊孙招娃子分到出租

底鸿旺，内计租约一张，租钱一千

光绪九年四月廿七日

此约于民国廿九年底卜与郄建福名下

李海租屋地园地约

原件长四十五公分宽四十七公分

立租到永远屋地园地合同文约人李海，今租到西包镇南龙王庙南蒙古海宝屋地园地二段。屋地壹段，东至李海，西至老渠，南至园地，北至李海。四至分明。又园地壹段，东至李姓，西至老渠，南至李海，北至屋地。四至分明，情愿租到永远耕种、起盖房屋、打池、栽树，一切由己自便。地内使水渠路通行老坝，屋地车路通行大道。因旧约未写永远，同人言定，使过押地过约钱柒千文。其钱笔下交清不欠。每年随带屋地园地二宗租钱叁百文。按春秋二季交纳。不许长支短欠，不准长缩地租。日后倘有蒙民人等争夺者，有蒙古海宝一面承当。两出情愿，各无反悔。恐口无凭，立租到永远合同文约为证

大清光绪九年九月三十日李海立十

立合同约式张各执壹纸〔骑缝〕

中见人甲头亢行财十

杨维林十

尹震威十

刘二焕十

王致和十

张有租地约

原件长四十一公分宽四十一公分

立租永远地约人张有，今租到海宝名下臭水井村北梁地壹块。开列四至，东至河（漕）〔槽〕，西至樊姓，南至樊姓，北至樊姓。四至分明，情（原）〔愿〕租与张有耕种为业。日后起房盖（物）〔屋〕、修理、挑渠打坝、做场、穿井、栽树、（力）〔立〕坟，由其租地人自（变）〔便〕。同人言明，使过押地钱肆千文整。其钱笔下交清不欠。又每年随代蒙古地租钱四百五十文。春秋二季交还，不许长支短欠。两出情愿，并无反悔。日后倘有蒙古民人争夺者，有地主人海宝一面承当。恐口无凭，立租永远约为证

大清光绪九年十一月初七日立

合同约各执壹张〔骑缝〕

中见人樊俊十

樊邦仕十

詹勇十

〔以后为契约封套处文字，封套内两约，另见光绪十一年十一月初五日张有约〕

臭水井地一块

又村北墚地一块

张有，内计租约一张，租钱一百

又一张，租钱　百

〔光绪〕九年十一月初七日

光绪十一年十一月初五日

任和太典折约

原件长二十九公分宽二十九公分

立典折文约人任和太，今典到海宝所收租折十三折，租钱叁拾三千（○）〔零〕柒拾六文。同人言明，海宝情愿将租折钱与任和太名下收使，不计年限。仝人言定，当日出过典折钱柒拾叁千文整。其钱言明按月三分利息，除利下本，异日本利收清，折归本主。日后租钱倘有收付不足，有使钱人海宝如数交还，两出情愿，各无反悔，恐口无凭，立约为证用

大清光绪九年十二月廿五日立十

合同约为证用〔骑缝〕

中见人五十五十

祁禄十

李秀荣租地基约

原件长四十六公分宽四十七公分

立租永远地基约人李秀荣，今租到海宝名下西包镇西前街座北向南地基壹块。东至范姓，西至永远斋，南至大街，北至范姓。四至分明，情愿李秀荣租到永远修理、住占为业。同人言定，现出过押地市钱捌拾千文整。其钱当交不欠。每年应收地谱钱伍千零伍拾文。按春秋二季收纳，不许长支短欠，亦不

许长缩地谱。日后倘有蒙古民人争碍者,有海宝一面承当。两出情愿,各无反悔。恐后无凭,立租永远地基约为证

　　大清光绪十年又五月初四日立

　　合同约式张各执壹张〔骑缝〕

　　中见人王裕成十

　　张有成十

　　李必明十

　　李培业书十

　　此地于民国四年八月间转租于达拉特旗大商,该旗员林庆经理

　　〔以后为契约封套处文字〕

　　西包镇西前街座北向南地基一块

　　李秀荣,租钱　千〇　十

　　光绪十年又五月初四日

　　南街道北新苏明号地基

　　姓李,东邻范廷政,西〔邻〕永远斋

　　此地推与达拉特旗该旗员林庆□□

花得源租地约

原件长四十四公分宽四十八公分

　　立租地文约人花得源,今将海宝城胡窑子村东梁地壹块,东至沟,西至水沟,南至袁姓,北至张姓。四至分明,情愿租到自己名下耕种,永远承业、起房盖屋、修理住宅、栽树、穿井、埋坟葬墓,均由自便。同人说合,现出过压地钱肆仟文整。其钱笔下当日交清不欠。言明每应一年出地租钱陆百叁拾文。

按春秋式季交纳。不准长支短欠。日后倘有蒙古民人等争碍者，有地主人一面承当。两出情愿，各无反悔。恐口无凭，立约为证存照用

大清光绪十〔年〕十二月初四日立十

立合同约式张各执壹张〔骑缝〕

中见人海龙十

赵保小十

梁志辰十

张辅庭租地水房院约

原件长四十四公分宽四十六公分

立租到永远地水房院文约人张辅庭，今租到海宝西包头祖遗东街路南白地壹块，随带第八天轮流大水叁厘，又随带房院壹所。东至洪成园，南至董文金，西至官渠，西南至张、高二姓，北至大道。六至分明，情愿租与张辅庭名下，永远耕种、浇灌、居住。同人言明，当日现使过压地水房院钱壹百肆拾千文，其钱笔下交清不欠。每年随带蒙古地水房院租钱玖仟伍百文。嗣后倘有蒙民人等争夺者，有海宝一面承当。情出两愿，恐口难凭，各无翻悔，立租到永远地水房院约为证用

大清光绪拾年十二月初五日张辅庭立十

中见人塔老爷十

张有成十

刘镕十

梁志辰十

合同式纸各执壹张〔骑缝〕

〔以后为契约封套处文字〕

西包镇东街路南白地一块，随带第八天大水三厘，

又随带房院一所

张辅庭，每年地水院租钱　千　百

光绪十年十二月初五日

银匠窑居住，乳名张二虎子

海宝出租地约

原件长二十公分宽三十公分

立出租地约人海宝，今将自后厂汗测落村南白地壹块，西至大道，南至（正）〔郑〕姓，东至石姓，北至石姓。四至分明，情愿出租与赵亨（明）〔名〕下（井）〔耕〕种、修（里）〔理〕住座，由（祖）〔主〕（至）〔自〕便。同人言明，使过约钱叁百文整。其钱当交不欠。每年随带地租钱三十文整。不许长（枝）〔支〕短欠，春秋二季交纳。倘有蒙古（明）〔民〕人（净）〔争〕（等）〔夺〕者，有海宝壹面承当。情出两愿，恐口无凭，永无反（梅）〔悔〕，立租约为证

大清光绪十一年二月廿一日立

中见人詹勇十

赵芝明十

曹金贵十

张有租地约

原件长四十二公分宽四十三公分

立租永远地约人张有，今租到臭水井村海宝名下地壹块。计开四至，东至买主地界，西至卖主樊邦玉地界，南至樊杰地界，北至樊六十一地界。四至分明，情愿租与张有名下，永远耕种为业。日后地内起房盖（物）〔屋〕、修理、挑渠打坝、做场、穿井、栽树、（力）〔立〕坟，由其租地人自（变）〔便〕。同中言明，使过押地钱式千文整。其钱笔下交清不欠。又每年随代蒙古地租钱壹佰五十文。按春秋二季交还，不许长支短欠。两出情愿，并无返悔。日后倘有蒙民人争夺者，有地主人海宝一面承当。恐口无凭，立永远约为证

大清光绪十一年十二月初五日立

合同两张各执壹张〔骑缝〕

中见人樊杰十

王名成十

姜明十

樊邦仕十

温世威十

詹勇十

田起泰租地约

原件长四十一公分宽四十二公分

立租地永远文约人田起（太）〔泰〕，今因自己缺少田产，意欲置之为业。今幸蒙古海保后厂汗测涝村内有场面地基壹块，自己情愿租到永远居占、耕种为业。东至张德墙界，西至本主，南至李姓墙界，北至路为界。四至分明，同人言明许退不许夺。每年出地铺钱壹百文。当日使过过约钱壹仟文。其钱当日交清。

倘日后有蒙古民人争夺者，有地主人一面承当。两出情愿，永无反悔。恐口无凭，因立租地约为证

大清光绪十一年十一月初五日立

立合同约为证〔骑缝〕

知见人张承库十

刘印十

史永成十

张维善推佃永远第四天大水约

原件长四十五公分宽五十六公分

立推佃永远第四天大水文约人张维善，今因自己时需缺乏，不能管业，无奈央人说合，愿将自己祖遗置到西包镇园行第四天（论）〔轮〕流大河大水弍厘伍毫，将自己大水情愿推佃与侄子张治邦名下，永远使水浇地立业。同人当面言定，诸等出佃水价，街市外兑钱弍佰伍拾吊文、十现钱壹佰吊文整，其钱笔下交清不欠，每年随带蒙古水租钱弍仟陆百文。按春秋二季交纳。不许长支短欠。嗣后倘有家族户内蒙民人等争夺者，有张维善一面承当。系事情出两愿，永无反悔，恐后有疑无凭，立约为证用

大清光绪拾壹年拾弍月廿六日立

同中人乔德财十

张功德十

张有成十

张江〔画押〕十

广顺亨租地基约

原件长五十五公分宽五十公分

立租到永远地基合同约人广顺亨，今租到蒙古二圪旦名下西包头前西街路北地基壹块，东至罗姓，南至大道，西至北截贾姓、南截王姓，北至大路。四至分明，情愿自己租到永远住占修理管业、修理起造、栽树、穿井、掘厕，由己自便。其地水陆出路通行大道。今同中人言明现（附）〔付〕过押地过约银壹佰伍拾两，其银当交不欠。每年自己应出地谱银壹拾两零捌钱。按春秋二季交纳。不准长支短探，亦不准长缩地租。嗣后倘有蒙民人等出齿者，有收租人一力出（当）〔挡〕。情出两愿，永无异说。恐后无凭，立租到永远地基文约以为存照用〔画押〕

此约转与薛家营薛四名下

推与荣胜锦

〔钤"西包镇广顺亨记"印〕立十

光绪十三年五月初三日

立合同贰张各执壹张〔骑缝〕

知见人马如龙十

公行总甲十

祁禄

叶东郊〔画押〕

马明泰租地约

原件长四十公分宽四十一公分

立租地约人马明泰，今租到北院海宝名下后厂汗测涝村东土默地三块。东井沟地一块，东至天沟，南至天沟，西至郝姓，北至天沟。内黄鸡圪旦地，西北东南圪料畛一块，东北至张姓，南至本主，西至大道冯姓。内下地一块，东至本主，西至冯姓，南至大道，北至本主。计地三块。四至分明，日后起房盖屋、栽树、穿井，一应由其马明泰自便。同人言明出过押地钱兑钱式千文，十〔现〕钱式千五百文，共钱四仟五百文。其〔钱〕笔下交清不欠。每年应出地租钱壹佰五十文。日后倘有蒙民人等（净）〔争〕夺者，有北院海宝一面承当。恐口无凭，立约为证用

　　大清光绪拾三年十二月初九日立

　　立合同约式张各执一张〔骑缝〕

　　中见人郭连枝十

　　张本端十

　　杨增茂十

　　〔以后为契约封套处文字〕

　　光绪十三年十二月初九日

　　马明泰，租去白地三块，租钱一百

　　后厂汗测涝村东地

刘湧深租地约

原件长四十五公分宽四十七公分

立租永远地合同文约人刘湧深，今租到学士丰恒堂祖遗井儿平村南土默地壹块，计地式拾叁亩。东至天沟水畔，西至乌拉地交界，南至翟、许二姓，北至翟姓地界。四至分明，同人

情愿租到自己名下，永远耕种承业，言明押地过约钱拾壹千文整。其钱当交不欠，土木石水相连，栽树、穿井、起盖、埋坟，一切任由自便，每年应出蒙古地租钱式佰五拾文。春秋二季交纳，不许长支短欠，官差神社，按地公摊。此地内翟天财留有无名沙圪堆半亩，南北捌步，东西拾五步，嗣后倘有蒙古民人争夺者，有收租人一面承当。两出情愿，永无反悔。恐口难凭，立租永远地合同文约为证

  光绪拾肆年肆月拾壹日立

  立合同约式纸各执一纸存照〔骑缝〕

  知见人张旭十

  许吉成十

  许官旺十

  张起茂十

  王万春十

  闫阳义十

  翟天贵十

二旦出租舍窠地约

原件长四十三公分宽四十七公分

  立出租舍窠地文约人二旦，今因使用不足，将自己本后营子村祖遗宅舍地壹处，又连出路壹处，宽壹丈式尺，长通大道。宅内正房四间。东至田姓，南至陈姓大道，西至李姓墙，北至赵姓。四至分明，契约租与赵恒名下永远居住为业。同人言定，共作每年租钱壹佰文。现今过约钱式仟八佰文。当交没欠。宅内万般修垒更改者，由其自便，嗣后亦有蒙民人等争夺者，

（却）〔都〕有二旦一面承当。情出两愿，各无反悔。恐后无凭，立租约为证

  大清光绪十四年十月十四日立

  合同约贰张各执壹张〔骑缝〕

  中见人李立明

  张明恭

  赵金宝

  〔以后为契约封套处文字〕

  光绪十四年十月十四日

  〔光绪〕十六年

  又一约钱乂十

  赵恒，租去屋地一块，租钱一百

  后厂汗测涝村

和合堂租地约

  原件长五十公分宽五十一公分

  于民国廿九年间卜与康三娃名下

  立合同租地约人和合堂，情因租到海保名下后厂汗测涝地式块。原租与公合店名下耕种，因伊号事（废）〔费用〕不足，东伙等（谪）〔商〕议，将此地式块愿推佃与和合堂名下，永远耕种承主。计村北路东地壹块，东至大路，西〔至大路〕，南至冯姓，北至兴义永。又村北地壹块。东至赵姓，西至大路，南至冯姓，北至大路。式块四至开明，情甘仍租与和合堂名下永远耕种为业，栽树、打井、修理，由和合堂自便。现使过押地银柒两整。每年随带蒙古地租钱壹千叁佰五拾文。按春秋二

季交纳，永不许长支短欠，亦不准长缩地组。嗣后倘有蒙民人等争夺者，有海保一面承当。两出情愿，永无反悔。恐口难凭，立此租地约为证

大清光绪十五年八月初七日立

立合同贰纸各执壹张〔骑缝〕

中见人王万年十

王厚甫十

张录十

刘贞一书

〔以后为契约封套处文字〕

后厂汗测涝地二块

和合堂，内计约一张，租钱一千三

光绪十五年八月初七日立约

姚广文租地约

原件长四十公分宽四十二公分

立租地约人姚广文，今租到海宝壕赖沟东芝麻沟口地五亩，原佃户系壕赖沟郭满海。东至郭姓，西至河垅，南至河垅，北至郭姓。四至分明，海宝情愿出租与包头姚广文名下安坟为业。其地东西长壹拾捌丈，计三十六步。南北宽，挨东十八丈五尺，计三十七步，挨西十四丈五尺，计二十九步。长短折算南北该十六丈五尺，计三十三步。总计一千一百八十八步，计地四亩九分半。其地当使过地租钱伍千整。嗣后每年出地租钱叁佰文。按春秋二季交纳。日后姚姓修理坟茔、栽植树木，由其自便。倘有蒙民争碍者，有海宝一面承当。恐口无凭，立租约存照

光绪十五年九月初七日立

合同各执一嵭〔骑缝〕

中见人郑福十

刘大台十

张文炳十

〔以后为契约封套处文字〕

壕赖沟东芝麻沟口地五亩

姚广文，每年地租钱　百

光绪十五年九月初七日

李贵租地基约

原件长四十八公分宽五十公分

立租到地基文约人李贵，今租到三西保、海宝名下祖遗本镇圪料街路南房院地基壹块。北至大道，东北至刘姓，东至惠和药店房后院，西至闫姓，南至马姓。五至分明，出路水陆通行大道，情愿租到自己名下，永远修理居住为业，由己自便。同人言明现交过过约钱壹千文整。其钱笔下交清不欠，每年应纳地谱钱式千九百文。按春秋二季交纳。不许长支短欠。嗣后倘有蒙民人等争夺者，有收租人一面承当。两出情愿，各无返悔。恐口无凭，立合同文约为证

每年每家应分租钱壹千肆百五拾文

大清光绪十五年十月初六日立

立合同式张各执壹张〔骑缝〕

中见人王发林十

刘发富十

武二金十

张万富十

刘起富十

〔以后为契约封套处文字〕

包镇圪料街路南

李贵，租去屋地一块，租钱一千四百五十文

光绪十五年十月初六日

常永升租地基约

原件长四十八公分宽四十九公分

立租地基合同文约人常永升，情因租地蒙古海宝福珠理祖遗南圪洞四道巷内坐北向南大门院房一所。大门东边临街房四间，内有小院西房一间，一并地基壹段，土木水石相连，出路水路通街。东至张姓，西至侯姓，南至大道，北至刘姓、庞侯侯，共四姓。四至分明，情愿租到永远居住承业，建盖房屋、栽树、打井，由其自便当。同中人言定，押地 十现钱叁拾千文整。其钱笔下交清不欠。每年蒙古地铺 十现钱叁千文整。按春秋两季交纳。不许长支短欠，亦不许长缩地租。此系两出情愿，各无反悔。恐口无凭，立写租地基合同文约为证用

光绪十六年三月十四日立租地基文约人常永升十

立合同弍纸各执壹张〔骑缝〕

中见人武万有十

刘开喜十

袁继德十

代书人高存德十

〔以后为契约封套处文字〕

光绪十六年三月十四日

常永升，租去屋院地基一块，租钱　千文

南圪洞四道巷内

赵恒出租舍窠地约

原件长四十三公分宽四十七公分

立出租舍窠地文约人赵恒，今因使用不足，将自己本后营子村祖遗宅舍地壹处，东至田姓，南至大路，西至本姓，北至本姓。四至分明，情愿租与赵恒名下，永远居住为业。同人言定，共作每年租钱四十文。现今过约钱式仟文。当交没欠，宅内万般修垒更改者，由其自便。嗣后亦有蒙古民人等争夺者，却有海宝一面承当。情出两愿，各无反悔。恐口无凭，租约为证

大清光绪十六年九月初三日立

中见人韩习金十

赵金贵十

郑全金十

田福德十

合同文约各执壹张〔骑缝〕

赵芝耀租地约

原件长二十八公分宽三十公分

立租地文约人赵芝耀，（金）〔今〕将后厂汗测涝土（木）

〔默〕地一块，四至：东至大道，北至大道，西至本主，南至本主。四至分明，将自己情（原）〔愿〕出租与赵芝耀（明）〔名〕下修垒。（油）〔由〕（旗）〔其〕（至）〔自〕（卞）〔便〕。同人言定（史）〔使〕过约钱五百文（正）〔整〕。（旗）〔其〕钱笔下交清，每年出地租钱五十文（正）〔整〕。日后有蒙古（明）〔民〕人争夺者，有地（租）〔主〕人海宝一面承当。恐口无凭，立租约为（正）〔证〕

大清光绪十七年九月廿八日吉立

立合同约为（正）〔证〕〔骑缝〕

中见人冯万宝十

田生云十

贺金十

冯万盛十

〔以后为契约封套处文字〕

光绪十七年九月廿八日

赵芝耀，租去白地一块，租钱　十

后厂汗测涝村

李发昌租地约

原件长四十八公分宽四十八公分

立租到地水合同约人李发昌，今租到北院海宝次子二旦祖遗本镇南龙王庙南白地四块。头一块，东至城墙，西至老渠，南至李姓，北至李姓。第二块，东至城墙，西至老渠，南至李姓，北至李姓。第叁块，东至李姓，西至李姓，南至城墙，北至李姓。第四块城外，东至李姓，西至李姓，南至董姓，北至城墙。各块地四至分明，随代第四天（伦）〔轮〕流大水弍厘伍毫，一并地水，情愿租到自己名下，永远耕种承业。同中言定，押地水过约九十现钱肆拾仟文。其钱当交不欠。每年随代蒙古地水租钱壹拾仟零玖百文。按春秋二季交纳，不许长支短欠，永不许长缩地水租钱。所有各块地内使水渠路通行老坝，车路通行大道。日后倘有蒙民人等争夺者，有收租人一面承当。两出情愿，永无反悔。恐口难凭，同中立租到永远地水合同约为证

  光绪十七年十二月廿二日李发昌立十

  立合同约弍张各执壹纸〔骑缝〕

  中见〔人〕园行总甲翟林十

  刘开亮十

  杨维林书

  〔以后为契约封套处文字〕

  本镇南龙王庙南白地四块

  李发昌，地水租钱一十千〇　百

  光绪十七年十二月廿二日

李佐清租到补换过租约

原件长四十一公分宽四十七公分

  立租到补换过租合同文约人李佐清，今租到海保道光年间自己先父原租到前街路北地基壹块。迨至于今自己出佃房院切留东北角壹小块，南北长弍拾壹丈肆尺弍寸，东西宽陆丈三尺肆寸。原租与自己名下修理房屋、栽树、穿井、修理拦柜，由其自便。同中言明，现使过换约押地现钱伍千文。其钱当刻使

清不欠，每年出地谱钱弍仟文整。永不许长支短欠，亦不许长缩地租。嗣后倘有蒙民人等（峥）〔争〕夺者，有海保一面承当。此系各出情愿，两无翻悔。恐后无凭，专立写租到补换过租合同文约为证

巴云氏呈交

大清光绪十八年二月二十二日李佐清立十

巴云氏交

立合同文约两张各执壹张〔骑缝〕

中见人李守贵十

弓惟兴十

贺华十

张祯书

王如周租坟地约

原件长四十公分宽四十公分

立租到永远坟地约人王如周，今租到海宝陈胡窑子原祖遗色地安葬倾坟地弍亩壹分。东至本主，西〔至本主〕，北至本主，南至李姓。四至分明，同中人共作过租约钱壹千捌佰文。其钱笔下交清不欠。言定每年地谱钱壹佰弍拾文。立折秋后收使，亦不许长支短欠。嗣后倘有蒙民人等争碍者，有海宝一面承当，永无翻悔。恐口无凭，立租坟地合同约弍张，各执壹张为证

大清光绪十八年三月廿八日亲立十

立合同弍张各执壹张〔骑缝〕

中见人杜品高十

王治中十

王遵德书

〔以后为契约封套处文字〕

陈胡窑子

王如周,租去白地一块,租钱一百二

光绪十八年三月廿八日

蔡清山租坟地约

原件长四十七公分宽四十八公分

立租到永远坟地约人蔡清山,今将海宝祖遗(园)〔袁〕家沟坐北向南白地壹块,东至本山沟,西至小水渠,南至王姓,北至赵姓。南北长肆拾柒步,出路出水通行大道。情愿租到蔡清山自己名下,永远安坟承守为业,穿井、栽树、修墙、建屋,一切修造均由自便。同中言明,共作租价现钱壹千五百文整。其钱笔下使清不欠。又每年随带地普钱式佰式拾文。按春秋两季交纳,不许长支短欠,亦不准长缩地普。日后倘有蒙民人等争碍者,有海宝一面承当。此系情出自愿,永无反悔。恐口难凭,专立租到永远坟地约为证

大清光绪拾捌年五月初七日蔡清山立十

公立合同文约式张各执壹张〔骑缝〕

中见人刘徐保正十

杜品高十

赵元正代书

赵德安卜

〔以后为契约封套处文字〕

光绪十八年五月初七日

蔡清山，租去白地一块，租钱　百二

（园）〔袁〕家沟

朱永明租地基约

原件长四十三公分宽四十七公分

立租到永远地基文约人朱永明，今租到海宝同次子二旦名下西包头前街路北向南地基壹块。东至王克正、李好收，西至公合店，南至官街大道，北至河（漕）〔槽〕通街大道。四至分明，出路出水通行基内。日后起房盖屋、穿井、栽树，由己自便。宜遵旧迹，不许越界。同中言明，共（附）〔付〕过押地过约银柒拾两整。每年应出地普钱肆仟柒佰式拾五文。其钱按春秋二季交纳，不许长支短欠，亦不许长缩地普。此系两出情愿，永无反悔。恐口无凭，立租到永远地基文约为证

此约作废

大清光绪十八年五月二十七日朱永明亲笔立十

合同文约式张各执壹纸〔骑缝〕

中见人程泰寅十

张崇义十

王裕成十

李贵租地基约

原件长四十三公分宽四十七公分

立租永远地基文约人李贵，今租到巴祯地基壹块，系在西

包头关帝庙西南路南，东至李双喜，西至万长久，南至万长久，北至李贵大门，出路通街。东南另有小院壹所，东至胡、底式姓，西至万长久，南至俸之地，水渠由己出水自便，北至胡恒太、李双喜、杨红小子。两院四至各自分明，情愿租到自己名下，永远修理〔居〕住承业，地基内（勿）〔无〕论何为等等一切由己自便，永远毫无异说。同人言明，使过压地过约钱伍仟文整数。其钱笔下交清不欠，每年随带蒙古地普十现钱捌佰文整，地普钱按春秋式季收纳。日后地普钱不许长缩，亦不许长支短欠。日后倘有蒙民人等争碍者，有吃租人一面承当。两出情愿，各无反悔，空口难凭，立合同约为证用

　　大清光绪十八年七月廿五日立十

　　合同文约式张各执一纸〔骑缝〕

　　中见人白琏十

　　祁禄十

　　冀锦堂〔画押〕

　　李彬

　　卜与庆生店，另立义和堂

尹光义出租地约

原件长二十九公分宽三十公分

　　立出租地的人尹光义，（明）〔名〕下耕种毫赖沟村东地壹块。东至坡水、尹姓，西至贺老大地沟，南至（芳）〔方〕、宿二姓，北至坡水、尹姓。四至〔分〕明，计地叁十亩。同人言明过约钱陆佰文。其〔钱当〕交不欠。每年（徐）〔随〕代地（俎）〔租〕钱壹佰八十文。春秋二（计）〔季〕交纳。不

（徐）〔许〕长（自）〔支〕短欠。日后有蒙古（明）〔民〕人争夺者，有海宝壹面承当。恐口无凭，立约为证

　　大清光绪拾八年九月十八日立约

　　立合同文约各执一（章）〔张〕〔骑缝〕

　　中见人赵长十

　　赵月宁十

　　代书刘栋十

　　〔以后为契约封套处文字〕

　　光绪十八年九月十八日

　　尹光义，租去白地一块，租钱一百

　　毫赖沟村东地

王名成租地基约

原件长二十八公分宽二十八公分

　　立租永远地基约人王名成，今租到北院海宝名下臭水井村地基一块。计开四至，东至梁姓墙根为界，西至樊姓墙根为界，南至大道为界，北至大道为界。东西宽南甲七丈七尺宽，中甲六丈七尺宽，北甲五丈五尺宽。四至分明，地内日后起房盖（物）〔屋〕、修理、挑渠打坝、做场、（哉）〔栽〕树、穿井，由其（祖）〔租〕地人自便。情愿租与王名成永远耕种为业。同人言明，使过押地钱五百文整。其钱笔下当交不欠。又每年随代蒙古海宝地租钱叁百廿文。按春秋二季交还，不许长支短欠。两出情愿，并无返悔。日后倘有蒙古民人争夺者，有地主人海宝一面承当。恐口无凭，立永远约为证

　　大清光绪十八年十一月廿九日立

合同约各执壹纸〔骑缝〕

中见人赵红十

赵锁子十

〔以后为契约封套处文字〕

臭水井村

王（明）〔名〕成，租去白地一块，租钱　百二

光绪十八年十一月廿九日

祁万长租地约

原件长二十九公分宽二十九公分

立租永远地约人祁万长，今租到北院海宝名下臭水井村北地壹块。开列四至，东至河（漕）〔槽〕为界，西至河（漕）〔槽〕为界，南至赵姓地界，北至高姓地界。四至分明，情愿租与祁万长永远耕种为业。地内日后起房盖（物）〔屋〕、修理、挑渠、打坝、做场、穿井、（哉）〔栽〕树，其由租地人自便。同人言明，使过押地钱壹仟弍佰文整。其钱笔下当交不欠。又每年随代蒙古海宝地租钱叁百一十文，按春秋二季交还，不许长支短欠。两出情愿，并无返悔。日后倘有蒙古民人争夺者，有地主人海宝一面承当。恐口无凭，立永远约为证十

大清光绪十八年十二月十一日立

中见人高明玉十

高永十

张先生〔画押〕

合同约各执壹张〔骑缝〕

张明租地基约

原件长四十八公分宽四十八公分

立租地基文约人张明，今租到蒙古海宝同伊次子富珠哩名下南圪洞三官庙前路东空地基壹块。计地南北长五丈弍尺五寸，东西宽四丈一尺，东至陈姓，西至官路，南至大道，北至刘定清。四至分明，同人言定共作压地租　十现钱壹弍仟文整。其钱笔下交清不欠。言明日后院内栽树、穿井、改拨、修理，随其自便。每年随带蒙古地谱钱壹仟文整。按春秋二季收付。不许长支短欠，亦不准长缩地谱〔钱〕。此系情出两愿，再无别说。恐口无凭，立租到地基文约为证

大清光绪十八年十二月二十日张明立十

立合同约弍张各执壹纸〔骑缝〕

中人孙廉敬十

巴德明十

刘贵十

高步升十

刘定禄十

田忠、马云租地约

原件长四十三公分宽四十八公分

立租地约人田忠、马云，今租到蒙古二旦名下户口白地壹块。座落在毫赖沟村南。东至赵姓，西至郭姓，南至赵姓，北至张、郭二姓。四至分明，情愿出租与田忠、马云名下，永远

耕种管业，开渠打坝、栽树、（瓦）〔挖〕井，由其自便。同中言明受到过约现钱弍仟伍佰文整。其钱笔下交清不欠。每年随代蒙古地租钱伍佰文整。春秋两季交付。不许长支短欠，不许长（阻）〔缩〕地租。日后如有蒙民人等争夺者，有二旦壹面承当。恐口无凭，立出租地过约为证

大清光绪拾九年弍月初六日田忠、马云（清）〔亲〕笔立十

　　刘栋卜与

　　合同约两张各执壹张〔骑缝〕

　　中见人会首甲头

　　底富十

　　赵有财十

　　赵进财十

　　柳明十

　　张金十

　　代笔夏越

〔以后为契约封套处文字〕

光绪十九年二月初六日

田忠、马云，租去白地一块，租钱　百

毫赖沟村南

张生珠租空地基约

原件长五十公分宽五十公分

立租空地基文约人张生珠，今租到海宝同次子富珠哩祖遗南圪洞三官庙前路东地基壹块。计地南北长五丈弍尺五寸，东

西宽四丈壹尺。东至陈姓，西至官路，南至大道，北至刘定清。四至分明，情愿租到自己名下，永远修理承管为业，栽树、穿井、改拨、修理，由其自便。同人言明共作压地　十现钱壹拾捌千文。其钱笔下交清不欠。每年随带蒙古地租钱壹仟文。按春秋二季交纳，不许长支短欠，亦不许长缩地租，日后倘有蒙古民人争碍者，有地主人一面承当。此系情出两愿，各无异说。恐后无凭，立租文约为据

  大清光绪十九年十月廿四日张生珠立十

  立合同弍张各执壹纸〔骑缝〕

  中见人贺仲廉十

  巴德明十

  周成十

  不用

  此约转与贺才名下

  张明移来

  〔以后为契约封套处文字〕

  南圪洞三官庙前路东地基一块

  张生珠，每年地租钱一千

  光绪十九年十月廿四日

  刘定邦卜张明，卜张生珠

  不用

  此约在民国廿一年卜与贺才名下

海宝出租地约

  原件长四十三公分宽四十六公分

立租（道）〔到〕永远地约人北院海宝，今将自己后厂汗测涝村东土默地一块，东至王姓，西至天沟王姓，南至王姓，北至张、李二姓。四至分明，使过押地钱式千九百文整。每年应出租钱伍百文整。按春秋二季交纳。不许长（枝）〔支〕，许退不许夺。日后倘有蒙民人等争夺者，有地主人一面承当。两出情愿，永无反悔。恐口无凭，立永远租地约为证

大清光绪拾九年十一月初七日立

立合同约为证〔骑缝〕

中见人李继茂十

吏永成十

赵芝耀租地约

原件长二十八公分宽二十九公分

立租到永远地约人蒙古二亘，今因自己后厂汗测涝村东南土默地一块。东至王姓，又至天沟，西至张姓地畔为界，南至齐、王二姓，北至赵、王二姓，又至大道。出路通行东南，出水通天沟。四至分明，情（原）〔愿〕出租与赵芝耀名下，永远耕种承（约）〔业〕。同人言明现使过押地钱壹千伍百文整。其钱笔下交清不欠。每年随带地租钱式百文整。春秋二季交纳，不许长（枝）〔支〕短欠。修理、住占、百样（反）〔翻〕地（永）〔涌〕金由己自便。日后倘有蒙民人等争夺者，有地主人一面承当。恐口无凭，立永远约为证立合同约为证〔骑缝〕

中见人李继茂十

赵二十

大清光绪十九年十一月廿二日立

〔以后为契约封套处文字〕

后厂汗测涝村东南土默地一块

赵芝耀，租钱式佰文

光绪十九年十一月廿〔二〕日

二旦出租地约

原件长五十三公分宽五十三公分

立出租地文约人北门二旦，今将自己（主）〔祖〕遗户口〔地〕后厂汗测洛村土默地一块，东至王姓，西至大道，南至本主，北至王姓墙根为界。（具）〔俱〕各四至分明，情愿出租与赵芝耀名下，永远耕种为业。同人言明，现过押地钱叁百文整，当交不欠。每年随带地租钱三十文。其钱按春秋二季交纳，不准长支短欠。地内日后修垒、百样（反）〔翻〕地成金，由赵姓自便。与地主人一面承当。两出情愿，各无反悔，恐口无凭，立永远约为证

大清光绪二十年三月初四日立

立合同约二纸各执一张〔骑缝〕

中见人曹金贵十

赵二娃十

李柄和十

代笔人十

张德亮租地基约

原件长五十三公分宽五十三公分

立租到地基文约人张德亮，今租到西包头南圪同四道巷口路北地基壹块。东至侯姓，西至张姓，南至大道，出路水路向南通行大道，北至王姓。四至分明，情愿租到自己名下，永远修理、住座承业。同人说合，现出过押地　十现钱四拾仟文整。其钱笔下交清不欠。言明每年应出地普　十现钱式仟式百伍十文。按春秋二季交纳，不准长支短欠。日后倘有蒙古民人等争碍者，有收租人一面承当。两出情愿，各无反悔。恐口无凭，立约为证存照用

大清光绪式拾年十月初三日立约人张德亮十

立合同约为式纸各执一张证〔骑缝〕

中见人张有财十

李春堂十

闫凤义十

〔以后为契约封套处文字〕

包镇南圪洞四道巷西口路北地基一块

张德亮，每年地租钱　千二

光绪二十年十月初三日

于〔光绪〕卅年正月间卜与

贺锁名下

姜鬵鹏租空地基约

原件长四十四公分宽四十七公分

立租永远空地基约人姜鬵鹏，今租到海宝祖遗西包镇村南路西白地壹块，计地柒亩。东西长叁拾式丈叁尺壹寸，南北阔壹拾叁丈。东至大道，西至赵姓，南至李姓，北至赵姓。四至

分明，情愿租与姜翥鹏名下，永远修理、住占、穿井、栽树、打窖，一切等项由其自便。同中言明，现使过押钱九拾现成钱捌千文整。其钱当日交清不欠。言明每年出地租九拾现成钱壹千伍佰文。按春秋两季收使，不许长支短欠，不许长缩地租。日后倘有蒙古民人等争碍者，有收租人一面承当。此系两出情愿，永无悔误。恐口无凭，立租空地基约永远为证

光绪二十年拾月初八日立

立合同约各执壹张〔骑缝〕

中见人白凤岐

乔元善

邢达元

鄗起银租地约

原件长四十三公分宽四十七公分

立租地约人鄗起银，今租到蒙古海宝北院二旦名下户口白地壹块。座落在毫赖沟门村东芝麻沟口。东至河（漕）〔槽〕中，西至贺姓，南至贺姓，北至鄗姓。四至分明，情愿出租与鄗起银名下，永远耕种管业。同中言明（受）〔收〕到过约夂十钱壹千五百文整。其钱笔下交清不欠。每年应出地租钱弍百文。春秋交（附）〔付〕，不许长支短欠。日后挑渠打坝，由其自便。恐口无凭，立过约为证

光绪二十年十月十三日鄗起银立十

合同约弍纸各执壹张〔骑缝〕

中见人赵存富十

赵二旺十

武昌义十
〔以后为契约封套处文字〕
毫赖沟门村东芝麻沟口地一块
鄢起银，每年地租钱式佰文
光绪二十年十月十三日

白金出租地约

原件长四十三公分宽四十七公分

立租地永远文约人白金，今因自己缺少田产，意欲租之为业。今有土（妹）〔默〕二旦南黄草窊龙王庙怀前有土默地壹块，计数壹拾八亩上下。自己情愿租到永远耕种为业。东至焦姓，西至本姓，南至焦姓，北至李姓。四至分明，同人言明许退不许夺。每年随带地出租钱柒佰文，其钱按春秋二季交纳，不准长支短欠，当日使过过约钱式仟文整。地内日后修理百样、翻地成金，由白姓自便，与地主人无干。倘日后有蒙古民人争夺者，都有地主人一力承当。两出情愿，永不反悔。恐口无凭，因立租地约为证

大清光绪二十年十一月二十八日立

立合同纸为证〔骑缝〕

中见人张中羊十

贺明十

刘印十

姜翥鹏租空地基约

原件长四十八公分宽四十七公分

立租永远空地基约人姜翯鹏，今租到海宝祖遗西包镇村南路西白地壹块。计地柒亩，东西长叁拾弍丈叁尺壹寸，南北阔壹拾叁丈。东至大道，西至赵姓，南至李姓，北至赵姓。四至分明，情愿租与姜翯鹏名下，永远修理、住占、穿井、栽树、打窖，一切等项由其自便。同中言明现使过押钱　十现成钱捌千文整。其钱当日交清不欠。言明每年应纳地租　十现钱壹千伍百文。按春秋两季交纳，不许长支短欠，亦不许长缩地租。日后倘有蒙古民人等争碍者，有收租人一面承当。此系两出情愿，永无悔误。恐口无凭，立租空地基约永远为证

光绪二十年十月初八日立

立合同约各执壹张〔骑缝〕

中见人白凤岐十

乔元善十

邢达先十

〔以后为契约封套处文字〕

包镇南荣寿街路西

姜翯鹏，租去白地一块，租钱　千

光绪廿年十月

此约后分在姜卜子三大媳妇

寡妇名下纳租

贾有和租地基约

原件长四十九公分宽五十公分

立租地基合同文约人贾有和，情因租到蒙古海宝同子福珠理祖遗南圪洞四道巷内坐北向南大门房院一所，大门东边临街

房四间，内有小院，西房一间，一并地基壹段，土木石水相连，出路水路通行。东至王姓，西至侯姓，南至大道，北至刘、庞侯侯四姓。四至分明，情愿租到永远居住承业，建盖房屋、栽树、打井，由其自便当。同中人言定，现使过押地 十现钱式拾捌千文整。其钱笔下交不欠。每年随带地谱钱叁仟文整。按春秋两季交纳，不许长支短欠，亦不许长缩地谱。此系两出情愿，各无反悔。恐口无凭，立租到地基合同文约为证用

大清光绪式拾一年六月十三日立租地基文约人贾有和立十
立合同两张各执壹张〔骑缝，有蒙古文签注〕
同中见人张华十
赵德祢十
牛文光十
范德俊十
〔以后为契约封套处文字〕
南圪洞四道巷内坐北向南大门房院一块
贾有和，租钱 千
光绪二十一年六月十三日

郑全金租地约

原件长三十九公分宽四十二公分

立租地约人郑全金，今租到北院巴祯后厂汗鹨潦村户口白地壹块。东至刘姓，西至田姓，南至大道，北至路。四至俱以分明，情愿租到自己名下，永远耕种承业。准其地内栽树、（握）〔挖〕井、起房盖屋、安茔，由己自便。两出情愿，并无返悔。同人说合，现出过压地钱壹仟伍百文整。其钱笔下交清。

事后倘有蒙民人等争碍者，有巴祯一力承当。恐后无凭，立租永远地约存照用

  每年官差神社随地亩所纳

  蒙古地普现钱壹百叁拾文，按春秋二季交付

  大清光绪式拾壹年十月十四日立

  立协同约式张各执壹张为证〔骑缝〕

  中见人郝三拉仔十

  冯万财十

  李秉和十

  庞式猷书笔

〔以后为契约封套处文字〕

后厂汗鹉潦村户口白地一块

郑全金，每年地租钱　百　十

光绪二十一年十月十四日

此约之地于民国年间卜与马文才名下

张荣租地约

原件长四十四公分宽四十八公分

  立租到永远合同地约人张荣，今租到蒙古二旦祖遗西包头东河村南白地壹块。东至张姓，西〔至〕元亨西，南至郭姓，北至官渠〔官〕道。四至分明，情愿租到自己名下，永远耕种俱照旧规。官渠老坝使水浇地永远为业。同人当面言定，当日现交（附）〔付〕过地主人二旦，过约押地钱式拾仟文整。其钱笔下交清不欠。每年出地租钱壹仟文。按春秋二季交纳。不许增长地租，长支短欠。嗣后地内界畔准己栽树、（握）〔挖〕

井、筑池、五行修理宅舍，俱由自便。不许蒙古民人（搔）〔骚〕扰争夺拦（当）〔挡〕，水路通行。日后倘有蒙民人等争碍者，有地主人二旦一面承当。情出两愿，永无反悔。恐口难凭，专立租到永远合租约为证据照用

　　立合同文约式张各执壹张〔骑缝〕

　　中见人乔德财十

　　张维善十

　　段锁娃十

　　张腾云十

　　大清光绪二十一年四月十六日立

　　〔以后为契约封套处文字〕

　　东河村南白地两约二块

　　张荣，每年地租钱共　千

　　光绪廿一年四月十六日

　　银匠窑居住，乳名张三保子

　　此约之祖钱一千分与张满礼

乔文魁租地基约

原件长四十三公分宽四十七公分

　　立租到永远地基文约民人乔文魁，今租到蒙古富珠理名下祖遗到西包头前街积泉永巷东路南地基壹块。东至张姓，西至张姓，南至张姓，北至大道官街。四至分明，情愿出租与乔文魁名下，永远住占承业。同中说合言明，现使押地过约九拾现成钱叁拾千文整。其钱当日交清不欠。每年随带地谱钱壹千捌百壹拾捌文。按春秋二季交纳，不许长支短欠，亦不准长缩地

谱。嗣后起盖、修理、穿井、栽树，一切等等，准由乔姓自便。此系各出情愿，永无反悔。日后倘有蒙民亲族人等争夺者，有地主人一面承当。恐口难凭，立租到永远地基文约为证存用

　　大清光绪二十一年十二月初三日立

　　立合同文约两张各执壹张〔骑缝〕

　　同中见人吉拉明十

　　李国玺十

　　贺莲高十

　　蔺新蘼十

　　〔以后为契约封套处文字〕

　　西包镇前街积泉永巷东路南地基三间

　　乔文魁，每年租钱　千

　　卜与义生楼名下

　　光绪二十一年十二月初三日

巴珍出租地约

　　原件长四十六公分宽四十二公分

　　立出租地约人巴珍，今将自己臭水井村北梁地壹块，计开四至，东至河槽为界，南至窦、刘二姓为界，西至宝姓为界，北至张、樊二姓为界。四至分明，情愿出租与樊邦忠名下耕种，永远一切由主人自便。同人言明使过约钱□□□□，其钱笔下交清不欠，又随代蒙古每年地租钱柒佰伍拾文，按春秋二季交还，不许长支短欠。日后有蒙古民人争夺者，有巴珍一面承当。情出两愿，各无反悔。恐口无凭，立出租地约为证

　　大清光绪二十二年十二月十六日立

立合同约为证〔骑缝〕

中见人韩先生十

方钟琳十

王明成十

樊邦荣十

樊邦茹十

内包借钱质约

不可失落一帋

樊邦忠租地约

原件长二十九公分宽二十九公分

立租地约人樊邦忠，今租到蒙古巴祯祖遗到臭水井村北墚地壹块。计开四至，地租河（漕）〔槽〕，西至窦姓，南至刘、窦二姓，北至樊、张二姓。四至分明，情愿租到自己名下耕种，永远管业，一切由其自便。同人言明，付过约钱壹拾壹仟文。其钱笔下交清不欠。每年应纳地租钱柒百伍拾文。按春秋二季交纳，不许长支短欠。日后倘有蒙民人等争碍者，有地主一面承当。情出两愿，各无反悔。恐口无凭，立租地约为证

大清光绪二十二年十二月十六日立

立合同约弍纸各执壹张〔骑缝〕

中见人韩先生十

方钟琳十

王明成十

樊邦荣十

樊邦茹十

〔以后为契约封套处文字〕

臭水井村北墚地一块

樊邦忠，每年地租钱　百

光绪二十二年十二月十六日

樊兴仓卜来

此租〔约〕现在樊邦厚书〔处〕

郭起仓租地约

原件长三十八公分宽四十三公分

立租地文约人郭起仓，今租到主以毫赖沟门村东南白地壹块。东至河（曹）〔槽〕，西至河（曹）〔槽〕，南至本主，北至郭起银。四至分明，情愿租与郭起仓，永远耕种为（约）〔业〕。同人言（名）〔明〕，使过约地价钱壹千柒百文整。其钱当交不欠，有随带蒙古地租钱式百伍拾文整。春秋二季交纳。不许长支短欠。日后有蒙古民人争夺者，有二旦壹面承当。恐口无凭，立约为证用

大清光绪式拾叁年四月十三日立约

立合同约各执壹张〔骑缝〕

知见人郭起裕十

李鹏十

李锦秀十

〔以后为契约封套处文字〕

毫赖沟门村东南地基一块

（鄗）〔郭〕起仓，租钱　百

光绪廿三年四月十三日

王章租地约

原件长二十八公分宽三十公分

立租地约人王章，今租到二旦南黄草凹村土（昧）〔默〕地壹块。东至大路，西至白姓，南至焦姓，北至焦姓。同人言定，四至分明，永远长租，现使过押地钱叁仟文。其钱当日交清不欠。地内土木石树水相连，由租地人自便。每年出地租钱壹千文。按春秋二季交纳。不许长支短欠，两出情愿。恐口无凭，立租地约为证

立合同约各执壹张〔骑缝〕

知见人张有成十

薛荣宗十

于敦谦十

胡珍十

大清光绪二十叁年十月初九日立

〔以后为契约封套处文字〕

南黄草凹村南地一块

王章，每年租钱　千文

光绪二十三年十月初九日立

（蕉）〔焦〕世有卜来，乳名拉柱子

郭永谦出租地约

原件长四十三公分宽四十七公分

立过租约人北院巴祯，今过到壕赖沟门村郭永谦置到梁亨

西梁坡地，一应共作一塅。东至天沟，西至天沟，南至李姓，北至吕姓。地内东南角有梁亨坟地一所，系南北畛。南北长式拾丈零五尺，东西宽壹拾五丈五尺。四至分明，地内栽树、穿井挑渠、打坝、修盖、立茔，由钱主自便。今同人言明，现使过郭永谦名下过约　十钱叁仟文整。其钱当交不欠。言明每年　十地租钱柒佰文。按春秋式季收吃。不准长支短欠。恐口无凭，立过约为证用

　　大清光绪廿叁年十二月十五日立

　　立协同约式张各执壹张〔骑缝〕

　　知见人孙成十

　　赵存富十

　　赵双旦十

　　庞式猷书笔

〔以后为契约封套处文字〕

　　壕赖沟门村西染坡地，已处共一塅

　　郭永谦，内计租约一张，租钱二百

　　亩数佃详明

　　光绪廿三年十二月十五日

　　梁亨推来

白金租地约

原件长二十七公分宽二十八公分

立租地文约人白金，为界今租到黄草窊村南户口土默地壹块。东西南俱至焦姓，北至本主白姓为界。四至分明，情愿租与白金名下，永远耕种、修垒、栽树、（握）〔挖〕井，由己自

便。每年随带地租钱式百文。春秋二季交纳，不许长支短欠。日后倘有蒙民人争夺者，有地主人一面承当。永无反悔，恐口无凭，立租地约为证

使过押地钱壹仟文，随带官差一亩

光绪二十四年二月十三日立

立合同文约各执一纸〔骑缝〕

中见人贾永太十

郑来福十

王六小子十

〔以后为契约封套处文字〕

南黄草窊村南地一块

白金，内计租约一张，租钱式百

光绪二十四年二月十三日

过约钱未收

岳永升、岳金元宝租地基约

原件长三十八公分宽四十三公分

立租到地基文约人岳永升、岳金元宝，今租到西包头巴祯祖遗西阁路南熟茬地壹段。计地叁亩六分五厘。东至卜鸿喜、金升子，西至本主，南至本主，北至大道。四至分明，南北长壹拾六丈九尺，东西宽壹拾壹丈刀（托）〔鞘〕子。东西式丈九尺，南北壹拾壹丈五尺，情愿出租与岳永升、岳金元宝名下，永远修垒住占、栽树、（屋）〔挖〕井、设立生（理）〔意〕，由岳姓自便，地内水路出路通行大道。同中人言，明现使过约钱九拾现钱壹拾五吊文整。其钱笔下交清不欠。言明每年随带地

租钱八佰文整。按春秋二季交纳。不许长支短欠，许退不许夺。嗣后倘有蒙民人争夺者，有巴祯一面承当。此系两出情愿，各无反悔。恐口无凭，立约为证

　　立合同文约式张各执壹张为证用〔骑缝〕
　　中见人玉喜子十
　　李唐亮十
　　叶成泰十
　　傅德富十
　　孟荣书
　　大清光绪二十四年五月十三日立

岳世茂、岳世盛租地基约

　　原件长四十二公分宽四十六公分

　　复立租到地基文约人岳世茂、〔岳世〕盛，今因租到巴祯咸丰年间西包镇西阁路南地基壹段。东至张禄宝，东南角至岳姓，西至永合成，南至永合成，北至大路，随水路一条。四至分明，情愿出租与岳世茂、〔岳世〕盛名下，永远耕种为业。同中言定，现使过约钱式吊文整。其钱当交不欠。每年应出地租钱伍百文整。按春秋二季交纳，不许长支短欠，准退不准夺。嗣后出佃地亩，每亩增租钱多寡，由主自便。原租仍按伍百文交纳，日后倘有蒙民人争夺者，有巴祯一面承当。此系两出情愿，各无反悔。恐口无凭，立约为证用

　　立合同文约式张各执壹张为证用〔骑缝〕
　　计开
　　照批咸丰八年老约一宗，于光绪十七年叁月初五日，出佃

与卜鸿禧白地五亩，每年随带蒙古地谱钱叁佰文又于光绪二十四年五月十三日出佃与岳永升、〔岳〕金元宝白地叁亩六分五厘，每年随带蒙古地租钱八佰文

中见人玉喜子十

傅德富十

孟荣书

又于光绪二十年八月间，出佃与张旭白地壹亩五分，每年随带蒙古地租钱七佰文

计开日后准承种之家修盖铺面房屋、穿井、栽树

大清光绪二十四年五月二十日立

〔以后为契约封套处文字〕

岳世茂、〔岳世〕盛，内计租约一张，租钱　百

日后出佃地基多寡由蒙古长租，此租

约旧不用

西包镇西阁路南地基一块

仁义堂租地基约

原件长五十七公分宽四十六公分

立租永远地基文约人仁义堂，今租到富珠理地基壹块。系在包头关帝庙西南路南，东至李双喜，西至万长久，南至万长久，北至李慎兴、〔李〕富〔兴〕。大门出路通街。东南另有小院壹所。东至胡、底弍姓，西至万长久，南至俸子地水渠，由己出水自便。北至胡恒太、李双喜、方姓。两院四至各自分明，情愿租到自己名下，永远修理住〔占〕承业，地基内勿论何为等等，一切由己自便，永远毫无异说。同人言明，使过压地过

约钱伍千柒佰文。其钱笔下交清不欠。每年随带蒙古地谱　十现钱捌佰文整。地谱钱按春秋二季收纳。日后地谱钱不许长缩，亦不许长支短欠。日后倘有蒙民人等争碍者，有吃租人一面承当。两出情愿，各无反悔。恐口难凭，立合同约为证

大清光绪二十四年十二月初一日立

〔契中有骑缝文字，但无法辨识〕

中见人袁存娃十

公行甲头白亨十

要应观十

仁义堂是庆生店另起堂名

〔以后为契约封套处文字〕

关帝庙西南路南铺产一块

仁义堂，内计租约一张，租钱　百

光绪二十四年十二月初一日

此地基原租与仁义堂，是河西种地人庆生店要应观代办。现今庆生店开折出租，日后伊店要留，不让伊留，有袁存娃办事，卖主可凭在过伊店字号可应结也

陈荣租地约

原件长四十八公分宽四十七公分

立租到永远地水文约人陈荣，今租到富珠理西包镇南龙〔王〕庙前户口地壹块，计地叁亩有零。东至城墙，西至李姓，南至李姓，北至尹姓。四至分明，地内课树土木石明暗壹并相连，随带第柒天早大水壹厘五毫，以及水陆出路通行官渠大道并无阻隔等情，陈荣情愿租到。同中人言定，共作使过约地价，

现平宝银叁拾柒两五钱整。其银笔下交清不欠，随带蒙古地水租钱肆千贰百文整。按春秋二季交纳，不许长支短欠，亦不准长缩地租。嗣后栽树、穿井、起房盖屋、打池，壹切由主自便。嗣后倘有蒙民人等争碍者，有富珠理壹面承当。两出情愿，各无反悔。恐口无凭，立租到永远地水约为证用

  大清光绪贰拾肆年十二月十三日陈荣立十

  立合同约式㕣执壹张为证〔骑缝〕

  知见人张有成十

  樊光金十

  李连成十

  李连仲十

  〔以后为契约封套处文字〕

  租去南龙王庙前园地一块，三亩有零

  随带第七天早大水一厘五毫

  陈荣，乳名长命子内计租约一张租钱　千

  光绪二十四年十二月十三日

  李明之孙套朱子名下推来

城外截下旱地几亩，言白明李套朱子与咱地主退下，因河（漕）〔槽〕不能耕种，伊租约金推与陈长命子，旱地与长命子不干，亦不收租

贾升租空地基约

  原件长四十二公分宽四十六公分

  立租到永远空地基合同文约人贾升，今租到富珠理祖遗西包头前街路北向南空地基壹块。东至王姓，西至石姓，南至官

街大道，北至大道。四至分明，情愿租到自己名下永远住座、修理、栽树、穿井，一切设法生理，由主自便承业。水旱出路通行大道。异日修理仍照旧界，不准越（迹）〔界〕。同人言定，现使过押地现实足银壹佰五拾叁两（正）〔整〕。其银笔下交清不歉，每年应出地谱　十现成钱弍千文整。按春秋二季收使，不许长支短歉，亦不许长缩地谱。嗣后如有蒙民人争夺者，有富珠理一面承当。两出情愿，各无反悔，恐口难凭，立租到永远地基合同文约为证

　　光绪贰拾五年四月廿六日贾升立十
　　立合同文约式张各执壹张为凭〔骑缝〕
　　中见人闫福海十
　　王仲元十
　　张祯十
　　张子修书
　　巴云氏呈交　　巴云氏交
　　〔以后为契约封套处文字〕
　　西包头前街路北地基一长塅
　　贾升，内计租约一张，租钱　千
　　光绪二十五年四月廿六日
　　李泰山之子李佐清名下推来，乳名喜喜。此约之地于民国八年推与广义恒名下
　　巴云氏交

李上智、福义元出租空地基约

　　原件长四十八公分宽四十八公分

立租空地基合同文约人李上智、福义元，今将富珠理包镇西大街路南地基壹块，北截东西宽捌丈，南截东西宽玖丈五尺。两截共计地南北长贰拾捌丈五尺。东至复义兴，西至氏姓，南至复义兴，北至官街大路。四至分明，水陆出路向北通行，情愿租到我贰家公伙名下，永远修理、住占、从新改旧、穿井、栽植，一切经营由己方便生息为业。笔下与过伊压地过约银捌拾两整。每年自己应纳地铺钱肆千肆百文。按春秋二季交纳，不许长支短欠，亦不准长缩地铺。日后倘有蒙民人等争碍者，有收租人与己承（主）〔当〕。两出情愿，各无返悔，恐口难凭，立合同永远租地基文约为证

大清光绪式拾五年八月廿一日李上智、福义元公伙立十

合同约贰张各执壹张为凭〔骑缝〕

三义元

此约租给三十二家伙占

中见人任永祯十

王天泰十

梁养廉十

此地面积四亩一分五六二五

〔以后为契约封套处文字〕

西街西阁尔东路南地基一块，宽　丈，长　十三丈

福义元、李上智租钱　千　百

光绪廿五年八月廿一日租去

原租约王万金于道光廿三年已转租与胡财。又于同治初年胡财之后胡功，又推与升恒店□□，于同治十一年又推与恒盛堂之财东恒盛源，今出佃文约人□盛堂新恒盛源两家并列

二旦出租地约

原件长二十七公分宽二十九公分

立租地文约人二旦，将自己南黄草窊村土（昧）〔默〕地二块。上一块，东至焦姓，西至大路，南至焦姓，北至焦姓。下一块，东至焦姓，西至焦姓，南至焦姓，北至焦姓。二块八至分明，情愿出租与王（亢）〔章〕（明）〔名〕下，永远长租为妥，地内木石树水相连。同人言明，受过押地钱壹仟伍佰文整。每年随带蒙古地租钱四佰文整。按春秋二季交纳，不许长支短欠。恐口无凭，立合同约为证。日后倘有蒙民人等争夺者，有二旦地主人壹面承当

立合同约各执壹张〔骑缝〕

知见人王连贵十

张有成十

胡珍十

白金十

大清光绪二拾伍年十一月初九日立十

〔以后为契约封套处文字〕

南黄草窊村南地二块

王章，乳名五金子，内计租约一张，租钱　百

光绪廿五年十一月初九日

高兴邦租地约

原件长四十三公分宽四十六公分

立租到白地文约人高兴邦，今将富珠理祖遗西包镇（原）〔袁〕家沟西墚地壹块。南至张姓，北至界水沟，东至张姓小界水，西至沈姓。四至分明，计地伍亩有零。出路通行大道，情愿租到高兴邦名下，永远承守为业，安坟立墓均由自便。同中言明共作地价　十现钱壹仟五百文整。其钱笔下交清不欠。又每年随带地普钱　十现钱叁百文。按春秋两季交纳。不许长支短欠，亦不准长缩地普。日后如有蒙民人等争碍者，有收租人一面承当。两出情愿，永无反悔。恐口难凭，专立合同信约为证

大清光绪式拾五年十一月十七日高兴邦立十

公立合同文约式张各执壹张〔骑缝〕

中见人赵德福十

赵俊清十

赵元正十

同兴永张二全之子张五毛子推来

〔以后为契约封套处文字〕

袁家沟西墚坟地一块

高兴邦，每年地租钱　百

大清光绪二十五年十一月十七日立

同兴永张二全之子张五毛厮名下卜来

西北门西人巷住

沈魁租地约

原件长四十三公分宽四十六公分

立租到白地文约人沈魁，今将富珠理祖遗西包镇（原）

〔袁〕家沟西墚白地壹块，南至张姓，北至小界水沟，东至高姓，西至张姓。四至分明，计地壹亩有零。出路通行大道，情愿租到沈魁名下，永远承守为业，安坟立墓，均由自便。同中言明，共作地价　十现钱五百文整。其钱笔下交清不欠。又每年随带地普　十现钱壹佰五拾文。按春秋两季交纳，不许长支短欠，亦不准长缩地普。日后如有蒙民人等争碍者，有收租人一面承当。此系两出情愿，永无反悔。恐口难凭，专立合同信约为证

　　大清光绪式拾五年十一月十七日沈魁立十

　　公立合同文约式张各执壹张〔骑缝〕

　　中见人赵德福十

　　赵俊清十

　　赵元正代笔

〔以后为契约封套处文字〕

　　袁家沟西墚白地一块

　　沈魁，每年坟地租钱　百

　　光绪二十五年十一月十七日立

　　同兴永张二全之子张五毛厮名下卜来

　　西北门西人巷住，与高兴邦亲戚

　　彼时租约高某挪办写立

田生发租地基约

原件长二十八公分宽三十公分

立租到地基文约人田生发，今租到蒙古后厂汗测洛村旧院地基半所。东至社地，西至王姓，出路通在官路，南至田姓，

北至王姓。四至分明，内有场房半间，大小碌碡式，（果）〔有〕田生贵一半。同人言明，情愿租到自己名下，永远房盖屋、修理住座、栽树、穿井，均由自便承（首）〔守〕管业。同人言当日现收过押地钱叁千文。其钱当交不欠。又每年应收租钱壹佰文。其钱按春秋二季交纳，不准长支短欠。嗣后蒙民人等争碍者，有收租人一面承当。两出情愿，各无返悔。恐口无凭，立租永远约为证

　　立合同约二张各执一张〔骑缝〕

　　中见人康三岐十

　　李继茂十

　　田生富十

　　大清光绪二十五年十二月二十日二旦立

〔以后为契约封套处文字〕

　　后厂汗测洛村旧院地基半所田生发，内计租约一张，租钱壹百文

　　光绪二十五年十二月二十日立约

　　马补成回回转租来

　　彼一半院田旺典住未置

　　卜与王毛驴名下

赵芝耀租地约

原件长二十八公分宽二十九公分

　　立租地约人赵芝耀，今租到蒙古二旦今将自己祖遗后厂汗测落村东地壹块，东至王、田二姓，西至李姓，南至大路，北至大路。四至分明，情愿租到自己名下，永远耕种、（玘）

〔起〕房盖屋、栽树、穿井，一切均由自便承守管业。同人言明，现付过压地钱壹仟文。其钱笔下交清不欠。每年应纳地租钱壹佰伍拾文。按春秋二季交纳。不准长支短欠。嗣后倘有蒙古民人等争碍者，有收租人一面承当。两出情愿，各无返悔。恐口无凭，立约为证

大清光绪二十六年三月二十日立租地约十

立合同约二张各执一张〔骑缝〕

中见人冯万源十

吕存蛇十

李继茂十

韩夕金名下转租来

〔以后为契约封套处文字〕

后厂汗测落村东地一块

赵芝耀，内计租约一张，租钱　百

光绪二十六年三月廿日

张善德租地约

原件长二十八公分宽二十九公分

立租永远地合同文约人张善德，今租到富珠理祖遗西包镇东河村南地壹段。东至小南渠，南至本姓，西至何姓，北至官道。四至分明，出路通行大道，情愿租到自己名下，永远耕种承业。日后栽树、掘井、起高垫低，一切修理由己自便。同中人言明现（附）〔付〕过押地过约钱壹千文。每年应出地租钱壹千叁百文。按春秋二季交纳。不许长支短歉，亦不许加减地租。嗣后倘有蒙民人等争碍者，有收租人一力承当。两出情愿，

各无反悔，恐口难凭，专立此约为证用

　　计开另批地内浇灌使水仍按旧渠通行

　　光绪二十六年五月初七日张善德立十

　　立合同约式张各执壹张存照〔骑缝〕

　　中见人园行总甲刘

　　开成十

　　乔宾十

　　王本中书

　　〔以后为契约封套处文字〕

　　包镇东河（漕）〔槽〕畔路南地基一块

　　张善德，内计租约一张，租钱　千三

　　光绪二十六年五月初七日

　　原系短租，于本年佃与伊管业自便

李照林租地约

原件长四十七公分宽四十七公分

　　立租地文约人李照林，今租到蒙古二旦城户窑子村内舍基地半块。东至赵来富，西至吕姓，南至官道，北至赵姓。四至分明，同人言明永远修垒、盖宅、栽树、穿井，由己自便。同人言明，使过过约钱四千文。其钱笔下交清不欠。每年出地租钱壹百五拾文。按春秋二季交纳。不许长支短欠。日后有蒙古民人争夺者，有蒙古二旦一面承当。恐口无凭，立租地约为证用

　　大清光绪二十六年六月二十四日立约

　　立合同约为证用〔骑缝〕

知见人马和十

吕海十

赵来富十

〔以后为契约封套处文字〕

城户窑子村内屋地半块

庆生长住柜

李照林，内计租约一张，租钱　百

光绪二十六年六月廿四日

赵有佃来院子半所

杨清泰租房院园地约

原件长四十一公分宽四十七公分

　　立租到房院园地合同文约人杨清泰，今租到蒙古富珠理祖遗西包镇东门内道南地基壹块。东至园墙根为界，西至德盛泉，南至园墙根董姓为界，北至大道。四至分明，情愿租到自己名下，永远承守管业，修理住占、栽树、穿井、耕种浇灌，一切由己自便。同中人说合，言定现附过　十现钱式拾捌吊文整。其钱笔下交清不欠。又每年应纳地租　十现成钱伍千文。按春秋两季交纳。不许长支短欠，亦不准长缩地租。异日倘有蒙民人等争碍者，有蒙古地主壹面承当。此系情出两愿，永无翻悔。恐口无凭，专立租到永远房院园地合同文约为证

　　大清光绪式拾六年十二月初三日立

　　立合同约式张各执壹张〔骑缝〕

　　中见人刘明十

　　李荣十

王铁柱十

〔以后为契约封套处文字〕

西包镇东门内道南挨城墙园地一块

杨清泰，内计租约一张，租钱　千

光绪二十六年十二月初三日立

何荣枝之孙何士选名下卜来

此地内原租一张锹的水，退归咱承守

赵芝耀租地约

原件长四十二公分宽四十五公分

　　立永远租地文约人赵芝耀，今租到蒙古土默地后厂汗测洛村东南地壹块。计地式拾五亩上下有零。东至本主，西至王姓，南至齐姓，北至场畔。又有庙西南小地壹块。东至大路，西至田姓，南至天沟，北至天沟。共地两块，四至分明，情愿租到富珠理地两块，永远耕种、起房盖屋、修理住占、栽树、穿井，均由自便承业。同人言明，现出过压地钱肆仟文整。其钱当交不欠。每年应出地租钱壹百文整。按春秋二季交纳，不准长支短欠。嗣后倘有蒙古民人等争碍者，有收租人一面承当。两出情愿，各无反悔。恐口无凭，立约为证

大清光绪二十七年十二月初十日立

立合同约各执一约〔骑缝〕

中见人王义十

田生发十

张崇十

李继茂书

〔以后为契约封套处文字〕

后厂汗测洛村东南地壹块，计地廿五亩

赵芝耀，内计壹张，每年租钱　百

大清光绪廿七年十二月初十日立

刘祥租地基约

原件长四十二公分宽四十七公分

立租永远地基文约人刘祥，今租到巴祯臭水井村北梁地壹块。东至河（曹）〔槽〕，西至河（曹）〔槽〕，南至刘满，北至樊姓。四至分明，情（原）〔愿〕租到自己名下，永远耕种、穿井、栽树、修理承业，由己自便。同人言明，现使过押地钱肆仟文整。其钱当交不欠。每年随（代）〔带〕蒙古地租钱伍佰文。（案）〔按〕春秋二季交纳，不许长支短欠。日后如有蒙民人等争碍者，有巴祯壹面承当。情出两（原）〔愿〕，永无返悔。恐口无凭，立租永远地基文约为证用

大清光绪二十七年十二月十一日立

立合同弍纸各执壹张〔骑缝〕

中见人魏业开十

巴孝十

樊邦如十

代笔郭成山十

刘满租地基约

原件长四十一公分宽四十八公分

立租永远地基文约人刘满，今租到巴祯臭水井村北梁地壹块。东至河（曹）〔槽〕，西至河（曹）〔槽〕，南至樊姓，北至刘祥。四至分明，情（原）〔愿〕租到自己名下，永远耕种、穿井、栽树、修理承业，由己自便。同人言明，现使过押地钱肆仟文整。其钱当交不欠。每年随（代）〔带〕蒙古地租钱伍佰文。（案）〔按〕春秋二季交纳，不许长支短欠。日后如有蒙民人等争碍者，有巴祯壹面承当。情出两（原）〔愿〕，永无返悔。恐口无凭，立租永远地基文约为证用

大清光绪二十七年十二月十一日立

立合同式纸各执壹张〔骑缝〕

中见人魏业开十

巴孝十

樊邦如十

代笔郭成山十

柳明租地约

原件长四十二公分宽四十七公分

立租永远地约人柳明，今租到北院富老爷名下臭水井村北梁地壹块。系东西畛。东西俱至河（漕）〔槽〕，南北俱至樊姓。四至分明。情愿租到自己柳明名下，永远耕种承业。日后地内修理、安宅、挑渠打坝、穿井、栽树，一切由租地人自便。两出情愿，并无反悔。同人言明，现使过过租约钱叁千文整。其钱当交不欠。事后倘有蒙民人等争碍者，有蒙古富老爷一力承当。恐口无凭，立永远租地约为证用

计开每年所出地租钱六佰式拾五文，按春秋两季交纳

大清光绪二十八年腊月十九日立

立合同式纸各执壹纸〔骑缝〕

中见人二老明十

任九明十

庞式猷书笔

〔以后为契约封套处文字〕

臭水井村北梁地一块

柳明，内计约一张，每年地租钱　百

大清光绪廿八年十二月十九日立

从吕声茂佃来

张世厚租屋地基约

原件长四十七公分宽四十八公分

立租永远屋地基约人张世厚，今租到蒙古富兴祖遗南圪洞四道巷路北地基壹块。计地宽五丈三尺，南北长八丈五尺。东至双就成，西至张翮出路，南至大路，北至张翮。水陆出路通行大路。四至分明，情愿租到自己名下修盖、住占管业，一切由己自便。同中言明现（附）〔付〕过约九十现钱贰拾千文整。每年应出地租九十现钱壹千壹百文。按春秋两季交纳，不许长支短欠，亦不许长缩地普。日后倘有蒙古人等争夺者，有富兴一面承当。此系两出情愿，各无反悔。恐口难凭，立永远租屋地基约为证

大清光绪二十八年十一月廿八日张世厚立十

立合同约式张各执壹张〔骑缝〕

中见人郭应富十

王元忠十

杨万山十

刘效儒书

〔以后为契约封套处文字〕

南圪洞四道巷路北地基一块

张世厚，内计约一张，租钱　千一

大清光绪廿八年十一月廿八日立

此约卜与赵秉亨名下

许存柱之后佃来的

家口院在四道巷东顷路北

张翃门前出路东边就是

贺存长租地约

原件长四十一公分宽四十六公分

　　立租永远地约人贺存长，今租到蒙古富兴名下宿亥沟门道北西梁地壹块。计开四至，东至水渠，西至河（漕）〔槽〕，南至大道，北至李姓。四至分明，情愿租到富兴名下永远耕种为业。地内日后起房盖屋、修理、挑渠打坝、做场、穿井、（哉）〔栽〕树，一切其由租地人自便。同人言明，使过押地钱陆仟文整。其钱当日交清不欠。又每年随代蒙古地租钱式百文整。按春秋二季交纳。不许长支短欠。两出情愿，并无异说，永无返悔。日后倘有蒙民人争夺者，有地主人蒙古富兴一面承当。恐口无凭，立永远合同约为证

　　大清光绪二十八年十二月廿日立永远合同约为证

　　立合同文约各执壹张〔骑缝〕

中见人赵月唤十

贺禄十

贺祯十

樊邦玉十

方埋明十

臭水井方永富名下拨来

〔以后为契约封套处文字〕

宿亥沟门道北西梁地一块

贺存长，乳名五大肚，内计约一张，租钱　千二

大清光绪廿八年十二月廿日立

臭水井方姓佃来的

方永富

贾清顺租地基约

原件长五十二公分宽五十三公分

复立租到永远地基合同文约人贾清顺，情因先人贾兴业于道光十一年租到哈力牙西通关村北白地一块，被年深日久迷失，未收地租钱。自道光十一年至今除收到地租下卅余年未收地租。今同中人言明（撒）〔彻〕底算清，毫无遗漏。共作累租银钱伍两。于今重立新约，将此地基一块，计三尖地式拾亩。东至大路，西至薛姓，南至河（漕）〔槽〕大路，北至张姓。四至分明，今情愿从富兴名下租到永远耕种为业，起房盖屋、栽树、穿井，一切由其自便。同中言定，现使过过约银五两整。连累租银五两整，二宗共银十两整。其银笔下交清不欠。每年随纳地租十现钱式佰伍拾文。按春秋两季交纳，不许长支短欠，亦

不许长缩地租。异日倘有蒙民人等争碍者，有蒙古地主人一面承当。此系情出两愿，各无反悔。恐口无凭，专立新合同约永远地基文约为证，旧约以为故纸，不用

　　立新合同文约弍张各执一纸〔骑缝〕

　　大清光绪廿九年四月初九日亲自立

　　中见人刘步财十

　　乔夺魁十

　　贺恒十

　　异日若有变动，当看咱存原写与贾姓合同租约批语，便明前事

　　〔以后为契约封套处文字〕

　　通关村北白地一块

　　内计旧新〔约〕弍张

　　贾清顺，租钱弍佰文

　　约边上另有批写

　　大清光绪廿九年四月初九日重立新约

高明玉租地约

原件长五十七公分宽五十七公分

　　立租永远地文约人高明玉，今租到富珠理毫赖沟门村东熟茬地壹块。东至贺老大沟，西至河（漕）〔槽〕，南至郭姓，北至贺姓，四至分明，情愿租（已）〔与〕高明玉名下，永远耕种承管为业。同中人言定，现使过押地　十钱柒仟五佰文整。其钱笔下交清不欠。每年应出地租钱壹仟四佰文。以按春秋两季交纳，亦不准长（迭）〔跌〕地租。嗣后起盖、（擒）〔立〕

坟、栽植、穿井、生理生利，由其自（辨）〔便〕。情出两愿，永无返悔。恐口无凭，倘有蒙民人等争碍者，有蒙主壹面承当。专立永远合同为证

　　大清光绪二十九年四月十七日立约

　　立合同约贰张各执壹张〔骑缝〕

　　中见人张生财十

　　王文富十

　　高明喜十

　　卜云元十

　　〔以后为契约封套处文字〕

　　毫赖沟门村东熟茬地一块

　　高明玉，在臭水井住，租钱壹千四百文

　　光绪廿九年四月十七日立

　　李如玉名下租来

许三毛租地基约

　　原件长四十一公分宽四十六公分

　　立租地基约人许三毛，今租到蒙古富兴祖遗毫赖沟门村东南白地，东西畔，计地壹块。东至沙河，西至河边，南至郭姓，北至高姓。四至分明，情愿租到自己名下永远耕种，地内栽树、打井、挑渠、打坝、安坟，由自己便。同人言明，现付过过约十现钱叁千文。其钱当日交清不欠。日后倘有蒙古民人争夺者，有富兴一面承当。此系两出情愿，各无翻悔。恐口无凭，立租地约为证

　　大清光绪二十九年十一月二十一日立

合同约人〔骑缝〕

计开每年应纳地租　十现钱伍佰文

知见人鄙裕起十

赵如升十

赵题华十

〔以后为契约封套处文字〕

毫赖沟门村东南地壹块

许三毛，内计约一张，地租钱五百文

光绪二十九年十一月廿一日立

从郭永千卜来，郭起仓之子郭永千

赵恒租地约

原件长四十公分宽四十六公分

立租到永远地文约〔人〕赵恒，今租到蒙古富珠理祖遗后厂汗测涝村东北地壹块。东至无沟，西至赵姓，南至康姓，北至刘姓。西一块，东至赵姓，西至置主，南至康姓，北至赵、刘二姓。四至分明，情愿租到自己名下，永远耕种，一切由其自便，承守管业。同人言明，当日现付过压地钱伍千二百文整。其钱笔下当交清不欠。言明每年应纳地租钱捌百文。按春秋二季交纳。不准长支短欠。嗣后倘有蒙古民人等〔争〕碍者，有收租人一面承当。两出情愿，各无反悔。恐口无凭，立永远约为证

大清光绪二十九年十一月二十八日立

立合同约弍张各执一张〔骑缝〕

中见人武德明十

田生发十

李继茂书

〔以后为契约封套处文字〕

后厂汗测涝村东北地壹块、南壹块

又钱　百

赵恒，内计约二张，每年租钱八百文

大清光绪廿九年十一月廿八日立

从赵攀柱乳名闰小子卜来

伊祖父赵顶财，后石湾住

赵恒租地基约

原件长四十公分宽四十六公分

立租到永远地基文约人赵恒，今租到蒙古富兴祖遗后厂汗测涝村东北土默地壹块。东至本主，西至康姓，南至康姓，北至刘姓。又有门前地壹块，东至墙外张姓，西至社墙，南至墙外王姓，北至大道田姓。各四至分明，情愿租到自己名下，永远耕种修理、住座、栽树、穿井，均由自便承业。同人言明，现付过压地钱叁千伍百文。当交不欠。言明每年应纳地租钱四百文。按春秋二季交纳。不准长支短欠。日后倘有蒙古民人争碍者，有收租人一面承当。两出情愿，各无返悔。恐口无凭，立租到永远地基文约为证

大清光绪二十九年十二月十九日赵恒立十

立合同约式张各执壹张〔骑缝〕

中见人郝存善十

赵宽十

李继茂十

另批有刘聚福门前地壹亩，业已赵恒出过地价，念伊再无地亩立场，情愿让与长占。日后赵姓出售，与刘姓毫无干涉。在外有伊榆树两苗，以批为据

郭九成租房院地基约

原件长四十二公分宽四十七公分

立租房院地基合约人郭九成，因侯毛驴该欠自己债项未还，后伊居家（物）〔屋〕故，伊叔弟侯升因其尸灵未葬，又欠蒙古地普累有十余年无出，侯升无奈找向自己哀说，自己重又帮助葬柩资费前后共钱式百吊。侯升情愿将其叔弟侯毛驴遗留包镇南圪洞十字街东北，坐北向南居院地基壹块，出佃与自己承业，佃价抵清欠自己之债。今蒙古富兴亦情愿出租与自己永远修理、住占承业，现出押地地普　十现钱壹拾伍仟文，清交不欠。嗣后每年应出地普十现钱伍百文。春秋交纳。不准长支短欠。此地基内日后栽树、挖井、修理、起盖，上下土木石相连，一应任由自己自便。均出情愿，各无翻悔。恐后无凭，专立此合约为证。倘后出有蒙民人等争狡者，有蒙古富兴一面承当。立此合约为后证用

内计此地基东至张翱出路西界，北至张翱，西南均至官街大道，分明

光绪三十年十二月廿一日郭九成立十

合同约式张各执壹张〔骑缝〕

说合中证人高保汗十

张礼太十

牛三锁十

范德俊十

张守田〔画押〕

赵四十

〔以后为契约封套处文字〕

南圪洞四道巷内十字街东北地基一块

郭九成，内计租约一张，租钱　百

此地基于民国廿九年卜与侯孔山名下

光绪三十年十二月廿一日

侯耀先之产俱家物故旧，欠郭胜债项未还，今有伊侄子侯申立约出佃还债

赵恒租地基约

原件长四十二公分宽四十六公分

立租永远地基合同文约人赵恒，今租到蒙古富兴今将自己祖遗后厂汗测涝村东地一块，东至本主，西至奉主，南至本主，北至刘姓。东一块，东至天沟，西至本主，南至天沟，北至天沟。又村东地一块，东至冯姓，西至本主，南至大道，北至天沟。又村东地一块，东至李姓，西至赵姓，南至赵姓，北至康姓。各四至分明，情愿租到自己名下，永远承守管业、耕种、起房盖屋、栽树、挖井，一切由其自便。同中人言定，过约钱叁仟伍百文。其钱笔下交清不欠。每年应纳地租钱三百九十八文，按春秋两季交纳。不许长支短欠，亦不许长缩地租。异日倘有蒙古民人等争夺者，有地主人一力承当。此系两出情愿，各无翻悔。恐口无凭，立租永远合同地基文约为证

大清光绪三十一年二月二十五日立永远合同约十

立合同约式张各执壹张〔骑缝〕

中见人赵宽十

张三罗十

田生发十

李继茂书

〔以后为契约封套处文字〕

后厂汗测涝村东地一块

赵（亨）〔恒〕，内计约一张，租钱　百

大清光绪三十一年二月廿五日立

从赵三牛名下卜来

赵宽租地约

原件长四十公分宽四十七公分

立租永远地文约人赵宽，今租到后厂汗侧涝村东地一块。东至本主，西至张姓，南至大道，北至大道，四至分明。今租到蒙古富兴地一块，同人言明现收过压地钱壹仟伍百文整。其钱笔下交清不欠。每年随带蒙古租钱捌百文。按春秋二季交纳。不准长支短欠。嗣后倘有蒙民人等争夺者，有地主人一面承当。两出情愿，永无返悔。恐口无凭，立约为证用

大清光绪三十一年九月二十五日立

立合同约式张各执壹张〔骑缝〕

中见人吕海亮十

张三罗十

王二拉莫十

田生发十

李继茂书

〔以后为契约封套处文字〕

后厂汗侧涝村东地一块

赵宽，内计约一张，租钱八百文

光绪三十一年九月二十五日立

李立胜卜来

智晋升租地约

原件长四十一公分宽四十七公分

立租到永远地基文约人智晋升，情因自己应分到祖遗永合成原佃到西包镇村内西南地壹段，系东西畛。与智晋侯各分一半，自己分到南边，又分到西门内南边水地壹段。地堰大小不等，前经均有佃约合同。今因分披惟恐后有不测之事，同众言明，以与蒙古重立新租约，旧约存后照用。念在世交押地钱多寡不提，任己自送。嗣后倘遇出售租钱按以亩分过拨，如在智姓之手，原照永合成旧约办理租钱，照原折收使。倘有蒙民亲族人等争夺者，有章拉芬一面承当。此系情出两愿，永无返悔。恐后无凭，立租永远地基合同文约为证

大清光绪三十一年九月二十九日立

合同约弍张各执壹帋〔骑缝〕

中见人智晋序〔画押〕

蒙古把福成十

刘福元十

〔以后为契约封套处文字〕

智晋升，内计约二张租钱

光绪三十一年九月二十九日

智晋侯租地基约

原件长四十一公分宽四十七公分

　　立租到永远地基文约人智晋侯，情因自己应分到祖遗永合成原佃到西包镇村内西南地壹段。系东西畛。与智晋升各分一半，自己分到北边，又分到城外西南地壹段。地堰大小不等，前经均有佃约合同。今因分披惟恐后有不测之事，同众言明与蒙古重立新租约，旧约存后照用。念在世交押地钱多寡不提，任己自送。嗣后倘售租钱按以亩分过拨，如在智姓之手，原照永合成旧约办理租钱，照原折收使。倘有蒙民亲族人等争夺者，有章拉芬一面承当。此系情出两愿，永无反悔。恐后无凭，立租永远地基合同文约为证

　　大清光绪三十一年九月二十九日立

　　合同约式张各执壹帋〔骑缝〕

　　中见人智晋序〔画押〕

　　蒙古巴福成十

　　刘福元十

田玉红租地约

原件长四十公分宽四十五公分

　　立租到地永远文约人田玉红，今愿租到后厂汗侧落村东南蒙古二旦土默户口地壹块。东至天沟，南至齐姓，西至赵姓，

北至赵姓。四至分明，同人言明，当日使过押地钱柒百文。其钱笔下交清，每年随代蒙古地租钱八十文，其钱按春秋二季交纳。不准长支短欠，倘日后地内修垒、百样翻地成金，由耕种地人自便，与地主人无干。所有官差拜礼，按九亩（滩）〔摊〕三亩者。日后有蒙古民人族内人等争夺者，（却）〔都〕有地主人二旦一力承当。恐口无凭，两出情愿，因立租地约为证

大清光绪三十一年十一月初五日立

立合同约为证各执壹张〔骑缝〕

中见人王荣十

赵恒十

王富仓十

〔以后为契约封套处文字〕

后厂汗侧落村东南地一块

田玉（宏）〔红〕，内计约一张，租钱　十

光绪三十一年十一月初五日立

由王生应名下卜来

赵四铙租地约

原件长四十二公分宽四十六公分

立租到永远土默地合同文约人赵四铙，今租到蒙古富兴祖遗后厂汗侧涝村东地壹块。东至赵姓，西至田姓，南至田姓，北至大道。四（自）〔至〕分明，情愿租与赵四铙名下，永远耕种承业。同人言明，现出过压地钱壹仟五百文整。其钱当交不欠。言明每年应出地租钱壹仟一百文。按春秋两季交纳。不准长支短欠。嗣后倘有蒙古民人等争碍者，有地租人一面承当。

两出情愿，各无返悔。恐口无凭，立约为证存照用

大清光绪卅一年十二月十三日立

合同文约各执壹张〔骑缝〕

中见人史贞十

三罗子十

老猫十

〔以后为契约封套处文字〕

后厂（漠）〔汗〕〔侧〕涝村东地壹块

赵四铙，内计约一张，每年应交地租钱　百文

大清光绪卅一年十二月十三日立

从张德名下卜来

赵宽租熟茬地约

原件长二十八公分宽三十公分

立租到永远〔熟〕茬地文约人赵宽，今将自己原租到后厂汗侧涝村东地壹块。东至本主，西至天沟，南至田姓，北至大道。四至分明，栽树、穿井，情愿富兴出租地为约。同人说合使过压地钱壹千文整。其钱笔下交〔清〕不欠。每年出租钱五百文。按春秋二季交纳。不许长支短欠。嗣后有蒙民人争夺者，有地主人一力承当。两出情愿，各无返悔。恐口无凭，立约为证用

大清光绪卅二年正月廿八日立约

立合同约式张各执一张〔骑缝〕

中见人张满堂十

司二旺十

〔以后为契约封套处文字〕

后厂汗侧涝村东地壹块

赵宽，伊父〔赵〕芝耀，内计约一张，租钱五佰文

大清光绪三十二年正月廿八日

田小亭租屋地基约

原件长四十公分宽四十六公分

立租到永远合同屋地基文约人田小亭，今租到南圪洞东四道巷路北地基壹块，计地东西宽五丈三尺，南北长八丈五尺，东至双九成，西至张翙，出路南至大道，北至张翙。四至分明，水陆出路通行大道。情愿租到富兴名下，屋地基永远修盖住占管业，一切由己自便。同中言明，现使过约银贰拾两，每年应收地租钱壹千壹百文整。按春秋二季收使，不许长支短欠，亦不许长缩地租。日后倘有短欠，两出情愿，各无翻悔。恐口难凭，专立租到永远合同屋地基文约为证据

光绪三十二年二月二十六日田小亭立

合同文约二纸各执壹张〔骑缝〕

中见人翟鸣山〔画押〕

田润十

安兴山书

〔以后为契约封套处文字〕

南圪洞东四道巷路北地基地〔壹〕块

田小亭，内计约一张，租钱　千一

光绪三十二年二月廿六日立

从张老原名下佃来

张玉福租地约

原件长四十二公分宽四十五公分

　　立〔租〕到永远租地文约人张玉福，今租到蒙古富兴祖遗梁家营村南同官交界地壹块。计地六拾五亩。东至郭姓，北至张广亮，西至张广贤，南至薛姓。四至分明，内有两姓坟地五亩与张玉福无干。另有租约为据。下余情愿租到自己名下永远耕种为业。同人言明，现使过　十现钱押地钱伍仟文，其钱笔下交清。每年应出　十现钱地租钱伍佰文。（案）〔按〕春秋式季交纳。不许长支短欠。日后地内修理、看坟、（川）〔穿〕井、栽树，一应由种地人自便。日后有蒙古民人等争夺者，有地主人一面承当。恐口难凭，立永远租地约为证

　　大清光绪叁拾式年十二月初四日立

　　合同文约各壹张〔骑缝〕

　　中见人贾清顺十

　　张广贤十

　　武二和十

　　代笔张广亮十

　　〔以后为契约封套处文字〕

　　梁家营村南地一块

　　张玉福，内计约一张，每年租钱　百

　　光绪三十二年十二月初四日立

　　从张光礼名下买来

王安俊租地基约

原件长四十一公分宽四十七公分

　　立租地基文约人王安俊，今租到富兴祖遗毫赖沟门村东路北东前坡西壹半地基一块，计地壹拾弍亩有零。东至赵姓，西至河（漕）〔槽〕畔马姓，南至大路，北至山顶分水。四至分明，情愿租到自己名下，永远安茔、耕种、承业、穿井、栽树、建盖居住，上至清天下至涌泉，一切由己自便。同中人言明，现使过过约钱弍千五佰文整，其钱笔下交清不欠。每年随带地租钱肆佰弍拾文。按春秋二季交纳，不许长支短欠，亦不许长缩地租。嗣后倘有户内蒙民人等争夺者，有收租人一面承当。此系两出情愿，永无翻〔悔〕。恐口无凭，立租地基文约为证用

　　另每年加地租钱捌拾文整

　　大清光绪三十二年十二月十五日立

　　立合同文约弍张各执壹张〔骑缝〕

　　中见人贺禄十

　　赵五娃子十

　　刘峰山十书

　　〔以后为契约封套处文字〕

　　毫赖沟门村东路北东前坡西壹半地基一块

　　王安俊，内计约一张，每年租钱　百

　　光绪卅二年十二月十五日立

　　系买赵喜安之子红罗子

　　原钱到地基

　　大概此地作坟

李双宝租地基约

原件长四十二公分宽四十六公分

立租到永远地基合同文约人李双宝厮,今租到蒙古富兴祖遗后厂汗测涝村东地一段,东至赵姓,西至王姓,南至大路,北至赵姓。四至分明,情愿租到自己名下永远耕种,起房盖屋,栽树、挖井,一切由其自便。同中人言定,过约钱五百文,其钱笔下交清不欠。每年应纳地租钱叁百文,按春秋两交,不许长支短欠,亦不许长缩地租。异日倘有蒙古民人等争夺者,有地主人一面承当。此系两出情愿,各无翻悔。恐口无凭,立租永远合同地基文约为证

大清光绪三十三年二月二十日立

立合同约二张各执一张〔骑缝〕

知见人吕荣十

张富十

田玉发十

〔以后为契约封套处文字〕

后厂汗测涝村东地一块　十己亩

李双宝,租去,地租钱叁百文

光绪三十三年二月二十日立

系向张存之后父珠租来

因过约钱少,令伊给米弍斗

李板仁应无为证

武占鳌租大水约

原件长四十二公分宽四十三公分

立租永远大水合同约人武占鳌，今租到土默特旗蒙古富老爷东河（漕）〔槽〕必气沟第八天轮流大水贰厘。同人言明，情愿租到自己名下管业，承受轮流灌溉、挑渠打坝，一切由己自办，此契向陈元喜以水换水，过约银陈姓带过，多寡不论，执约承产，于过无涉。言明每年应出水租 十现成钱叁仟文，按春秋弍季交完，不准长支短欠。（又）〔不〕（难）〔准〕长（迭）〔跌〕水租，水渠通行官渠到地。若有蒙民人等争端者，有承主人一面承当。此系两出情愿，永不返（拆）〔悔〕。恐后难凭，同立永远租到大水合同约为证

立合（同）两张各执壹张〔骑缝〕

大清光绪三十三年八月廿七日

武占鳌立十

此产原在巴俊名下调错

三十二年十二月廿一日陈元喜佃与

武姓十三年八月间调正

知见李尚文十

牛光十

石有贵十

张有成十

园行甲头郭九成十

翟凤翱〔画押〕

陈元喜租大水约

原件长四十二公分宽四十二公分

立租到永远大水合同约人陈元喜，兹因光绪十六年蒙古富老爷水租错过成地租，待至光绪卅三年因错起讼，当堂断给。又央请中人说合，改换新过租水约。至此，从立园行第八天大水贰厘，轮流浇灌。此水转卖与武占鳌名下管业。中人说合，由已惧错，连武姓（从）〔重〕换新过蒙租约，共作押水租银肆拾两整，至今改正并无差错。所有富老爷失迷地约合同，嗣后此地约出来以为故纸，勿论。若有别人见出此约，有富老爷一面承当，已存地约（妇）〔归〕与富老爷存放，此地向蒙古巴俊对换过租约，承主另立新合同为似。至此各出情愿并不返（拆）〔悔〕。同人言明，每年应纳水租钱叁千文。按春秋贰季缴纳，不许长支短欠，亦不准长（迭）〔跌〕水租。恐后不凭，专立永远合约为证

立〔合〕同两张各执壹张〔骑缝〕

光绪三十三年八月二十七日陈元喜立十

知见〔人〕牛光十

石有贵十

张有成十

园行甲头郭九成十

翟鸣山十

赵题荣租地约

原件长四十公分宽四十六公分

立租到永远地约人赵题荣，今租到蒙古富兴祖遗壕赖沟门村东（籽）〔芝〕麻沟门口路北户口地壹块，东至水渠，西至郭姓，南至大路，北至孟、郭两姓。四至分明，情愿租到自己名下，永远耕种承业，由自己便。同人言明，现使过过租钱壹仟文，其钱收清不欠。每年应出地谱钱陆百文，春秋收纳，不许长支短欠。如有蒙民人等争夺者，有收租人一面承当。两出情愿，恐口无凭，立租约为证用

大清光绪三拾三年十二月廿二日立

立合同约□两纸各执壹张〔骑缝〕

知见人柳亮十

赵起手十

赵题华十

〔以后为契约封套处文字〕

亮〔壕〕赖沟门村东籽麻沟门口路北地一块

赵题荣每年租钱陆百文

光绪三十三年二月二十二日立

此地系从叔父赵存宽之子赵题高卜来

赵宽租地约

原件长四十一公分宽四十七公分

立租到永远地文约人赵宽，今租到富兴名下祖遗到后厂汉鸳涝村东南白地壹段。东北至本主赵宽，西南至王姓，西北至大道本主，东南至祁姓。四至分明，情愿出与赵宽名下永远耕种承业。同中言明，现使过过约押地 十现成钱柒仟文整，其钱笔下交清分文不欠。每年随带地租市钱叁百文。按春秋二季

交纳，亦不准长支短欠，长（迭）〔跌〕地租。地内水归旧路，出入通行大道，栽树穿井，阴阳两地由承主自便。嗣后倘有蒙古民人争碍者，有蒙古富兴承当。此系两出情愿，各无返悔。恐口难凭，立出租永地文约为证用

  知见人张满堂十

  甲头吴德明十

  公立合同约式张各执壹张为证用〔骑缝〕

  冯万产十

  代笔人戴承业书

  大清光绪三十四年二月十弍日立

〔以后为契约封套处文字〕

  后厂汉鸯涝村东南地一块

  赵宽租去地谱钱叁佰文

  光绪三十四年二月十弍日立

从张自恭之子马驹名下拨来，原系王姓，地租钱一百已今加租钱叁百文

金元宝租地基约

原件长四十二公分宽四十六公分

  立租地基文约人金元宝，今租到巴祯祖遗到西包头西阁路南熟茬地壹段，东西宽弍丈六尺，南北长弍拾八丈四尺。东至本主，西至岳世茂、〔岳世〕盛，南至岳世茂、〔岳世〕盛，北至大道。四至分明，情愿租与金元宝名下，永远修垒住占、栽树、（屋）〔挖〕井、设立生理，由岳姓自便。地内水路出路通行大道。同中人言明，现使过约钱伍仟文整。其钱笔下交清不

欠。言明每年随带地租　十现钱叁佰伍拾文整。按春秋二季交纳，不许长支短欠，许退不许夺。嗣后倘有蒙民人等争夺者，有巴祯一面承当。此系两出情愿，各无反悔。恐口无凭，立约为证

　　大清光绪三十一年二月十七日立
　　立同约式张各执壹张为证用〔骑缝〕
　　中见人任富兴十
　　支成厮十
　　高指升代笔十

潘鹤租坟地约

　　原件长四十公分宽四十七公分

　　立租到永远坟地文约人潘鹤，今因租到玉皇庙东梁袁家沟西大梁顶地壹块。计地式亩，东西阔壹拾丈，南北长壹拾式丈，东至张姓，西至张姓，北至张姓，南至沟。四至分明，情愿租到自己名下永远坟地为业。同中言明，当日出过约钱壹仟文整，其钱交清。日后倘有地基改便，修茔、立石、坎碑、栽树，由其自便。出路水路通行，张姓地内通行大道，每年应出地租钱壹百文。嗣后倘有蒙民人等争夺者，有蒙古一面承当。此系两相情愿，各无反悔。恐口无凭，立约为证

　　立合同约式张各执壹张为证〔骑缝〕
　　中见人白秃达子十
　　武职升十
　　李生华十
　　大清光绪叁拾四年三月十九日潘鹤立十

〔以后为契约封套处文字〕
袁家沟西大梁顶坟地一块式亩
潘鹤每年坟租钱壹百文
光绪三十四三月廿日立
从张大全侄子张五毛子名下拨来

张有德租地约

原件长五十公分宽五十公分

立租地约人张有德，今租到臭水井村北梁地壹块，系东西畛，东至河（漕）〔槽〕，西至河（漕）〔槽〕，南至樊姓，北至本主。四至分明，计地壹块，租到张有德名下耕种为业。日后地内栽树、穿井、挑渠、打坝、修造、安茔，一切由租地人自便。同人言明，现使过过约钱式仟伍百文整，其钱笔下交（青）〔清〕不欠。每年出地租四百伍拾文，春秋两季交纳，不许长支短欠。日后倘有蒙古人等争（砖）〔碍〕者，有富老爷一面承当。恐口无凭，立租地约为（正）〔证〕

大清光绪叁拾四年腊月初四日立
中见人任九明十
赵好收十
樊六保十
赵换小十
庞嘉宏书笔
〔以后为契约封套处文字〕
臭水井村北梁地一块
张有德，内计约一张，租钱　百

光绪三十四腊月初四日立

此地之主人已绝门，已将地出佃于斛元德名下

樊士望名下拨来地一半，租钱随一半

白受爵租空地基约

原件长四十公分宽四十公分

立租到永远合同空地基文约人白受爵，今租到富兴自己祖遗到西包头城里永合成地东畔坐西向东，此地基东西宽壹拾丈，南北长壹拾弍丈。计地弍亩。东至官街大道中，西至原主，南至元姓〔亢？〕，北至原主。四至分明，出路水路通行官街大道，白受爵情愿租到富兴名下，永远承守管业、修理住占、起房盖屋、穿凿、栽树、（旦）〔掘〕井、生利，一切经营由其自便。同中言定现使过过约九十现钱叁吊文。其钱笔下交清不欠。每年应出地租九十现钱肆百文。按春秋二季收使。不许长支短歉，永不准长缩地租〔钱〕。嗣后倘有蒙古民人争夺者，由我富兴一力承当。此系情出两愿，各无翻悔。恐口难凭，立租到永远合同空地基文约为证

大清宣统四年四月廿五日白受爵立十

立合同文约弍张各执壹张〔骑缝〕

中见人赵栋十

张参翼十

陈中魁十

徐茂十

姜纛鹏租空地约

原件长四十公分宽四十公分

立租到空地永远合同约人姜纛鹏，今租到西包镇土默特蒙古富老爷祖遗到荣寿街巷东路西空地基壹块。东至大道，西至姜姓，南至姜姓，北至大道。四至分明。东西宽壹拾叁丈五尺，南北长壹拾壹丈，水旱出路向东南通行大道。情愿租到自己名下，管业承（主）〔住〕修理房屋楼厦起高垫（底）〔低〕，壹（窃）〔切〕由己自办。同中言明现出过押地现平银伍两，其银交足不欠。每年应纳蒙（租）〔古〕地租钱九十现成钱陆百文。按春秋弍季完纳。不准长支短欠，又难长（迭）〔跌〕地租。若有蒙古民人等争碍者，有蒙古一面承当。此系情出两愿，各无反悔。恐后不凭，今立此租到空地基永远合同约为证

立合同贰张各执壹张〔骑缝〕

宣统元年九月弍拾壹日姜纛鹏立

知见贺长命十

李尚文十

翟鸣山书

禄珍堂租地基约

原件长五十公分宽四十九公分

立租永远地基文约人禄珍堂，今租到富兴名下西包镇圪料街坐东南向西北地基壹块，原门面五间，东至永盛祥店康、郭二姓地界，西南至存贵店刘姓地界，北至官街。四至分明，同

人言明现付过约钱式拾千文。当日交清。每年地谱钱壹千五佰文。按春秋二季交纳。不许支欠，永无增长。倘有蒙民人等争夺者，有富兴一面承当。嗣后拆盖修理，由己自便。两出情愿，各无反悔。恐口难凭，立租永远地基合同约存证

宣统元年六月初六日立

立合同约为证各执壹纸〔骑缝〕

中见人高魁十

刘明娃十

闫绍德十

〔以后为契约封套处文字〕

车市圪料街

就是王有珍家

禄珍堂每年地租钱　千

宣统元年

于民国廿八年间卜与王运发名下

李茂租地基约

原件长四十公分宽四十九公分

立租到永远地基合同文约人李茂，今租到蒙古富兴城户窑子村内坐北向南大门房院地基壹块。东至吕海（强）〔墙〕根，西至吕福（强）〔墙〕根，南至出路通行大道，北至村路。四至分明，同人言明，情愿租到李茂名下永远承守住占，异日修垒、盖宅、栽树、掘井、起高垫（摭）〔低〕、出路通行，一应由己自便。同人言明，现使过压地基钱九仟文整。其钱当交不欠。每年随带蒙古地租钱贰百文整。按春秋两〔季〕交。嗣后

倘有蒙民人等〔争〕夺者，有蒙古富兴一面承当。言明两出情愿，各无反悔，恐口无凭，立租到永远地基约为证用

大清宣统元年十二月十八日立合同约

立合同约为证用〔骑缝〕

知见人李锦荣十

吕海十

张荣十

马势俊十

〔以后为契约封套处文字〕

城户窑子村内地一块

李茂，内计约一张，每年租钱　百

宣统元年十二月十九日

此地系从吕七小子卜来，后欠二百，租钱　百，系从吕七小子下卜来　十，系从吕海名下卜来

郝金库租地基约

原件长四十八公分宽五十公分

立租到永远地基文约人郝金库，今租到南圪洞荣寿街路东地基壹块。东至魏姓，西至官街，南至大路，北至任姓。四至分明，今情愿租到自己名下永远承守管业，（圮）〔起〕房盖屋，一切由其自便。同中人说合，现使过过约钱贰拾千文整。其钱当交不欠，言明每年出地租玖拾现钱捌佰文。按春秋贰季交还，不准长支短欠。嗣后倘有蒙古民人争夺者，有富兴一面承当。两出情愿，各无返悔。恐口无凭，立租永远合同地基约为证用

大清宣统贰年正月贰拾陆日郝金库立约十

立合同贰张各执壹纸〔骑缝〕

中见人阎大永十

吴正财十

玉马厮十

〔以后为契约封套处文字〕

南圪洞

郝金库每年地租钱　百

宣统二年正月廿二日

王作兴租地基约

原件长四十公分宽四十七公分

　　立租地基文约人王作兴，今租到富兴祖遗陈户窑村东壕地壹段，系南北长叁拾步，东西阔弍拾四步。东西南俱至吕明，北至李三白。四至分明，计地叁亩，租到自己名下，永远耕种埋坟为业，由其自便。同中言定，出过约钱　十现钱壹千五百文，其钱笔下交清不欠。每年应交地租钱壹佰文。按春秋两季交纳，不许长支短欠。倘有蒙古民人争夺者，有地主一面承当。两出情愿，永无反悔，恐口难凭，立租地基合同文约为证

大清宣统弍年弍月初八日立

立合同文约弍张各执壹张永远存照〔骑缝〕

中见人梁永义十

刘二十

彭长茂十

〔以后为契约封套处文字〕

陈户窑村东壕地一块

王作兴，每年地租钱壹佰文

宣统弍年弍月初八日

李锦荣纳租地基约

原件长三十九公分宽四十七公分

立租到永远地基合同文约人李锦荣，今租到蒙古富兴自己城户窑子村内坐北向南大门坐房院地基壹块。东至吕海墙根，西至吕海墙根，南至出路通行大道，北至村路。四至分明，情愿租到李锦荣名下，永远承守住占。异日修垒、盖宅、栽树、掘井、起高垫（扺）〔低〕、出路通行，一应由己自便。同人言明，现过压地基钱捌仟文整。其钱当交不欠，每年随带蒙古地租钱贰百文。按春秋两交。嗣后倘有蒙古民人等争夺者，有蒙古富兴一面承当。两出情愿，各无反悔。恐口无凭，立租地基约为证用

大清宣统三年六月初四日立约

立合同约为证用〔骑缝〕

中见人张望十

吕海十

张荣十

马势俊十

〔以后为契约封套处文字〕

租去城户窑子村内坐北向南大院房院地基一块。东至吕海，西至吕福，南至出路大道，北至村路伊父李三白子，内计约一张

李锦荣，每年地租钱式百文

宣统三年六月初四日

贾尚义租坟地基约

原件长三十九公分宽四十五公分

立租到永远坟地基合同文约人贾尚义，今租到富兴祖遗到土默特旗包头所陈户窑（厮）〔子〕村东北袁家沟西塔坡坟地壹块，计地壹亩有零。东至沟（拌）〔畔〕，西至山坡，南至沟，北至沟。四至（具）〔俱〕至佃主张姓。四至分明，情愿租到贾尚义名下永远埋坟、承守、管业。异日地内栽树、起土、起高垫（抵）〔低〕、五行造化、水陆路通行大路，一切由己自便。同人言明，现使过压地基过约 十现钱壹吊式佰文整。其钱当日交清不欠。每年随带坟地租钱 十现钱壹佰五拾文整。按季交租，不许长支短欠。嗣后倘有蒙古民人等争夺者，有富兴一面承当。两出情愿，各无反悔。恐口无凭，立租到永远坟地基合同文约为证

大清宣统三年八月初七日贾尚义立十

立坟地合同约式张各执壹张〔骑缝〕

中见人陈胎挠十

张金十

王泰娃（带）〔代〕笔

〔以后为契约封套处文字〕

陈户窑村东北袁家沟西塔坡

坟地壹块

贾尚义，内订约一张，租钱 百

宣统三年八月初七

李茂租空地基约

原件长五十公分宽五十公分

立租到空地基永远合同文约人李茂，今租到富兴祖遗西包镇荣寿街西巷路南地基壹块，计地玖亩五分。东至徐姓，西至大道，南至白姓，北至大道。四至分明，情愿租到李茂名下，永远耕种、起房盖屋、栽树、（握）〔挖〕井，水旱路向西向北通行。同人言明，通受押过压地过约银弍两整。其银笔下交清不欠，每年随带蒙古地租钱弍千捌佰五拾文。按春秋弍季交纳，不许加减地租。嗣后倘有蒙民人等争夺者，有收租人一面承当。两出情愿，永无翻悔，恐口无凭，立租到空地基永远合同文约为证用

中华民国贰年阳历四月廿七号阴历三月廿一日立

立合同约弍张各执壹张〔骑缝〕

中见人二宝十

陈大镒十

曹锦富十

富兴租地基约

原件长三十九公分宽四十一公分

立租地基文约人蒙古富兴，今租与郭富顺名下壕赖沟门口村西梁地壹块，计地壹亩弍分。东至魏姓，西至赵姓，南至赵姓，北至地畔。四至分明，情愿租到自己名下，永远耕种（按）

〔安〕坟、挑渠打坝，勿论何为，由自己便，出路通行。同人言（名）〔明〕现（附）〔付〕（遇）〔过〕租钱壹仟文整。其钱当交不欠。每年随地谱九十钱壹百文。按春秋两季收纳，不准长支短欠，如有蒙民争夺〔者〕，有收租之人一面承当。两出情愿，恐口（为）〔无〕凭，立租约为证用

中华民国三年阴历二月廿八日立

立合同弍张各执壹张〔骑缝〕

中见人张富全十

刘春魁十

赵题华十

〔以后为契约封套处文字〕

壕赖沟门口村西

郭富顺每年地租钱壹百文

民国三年二月

刘宪文租地水约

原件长四十四公分宽四十八公分

立租到永远地水合同文约人刘宪文，今租到富珠理祖遗到西包镇东河村南水地壹块，计地壹拾壹亩上下。东至张姓，西至张姓，南至郭姓，北至官渠大道，四至分明。又随带第四天轮流大水贰厘伍毫。水通刘宝窑后沟掌泉眼官渠老坝。刘宪文情愿租到富珠理名下，永远耕种、管业承守，使水浇灌地、起房盖屋、栽树穿井，一切经营改作并无阻拦等情，生息为业。同中人当面言定，共作过约现平足银贰拾柒两整。其银笔下交清不欠。每年随带蒙古地水租钱陆千贰百五拾文。按春秋二季

交纳，不许长支短欠，亦不准长缩地水租钱。嗣后倘有蒙民人等争碍者，有我富珠理一力承当。情出两愿，各无翻悔，恐口难凭，立租到地水永远合同约为证

中华民国叁年阴历十二月十日刘宪文立十

立合同约贰张各执壹张为证〔骑缝〕

中见人陈荣十

张参翼十

张临翼十

杨生珠十

此系三地由前租主曹姓应了运丁，转售与刘姓名下

薛应忠租地基约

原件长五十四公分宽五十五公分

立租到永远地基合同文约人薛应忠，今租到富兴祖遗到西包镇老爷庙街路南地基壹块。东至复盛公房根为界，西至张姓房根为界，南至巴俊，北至胡升、复盛公。四至分明，出路出水南北通行。情愿租到薛应忠名下，永远管业、住占，日后院内起房盖屋、栽树、穿井，一切设法生利由己自便。上下土木石金水相连，同中言明，现使过押地过约银叁拾壹两五钱，其银笔下交清不欠。每年应交纳地谱钱壹千捌百捌拾壹文。按春秋二季交纳。不许长支短欠，亦不许长缩地谱。嗣后倘有蒙民人等争夺者，有收租人一面承当。此系两出情愿，各无反悔。恐口无凭，专立租到永远地基文约为证

此约已转给刘渲厚名下

住占日后院内起房盖屋，春秋二季交纳，许长。此系两出

情愿

薛应忠

薛应〔忠〕卜与王恩荣积善堂有折　薛应忠

中华民国四年阳历五月廿二号即阴历四月初玖日薛应忠立十

立合同约式张各执壹张〔骑缝〕

中见人荣绳祖十

胡振业十

王恩纯十

曹璋十

张乃绩书

转租

此约之地由一九五四年

又转与刘淳厚名下

此约之地前由万长久转租后于民国七年，又转租与王恩荣名下，另立新约，此约存查

李培搪租地基约

原件长四十六公分宽四十七公分

立租到永远地基合同文约人李培搪，今租到富兴祖遗到西包头南圪衕永合成地北界白地基壹块，计地基壹亩陆（奉）〔分〕有零。东至陈姓，西至佃主杨姓，南至和合永傅姓，北至白姓。四至分明，情愿租到李培搪名下，永远住占承守管业。异日修理、建盖房屋、栽树、掘井，水陆路通行大路，明暗五行造化，设法生利一切等等，由己自便。同人言明，现使过压

地基过约白银大洋陆圆，其银当日交清。每年随带地租市钱柒佰文。按季交租。嗣后倘有蒙民人等争夺者，有富兴一面承当。情出两愿，各无反悔。恐口无凭，立租到永远地基合同文约为证

中华民国四年阳历八月二十号阴历七月初十日李培搪立十
立合同文约式张各执壹张〔骑缝〕
中见人李升十
温浩深十
王泰娃亲笔

乔大兴、乔大荣租空地基约

原件长三十八公分宽四十六公分

立租到空地基合同文约人乔大兴、〔乔大〕荣，今租到富兴祖遗世业西包头南门（理）〔里〕复成源巷房后永合成地壹块。南北长九丈五尺，东西宽九丈，计地壹亩四分式厘五毫。东至奉主，西至李姓，南至巷中，北至北巷畔。四至分明，情愿租到自己（明）〔名〕下，永远承守管业，修理、住占、起房盖屋、栽树、穿井，一切由其自便。水陆出路向南通行巷路南界，自行各留巷路通行。同中人言明，共（附）〔付〕过约大洋元七块。其钱笔下交清不欠。每年随带地租钱壹仟式佰文整。嗣后倘有蒙民人等争夺者，有富兴一面承当。此系两出情愿，各无翻悔，恐口无凭，专立出租空地基合同文约为证

中华民国肆年十月十八日立
立合同约贰张各执壹张〔骑缝〕
中见人李明十

武德十

赵锁娃十

崔天秀十

王登银租坟地约

原件长三十八公分宽四十七公分

立租到坟地文约人王登银，今租到蒙古富兴祖遗成户窑子村东梁地壹块，计地式亩。东至本主，西至本主，南至本主，北至本主。四至分明，情愿租到自己名下永远承业。同人言明，现付过押地钱壹仟式百文整。其钱笔下交清不欠。言明每年应收地租钱式百五拾文。嗣后倘有蒙古民人争碍者，有收租人一面承当。情出两愿，各无反悔。恐口无凭，立合同约为证用

中华民国五年阴历四月初三日立

立合同约贰张各执壹张〔骑缝〕

中见人张三老虎十

郭志祯十

董月根十

由花得源分块租来

〔以后为契约封套处文字〕

成户窑村东地

王登银，每年地租钱　百

民国五年四月

〔契约封套内另纸书"王维亨"〕

此家在南圪洞住

由花得源地内卜来作为坟地

胡玺、张锐租空地约

原件长四十五公分宽四十六公分

立租到合同永远空地约人胡玺、张锐，今租到傅兴自己祖遗到南圪洞复成源巷房后空地壹块。东西宽陆丈，南北长壹拾式丈。西至李姓，东至陆姓，南至巷路中心，北至巷畔。四至分明，出路水路通行大道，任水自流，由己自便承守管业，永远盖房、耕种、穿井。同中言明，当交伊押约银大洋玖块，已银笔下交清不欠，每年出地租钱壹吊文整。嗣后倘有蒙民人等争夺者，有收租人一面承当。此系两出情愿，各无反悔。恐口难凭，立租到合同永远空地文约为证

中华民国五年旧历四月廿四日胡玺、张锐立十

立合同永远约贰张各执壹张以为后照〔骑缝〕

中见人李清十

李艺塘十

牙纪韩寿卿〔画押〕

由杨荣租来

张盛掌柜租地基约

原件长五十二公分宽五十二公分

立租到永远地基合同文约人张盛掌柜，今因租到蒙古巴文岗祖遗西包镇复成源巷北路东地基壹块，相连壹所。东至贾姓，西至通行大道，南至李姓，北至乎和洋行。四至分明，情愿租与自己名下，永远居住承约。地基东西长壹拾丈，南北宽九丈

五尺。地基出路水路东西通行大道，后日修理楼（廷）〔亭〕房屋、棚圈、栽树、（握）〔挖〕井、起高垫低、地基取土、改厕，一切（有）〔由〕民人自便。同中言明，现付过约现平足银弍拾捌两。其足银笔下交清不欠。每年随带蒙古地租钱壹吊文。其钱（岸）〔按〕春秋二季交纳。不可长支短欠。日后倘有蒙古民人（增）〔争〕碍者，有收租人一面承当。恐口无凭，立合同约为证。此是两出情愿，永无反悔，自此为妥

　　民国五年阴历十二月初三日张盛掌柜立十

　　中见人邢来堂十

　　张富十

　　赵成功十

　　代笔王全福十

　　立合同约弍帋各执壹帋〔骑缝〕

吕振林租地基约

原件长三十八公分宽四十四公分

　　立租地基约人吕振林，今租到臭水井村河（漕）〔漕〕东巴文尚先生白地壹块。计开四至，东至赵姓，西至河（漕）〔漕〕，北至赵姓，南至赵姓。四至分明，同人说合，情愿租到永远承守为业。同人言明，现使过押地钱弍仟文整。其钱当日交清不欠，日后地内起房盖屋、出路，无（伦）〔论〕做（盛）〔甚〕，由其自便。每年随带地租钱壹佰五十文。日后倘有蒙古民人（增）〔争〕夺者，有巴文尚先生一面承当。永无反悔，恐口无凭，立租约为证

　　民国六年三月初二日立

合同约式张各执壹张〔骑缝〕

知见人赵好收十

任九明十

二板仁十

代笔斛元德

此约地之前租户系赵二计子，前租钱系　　，现长租，共百

〔以后为契约封套处文字〕

租去臭水井村河（漕）〔槽〕东地一块。东至赵姓，西〔至〕河，北至赵姓，南至赵姓吕振林，每年地租钱　百

民国六年三月初二日

由赵三子、赵二升子名下卜来

赵姓原租钱　十　，至吕姓加租　十　，

共钱　百

李子蕃租空地基约

原件长四十五公分宽四十七公分

立租永远空地基文约人李子蕃，今租到巴文峘西包镇南圪洞复成源巷房后前租与吴凤鸣空地基壹块。东西宽捌丈，南北长壹拾伍丈，计地式亩。东至龚姓，西至高姓，南至巷道中心，北至巷畔。其他北往南各留出路官巷柒尺五寸。四至分明，永远修垒、住占、承守管业，日后起高垫（底）〔低〕、起房、盖屋、栽树、穿井，一切生理由己自便。水路陆路通行至大道。同人言明，现使过押地银壹拾两整。其银笔下交清不欠。每年随带蒙古地谱钱壹吊文。按以春秋二季交收。不许长支短欠，

亦不准长（迭）〔跌〕地谱钱。日后倘有蒙民人等争碍者，有收租人一力承当。此系两出情愿，各无反悔。恐口无凭，立租合同白地文约为证

　　转与薛姓名下

　　合同贰张各执壹张〔骑缝〕

　　中见人赵锁娃十

　　温海十

　　龚二掌柜十

　　中华民国六年阴历六月廿八日立

王兆魁租地基约

原件长三十九公分宽四十七公分

　　立租到永远地基文约人王兆魁，今租到巴文尚（主）〔祖〕遗到臭水井村房屋地基壹块。前租与曹姓，东至王姓，西至梁姓，南北至大道。四至分明，情愿租到自己名下永远修盖承业。所有地内无（伦）〔论〕作甚，由（祖）〔租〕地人王兆魁自便。现使过过约钱四仟文整。其钱当交清不欠。每年随（代）〔带〕地（祖）〔租〕钱五百文整。其钱（案）〔按〕春秋二季交纳，不许长支短欠，日后倘有蒙古民人争夺者，有巴文尚一面承当。永无反悔，恐口无凭，立租永远地基约为证

　　中华民国六年十月廿三日立

　　立合约弍张各执壹张〔骑缝〕

　　知见人甲头赵焕小十

　　赵好收十

　　王九小十

代笔斛元德十

〔以后为契约封套处文字〕

臭水井村房院地基

王兆魁，内计约一张，每年地租钱五百文

民国六年十月

有曹富、曹贵家名下卜来

郑廷璧租地约

原件长四十五公分宽四十五公分

立租到永远地文约人郑廷璧，今将巴文崗先生祖遗南门外五里岔道西北地壹块，东西宽弍拾五步，南北长叁拾六步，共计地叁亩柒分半。东至杨姓，西至杨姓，南至杨姓，北至杨姓。四至分明，仝人言明，现使过约钱叁仟文整。其钱笔下交清不欠。情愿租与郑廷璧永远耕种承业、起房盖屋、栽树、穿井、挑渠打坝，水（汗）〔旱〕出路，任意郑廷璧通行官道，一应由己自便。日后倘有蒙民人争夺者，有巴文崗先生一面承当。言明过每年租钱叁百文整。两出情愿，永无返悔，恐口无凭，立合同约为证用

中华民国陆年阴历弍月廿二日立

立合同为证〔骑缝〕

仝中见人王双全子十

马三小子十

李孟蛇子十

〔以后为契约封套处文字〕

坐落南门外五里岔道西北地一块，东北宽廿五步，南北长

叁十六步，共计地三亩七分半。东至杨姓，西至杨姓，南至杨姓，北至杨姓

郑廷璧，内计约一张，每年地租钱三百文整

民国六年阴历二月廿二日

德厚义租铺产地基约

原件长四十七公分宽四十七公分

〔契首贴贰分中华民国印花税票一枚，钤"德厚义记"印〕

复立租到铺产地基文约人德厚义，今因本号于前清光绪十九年间租到蒙古二旦祖遗本镇东街路北户口地基壹块。东至福征寺，南至胡升，西至本主，北至官路。一块东至本主，南至本主及胡升，西至德生长周姓，北至官街。二块四至分明，业于彼时合立文据，租到历有年。所不料于本年九月间出佃之时搜寻原约不在，询据号内人等声称此项文契存在石拐分号，于民国四年十一月间突被土匪前来将铺屋放火焚毁，此项合同一并焚烧无存，当即央请中人向蒙主说合复立合约，以便出佃。嗣经蒙主一再查询号内人等，复称如前。此系实情并无欺蒙等弊，念在无约难佃当，同中人以及官中牙纪磋商，权宜允立新约，仍照向例现付过押地宝银叁拾叁两整。其银当交不欠。每年应出地租钱壹仟叁百文。按春秋二季交纳。惟此事关系失契，将来难保无膠轕可虞，倘后日如有前项合同出现，以为故纸，不用。即或有别项情节，无论如何有本号一力承当。此系情出两愿，各无反悔，恐口无凭，复立租到合同文契以资存证

财东赵连科

刘贵顺

段宜瑞

曹致瑞

任三

同立〔钤"巴叩德厚义具"印〕

中华民国六年阳历十一月二号阴历九月十八日德厚义立〔钤"叩德厚义具"印〕

复立合同约贰张各执壹张为证〔骑缝〕

中见说合人王芝有十

张宝山十

张参翼十

韩寿乡十

殷富昌悦十

朱亮十

陈贵十

张临翼十

刘玉十

〔钤"房地牙纪图记"圆形图章〕

巴焕章出租地基约

原件长五十四公分宽四十七公分

〔契首贴贰分中华民国印花税票一枚，钤名章一〕

立出租永远地基约蒙古巴焕章，今租给自己祖遗包镇前街坐北向南之户口地基一块，即今售主贾升大院内，后西偏院南北前后两所与其相（埃）〔挨〕，南北长式拾式丈六尺五寸，东西南宽六丈八尺式寸，北宽六丈式尺壹寸。四至，佃约内载明水出路由后街通行，任其建筑、改修、拆毁。至押地租银，因念相交有旧，除酌使过银两不计外，每年应收地谱市钱式千文，按夏冬两季收使，不得长支短欠及增缩地谱各情事。此后无论何等交涉争碍，有我蒙古一力承当。此系两出情愿，各无翻悔，恐后无凭，立此永远租给地基合同约两张，各执一纸为据

廿四年卜与三芙堂名下，此〔约〕不用

其叔寿乡代押〔名章〕

民国九年一月二十一号即阴历己未十二月初一日巴焕章立

合同约贰张各执壹纸为凭〔骑缝〕

废

中见人韩廷祥十

张耀华十

郝寿恒十

白玉卿缮

巴云氏交

巴文洞出租地基约

原件长五十二公分宽四十六公分

立出租地基文约人巴文洞，情因自己祖遗到南圪洞永合成地基壹块。计地壹亩四分九厘五毫。东至杨姓，西至道路，北至大道，南至官路。水路出路通行官路。情愿出租与杜天祯名下，永远承（约）〔业〕，任便改盖、居住。同人言明，白银壹拾八两整。其银笔下交清不欠。每年随带地租钱壹千文。该钱按春秋二季交纳，不许长支短欠。嗣后倘有户内蒙古民人争论者，有巴文洞一面承当，恐口无凭，立租地基约为证用

（古）〔故〕唘不用

中华民国九年阳历五月廿一号阴历四月初四日立

立合同约式张各执壹张〔骑缝〕

中见人王权十

于安喜十

陈富贵十

薛正富十

杨茂华代笔十

此约之地由吴凤鸣名下

福善堂租地基宅院约

原件长四十四公分宽四十六公分

立租地基宅院文约人福善堂，今租到巴文峝自己祖遗荣寿街巷南坐东向西宅院壹所。东西长壹拾叁丈，南北宽玖丈七尺，东至刘姓，西至官街，南至任姓，北至大道。四至分明，情愿租与福善堂名下为业，水陆向西通行官街。同中言明，共作过约押租大洋肆拾圆整。其银笔下交清不欺。每年应出巴文峝地谱钱壹仟文。按以春秋二季交纳。不准长支短欠。日后院内栽树、穿井，由其自便。此后倘有蒙民争论〔者〕，有巴文峝一面承当。恐口难凭，立租地基宅院文约为证

民国十一年阴历四月二十日

立合同贰张各执壹张为正〔骑缝〕

中见人福善贵〔画押〕

杜得义十

代笔人车登路〔画押文字为"克己复礼"〕

福善堂立十

荣升阁租地基约

原件长四十四公分宽四十五公分

立租永远地基合同文约人荣升阁，今租到西包头南圪洞永合成地壹块。东西宽捌丈，南北长拾叁丈。东至张姓，西至张姓，南至和合永傅姓，北至平和。四至分明，情愿租到永远住占承守为业。异日后修理、盖房、栽树、掘井，水陆路通行大道，明暗五行造化，一切设法生利等等，由己自便。同人言明，现使过验地基过约大洋陆拾伍元整。其洋当日交清。每年随带地租市钱合洋壹元。按四季交租。嗣后倘有蒙民人等争夺者，有巴文岗一面承当。情出两愿，各无反悔。恐口无凭，立租永远地基合同文约为证

中华民国拾贰年三月初六日荣升阁立

立合同文约贰张各执壹张〔骑缝〕

中见人白映奎

李培润十

谈顺十

武毓明十

乔存仁十

代笔人连鲁琴十

此约之地系由李培塘名下拨来

张泽租地基约

原件长四十五公分宽四十五公分

立租到永远地基文约人张泽，今租到巴文尚祖遗到包镇永合成地地基壹块，东西宽八丈七尺五寸，南北长拾丈零弍尺五寸。东至张姓，西至大道，北至大道，南至通街大路。四至分明，央中人说合，情愿出租与张泽名下，永远（成）〔承〕守管业。同人言明，共作过约押地现大洋元弍拾五元整。其银当交不欠。每年随带地租钱壹千文。按春秋两季收使，不许长支短欠。日后起盖房屋、穿井、栽树，一切由其自便。倘有蒙民人等争夺者，有田姓收租人一力承当。两出情愿，各无反悔。恐口难凭，立租到地基文约为证。

此约之地转与朱姓折上名间盛堂，现洋　毛

民国十弍年八月二十七日亲笔立

立出租永远地基合同约弍张各执〔壹张〕为证〔骑缝〕

中见人乔存义十

贾万祥十

刘恭十

巴二保十

乔存仁十

高世忠笔

任有财租地约

原件长四十三公分宽四十二公分

立合同文约人任有财，情愿租到巴焕章名下地壹块。坐落在包镇西门外厂汗恼包当村大道南。清丈过地，东西宽柒丈，南北长壹拾贰丈。东至闫有财，南至闫有财，西至闫有财，北至大道。四至分明。情愿租到巴焕章名下永远管业，五行造化，由其租地人自便。同中人言明，现使过过租大洋柒元。其洋当交不欠。每年带地租洋叁角。春秋交纳。日后有蒙民人争夺者，有地主人一面承当。两出情愿，（格）〔各〕无反悔，空口无凭，立合同文约为证

中华民国拾陆年四月十二日立

立合同文约贰张（格）〔各〕执壹张〔骑缝〕

中见人孙起贵十

韩巨林十

杨红套书

〔契尾附巴焕章过约乙字联单，骑缝钤"土默特生计会图记"印〕

巴焕章过地谱租约

原件长三十四公分宽十五公分

〔此约附任有财契尾，骑缝钤"土默特生计会图记"印〕

生字第伍佰壹拾号〔骑缝〕

过约乙字联单

土默特包头生计会为

发给过约联单事，兹有蒙古巴焕章原讫闫有财名下地谱租洋叁角，今过于任有财名下收讫地租。其地坐落厂汗恼包当村大道南地壹块。四至东西南〔至〕闫姓，北〔至〕大道。长拾式丈，宽七丈。佃期十六年四月十二日。佃价洋壹百四十元。按照五分应过洋初留助会费洋外，其余照数收讫。为此发给乙字联单以备查照。由仰蒙古巴焕章收执

中华民国十六年十二月二十二日

生字第伍佰壹拾号〔骑缝〕〔钤"土默特生计会图记"印〕

卜兆瑞承租房屋地基约

原件长四十四公分宽四十六公分

　　立永远承租合同文约人卜兆瑞，今承租到巴文崗祖遗包头县荣寿街对门薛家巷内房屋地基一块，计地一亩一分半。东至薛姓，西至张姓，南至张姓，北至涂师巷，大路水陆出路通行大街。四至分明，情愿永远承受经营管业。同中人言明，共作地租价洋四拾七元五毛。其洋笔下交清不欠。每年应出地租洋叁角。嗣后倘有蒙民各色人等争夺者，有收租人一面承当。所有院内起房盖屋，一切由己自便。此系两出情愿，各无反悔。恐后无凭，立此合同文约贰张，各执一张为证

　　民国十六年阳历七月八号立

　　立合同文约贰张各执一张存照〔骑缝〕

　　中见人苏子善

　　白富十

　　乔存仁

　　杨万山十

　　曹献承〔画押〕

　　代笔人王栋臣十

　　〔契尾附巴文崗过约乙字联单，骑缝钤"土默特生计会图记"印〕

巴文崗过地谱租约

原件长三十四公分宽十四公分

〔此约附卜兆瑞契尾，骑缝钤"土默特生计会圆记"印〕

生字第肆佰叁拾伍号〔骑缝〕

过约乙字联单

土默特包头生计会为

发给过约联单事，兹有蒙古巴文崗原讫赵兴其名下地谱租大洋叁角，今过于卜兆瑞名下收讫〇。其地坐落南圪洞荣寿街巷对正薛家巷地基一块。四至，东〔至〕薛姓，西〔至〕张姓，南〔至〕张〔姓〕，北〔至〕涂师巷出路。长〇，宽〇。佃期十六年七月八号。佃价玖百五十元。按照五分，应过洋除留助会费洋外，其余照数收讫。为此发给乙字联单以备查照。右仰蒙古巴文崗收执

中华民国十六年七月十七日

生字第肆佰叁拾伍号〔骑缝钤"土默特生计会图记"印〕

刘先千租地约

原件长四十四公分宽四十一公分

立合同文约人刘先千，今因情愿租到土默特旗清丈局西包头西门外厂汗恼包当村大道南地壹段。东至闫姓，西至丁长魁，南至闫有财，北至东西大道。四至分明，计地壹亩肆分。东西宽柒丈，南北长壹拾弍丈。情愿租与巴焕章名下，名下五行造化土木石水一并相连，由其买主人自便。同中人言明说合，现使过过约大洋陆元整。其洋当交不欠。每年随带地租洋叁角。按春秋二季交纳。不许长支短欠。日后有蒙民人争端者，有地主人一面承当。两出情愿。各无反悔。恐口难凭，专立约为证用

中华民国十七年阳历五月十日立

立合同文约弍张各执一张〔骑缝〕

同中人闫有才十

白玉山十

韩巨林十

杨红套十

兰万十

王香林代笔十

〔契尾附巴焕章过约乙字联单，骑缝钤"土默特生计会图记"印〕

巴焕章过地谱租约

原件长三十五公分宽十四公分

〔此约附刘先千契尾，骑缝钤"土默特生计会图记"印〕

生字第壹仟壹佰肆拾肆号〔骑缝〕

过约乙字联单

土默特包头生计会为

发给过约联单事，自有蒙古巴焕章原讫□□□名下地谱租大洋叁角。今过于刘先千名下收讫〇。其地坐落包头西门外恼包村中地壹块。四至，东闫姓，西丁姓，南闫姓，北大路。长壹拾弍丈，宽七丈。佃期十七年五月十日。佃价壹百弍元。按照五分，应过洋除留助会费外，其余照数收讫。为此发给乙字联单以备查照。右仰蒙古巴焕章收执

中华民国二十年二月二日

生字第壹仟壹佰肆拾肆号〔骑缝钤"土默特生计会图记"印〕

龚韶光、邢克明租地基约

原件长四十四公分宽四十三公分

〔契首另纸附言"按约中所写的是五分洋　十二元。按人情下来给　十元。系生计会提取洋　十一元　毛"〕

立租到地基文约人龚韶光、邢克明，情因今将自己包头县金龙庙街道东地基壹块，东至马姓，西至官街大道，南至郭姓，北至复新和。四至分明，水陆出路通行官街大道。同中人言明，共出押租大洋伍拾六元整。其洋当交不欠。日后修理、改造、五行动作等，一切由其自便。嗣后倘有蒙民人等争夺者，有巴文崮一力承当。每年随带蒙古地谱洋叁角。按两季收使。恐口无凭，立租地基文约为证

中华民国拾七年阴历六月十二日立

立合同两张各执壹张〔骑缝〕

中见人王相十

马良十

王玉玺书

〔契尾附巴文崮过约乙字联单，骑缝钤"土默特生计会图记"印〕

巴文崮过地普租约

原件长三十六公分宽十四公分

〔此约附龚韶光、邢克明契尾，骑缝钤"土默特生计会图记"印〕

生字第陆百陆拾玖号〔骑缝〕

过约乙字联单

土默特包头生计会为

发给过约联单事，兹有蒙古巴文岢原讫刘元芽名下地普租洋叁角。今过于龚韶光、邢克明名下收讫地租。其地坐落金龙王庙街道东地基一块。四至，东〔至〕马姓，西〔至〕大道，南〔至〕郭姓，北〔至〕复新和。长〇，宽〇。佃期十七年六月十二日。佃价一千壹百廿元。按照五分，应过洋除留助会费洋外，其余照数收讫。为此发给乙字联单，以备查照。右仰蒙古巴文岢收执

中华民国十七年八月十二日

生字第陆百陆拾玖号〔骑缝钤"土默特生计会图记"印〕

金威庭租房院地基约

原件长四十二公分宽四十四公分

立租到永远房院地基文约人金威庭，今租巴哈年祖遗到包头县南圪洞荣寿街巷西对过小西巷内坐北向南地基房院壹所。内计正房五间半，正西困（？）出路壹间，东房壹间，西房四间半，南小街门壹座。计地壹亩，南北壹拾丈，东西陆丈。东至胡姓，西至卜姓，南至张姓，北至巷路。四至分明，情愿与自己名下永远住占为业，由己自便。同中言明，现付过押地大洋贰拾伍元整。其洋当交不欠。每年应出地租洋伍角。不许长支短欠。日后倘有蒙民人等争碍者，有巴哈年一面承当。两出情愿，各无返悔。恐口无凭，立租到永远房院地基文约为证

中华民国十八年阴历三月十五日金威庭立十

立合同两张各执壹张〔骑缝〕

同中人巴恩十

郭雍府十

米玉书代笔

〔契尾附巴鹤年过约乙字联单，骑缝钤"土默特生计会图记"印〕

巴鹤年过地普租约

原件长十三公分宽三十六公分

〔此约附金威庭契尾，骑缝钤"土默特生计会图记"印〕

生字第捌佰肆拾捌号〔骑缝〕

过约乙字联单

土默特包头生计会为

发给过约联单事，兹有蒙古巴鹤年原讫□□□名下地普租大洋伍角。今过于金威庭名下收讫〇，其地坐落南圪洞荣寿街巷内房院一所。四至，东胡姓，西卜姓，南张姓，北巷路。长十丈，宽　丈。佃期十八年三月十五日。佃价伍百元。按照五分，应过洋除留助会费洋外，其余照数收讫。为此发给乙字联单，以备查照。右仰蒙古巴鹤年收执

中华民国十八年四月廿五日

生字第捌佰肆拾捌号〔骑缝钤"土默特生计会图记"印〕

广顺恒租屋地基约

原件长五十七公分宽五十公分

立租到永远屋地基合同文约人广顺恒，今租到西包头县巴合年福征寺街路南屋地基两块。一块东至福征寺寺，南至胡升，西至本主，北至官街。壹块东至本主，南至本主及胡升，西至周姓，北至官街。两块四至分明，情愿出租与我广顺恒号，永远承守管业，水陆出路前后通行官道。同中言明，现使过押地谱洋圆贰拾圆零捌角柒仙（？）。其洋当日交纳不欠。每年（遂）〔随〕带蒙古地租制钱壹吊伍百文。其钱按春秋二季交纳，不准长支短欠。嗣后倘遇修理改拨及起盖楼房、栽树、穿井，一切由我广顺恒自便。日后若有蒙民人等争夺者，有巴合年一力承当。此系情出两愿，各无翻悔，恐后无凭，专立租到永远地基合同文约为证据

中华民国拾捌年阴历八月初八日〔钤"西包镇广顺恒记"印〕立十

合同文约两张各执壹张存照〔骑缝〕

中见人岳凌云〔名章〕

马承明十

白充亭〔画押〕

〔契尾附巴合年过约乙字联单，骑缝钤"土默特生计会图记"印〕

巴合年过地谱租约

原件长三十五公分宽十四公分

〔此约附广顺恒契尾，骑缝钤"土默特生计会图记"印〕

生字第玖百壹拾壹号〔骑缝〕

过约乙字联单

土默特包头生计会为

发给过约联单事，兹有蒙古巴合年原讫广义和、高存礼名下地普租钱一千五百文。今过于广顺恒名下收讫〇，其地坐落包头福征寺街路南屋地地基两块。四至，东福征寺，西本主，南胡升，北官街。四至，东本主，西周姓，南本主胡〔升〕，北官街。长〇，宽〇，佃期十八年八月初八日。佃价 百 十元。按照五分应过洋除留助会费洋外，其余照数收讫。为此发给乙字联单，以备查照。右仰蒙古巴合年收执

中华民国十八年九月十二日

生字第玖百壹拾壹号〔骑缝，钤"土默特生计会图记"〕

诗礼堂置买破房院白地约

原件长三十九公分宽四十二公分

立出买到永远破房院白地共式块合同文约人诗礼堂，今因置买到包头县南圪洞四道巷路北巴宪堂祖遗破院白地式块。头块破院内什东房四间，西破土房叁一间半，东西宽五丈，南北长八丈六尺。东至王姓，南至大道，西至秦姓，北至王姓。次块白地计东西宽叁丈，南北长八丈六尺。东至王姓，南至大道，西至秦姓，北至王姓。式地毗连，四至分明，出路通行大道，情愿买到永远承管、住占、耕种，一切自便。所有内外土木石明暗相连。同中人言明，共作过约大洋壹拾叁圆。其洋当日付清不欠。每年随出地租现洋式角。不许长支短欠。嗣后倘有亲族人等争夺者，有本收租人一力承当。此系情出两愿，恐口无凭，立出买合同文约式张，各执壹张为证

中国民国式拾式年旧历七月初四日诗礼堂立十

立合同文约弐张各执壹张为证〔骑缝〕

中见人贾白亮十

刘二十

彭福十

王君山书

三美堂租地基过约

原件长五十六公分宽四十六公分

立租到永远地基过约合同文约人三美堂，今租到巴征祥〔钤有名章〕祖遗包头县前街西阁路北（唑）〔座〕北向南房院地基壹块。前面东西宽十五丈一尺，中庭东西宽十三丈七尺八寸。后面东西宽十三丈六尺六寸，南北长东边五十二丈三尺五寸，西边五十二丈三尺五寸。东至贾姓，西至本主，南至前街大道，北至后街大道。上至天空下至地底，六至分明，水陆出路前后通行大道。情愿租到永远修理、建筑铺面房屋、穿井、栽树，（勿）〔无〕论建筑修改拆毁，任由自便。同中议定现使过约现洋叁佰圆。当日清给不欠。每年应出地谱现洋四元五角。言明按夏冬两季交纳，不许长支短欠、加增地谱等情。嗣后倘有蒙族人等争碍者，概由出租人一力承当。此系情出两愿，各无反悔。恐口难凭，立此租到永远房院地基过约合同为证

卜与张荣名下

〔钤"包镇复盛公德记"印〕代章

民国二十四年阳历四月九日三美堂立

立此合同二张各执壹张〔骑缝〕

中证人翟孝义〔名章〕

巴增华〔名章〕

王丞〔名章〕

巴云氏

史秉慧代笔

〔契尾附巴征祥过约乙字联单，骑缝钤"土默特生计会图记"印〕

巴征祥过地谱租约

原件长三十五公分宽十四公分

〔此约附三美堂契尾，骑缝钤"土默特生计会图记"印〕

生字第肆拾叁号〔骑缝〕

过约乙字联单

土默特包头生计会为

发给过约联单事，兹有巴征祥原讫广义恒名下地谱租洋肆元伍角。今过于三美堂名下收讫永远管业。其地坐落前街西阁路北，坐北向南房院地基一块。东〔至〕贾姓，西〔至〕本主，南〔至〕前街大道，北至〔至〕后街〔大道〕。长五十二丈三尺五寸，宽十五丈一尺。佃期二十四年四月九日。佃价洋陆仟元。按照五分，应过洋除留助会费洋外，其余照数收讫。为此发给乙字联单以备查照。右仰蒙古巴征祥收执

中华民国二十四年四月十一日

生字第肆拾叁号〔骑缝钤"土默特生计会图记"印〕

王恩渥租水地约

原件长四十七公分宽四十四公分

立永远租到清洪水地合同凭据文约人王恩渥，今租到巴征祥祖遗土默特旗包头市属东门外正南登家营社熟茬地两块。东至巴桃气，西至渠中，西南至薛姓，东南至何姓，北至巴治心。四至分明。计地两块。上一块，计地一十一亩。下一块，计地一十四亩。地内原有渠路一直通至桥眼接水地带，夏冬两季灌溉地亩毫无阻碍，水陆出路通行大道。今情愿将此地永远租于王恩渥名下，承守为业耕种。自出租到之后，地内一切任何安设经营俱由王姓自便。今同中人言明，双方妥协现使过过约洋壹拾伍元正〔有巴征祥名章三〕，其洋当同中人交清不欠，每年应带租洋四角〔有巴征祥名章〕，此洋常年（接）〔按〕以两季收使，不能长支短欠，更不能涨缩地租。此后地内倘有蒙民人等阻碍者，有收租人一力承当。此系两出情愿，各无反悔。恐口无凭，专立一式合同出租永远清洪水地凭据文约为证，以资信守而重产权

岁在中华民国廿五年阴历十一月五日阳〔历〕十弍〔月五日〕

租到人王恩渥〔名章〕

出租人巴征祥〔名章〕

各执壹张俾作后照〔骑缝〕

中人张子明押

贺大秃十

冯贵十

贺三挠十

张文德十

代笔人贾鹄彩十

张玉亭租房院地基约

原件长五十一公分宽五十公分

立租到永远房院地基合同文约人张玉亭，今租到巴爱爱祖遗包头市富三元街巷门牌拾肆号地基壹块。东西捌丈弍尺　寸。南北宽肆丈捌尺　寸。东至徐姓，西至大街，南至何姓，北至米姓。四至分明，出水出路通行官街。今情愿租到自己名下，永远住占为业。日后起楼盖屋、栽树、打井，一概由其自便。今遵土默特旗政府定章，以原价现估洋四百四拾万圆整。应出百分之八蒙古过约费叁拾伍万弍仟圆，并每年应出蒙租洋捌仟圆。凭折收取。日后倘有蒙民人等争夺者，有收租人一力承当。恐口无凭，立租到永远地基合同文约两张，各执壹张为证

〔钤"土默特旗包头市生计会"印〕

中华民国三十六年拾壹月弍拾七日张玉亭〔名章〕立

立合同贰张各执壹张为凭〔骑缝〕

同中说合人王玉玺

王相

吴润升代笔〔名章〕

租字第 20276 号

〔钤"土默特特别旗包头市生计会"条形章〕

〔契尾附巴爱爱过约乙字联单，骑缝钤"土默特旗包头市生计会记"弍方〕

巴爱爱过房院地基约

原件长二十五公分宽十三公分

〔此约附张玉亭契尾，骑缝钤"土默特旗包头市生计会记"式方〕

生字第壹柒弍号〔骑缝〕

土默特旗政府蒙古过约联单

（丙联）　字第　号

为发给买卖田房过约联单事，兹查左列不动产业经新旧业主申请转移，唯此项产权应与原主蒙古巴爱爱照章履行过约手续并遵守左记事项附诸契尾不动产类：房院地基

坐落：包市富三元巷壹拾四号

长宽尺寸或面积：东西宽八丈弍尺〇寸，南北长四丈八尺〇寸

四至：东至徐姓，南〔至〕何姓，西至大街，北〔至〕米姓

价格：肆佰肆拾万圆整

立约年月日过约年月日：民国三十六年十一月廿八日

卖主氏名：

买主姓名：张玉亭

蒙古收租人：巴爱爱

每年租额：捌仟圆整

蒙古应得百分之五过约费：弍拾弍万圆整

本府经费百分之三：壹拾叁万弍仟圆整

右单给蒙古巴爱爱

中华民国三十六年拾壹月廿八日

郝允恭租房院地基约

原件长四十八公分宽五十公分

立租到永远房院地基合同文约人郝允恭，今租到巴征玙〔有巴爱爱名章〕祖遗包头市西恼包街巷门牌六七号屋地基一块。东西宽捌丈△尺△寸，南北长二十六丈三尺三寸。东至王姓，西至薛姓，南至薛姓，北至卢姓、大路。四至分明，出水出路通行官街。今情愿租到自己名下永远住占为业。日后起楼盖居、栽树、打井，一概由其自便。今遵土默特旗政府定章，以原价〔钤"估价"章〕洋四仟万圆整，应出百分之八蒙古过约费叁佰式拾万圆，并每年应出蒙租洋捌万圆。凭折收取。日后倘有蒙民人等争夺者，有收租人一力承当。恐口无凭，立租到永远屋地基合同文约两张，各执壹张为证

后批此屋地基计地三亩五分壹厘 ．

〔押"土默特旗包头市生计会钤记"印〕

中华民国三十七年五月廿八日郝允恭立〔名章〕

立合同文约式张各执壹张为证〔骑缝〕

经手人张润〔名章〕

同中说合人云沛霖〔名章〕

奇景峰〔名章〕

王国桢书〔名章〕

租字第陆捌号〔钤"土默特特别旗包头市生计处"条形章〕

〔契尾附巴征玙过约联单，骑缝处押"土默特旗包头市生计会钤记"印叁方〕

巴征玛过房院约

原件长二十四公分宽十五公分

〔此约附郝允恭契尾，骑缝处押"土默特旗包头市生计会钤记"印叁方〕

生字第壹柒伍伍号〔骑缝〕

土默特旗政府蒙古过约联单

（丙联）字第　号

为发给买卖田房过约联单事，兹查左列不动产业经新旧业主申请转移，惟此项产权应与原主蒙古巴征玛〔巴爱爱名章〕照章履行过约认租手续并遵守左记事项附诸契尾

不动产类：房院

坐落：包市西恼包村六七号

长宽尺寸或面积：东西宽八丈，南北长二十六丈三尺三寸

四至：东至王姓，南〔至〕薛姓，西至薛、聂二姓，北〔至〕卢姓大路

价格〔钤"估价"章〕：洋四仟万元

立约年月日：民国三十五年十月二日

过约年月日：〔民国三十〕七〔年〕五〔月〕廿九〔日〕

卖主氏名：张五牛

买主姓名：郝允恭

蒙古收租人：巴征玛〔巴爱爱名章〕

每年租额：洋捌万元

蒙古应得百分之五过约费：洋贰佰万元

右单给蒙古巴征琪〔巴爱爱名章〕

中华民国三十七年五月廿九日

张耀广租房院地基约

原件长四十九公分宽四十八公分

立租到永远房院地基合同文约人张耀广，今租到巴爱爱祖遗包头市关帝庙街巷门牌十九号屋地基一块。东西宽四丈五尺△寸，南北长壹拾丈△尺△寸。东至卖主、马姓，西至穆姓，南至尹姓，北至卖主、马姓。四至分明，出水出路通行官街。今情愿租到自己名下永远住占为业。日后起楼盖居、栽树、打井，一概由其自便。今遵土默特旗政府定章，以原价洋金（元）〔圆〕（卷）〔券〕柒仟伍佰圆整，应出百分之八蒙古过约费金（元）〔圆〕〔券〕陆佰圆，并每年应出蒙租洋银捌角。凭折收取。日后倘有蒙民人等争夺者，有收租人一力承当。恐口无凭，立租到永远屋地基合同文约两张，各执壹张为证

〔押"土默特旗包头市生计会钤记"印〕

中华民国三十捌年壹月拾日张耀广〔名章〕立

立合同文约贰张各执壹张为证〔骑缝〕

同中说合人刘巨银〔名章〕

刘高升〔名章〕

郭鸿禧〔名章〕

租字第 80015 号〔钤"土默特特别旗包头市生计处"条形章〕

〔契尾附巴爱爱过约联单，骑缝处押"土默特特别旗包头市生计会钤记"印叁方〕

巴爱爱过房院约

原件长二十五公分宽十五公分

〔此约附张耀广契尾，骑缝叁处押"土默特旗包头市生计会钤记"印〕

生字第壹捌零零号〔骑缝〕

土默特旗政府蒙古过约联单

（丙联）字第　号

为发给买卖田房过约联单事，兹查左列不动产业经新旧业主申请转移，惟此项产权应与原主蒙古巴爱爱照章履行过约认租手续并遵守左记事项附诸契尾

不动产类：房院

坐落：包市关帝庙街十九号

长宽尺寸或面积：东西宽四丈五尺，南北长十丈

四至：东至卖主马姓，南〔至〕尹姓，西至穆姓，北〔至〕马姓

价格：金（元）〔圆〕〔券〕柒仟五佰元

立约年月日：民国三十七年十二月三日

过约年月日：〔民国三十〕八〔年〕一〔月〕十〔日〕

卖主氏名：马元芳

买主姓名：张耀广

蒙古收租人：巴爱爱

每年租额：银洋捌角

蒙古应得百分之五过约费：金（元）〔圆〕〔卷〕三佰七十五元

本府经费百分之三：金（元）〔圆〕〔卷〕二佰二十五元

右单给蒙古巴爱爱

中华民国三十八年一月十日

赵二仁租屋地约

原件长四十二公分宽五十公分

上（长）〔账〕

立租到永远合同文约人赵二仁，今租到蒙古巴祯祥祖遗后厂汗测涝村屋地一块。东至田姓，西至田姓，南至大道，北至小道。四至分明，情愿租到自己名下居住承守为业，栽树、穿井，一切由己自便。同人言明，现（附）〔付〕过约大洋伍元八角整。其洋笔下交清不欠。每年应出租洋壹毛。按春秋两季交纳，日后倘有〔蒙〕古民人等争夺者，有巴祯祥一面承当。两出情愿，各无反悔，恐口无凭，专立合同文约为证

成吉思汗纪元七三四年①三月二十四日赵二仁立

合同文约二张各执一张〔骑缝〕

同中说合人吴宝全十

田有来十

李为顺十

赵三奴十

代笔田玉禄十

租字第00121号〔钤"土默特旗包头生计会"条形章〕

---

① 成吉思汗纪元七三四年为伪蒙疆政府之纪年，即公元1939年。以此类推，后不再出注。

〔契尾附巴征祥过约乙字联单，骑缝两处钤"土默特旗包头生计会图记"印〕

巴征祥过地租约

原件长三十六公分宽十七公分

〔此约附赵二仁契尾，骑缝两处钤"土默特旗包头生计会图记"印〕

生字第壹三玖号〔骑缝〕

过约乙字联单

土默特旗包头生计会为发给过约联单事情，兹有蒙古巴征祥原讫田三达名下地租洋壹角，今过于赵二仁名下收讫管业。其地坐落前厂汗鸳鹙乡。四至，东至田姓，南〔至〕大道，西至田姓，北〔至〕小道。长△宽△。佃期七三四年三月廿四。佃价壹佰壹拾六元。按照五分应过洋除留助会费洋外，其余照数收讫。为此发给乙字联单，以备查照。右仰蒙古巴征祥收执

成吉思汗纪元七三四年四月五日

生字第壹三玖号〔骑缝〕〔钤"土默特旗包头生计会图记"印〕

陈国祥租房院约

原件长四十三公分宽五十公分

补立租到永远房院合同文约人陈国祥，今情愿租到巴征祥祖遗到包头市属富三兀巷房院地基壹所。坐东向西，东至尚一正，西至大路，南至本主，北至兴盛玉。四至分明，水陆出路

通行旧道，一切五行动作，由己自便。同中言定，按以五分过约，使过市洋壹拾元整。其洋当交不欠。每年随带蒙租市洋壹元伍角。日后如有亲族人等争夺者，有收租人一力承当。此系两出情愿，各无反悔，恐口难凭，立合同文约为证

补立道光二十九年闰四月十九日

成吉思汗纪元七三五年十一月廿三日陈国祯立十

立合同文约两张各执壹张〔骑缝〕

同中说合人兴盛玉十

张玉公十

王好珅十

郑濮阳十

八扣十

崔文元十

租字第00007号〔钤"土默特旗包头生计会"条形章〕

〔契尾附巴征祥过约乙字联单，骑缝两处钤"土默特旗包头生计会图记"印，另有"巴盟土默特旗包头生计会验讫"章，日期为"735.11.25"〕

巴征祥过地租约

原件长三十五公分宽十六公分

〔此约附陈国祥契尾〕

生字第陆玖号〔骑缝，骑缝两处钤"土默特旗包头生计会图记"印，另有"巴盟土默特旗包头生计会验讫"章，日期为"735.11.25"〕

过约乙字联单

土默特旗包头生计会为

发给过约联单事，兹有蒙古　　原讫　　名下地租

洋　元　，今过于陈国祯名下收讫　　其地　　坐落富三巷内九号

四至，东至　，南〔至〕　，西至　，北〔至〕　〔注"如合同"〕

长　宽　佃期　佃价　按照五分

应过洋除留助会费洋外，其余照数收讫。为此发给乙字联单，以备查照。右仰蒙古巴征祥收执

成吉思汗纪元七三五年十一月廿五日补

生字第陆玖号〔骑缝，钤"土默特旗包头生计会图记"印〕

白宪周租大水约

原件长四十二公分宽五十公分

立租到永远大水合同文约人白宪周，今租到巴征祥祖遗应分到包头市东新乡属第七天长旱水贰厘。水通必气沟沟掌泉眼下至官渠老坝，水路通行浇溉。情愿租到自己名下永远浇溉承守管业使水。同中人言明，现使过过约蒙币洋壹百贰拾伍圆整。其洋当日缴清不欠。每年随带水租洋贰圆整。其洋按春秋两季收使，不许长支短欠、长缩水租。每年官差神社照乡规摊派所出。嗣后倘有蒙民人等争碍者，有（受）〔收〕收租人完全负责。两出情愿，各无反悔。恐口难凭，立租到永远大水合同文约为证据

成吉思汗纪元七三六年十二月十八日白宪周〔名章〕立

立合同文约式张各执壹张〔骑缝〕

同中说合人裴厚〔名章〕

杨萃林〔名章〕

菅德〔名章〕

刘汝〔名章〕

贾玉珍〔名章〕

代字人武荣〔名章〕

租字第00054号〔盖"土默特旗包头生计会"条形章〕

〔契尾附巴征祥过约乙字联单，骑缝两处押"土默特旗包头生计会钤记"印〕

巴征祥过地租约

原件长三十四公分宽十五公分

〔此约附白宪周契尾，骑缝两处押"土默特旗包头生计会钤记"蒙汉文合璧印〕

生字第捌肆号〔骑缝〕

过约乙字联单单

土默特旗包头市生计会为

发给过约联单事，兹有蒙古巴征祥原讫白振英名下地租洋式元。今过于白宪周名下收讫管业。其地坐落东新乡七天大水式厘。四至，东至口，南〔至〕口，西至口，北〔至〕口。长口宽口佃期七三六年十二月十八。佃价式仟五百元。按照五分应过洋除留助会费洋外，其余照数收讫。为此发给乙字联单以备查照。右仰蒙古巴征祥收执

成吉思汗纪元七三六年十二月卅日

生字第捌肆号〔骑缝，契尾骑缝处押"土默特旗包头生计

会钤记"蒙汉文合璧印〕

冯五九租旱地约

原件长四十二公分宽五十公分

立租到永远土默旱地合同文约人冯五九，今租到巴征祥祖遗到后营子村东端户口地壹段。东至赵姓，西至赵姓，南至□姓坟地，北至大道。四至分明，长壹百式拾弓，宽肆拾陆弓，计地式拾叁亩整。情愿租与自己名下永远耕种承管，一切五行造化由己自便。经同中人说合言明，现付过押租洋壹拾〔有"巴盟土默特旗包头生计会"椭圆形章〕圆零式角〔有"巴盟土默特旗包头生计会"椭圆形章〕五分整。其洋当缴不欠。随带每年地租洋叁角〔有"巴盟土默特旗包头生计会"椭圆形章〕整。按以春秋两季缴纳。嗣后倘有蒙民人等争夺者，有巴征祥一力承当。恐口无凭，立租地合同约为证用

〔押"土默特特别旗包头生计会钤记"蒙汉文合璧印〕

成吉思汗纪元七三六年十二月廿四日立地租约人冯五九立〔名章〕

立合同约贰张各执壹张〔骑缝〕

同中说合人张增华押

马蕴道押

田有来〔名章〕

郭存富〔名章〕

赵攀旺〔名章〕

代笔庞若卿〔名章〕

租字第 00086 号

〔契尾附巴征祥过约乙字联单，骑缝叁处押"土默特旗包头生计会钤记"蒙汉文合璧印，壹处加盖"巴盟土默特旗包头生计会"椭圆形章〕

巴征祥过地租约

原件长三十六公分宽十六公分

〔此约附冯五九契尾，骑缝叁处押"土默特旗包头生计会钤记"蒙汉文合璧印，壹处加盖"巴盟土默特旗包头生计会"椭圆形章〕

生字第壹肆肆号〔骑缝〕

过约乙字联单

土默特旗包头市生计会为

发给过约联单事，兹有蒙古巴征祥原讫□□□名下地租洋叁角〔有"巴盟土默特旗包头生计会"椭圆形章〕。今过于冯五九名下收讫承守。□□坐落后营子村。四至东至□，南〔至〕□，西至□，北〔至〕□。四至约内注明。长□宽□佃期七三六年十一月廿四日。佃价式百〇伍元〔有"巴盟土默特旗包头生计会"椭圆形章〕。按照五分应过洋除留助会费洋外，其余照数收讫。为此发给乙字联单以备查照。右仰蒙古巴征祥收执

成吉思汗纪元七三七年三月廿八日

生字第壹肆肆号〔骑缝，叁处押"土默特旗包头生计会钤记"蒙汉文合璧印〕

冯五九买地约

原件长三十公分宽十六公分

〔契首具"厚和税务监督署之票照钤记仍为有效"章〕

稼　字第　号〔骑缝，钤厚和税务监督署印〕

蒙古联合自治政府厚和财务监督署

蒙古买契地租凭证

稼字第6553号

不动产种类：旱地

坐落：包头市后营子

面积：二十三亩

四至：东至赵姓，南至坟地，西至赵姓，北至大道

原有额数：一段

出卖额数：一段

立契年月日：七三七年十二月二十四日

原契登记号数：第一五八七号

卖价款数：二百零五元

应纳税额正税：一十二元三角

〔应纳税额〕附加：

蒙古租额：三角

原契几张：一张合同一张

图及宽长丈尺：载原契内

卖主姓名：赵马保

〔卖主〕住址

买主姓名：冯九五

〔买主〕住址

地邻：赵姓、坟地、赵姓、大道

乡镇长：第一乡公所

中保人：张增华、田有来

代租人：

蒙古收租人：巴征祥

附记：成纪七三八年十二月一日发讫

成吉思汗纪元七三八年十二月一日填

稼　字第　　号〔骑缝，钤"厚和税务监督署"印〕

张绍业等租地基约

原件长四十四公分宽五十公分

立租到永远熟茬地基合同文约人张绍业、徐子铎、郝志和，今租到巴文栋云氏祖遗到包头市城西南第三乡第四甲境管郑二窑子村西南北畛熟茬地基壹段，计地尺寸，东西宽壹拾五步，南北长壹百玖拾贰步，共地壹拾贰亩。东至白姓，西至买主，南至买主，北至李姓。上至青天下至海穴，六至分明，水陆出路通行大道，情愿租到自己名下，永远承守耕种为业。同人言明，按以五分共现交押地过约蒙币大洋肆拾〔此处具"巴盟土默特旗包头生计会"椭圆形章〕贰圆整〔此处具"巴盟土默特旗包头生计会"椭圆形章〕。其洋当交不欠，每年随带地租市大洋叁圆整〔具"巴盟土默特旗包头生计会"椭圆形章〕。其租按以春秋二季交纳，不许长支短欠，亦不许涨（迭）〔跌〕地租。异日起房盖屋、穿井、栽树、开渠、打坝，五行动作，一切改造均由自便。嗣后倘有蒙民人等争碍者，有收租人一面承

当。此系两出情愿，各无反悔。恐口无凭，立租到永远熟茬地基合同文约为证

〔钤"土默特旗生计会包头市房地钤记"蒙汉文合璧印〕

成吉思汗纪元七三八年九月七日张绍业〔名章〕、徐子铎〔名章〕、郝志和〔名章〕立

立合同式张各执壹张为证〔骑缝〕

同中说合人郑瑞〔名章〕

翟介璞〔名章〕

代笔赵仲连〔名章〕

生字第 NO1193 号〔有"土默特旗包头生计会"条形章〕

〔契尾附巴云氏过约乙字联单，骑缝叁处具蒙汉文合璧"土默特旗生计会包头市房地钤记"印〕

巴云氏过地租约

原件长三十六公分宽十六公分

〔此约附张绍业等契尾〕

生字第陆柒拾号〔骑缝，叁处具蒙汉文合璧"土默特旗计会包头市房地钤记"印〕

过约乙字联单

土默特旗包头市生计会为

发给过约联单事，兹有蒙古巴云氏原讫　　名下地租。洋壹元〔有"巴盟土默特旗包头生计会"椭圆形章〕。今过于张绍业、徐子铎、郝子和名下收讫　　，其地　　坐落郑二窑子村熟茬地基。四至，东至白姓，南〔至〕大道，西至买主，北〔至〕李姓。长　百　十　步，宽　十　步。佃期七三八年九月

日。佃价捌百伍拾元〔有"巴盟土默特旗包头生计会"椭圆形章式枚〕，按照五分应过洋除留助会费洋外，其余照数收讫。为此发给乙字联单以备查照。右仰蒙古巴云氏收执

成吉思汗纪元七三八年九月九日

生字第陆柒拾号〔骑缝，具蒙汉文合璧"土默特旗计会包头市房地钤记"印〕

张绍业买旱地约

原件长三十公分宽十六公分

〔契首有"厚和税务监督署之票照钤记仍为有效"章〕

稼　字第　　号〔骑缝，钤厚和税务监督署印〕

蒙古联合自治政府厚和税务监督署

蒙古买契地租凭证

稼字第 6408 号

不动产种类：旱地

坐落：包头市郑二窑子村

面积：一十二亩

四至：东至买主，南至买主，西至孙姓，北至李姓

原有额数：一段

出卖额数：一段

立契年月日：七三八年九月七日

原契登记号数：买契第三零三八号

卖价款数：二百四十元

应纳税额正税：一十四元四角

〔应纳税额〕附加：

蒙古租额：二元

原契几张：一张合同一张

图及宽长丈尺：载原契内

卖主姓名：杨七十三

〔卖主〕住址：

买主姓名：张绍业

〔买主〕住址：

地邻：买主、买主、孙姓、李姓

乡镇长：第三乡公所

中保人：郑瑞、翟介璞

代字人：赵仲连

蒙古收租人：巴云氏

附记：成纪七三八年十月一日发讫

成吉思汗纪元七三八年十月一日填

稼　字第　　号〔骑缝，钤厚和税务监督署印〕

张绍业等租地基约

原件长四十四公分宽五十公分

　　立租到永远熟茬地基合同文约人张绍业、徐子铎、郝志和，今租到巴文栋云氏祖遗到包头市城西南第三乡第四甲境管郑二窑子村西南北畔地基壹块，计地尺寸，东西宽叁拾步，南北长贰佰捌拾步。东至白姓，西至荒滩，南至大道，北至买主。上至青天下至海穴，六至分明，水陆出路通行大道。共计地叁拾五亩。情愿租到自己名下，永远承守耕种为业。同人言明，按以五分共现交押地过约蒙币大洋壹百贰拾贰圆伍角〔有"巴盟土默特旗包头生计会"椭圆形章〕。其洋当交不欠，每年随带地租市大洋叁圆整〔有"巴盟土默特旗包头生计会"椭圆形章〕。其租按以春秋二季交纳，不许长支短欠，亦不许涨（迭）〔跌〕地租。异日起房盖屋、穿井、栽树、开渠、打坝，五行动作，一切改造均由自便。嗣后倘有蒙民人等争碍者，有收租人一面承当。此系两出情愿，各无反悔。恐口无凭，立租到永远熟茬地基合同文约为证

〔"土默特旗生计会包头市房地钤记"印，蒙汉文合璧〕

成吉思汗纪元七三八年九月七日张绍业〔名章〕、徐子铎〔名章〕、郝志和〔名章〕立

立合同贰张各执壹张为证〔骑缝〕

同中说合人郑瑞〔名章〕

翟介璞〔名章〕

代笔赵仲连〔名章〕

生字第 F1191 号〔有"土默特旗包头生计会"条形章〕

〔契尾附巴云氏过约乙字联单，骑缝叁处具蒙汉文合璧"土默特旗生计会包头市房地钤记"印〕

巴云氏过地租约

原件长三十六公分宽十六公分

〔此约附张绍业等契尾〕

生字第陆伍捌号〔骑缝，叁处具蒙汉文合璧"土默特旗计会包头市房地钤记"印〕

过约乙字联单

土默特旗包头生计会为

发给过约联单事，兹有蒙古巴云氏原讫　　名下地租，洋叁元。〔有"巴盟土默特旗包头生计会"椭圆形章〕今过于张绍业、徐子铎、郝志和名下收讫　　，其地　坐落郑二窑子村熟茬地基。四至，东至白姓，南〔至〕大道，西至荒滩，北〔至〕买主。长　百　十　步，宽　十　步。佃期七三八年九月　日。佃价捌佰肆拾元。按照五分应过洋，除留助会费洋外，其余照数收讫。为此发给乙字联单以备查照。右仰蒙古巴云氏收执

成吉思汗纪元七三八年九月九日

生字第陆伍捌号〔骑缝具蒙汉文合璧"土默特旗计会包头市房地钤记"印〕

张绍业买旱地约

原件长三十一公分宽十六公分

〔契首有"厚和税务监督署之票照钤记仍为有效"章〕

蒙古联合自治政府厚和税务监督署

蒙古买契地租凭证

稼字第6421号〔骑缝具蒙汉文合璧"土默特旗计会包头市房地钤记"印〕

不动产种类：旱地

坐落：包头市郑二窑子村

面积：三十五亩

四至：东至白姓，南至大道，西至荒滩，北至买主

原有额数：一段

出卖额数：一段

立契年月日：七三八年九月七日

原契登记号数：买契第三零三七号

卖价款数：二千四百五十元

应纳税额正税：一百四十七元

〔应纳税额〕附加：

蒙古租额：三元

原契几张：一张合同一张

图及宽长丈尺：载原契内

卖主姓名：张楞秃

住址：

买主姓名：张绍业

住址：

地邻：白姓、大道、荒滩、买主

乡镇长：第三乡公所

中保人：郑瑞、翟介璞

代字人：赵仲连

蒙古收租人：巴云氏

附记：成纪七三八年十月一日发讫

成吉思汗纪元七三八年十月一日填

稼　字第　　号〔骑缝具蒙汉文合璧"土默特旗计会包头市房地钤记"印〕

张绍业等租地基约

原件长五十一公分宽四十四公分

立租到永远熟茬地基合同文约人张绍业、徐子铎、郝志和，今租到巴文栋云氏祖遗到包头市城西南第三乡第四甲境管郑二窑子村西南北畛熟茬地基壹段，计地尺寸，东西宽壹拾伍步，南北长壹百玖拾贰步，共地壹拾贰亩。东至买主，西至孙姓，南至买主，北至李姓。上至青天下至海穴，六至分明，水陆出路通行大道。情愿租到自己名下，永远承守耕种为业。同人言明，按以五分共现交押地过约蒙币大洋壹拾贰圆整〔盖有"巴盟土默特旗包头生计会"椭圆形章〕。其洋当交不欠，每年随带地租市大洋五角〔有"巴盟土默特旗包头生计会"椭圆形章〕。其租按以春秋二季交纳，不许长支短欠，亦不许涨（迭）〔跌〕地租。异日起房盖屋、穿井、栽树、开渠、打坝，五行动作，一切改造均由自便。嗣后倘有蒙民人等争碍者，有收租人一面承当。此系两出情愿，各无反悔。恐口无凭，立租到永远熟茬地基合同文约为证

〔钤"土默特旗生计会包头市房地钤记"印，蒙汉文合璧〕

成吉思汗纪元七三八年九月七日张绍业〔名章〕、徐子铎〔名章〕、郝志和〔名章〕立

立合同贰张各执壹张为证〔骑缝〕

同中说合人郑瑞〔名章〕

翟介璞〔名章〕

代笔赵仲连〔名章〕

生字第 NO1192 号〔盖有"土默特特别旗包头生计会"条形章〕

〔契尾附巴云氏过约乙字联单，骑缝叁处具蒙汉文合璧"土默特旗生计会包头市房地钤记"印〕

巴云氏过地租约

原件长二十五公分宽十六公分

〔此约附张绍业、徐子铎、郝志和契尾〕

生字第陆陆零号〔骑缝，叁处具蒙汉文合璧"土默特旗生计会包头市房地钤记"印〕

过约乙字联单

土默特旗包头生计会为

发给过约联单事，兹有蒙古巴云氏原讫　　名下地租洋伍角〔有"巴盟土默特旗包头生计会"椭圆形章〕。今过于张绍业、徐子铎、郝子和名下收讫承业，其地　　坐落郑二窑〔子〕村熟荒地　十二（么）〔亩〕。四至，东至买主，南〔至〕买主，西至孙姓，北〔至〕李〔姓〕。长　百　十　步，宽　十　步。佃期七三八年九月七日。佃价式百肆拾元〔有"巴盟土默特旗包头生计会"椭圆形章〕

按照五分应过洋除留助会费洋外，其余照数收讫。为此发给乙字联单以备查照。右仰蒙古巴云氏收执

成吉思汗纪元七三八年九月十日

生字第陆陆零号〔骑缝，具蒙汉文合璧"土默特旗计会包头市房地钤记"印〕

张绍业买旱地约

原件长三十一公分宽十五公分

〔契首有"厚和税务监督署之票照钤记仍为有效"章〕

稼　　字第　　号〔骑缝，具蒙汉文合璧"土默特旗生计会包头市房地钤记"印〕

蒙古联合自治政府厚和财务监督署

蒙古买契地租凭证

稼字第6409号〔骑缝，具蒙汉文合璧"土默特旗计会包头市房地钤记"印〕

不动产种类：旱地

坐落：包头市郑二窑子

面积：一十二亩

四至：东至白姓，南至买主，西至买主，北至李姓

原有额数：一段

出卖额数：一段

立契年月日：七三八年九月七日

原契登记号数：买契第三零三九号

卖价款数：八百四十元

应纳税额正税：五十元零四角

〔应纳正税〕附加：

蒙古租额：五角

原契几张：一张合同一张图

及宽长丈尺：载原契内

卖主姓名：张楞秃

〔卖主〕住址：

买主姓名：张绍业

〔买主〕住址：

地邻：白姓、买主、买主、李姓

乡镇长：第三乡公所

中保人：郑瑞、翟介璞

代字人：赵仲连

蒙古收租人：巴云氏

附记：成纪七三八年十一月一日发讫

成吉思汗纪元七三八年十月一日填

稼　　字第号〔骑缝，具蒙汉文合璧"土默特旗计会包头市房地钤记"印〕

蔡国璋租大水约

原件长四十二公分宽五十公分

立租到永远大水合同文约人蔡国璋，今租到巴荣氏祖遗应分到包头市第一乡第一甲属第八天轮流大水伍毫轮流浇溉使水。水上通必汽沟，沟掌泉眼，下至公渠老坝，轮流浇溉，水路照旧通行。情愿租到自己名下永远浇溉承守管业。同中人言明，照章值百抽五，共计洋贰拾贰圆伍角〔有"巴盟土默特旗包头生计会"椭圆形章〕。其洋当日缴清不欠，每年随带蒙租洋叁角〔有"巴盟土默特旗包头生计会"椭圆形章〕。按春秋两季收使。不许长支短欠。嗣后倘有蒙民亲族人等争碍者，有（受）〔收〕租人完全负责。两出情愿，各无反悔。恐口难凭，立租到永远大水合同文约为证据

〔具蒙汉文合璧"土默特旗计会包头市房地钤记"印〕

成吉思汗纪元七三八年十二月二日蔡国璋立〔名章〕

立合同文约式张各执壹张〔骑缝〕

同中说合人王士秀

王权〔名章〕

贾玉珍〔名章〕

代字人武荣〔名章〕

生字第 F1221 号〔押蒙汉文"土默特旗生计会包头分会"条形章〕

〔契尾附巴云氏过约乙字联单，骑缝叁处具蒙汉文合璧"土默特旗生计会包头市房地钤记"印〕

巴云氏过地租约

原件长三十五公分宽十六公分

〔此约附蔡国璋契尾〕

生字第柒零柒号〔骑缝，具蒙汉文合璧"土默特旗生计会包头市分会钤记"印〕

过约乙字联单

土默特旗包头生计会为

发给过约联单事，兹有蒙古巴云氏原讫　名下地租洋叁角〔有"巴盟土默特旗包头生计会"椭圆形章〕。今过于蔡国璋名下收讫。其地坐落第一乡第一甲第八天大水伍毫。四至，东至　，南〔至〕　，西至　，北〔至〕　。长　，宽。佃期七三八年十一月。佃价肆百伍拾元〔有"巴盟土默特旗包头生计会"椭圆形章〕。按照五分应过洋除留助会费洋外，其余照数收讫。为此发给乙字联单以备查照。右仰蒙古巴云氏收执

成吉思汗纪元七三八年十二月弍日

生字第柒零柒号〔骑缝，具蒙汉文合璧"土默特旗计会包头分会地钤记"印〕

吴怀厚租白地约

原件长四十二公分宽五十公分

立租到永远白地合同文约人吴怀厚，今租到蒙古巴云氏祖遗到包头市第一乡四甲前营子村北白地壹块。系东西长陆拾柒丈伍尺，南北宽壹拾式丈伍尺，计地壹拾肆亩。东至官道，西至刘姓，南至刘姓，北至刘姓。四至分明，今情愿租到自己名下，永远耕种承守为业。嗣后此地以内起楼盖屋、穿井、栽树，一切五行建造、修理动土，完全由己自便。水陆出路通行于大道。（似）〔依〕此援照值百抽五公家规定之通例，共出过约费洋壹百零伍元〔有"巴盟土默特旗包头生计会"椭圆形章〕。其洋笔下交清不欠。每年共交租洋壹元捌角〔有"巴盟土默特旗包头生计会"椭圆形章〕。日后如有蒙族人等争夺者，有收租人一面承当。此系两出情愿，各无反悔。恐口难凭，立租到永远白地合同约为证据

上账

〔具蒙汉文"土默特旗计会包头分会地钤记"印〕

成吉思汗纪元七三八年十二月五日租到人吴怀厚立〔名章〕

立合同文约式张各执壹纸〔骑缝〕

同中说合人巴子祥

巴瑞麟〔名章〕

贾玉珍〔名章〕

玉浩〔名章〕

生字第 NO1326 号〔押蒙汉文"土默特旗生计会包头分会"条形章〕

〔契尾附巴云氏过约乙字联单，骑缝叁处具蒙汉文合璧"土默特旗生计会包头市分会钤记"印〕

巴云氏过地租约

原件长三十六公分宽十六公分

〔此约附吴怀厚契尾〕

生字第陆玖柒号〔骑缝，具"土默特旗生计会包头市分会钤记"印〕

过约乙字联单

土默特旗包头生计会为

发给过约联单事，兹有蒙古巴云氏原讫　　名下地租洋壹元捌角〔有"巴盟土默特旗包头生计会"椭圆形章〕。今过于吴怀厚名下收讫，其地坐落第一乡前营子村白地。四至，东至官道，南〔至〕刘姓，西至刘姓，北〔至〕刘姓。长十二丈，宽十一丈。佃期七三八年十二月。佃价式仟壹百元〔有"巴盟土默特旗包头生计会"椭圆形章〕。按照五分应过洋除留助会费洋外，其余照数收讫。为此发给乙字联单以备查照。右仰蒙古巴云氏收执

成吉思汗纪元七三八年十二月　日

生字第陆玖柒号〔骑缝，具蒙汉文合璧"土默特旗生计会包头市分会钤记"印〕

吴怀厚买旱地约

原件长三十公分宽十六公分

〔契首有"厚和税务监督署之票照钤记仍为有效"章〕

稼　　字第　　号〔骑缝，具"土默特旗计会包头市分会钤记"印〕

蒙古联合自治政府厚和税务监督署

蒙古买契地租凭证

稼字第 6510 号

不动产种类：旱地

坐落：包市前营梁

面积：十四亩

四至：东至官道，南至刘姓，西至刘姓，北至刘姓

原有额数：一段

出卖额数：一段

立契年月日：七三八年十一月廿四日

原契登记号数：第三一八一号

卖价款数：二千一百元

应纳税额正税：一百二十六元

〔应纳税额〕附加：

蒙古租额：一元捌角

原契几张：一张合同一张

图及宽长丈尺：载原契内

卖主姓名：刘三柱

〔卖主〕住址：

买主姓名：吴怀厚

〔买主〕住址

地邻：官道、刘姓、刘姓、刘姓

乡镇长：第一乡公所

中保人：巴瑞嶙、巴图纳森

代租人：

蒙古收租人：巴云氏

附记：成纪七三八年十二月五日发讫

成吉思汗纪元七三八年十二月五日填

稼　字第　　号〔骑缝，具"土默特旗计会包头市分会钤记"印〕

刘荣租旱地约

原件长四十三公分宽五十一公分

立租到永远旱地合同文约人刘荣，今租到蒙古巴云氏祖遗坐落包头市第一乡属前营子村北旱地壹段，面积东西长陆拾丈，南北宽柒丈伍尺，计地柒亩五分。东至刘姓，西至刘姓，南至刘姓，北至刘姓。四至注明，水陆出路通行大道，情愿租到自己名下永远耕种承守管业。日后界内穿井、植树、修造建设、五行经营，一切均有租主自便生息。出租人不得过问或干预。兹应按照现地值百过五之通例，现出过约费大洋式拾元伍角整〔有"巴盟土默特旗包头生计会"椭圆形章〕。其洋已缴不欠。每年随带蒙租大洋陆角〔有"巴盟土默特旗包头生计会"椭圆形章〕。此情两愿，各无反悔。嗣后倘有蒙族人等争碍者，有收租人一力承当。恐口难凭，爰立租到永远旱地合同文约存照

〔押蒙汉文"土默特旗生计会包头市分会钤记"印〕

成吉思汗纪元七三九年三月二十五日租到人刘荣立〔名章〕

立合同文约式纸各执壹纸〔骑缝〕

同中说合人巴子祥〔名章〕

贾玉珍〔名章〕

马德成〔名章〕

张亮〔名章〕

黄明章书〔名章〕

生字第 NO1241 号〔押蒙汉文合璧"土默特旗生计会包头分会"条形章〕

〔契尾附巴云氏过约乙字联单，骑缝叁处具蒙汉文合璧"土默特旗生计会包头市分会钤记"印〕

巴云氏过地租约

原件长三十六公分宽十六公分

〔此约附刘荣契尾〕

生字第柒贰肆号〔骑缝，骑缝叁处具蒙汉文"土默特旗生计会包头市分会钤记"印〕

过约乙字联单

土默特旗包头生计会为

发给过约联单事，兹有蒙古巴云氏原讫　　名下地租洋陆角〔有"巴盟土默特旗包头生计会"椭圆形章〕。今过于刘荣名下收讫承守。其地　坐落前营子村旱地　亩。四至，东至刘姓，南〔至〕刘姓，西至刘姓，北〔至〕刘姓。长　十丈，宽　丈。佃期七三九年三月　日。佃价肆百伍拾元（有"巴盟土默特旗包头生计会"椭圆形章）。按照五分应过洋除留助会费洋外，其余照数收讫。为此发给乙字联单以备查照。右仰蒙古巴云氏收执

成吉思汗纪元七三九年　月　日

生字第柒贰肆号〔骑缝，骑缝处具蒙汉文"土默特旗生计会包头市分会钤记"印〕

归化城某某人租折（残件）

原件长十三公分宽四十二公分

空地基（乙）〔一〕块，计二十四亩余，东至张姓，西至张姓，南至张姓，北至魏、杨两姓。每年地租钱七百文。又，每年另随租钱叁百文。民国八年十二月廿三日

刘尚福，坐落西恼包村当村路

南户口地（乙）〔一〕块，计地（乙）〔一〕亩四奉。东至聂姓，西至本主，南至主，北至大道

每年地租钱六百文。民国十三年十二月廿日

马和，买主三奴子、四老猫

坐落西恼包村路南白地（乙）〔一〕块，东至裕明公司，南至本主，西至本主，北至官道。每年地租洋（乙）〔一〕角。民国十六年四月九日

聚义堂，坐落西恼包村东路南

地基二段。东段，东至福德长河（漕）〔槽〕，西至南头买主、北头卖主，南至河（漕）〔槽〕，北至官道。西段，东至买主，西至卖主，南至河槽，北至卖主。每年地租钱一千一百五十文。倘有使水灌地加租钱二百文。民国十二年十二月初六日

赵谷来，坐落西恼包村东路南

地基（乙）〔一〕块：东至王姓，以小东正房马

头嘴子通垣（?），南至杨（?）姓，西至聂姓出路为界，北至大道。每年地租钱（乙）〔一〕千五百文。

民国十一年六月初一日

利民诊疗所租房地基约

原件长四十二公分宽四十六公分

立租到永远房地基合同文约人利民诊疗所，今租到巴爱爱祖遗包头市　街西阁外巷拾柒号房基壹块，东西宽正房陆丈陆尺□寸，南房拾贰〔丈〕捌〔尺〕五〔寸〕。南北长正房贰丈陆尺伍寸，南房贰〔丈〕玖〔尺〕伍（寸）。东至正房贾姓，南〔房〕厕所，西至公伙院内大路，南至公伙院内杨姓等，北至买主、公伙院内。四至分明，出水走路通行官街。今情愿租到自己名下永远住占为业。日后起楼盖屋、栽树、打井，一概由其自便。今遵土默特旗人民政府定章，以原价人民币壹仟伍佰肆拾万元整，应出百分之三五蒙古过约费伍拾叁万玖仟元，并每年应出以原价千分之三的蒙租肆万伍仟元，凭折收取。日后倘有蒙民人等争夺者，有收租人一力承当。恐口无凭，立租到永远

房地合同文约两张各执壹张为证

〔押蒙汉文合璧"土默特旗第六区公所包头分所钤记"印〕

公元一九五三年八月廿四日〔具"包头市利民中医联合诊疗所"条形章〕立

立合同契约两张各执壹张〔骑缝〕

同中说合人郭秉福〔名章〕

杨华棠〔名章〕

焦六轩〔名章〕

代笔人

租字第壹零伍号

〔契尾附巴爱爱过约联单，骑缝叁处具蒙汉文合璧"土默特旗生计会包头市分会钤记"印〕

巴爱爱过房院地基约

原件长二十五公分宽十二公分

财字第壹零伍号〔骑缝，押蒙汉文合璧"土默特旗生计会包头市分会钤记"印〕

土默特旗人民政府蒙古过约联单

为发给买卖田房过约联单事，兹查左列不动产业经新旧业主申请转移，惟此项产权应与原主蒙古巴爱爱照章履行过约认租手续，并遵守左记事项付诸契尾

不动产类：房院地基

坐落：包头市西阁外十七号

长宽尺寸或面积：东西宽　丈　尺　寸，南北长　丈　尺　寸〔有"合同注明"〕

四至：东至　　南至　　西至　　北至　　〔有"合同注明"〕

价格：人民币壹仟伍佰肆拾万元

卖主氏名：杨栋达

买主氏名：包头市利民中医联合诊疗所

蒙古收租人：巴爱爱

每年租额：人民币肆万伍仟元

蒙古应得百分之三五过约费：人民币伍拾叁万玖仟元

立约年月日：一九五三年八月廿四日

过约年月日：〔一九五三年〕九〔月〕六〔日〕

右单给蒙古巴爱爱

公元一九五三年九月六日

福兴寺格斯贵确珠尔买房院信票

原件长四十六公分宽四十五公分〔原文为满文〕

呼和浩特户司所发，为乾隆五十一年四月初三日，由右翼二甲关防参领巴拉丹道尔计咨文称：我关防参领丹巴仁、骁骑校伊达木扎布等呈文称：我牛录披甲格里格呈文称，我家城西门外太湖馆胡同内有房院一处，内〔残缺〕南厢房四间，西厢〔残缺〕房三间，东厢房三间，大门一扇，地基宽为四二六尺，长七二五尺。此房院以二百元九千钱的价，卖给福兴寺格斯贵确珠尔。为此，我家族兄长确苏隆、弟弟十户长罗布桑策仁，作保等因呈十户长额林沁、额德扎布、领催丫头、尼玛、却桑、萨巴克、朝格图、丹珠尔哈巴、骁骑校伊达木扎布、参领丹博日勒共同作保。转行记人档册等事前来，故奏报转行人档。我司对呈文记录在案，收取税金。〔残缺〕买该房者福兴寺格斯贵确珠尔承领有关防信票一张。乾隆五十一年四月初七日

把独蒙扣出租地约

原件长四十六公分宽四十五公分

立出租地约人把独蒙扣，因为门差紧急，今将自己大圪堆

地式块，系南北畛。东至赵富，南至高文，西至道，北至吉了坝。壹块系南北畛，东至王山秀，南至荒路，西至郑显，北至张其功。四至分明，式块共计地壹拾伍亩。今情愿出租与刘福名下，耕种为（约）〔业〕。言明每年式块共地租钱伍佰文，秋后交纳。仝众支使过地租钱柒仟整。其钱当交勿欠，恐后无凭，立租约为后照书

嘉庆拾伍年五月十一日立十

合同为照用〔骑缝〕

原中人姚功十

连兴旺十

衣时递十

刘胡

〔蒙古文签注〕

东冻出租地约

原件长二十七公分宽二十七公分

立出租地约人东冻，自因使用不足，今将自己讨号板申村北滩地壹块，计地五十亩，系南北畛。东至荣家宝，西至本主，南至大道，北至白（玉）〔艮〕索楞。四至分明，情愿出租与陈廷山、张福二人名下，耕种为业，永远承种。同人言定，每壹年共出地租钱四百五十文。当日现支过二年地租钱九百文。其钱笔下交足，并不短欠。道光式年春季起种，至三年秋后为满。恐口无凭，立约存照

道光二年三月十一日

中见〔人〕五喇嘛

刘之安

金万库

王玉

塔拉气转佃空地基约

原件长四十公分宽四十三公分

立转佃空地基文约人塔拉气，今有的力图遗下宁武巷路东巷内北空地基一块。东西宽三丈五尺五寸，南北长七丈五尺。东至庞姓，西至大盛店，南至出路，北至大有馆。四至分明，情愿佃与王玉凤名下修盖、永远居占，许退不许夺。同人言明，有当日原使过押地钱贰拾千文。今塔拉气又因急用，又使钱伍千文，一并共作押地钱贰拾伍千文整。每年随带地铺钱贰千肆佰文。按四季标凭折收取。日后如有蒙民户、族人等争端者，有塔拉气一面承当。恐口难凭，立约为证

再者，有前口欠地铺等项，俟玉福回来之日面质，与王玉凤无干

大清道光十四年四月十六日立约人塔拉气〔画押〕

合同弍纸各执壹纸〔骑缝〕

上半张富安堂存照考

同〔中〕人薛景十

张兆明十

王书山十

同治元年五月十九日同中收过押地钱弍拾五千文。此钱王福堂立新收旧。当日吊立新约，此约以作故纸，无用

〔蒙古文签注〕

源兴聚出佃房院约

原件长五十二公分宽五十二公分

立推房产文约人源兴聚，因有原（垫）〔佃〕到兴义元房院不愿自占，今同中将原房院坐落归化城大南街三贤庙巷口路东铺房门面三间，随后厅一所，计房九间。又随南院一所，通三贤庙巷出路，内计正房四间，东房四间，西马棚弍间。又随北院一所，内计正房三间，东房弍间。一应房院土木石俱已相连，一并出（垫）〔佃〕与万象新名下，永远为业。同中言定，（垫）〔佃〕价大钱叁佰叁拾五千文。其钱笔下交足。所有蒙古地租万象新随去交纳，与源兴聚新毫无干涉。嗣后如有兴义元兰姓争端者，有源兴聚一面承当。恐口难凭，立推房院约为证

蒙古原老约十一帋，内有不用的老约六帋，地基约三帋，原推（垫）〔佃〕约弍帋。随去兴义元推约壹帋，修理账壹本

道光三十年十一月初二日立约十

中见人张照富十

高锡嘉十

狄安仁十

郭亮出佃地约

原件长四十八公分宽四十八公分

立典地约人郭亮，自因已使用不足，今将自己村东连场面壹所，计地拾亩，系南北畛。东至孔献有，西至孔献禄，南至孔献禄，北至魏良弼。四至分明，情愿出佃与韩士昌名下，耕

种管业。同人言明，典地价钱壹拾柒千文整。其钱笔下交清不欠。日后钱到回赎。如钱不到，不计年限，倘后如有蒙民人等争夺者，有典主一面承当。两出情原，各无反悔，恐口难凭，立典约为证用

计批每（么）〔亩〕出租钱叁拾文，秋后交纳

计批日后赎地钱数现钱，本年三月，初三日收老口骟马壹匹，作钱　千

咸丰式年新正月廿五日立十

见知〔人〕孔献福十

傅玉升十

王永泰十

本达转典地约

原件长三十公分宽二十八公分

立典租约人本达，自因使用不足，今将何士善名下租（籽）〔子〕钱壹千零伍拾文，转典与伊铿额收讫，三年为满。以折为凭。原系使过本钱壹千柒百文。本利全顶租（籽）〔子〕，自本年秋后起收。恐口不凭，立典租约为证

咸丰八年五月廿六日立

知见〔人〕车汗十

色令十

把老爷同少爷哈成圪出过地约

原件长四十公分宽四十公分

立过永远地约人把老爷同少爷哈成圪，今过到赵崇治名下锁号儿村南（摊）〔滩〕地壹块。地系东西南北畛。东至康照，西至兵州亥路，南北（具）〔俱〕至赵崇信。四至分明，计地四拾九亩，今情愿出过与刘福海名下，永远耕种为业，开渠、打坝、浇灌地土，栽树、打井，内坐阴阳宅，随代全行生意，水（汗）〔旱〕出入，道路通行，一应由佃主人自便。同人言明，使过过租钱叁千文整。其钱笔下交足不欠。日后有蒙古民人争夺者，有把老爷一面承当。两出情愿，永无反悔，恐口难凭，立过租约存照用

计开

每年应出地租钱壹千式百文

大清同治四年三月十七日立十约

立合同约各执壹张〔骑缝〕

知见人圪力儿兔十

赵兴贵十

大不扣十

栗安舒书

把老爷过租地约

原件长二十八公分宽二十七公分

立过租约人把老爷，今因张生林地租，今过到张成仁名下收讫，每年出地租钱叁佰伍拾文。同人言明，现使过租钱壹千零伍拾文。恐口无凭，立过约为用

大清同治五年十月廿五日立

合同为证〔骑缝〕

知见人何月明十

李明十

乔肇十

三合和卖空地基约

原件长三十公分宽三十公分

立卖空地基约人三合和，今将自己锁号村东北空地基一块，东至道，西至闫明，南至路，北至王进宝。四至分明，东西宽壹拾步，同人言定价钱玖仟文整，当交不欠。情愿出卖与闫明名下，永远修理、居住为业。日后倘有蒙民人等争夺者，有三合和一面承当。恐口无凭，立约为证

每年出地普儿钱壹佰五十文，三合和收讫

大清同治五年十二月十九日立

合同二纸各执一张〔骑缝〕

知见人杜公十

不扣十

王进宝十

七十三十

韩元富十

郜世宽十

张士修十

韩府吉林泰出赁房院约

原件长五十二公分宽五十二公分

立出赁房院约人韩府吉林泰，今将自己置到大南街牌楼底坐东向西楼房院壹所，内计东楼瓦房上下玖间，小南房肆间，西楼上下柒间（隐）〔迎〕街门楼过道壹座，后小院壹所，内计正瓦房式间，后门壹座，出路通土地祠巷，行走过道壹间，出路通大南街。上下土木金石相连，门窗甲扇共十二扇，坑皂俱全。南至天明园侯姓，北至珍俊斋，东至土地祠巷，西至官街。四至分明，情愿出赁与鹿鹤园名下住占，任便改盖。同中言定，每月房基兑钱壹拾壹千文，按月凭折收取。所有各召地谱原房主自纳，与占房人无干。仝日现使过押房基兑钱贰百千文整。其钱当日交清不欠，房租不许长（迭）〔跌〕，亦不许长支短欠。许占不许逐。不计年限。所有修理，砖瓦、木石、石灰、钉栈出与房主，土坯、麦秸、人工、茶饭出于占房人。嗣后倘有蒙民人等争碍者，有吉林泰一面承当。恐口难凭，立出赁房约为证

同治六年十月初一日立

壹样式张各执壹张〔骑缝〕

中人阎绣章十

曹振寿十

甲赖等出押地约

原件长四十八公分宽四十八公分

立出押地约人佐领武老爷束下领催甲赖、王来宝、尔力根代、王登、德牙、恼尔金报，情因使用差事紧急，今将自己大毕斜气村西南（代）〔带〕水地壹块，系南北畛，计地壹拾式亩。东至李成，西至李成，南至色圪登，北至路。又随带村南

（代）〔带〕水地壹块，系东西畛，计地柒亩。东至渠，西至色圪登，南至朝单霸，北至渠。又随村南（代）〔带〕水地壹块，系东西畛，计地式拾肆亩。东西至老渠，南至黑圪令召地，北至克什图。各四至指明，同人说合，情愿出押与骁骑校伊铿额名下，耕种为业。同人言定，现使过押地价钱陆佰吊文整。其钱笔下交清不欠。地种式拾年以外，许本主钱到回赎。式拾〔年〕以内赎地者，按月三分行利。如钱不到者，种地不计年限。随带第五天夜水半渠。又随〔带〕第九天夜水官用。每年秋后出地租钱式千伍佰文。异日倘有人争夺者，有武老爷同领催六人一面承当。恐口无凭，立押地约为用

同治六年十二月初五日立约

立合同约为用〔骑缝〕

知见人六十五十

五十九十

李成十

塔秉泰十

塔布增十

尔计出佃地约

原件长二十八公分宽二十九公分

立佃地约人尔计，自因官差紧急，今将六犋牛村西南荒地一块，系东西畛，计地七十亩。东至河，南至河，西至白艮架，北至闫天增。四至分明，情愿出佃与闫常名下，耕种承业。同人言定，佃地价钱拾仟文整。其钱卧笔交清。每年秋后出租钱叁佰文。起房盖屋、开渠打坝、栽树、打井，由钱主自便。工

苦钱，每亩伍仟文。恐口无凭，立佃约存照

  同治六年十二月廿七日立

  立合约为证弌（支）〔纸〕〔骑缝〕

  中见人闫天增十

  王钰十

  六万子十

三合和出佃地约

  原件长四十五公分宽四十七公分

  立过永远地租约人三合和巴老爷，今因庆村郝近禄今将自己村南其盘地壹块，东至路，西至周元碧，南至韩成功，北至冀五旦子。四至分明，共计地拾肆亩有（令）〔零〕。郝门银钱紧急出佃与栗鹏全名下，永远耕种，阴阳（柱）〔住〕坐、栽树、打井、开渠打坝、淤灌、养（性）〔牲〕畜放厂，水（汗）〔旱〕出入道路通行，一应地（的）〔得〕万金与卖地过租蒙民人无干，自由佃地人栗鹏全有业（的）〔得〕利，永远自便。每年共出蒙古地租街市钱柒佰文整。永不许长跌、长支、短欠。三合和收讫，现使过租押地钱壹千肆佰文整。其钱笔下交清。日后有蒙民人等争夺者，有三合和一面承当。两出情愿，永无反悔。恐口无凭，立过永远蒙租地铺约为证用

  大清同治捌年正月十一日立过租约

  合同约各执壹㕁〔骑缝〕

  知见人任天福十

  王定清十

  不叩十

刘福海十

三合和过地基约

原件长四十公分宽四十公分

立过地基约人三合和，今过到高富名下，现使过钱式千。计开东至韩张宝子，西至杜功，南至官道，北至韩张宝子。四至分明，日后有蒙民人等争夺者，有三合和一面承当。恐口无凭，立合同约为证

每年秋后出地普钱式佰文

大清同治八年八月十一日立

立合同约为证〔骑缝〕

知见人王（孚?）忠十

杜成十

不叩十

陈世明十

胡有义十

三合和出佃地约

原件长二十九公分宽二十九公分

立佃永远地基约人三合和，自因今将自己地基壹块，东至路，西至买主，南至路，北至王进宝。四至分明，今情愿出佃与闫敏名下，修理、（柱）〔住〕坐、盖房（举）〔居〕（柱）〔住〕。同人言明，佃地基价银壹千文整。其钱当交不欠，永无反（回）〔悔〕。日后有蒙民人（增）〔争〕夺者，有三合和一

面承当。恐口无凭，立佃永远地基约存证用

　　每年（初）〔出〕铺钱五十文

　　大清同治九年四月初九日立

　　立合同约为证用〔骑缝〕

　　知见人武丁十

　　不叩十

　　郭升十

　　康建荣十

郭永发出租山厂约

原件长四十公分宽四十二公分

　　立合同约人郭永发，情因自己原佃到沙尔沁村蒙古公社万家沟内大火烧沟山厂一处，租给本族郭连开设天顺煤窑一座。其窑户与己抽头数目，另与窑户有约可凭。所有自己向窑户抽头钱文，共作十股内与票主人乌力贡额名下分票课二股，按月算账。下剩八股由山主人自便。至〔于〕天顺窑开采花费工本与山主、票主毫无干涉。日后倘有蒙民人等争论者，有山主人一面承当。设有官查窑口，有票主人一面承当。恐口无凭，立合同约为证存照用

　　同治九年五月二十一日立

　　立合同约一样二张各执壹张〔骑缝〕

　　知见人元茂公李掌柜十

　　笔帖式纳逊十

　　领催朋沙十

　　卢九皋十

张普照〔画押〕

昔第出佃地约

原件长四十六公分宽四十六公分

立出佃地约人昔第，近因使不便，将自己村东水地壹块，东西俱至渠，南至路，北至毛恼亥。四至分明，情愿出典与郝成名下承种。同中言定，现使过城兑钱弍拾仟零玖佰壹拾陆文整。钱当面交足，地准钱到回赎。每年秋后出现租钱弍佰文，地至同治拾壹年春月起种，秋后出租。日后倘有蒙民人等争夺，有地主人一面承当。恐口无凭，立典地合同约为证

同治拾年弍月拾叁日立

典约为凭〔骑缝〕

中人满家喜十

六十一十

打圪登十

冀珍十

万象新智中和出佃房约

原件长四十四公分宽四十二分

立推房产文约人万象新智中和，今将自己原佃到源兴聚房院坐落归化城大南街三贤庙巷口路东铺房门面叁间，随后厅一所，计房玖间，正房叁间，东房弍间。又随南院一所，通三贤庙巷出路，内计正房四间，东房四间，西马棚弍间。一应房院土木石俱已相连。同中说合，一并出佃与乌勒贡额名下，永远

为业。同中言定，佃价大钱贰百肆拾吊整。其钱笔下交清。所有蒙古各地租乌勒贡额随去交纳，与智中和毫无干涉。嗣后如有人争夺者，有万象新智中和一面承当。恐口难凭，立推房院约为证

计随去无用老约六纸，新旧推约肆纸，新旧地基约伍纸，修理账壹本

同治十年五月十三日万象新智中和立十

中见人阿尧尔赞十

连通十

刘成基十

幸世通十

张普照〔画押〕

杨广泰出租山厂约

原件长三十公分宽三十公分

立租窑地基山厂约人杨广泰，自因手中缺乏，将自己原置到小南宨南坡山厂地基一所，东至分水为界，西至杨三太，南至山顶分水为界，北至河渠。四至分明，情愿山厂地基出租与贾俊智名下，永远开垦行窑。同人言明，提头钱按壹玖提。出路通行百日以外不动锹镬者，由山厂地基人自（辨）〔便〕。所有延庆寺开口钱多寡地基人所出。票理查窑钱随票所出。走路，倘有人拦挡者，有地基人一面承当。恐口难凭，立租窑约为证

同治十一年三月初三日立

合同式纸各执一张〔骑缝〕

中见人孟景富十

李士银十

贾振世十

伊老爷出赁房约

原件长四十五公分宽四十五公分

立出赁房约人伊老爷，今将自己原置到大南街三贤庙巷口坐东向西铺面栏柜弍间，内计柜房弍间，后院小正房壹间。同人说合，情愿出赁与源裕泉，永远住占。同人言明，每年共作房价市钱柒拾弍千文。按四季收取，现支过押房银肆拾两。言明准其永远居住，须住亦不须逐。日后倘有修理房屋等项，砖瓦、木植、石灰、丁栈，（具）〔俱〕系房主所出。土（丕）〔坯〕、麦秸、人工、茶饭，住房人所出。日后倘有蒙民人等骚扰者，有伊老爷（亦）〔一〕面承当。恐后无凭，立约为证

大清同治十一年十一月初一日伊老爷立

立合同约弍纸各执壹纸为凭〔骑缝〕

同中人巴老爷十

尔的泥白彦保什户十

三合和出过地基约

原件长二十九公分宽二十八公分

立过永远地租约人三合和，今过到赵兴威名下地基壹块，东至赵兴贵，西至邰威，南至街行，北至邰威。四至分明，出路通街，今情愿出过与赵兴威名下，修（里）〔理〕（柱）〔住〕坐，永远长（柱）〔住〕。同人言明，现使过过租钱五千文整。

其钱当交不欠。永无反悔。日后有蒙民人（增）〔争〕夺者，有三合和一面承当。恐口无凭，立过永远租约存证用

〔此数目与下面不合，语义不明〕

每年应出地租钱六百五十文

大清同治十二年九月十七日立

立过合同约为证用〔骑缝〕

知见人不扣十

七十三十

康建云十

宋兆鸣租空地基约

原件长五十公分宽五十二公分

立租空地基合约人宋兆鸣，今租到佐领伊铿额名下原置到蒙古密计坐落本城宁武巷路东空地基壹段。东至富安堂参领巴空基，西至长短不齐，内院西北至王姓原占蒙古五十六地基，西南至官街。外院北至蒙古五十六地基南，内外俱至安姓。（里）〔里〕院北至元和成。四至分明，（里）〔里〕外院俱由大门出路通街，仍照承接原约租到自己名下，永久住占、出赁由其自便。同人言明，现出过押地基钱肆佰吊文。其钱笔下交清。今新立折据，言定每年地普钱拾弍吊文，按四季凭折收取。日后改修拆盖，任由住占人方便，再不许增长地普，亦不许长支短欠，日后倘有蒙民人等因地基拦阻争夺者，有地基主一面承当。两出情愿，别无异说。恐口无凭，立此空地基合约为证

光绪弍年八月初四日立宋（姚）〔兆〕鸣十

抄约

两约批一样，所有不论前者远年近年约据，俱以为故纸，勿用

现今立此新合同约据为证

中见人王凤朝十

乔杰十

牛温十

三合和三老爷出典地约

原件长四十公分宽四十公分

立出典地约人三合和三老爷，自因使用不足，今将自己章圪塔村路东白地壹块，系地东西畛。东至赵招，西至渠，南至赵光元，北至祁玉财。四至分明，情愿出典与王胜威名下，耕种承业。同人言定，现使过典地价 钱壹佰捌拾伍吊文整。其钱当交不欠，日后许钱到回赎。如钱不到者，种地不计年限。随（代）〔带〕神社按叁拾八亩公摊，每年秋后出地租钱伍佰文。日后倘有蒙古民人争夺者，有三老爷一面承当。两出情愿，各无反悔。恐口难凭，立合同约证用

大清光绪廿伍年弍月弍拾九日立

立合同约弍张，各执壹张〔骑缝〕

中见人赵招十

王清厚十

七十三十

小黑包五太宝十

郜居福十

武崇义十

康佼十

倭老爷出押地约

原件长三十公分宽二十一公分

立出押地约人倭老爷，自因使用不足，今将自己原置到□□水旱地壹块，系地东西畛。亩数不计。东至兴隆沟路，西至□□至面焕。四至分明，同人说合，情愿出押与张德名下耕种，□地价　钱式拾陆仟文整。其钱笔下交足分文不欠。□□如钱不到者，种地不计年限。开渠走水浇灌（渔）〔淤〕漫□如有蒙民人等争碍者，有倭老爷一面承当。两出□□每年秋后出地渠水租钱壹佰伍拾文。立押地约为证用

立出押地合同约为证用，各执壹张〔骑缝〕

大清光绪式拾六年二月廿七日

万寿出过地约

原件长五十四公分宽二十五公分

立过租永远约人万寿，自因无钱使用，今将自己原遇到锁号村南兵州亥路东地壹块，地系南北畛。计地式拾叁亩。东至李智兴、白登发，西至路，南至刘开印，北至李智兴。四至分明，今情愿出过与李智兴名下耕种（成）〔承〕业。同人言明，今遇到三年地，租价过钱陆捌钱壹仟肆佰四十文整。其钱笔下交清不欠。日后有蒙古民人争夺者，有万寿一面（成）〔承〕当。恐口难（凭），立过租永远约为证用

万寿收讫

每年秋后出地租钱肆佰八十文

大清光绪二十六年十二月廿三日立

立过租合同约为证用〔骑缝〕

知见人刘升十

郭忠十

张皋十

郭生旺书十

孔广明典地约

原件长五十四公分宽二十五公分

　　立典地约人孔广明，今典到倭老爷孔家营村东北白地式块，共地式拾亩，系南北畛。东至河（漕）〔槽〕，西至王万喜，北至哈老爷。四至分明，情愿典与自己（明）〔名〕下耕种为业。同人言明，典地价卜兑钱捌拾千文整。其钱当日交清不欠。一典三年为满，许钱到回赎，如钱不到者，种地不计年限。每年秋后出地租市钱八百文。官差神社种地人所出。日后倘有蒙古民人争夺者，有倭老爷一面承当。恐口无凭，立典地约〔人〕为证

大清光绪二十八年二月初五日立

立合同约式张各执壹张〔骑缝〕

中见人什进十

薛魁十

孔广银书

三少爷出典地约

原件长四十一公分宽四十公分

立典地约人三少爷，自因无钱使用不足，今将自己村北地壹块，计地伍亩，地系南北畛。东西至路，南至韩德牛，北至路。四至分明，今情愿出典与王德厚名下，耕种承业。同人言明，典地价　　钱肆千文整。其钱笔下交清不欠。日后钱到回赎。如钱不到者，种地不计年限。恐口难凭，立佃地约为证用

三少爷讫

每年出地租钱壹百文

大清光绪二十九年九月廿九日立

立合同为证用〔骑缝〕

知见人郜居福十

院生子十

郭生旺书十

把太老爷等出典地约

原件长二十九公分宽二十九公分

立（监）〔典〕地租文约人把太老爷、倭老爷、二老爷，后恼包九承社拾柒号地。同人言明，（监）〔典〕地租　十钱，管约承种，永远为业。至弍拾玖年。日后捌拾钱所出。不（须）〔许〕长（迭）〔跌〕，日后不（须）〔许〕反（衣）〔悔〕后（改）〔悔〕。有人反（衣）〔悔〕后（改）〔悔〕，有把太老爷、倭老爷万福号、二老爷一面承当。其租钱当交不欠。日后（尚）

〔倘〕有蒙古户内人等（明）〔民〕人（曾）〔争〕夺者，把老太爷、倭老爷万福号、二老爷（亦）〔一〕面承当。恐口无凭，立（监）〔典〕租约存照用

  刘先生十

  傅存义十

  润小厮十

  屈光荣书十

  大清光绪二十九年十月廿九日立

  立合同约为证〔骑缝〕

  屈喻出租钱　十

  屈满出租钱　百□□

  屈林出租钱　百

  屈仲元出租钱　百

  史成牛出租钱　百

  司二小出租钱　百

  司酬三出租钱　百

  刘永安出租钱　百

  刘在登出租钱　百

巴府伊太太同子万寿出典地约

原件长三十九公分宽四十二分

  立典地约人巴府伊太太同子万寿，自因使用不足，今将自己村西南海留东南大地壹块，地南北畛。计地肆拾亩。东至哈老爷，西至钱主郭生利，南至王胜威，北至王胜威。四至分明，今情愿出典与郭生利名下，耕种为业。同人言定，现使过陆捌

地价钱叁佰叁拾伍吊文整。其钱当交不欠。日后钱到回赎。如钱不到者，种地不计年限。恐口无凭，立典地约为证用

　　此地原系荒地壹半应社式拾亩

　　计开每年秋后出蒙古地租钱壹千文

　　大清光绪三十一年二月初五日立

　　立合同约为证〔骑缝〕

　　中见人王贵士十

　　康成十

　　郜居禄十

　　李智真十

　　王德玺十

　　蒙古各矢十

　　高金陵书

　　中华民国四年十一月初五日支取地价市钱叁拾千文

伊太太同子万寿、倭仁泰过租地约

　　原件长五十四公分宽五十三公分

　　立过租约人佐领伊太太同子万寿、倭仁泰，今因赵升贵租子过到陈巍名下，每年应出糜租四斗壹升八合。村东计地式拾亩，系东西畛。东至赵万金，西至钱主，南至赵万金，北至杨全全。四至分明，同人说合，现使过租糜子壹石式斗五升四合。其糜子当日交足不欠。异日倘有蒙民人等妨碍者，有万寿、倭仁泰一力承当。恐口无凭，立约为证

　　大清光绪三十式年四月初五日立

　　立过租约为证〔骑缝〕

中见人高攀盛十

任泉十

彭珍十

乔克己〔画押〕

巴府三少爷出租地约

原件长二十八公分宽二十九公分

　　立租地约人三合和巴府尹三少爷，今将自己（比）〔北〕山后柳卜渠村地，南至坡，（比）〔北〕至河渠，东至坡，西至坡。共租种地拾（项）〔顷〕有余。又有牛犋房三间，仓房三间，东小房壹间，修理抹砌，出与种地人所（辨）〔办〕。所有地每年出租地城兑钱壹佰捌拾吊文。牧厂水草、公用出路通行。同众言明，每年秋后全清。情愿出租与刘昌贵名下耕种。两出情愿，各无反悔。立写合同约为证用

　　光绪叁拾四年正月十七日巴府三少爷立十

　　计开批地租银二两三钱三厘出与种地人

　　立合同约为证用〔骑缝〕

　　中见人刘禄十

　　崔贵有十

　　李德胜书

倭仁泰出典地约

原件长三十九公分宽四十二公分

　　立佃永远约人倭仁泰，今因自己使用不足，今将自己锁号

村村西地壹块，东至兵周亥路，西至善旦路、王宝全、郜居禄，北至三吃路、千家宝、冯，南至二巴子、赵爱、康峻、郜居禄。四至分明，今情愿出典与赵招（明）〔名〕下，耕种为业、盖房、栽树、打井、开渠、停坟、饲养牲畜，四面出路通行。言明地价　钱伍千文。其钱当交不欠。日后有蒙民人争夺者，有蒙古倭仁泰一面承当。恐口难凭，立约佃永远地约为证用

每年出地租钱式佰文，倭仁泰收

宣统元年七月十九日立

立合同约为证用〔骑缝〕

知见人王福柱十

郜居福十

王海亮十

万蜂过租地约

原件长五十一公分宽五十三公分

立过租约人蒙古万蜂，自因无钱使用，今将自己村南兵周亥路东地壹块，计地十五亩，地系东西畛。东至白登发，西至路，南至买主，北至买主。四至分明，今过与李智兴名下，耕种（成）〔承〕业。同人言明，今过租钱壹千文整。其钱笔下交清。日后有蒙古民人争夺者，有万蜂一面（成）〔承〕当。恐口难凭，立过租约为证用

万蜂讫

每年出地租钱伍百廿文

大清宣统二年正月廿五日立

立合同过约为证用〔骑缝〕

知见人刘高十

郜绪十

郭生旺十（弍）〔书〕

万寿、万福出典地约

原件长四十一公分宽四十一公分

立典地约人同母万寿、〔万〕福，自因使用不足，今将自己村南章盖台路西地壹块，计地弍拾伍亩，地系东西畛。东至渠路，西至王惠，南至买主李知兴，北至赵昭。四至分明，今情愿出典与李知兴（明）〔名〕下，耕种承业。同人言明，现使过陆捌典地价钱叁佰仟零柒千文整。其钱笔下交足不欠。日后钱到回赎，如钱不到者，种地不计年限。日后蒙（名）〔民〕人（曾）〔争〕夺者，有同母万寿、〔万〕福一面承当。两出情愿，各无反悔。恐口无凭，立典地约为证用

此□□□□乔不用

计开每年出□□□□□□□

大清宣统二年二月廿九日立

立合同约为证用〔骑缝〕

知见人郜居福十

张存仁十

郭忠十

何兴胜十

王连十

蒙古院生十

康峻十

巴府伊太太同子万寿、万福出典地约

原件长四十公分宽四十一公分

立典地约人巴府伊太太同子万寿、万福，自因使用不足，今将自己锁号而村南得胜地壹块，系南北畛。计地式拾伍亩。东至哈老爷，西至渠，南至兵州亥王维，北至渠、买主。四至分明，今情愿出典与郭忠名下，耕种为业。同人言定，现使过典地价陆捌钱式佰肆拾陆千文整。其钱笔下交足不欠。日后钱到回赎，如钱不到者，种地不计年限。恐口无凭，立典地约为证用

每年秋后出地租钱五百文

大清宣统二年十一月十九日立

立合同式约各执壹张〔骑缝〕

知见人何根削十

刘恩世十

郜起书十

支取地价市钱叁拾千文

刘贵佃房约

原件长四十公分宽四十公分

立佃房约人刘贵，今典到郭文垣名下宁武巷坐北向南正间门院内西内院正房叁间半，南小房半间，门窗俱全，出路在东南外院通街，（毛）〔茅〕房在外院伙占。仝人言定，共作典价钱四百式拾吊整。其钱笔下交清不欠，限至叁年为满。系从宣

统三年三月初一日起，到期钱到回赎。如钱不到，不计年限。异日有人争夺，有郭文垣一面承当。日后如有工（成）〔程〕砖瓦、木石、钉栈、椽檩、石灰出与房主，土坯、麦穰、人工、茶饭出与典主。院内地谱一应花销出与房主，与典主毫无干涉。两出情愿。恐口无凭，立典约为证

　　大清宣统弌年腊月初四日刘贵立十
　　合同约弌张各执壹张〔骑缝〕
　　仝中见人达小厮十
　　邢谦益十

万寿、万福出租地约

原件长四十四公分宽四十二公分

〔契首有验契收证壹份〕

立佃地约人万寿、〔万〕福，今因使用不足，今将自己锁号村南井卜子路东地壹块，系南北畛。东至渠，西至哈老爷，南至李智兴，北至渠路。四至分明，今情愿出典与赵招名下，耕种为业。同人言明，现使过典地价陆捌钱叁拾千文整。其钱笔下交足不欠。日后钱到回赎。如钱不到者，种地不计年限，恐口无凭，立典地约为证用

　　千　　〔盖"验字"章〕　　　十〇〔盖合"价　元"章〕

每年秋后出地租钱弌百丈
〔贴中华民国贰分印花税票一枚，盖"验字章"〕
大清宣统二年十二月十九日，立
立合同弌约各执壹张〔骑缝〕

知见人何兴旺十

何兴胜十

郜起书十

赵招典地约

原件长四十五公分宽二十一公分

〔此约附万寿、万贵约契首〕

验字第式肆陆玖叁壹号约费注册陆角〔骑缝，契首钤印二，一为"绥县厅之印"，一印文漫漶〕

验契收证

业主姓名：赵招

不动产种类：地

坐落：归绥县属锁号村

顷数亩数或间数：壹块

四至：东至渠，西至哈老爷，南至李智兴，北至渠

典契：壹张，蒙古，每年租钱式百文

〔典〕约：

卖主出典人或出推约人姓名：出典人万寿

中人姓名：何兴旺、何兴胜

立据年月日：前清宣统二年十二月十九日

典价卖价或推价：贰拾元肆角

原契约或执照张数：

应交银数：验费伍角，注册费壹角，共洋陆角

中华民国四年三月十一日归绥县给

〔钤印二，一为"归绥县厅之印"，另印印文漫漶〕

合村蒙古甲头过地基约

原件长三十六公分宽四十一公分

立过永远地基约人合村蒙古甲头，自因今将自己村东地基壹块，南北长玖丈，东西宽壹拾式丈。开（刘）〔列〕四至，东至范忠，西至道南部居禄，北至池永泉、冯冀祯。四至分明，今过到部居禄名下，住坐为业。同人言明，现过过租钱壹吊五百文（正）〔整〕。其钱交不欠。日后有蒙（名）〔民〕人争（套）〔夺〕者，有合村蒙古甲头一面承当。恐口无凭，立过租（业）〔约〕为（正）〔证〕用公下收讫

计开每年出地（甫）〔谱〕钱式佰五十文

民国陆年后二月十九日立

立合同约为证用〔骑缝〕

知见人韩德牛十

刘正厮十

万万十

蒙古海亮过地基约

原件长二十七公分宽二十八公分

立过永远地基约人蒙古海亮，自因差事紧急，今将自己祖遗把独户村正南路西地壹块，计开四至，东至路，西至白兰栓，南至郭永太，北至郭富库。四至分明，今情愿出过与郭郭善阜名下，永远承种为业。同人言定，现使过过租市钱壹吊叁佰文整。其钱笔下交清不欠。日后许挑渠打坝、栽树、穿井、修理

住占、取土、（竹）〔筑〕场，或典或种，由钱主人自便。日后两出情愿，（恪）〔各〕无反悔，日后倘有蒙民人等争夺者，有海亮一面承当。恐口无凭，立过租永远地约为证用

中华民国七年十二月十一日立

知见人弓满羊

栓栓

武永福

海亮过租地约

原件长五十二公分宽五十二公分

立佃永远过租约人三合和海亮，自因差事差事紧急，今将自己村东北地壹块，系地东西畛。东至赵万金，西至钱主，南至钱主，北至钱（主）。四至分明，计地壹块。今从杨根威名下过与陈岗名下，永远耕种为业。同中言明，现使过过租钱伍千文整。其钱笔下交清不欠。日后打井、栽树、阴阳二宅，一切等项，均由钱主自便。倘有蒙民人争夺者，限有吃租人一面承当。此系两出情愿，永无反悔。恐口无凭，立佃永远约为证

计开每（乙）〔一〕年秋后出地租糜式斗〇七合

中华民国捌年十二月十四日立

立合同文约各执壹张〔骑缝〕

中见人靳狗不（里）〔理〕十

家女厮十

闫贵义代笔十

海明等出佃地

原件长五十公分宽五十公分

立出佃地约人海明、〔海〕亮、〔海〕宝，同母言明，因自己使用不足，今将自己锁号村西南祖遗户口地壹段，系地陆拾亩，南北畛。开列四至，东至哈太爷，西至郜居福，南至郭忠，北至音德泰。四至分明，央请中人说合，情愿出佃与王子权，永远耕种为业。四至亩伦之内，任由栽树、打井、起造房屋，有钱主自便。当面言明，共作大洋陆佰圆整。其钱笔下交清不欠。（申）〔神〕社照社交纳每年地租　钱壹吊文。日后如有亲族人等争碍者，有海明兄弟等一力承当。恐口无凭，立佃约为证用

计批，地系叁拾亩，伍拾亩，弍约共合一。嗣后漏出片乕单片，以为故乕

中华民国拾叁年拾一月弍拾陆日海明立十

中见人赵德良十

梁印魁押

李文炳代笔

海亮出佃地约

原件长三十八公分宽三十九公分

立佃永远地约人蒙古海亮同母、胞弟，自因无钱使用不足，今将自己村南章圪台路渠西地壹块，地系东西畛。东至渠，西至王栓套，南至李五斯，北至赵招。四至分明，计地弍伍亩。

今情愿出佃与赵廷壁名下，永远耕种为业。同人言明，现使过佃地价大洋叁百叁拾叁块整。其大洋笔下交清不欠。异日后栽树、剜井、修理、做场、埋坟，一应由买主自便。日后倘有本族亲友争夺拦（都）〔堵〕者，限有蒙古海亮同母、胞弟一面承当。两出情愿，永无反悔。恐口难凭，立佃永远地约为证用

计开每年秋后出租钱满钱叁佰伍拾文，海亮收吃

民国十四年九月十七日立

立合同约为证各执壹张〔骑缝〕

知见人何光晋十

王俊十

马天运书十

李万胜租地约

原件长二十八公分宽二十九公分

立过租地约人李万胜，今租遗到后恼包十五号东沟地一块，东至山顶，西至曹姓，南至山顶，北至山顶。四至分明，出路通行。又连（阳）〔羊〕圈塔地一块。东至刘姓，西至河（漕）〔槽〕，南至河（漕）〔槽〕，北至屈姓。四至分明，出路通行。情愿出租与李万胜名下，永远耕种为（约）〔业〕。同人言明，系过约价地租钱计钱九佰式十文整。长短不（其）〔齐〕，主家伙伙，两出情愿。日后倘有蒙古民人争夺者，有把府荣谢龙一面承当。恐口难凭，立过约为证用

立合同约为证用式恬各执一张〔骑缝〕

中华民国拾四年十月十三日立

中见人苏全小十

郝有亮十

苏存礼〔画押〕

蒙古海亮出卖空地基约

原件长三十八公分宽四十公分

立出卖空地基约人蒙古海亮等同母，情因钱财缺乏，今将自己祖遗锁号村西边自己场基后空地基壹块，其地势是三角形。南边东西宽六丈五尺，北边东西宽四丈，南北长壹拾丈，东至本买主，西至本卖主，南至本卖主，北至买主旧出路。四至分明，情愿出卖与王德政名下，永远住占为业。一切经营创造，均由买主自便。同人言明，现使过卖空地基价大洋　圆　角整。其银笔下交清。日后倘有人拦阻，有海亮母子等一力承当。恐后无凭，立约为证用

每年出地租（同）〔铜〕元廿枚

民国拾四年拾二月廿一日立

立合同约为证用〔骑缝〕

中见人大老虎十

张三河十

王海亮书十

海明出卖地约

原件长二十七公分宽二十六公分

立过租合同约人海明将自己坐落归绥县锁号村西南地壹段，系南北畛。东至哈丰阿，西至部居福，南至郭忠，北至音德泰。

共地陆拾亩。前曾推于王子权受业。兹复经王姓价卖于丁福之永远（承）业。按蒙人习惯，卖地不卖租。同中言明，每年仍向民出地普租市钱壹吊文。日后永不准增涨。经民承认，立合同约为凭

中华民国十五年四月十八日蒙古海明立十

中见人陈治源十

武凤鸾十

杜永贵十

立合同租约各执一份〔骑缝〕

蒙古海亮出典地约

原件长四十三公分宽四十二公分

立典地约人蒙古海亮同母，自因使用不足，今将自己双号村西南西大地壹地，计地南北畛。东至圖瑞蜂，西至何秃子，南至赵林有，北至音德太。四至分明，计地四拾〔亩〕。今情愿出典与蒙古陈院生名下，耕种承业。同人言明，现使过地价大洋元九拾伍块整。其大洋元笔下交（青）〔清〕不欠。日后大洋元到回赎。如大洋元不到，种地不计年限。恐口无凭，立典地约为证用

每年出地租钱五百文

民国拾六年正月初五日立

立合同约为证用〔骑缝〕

中见人赵林有十

何德贵十

王海亮书十

丁福之推让地约

原件长五十二公分宽五十二公分

立推让地约人丁福之，情因自己出外谋事，不能照料地亩，用款紧急，央请中人说合，情愿将自己置到绥属锁号村西南户口地壹段，按照原约原价，仍推接与王子权，永远为业。丁福之税契洋贰拾元，均归王子权负担其地价税契洋。同人当面交清不欠，所有原约部照合同均交王子权收执。嗣后或兴或废，利害均与丁福之毫无干涉。日后倘有同族人等争夺者，有丁福之一面承当。情出两愿，各无反悔，双方立推让合同约为证

计随带部照红契合同共肆张

中华民国十六年阴历十一月初九日丁福之立十

双方立推让合同式张各执壹张〔骑缝〕

中见人梁印魁押

陈以溪十

高席氏十

代笔武御旗十

陈院生出典地约

原件长二十五公分宽二十六公分

立典地约人陈院生，自因使用不足，今将（知）〔自〕己锁号村西南地壹块，系地南北畛。计地叁拾亩。开（刘）〔列〕四至，东至何秃子，西至康计韩，南至赵奎璧，北至李茂春。四至分明，今情愿出典与冯由娃（明）〔名〕下，耕种承（约）

〔业〕。同人言明，现使过柒钱式分现大洋陆拾捌元文整。其现大洋笔下交清不欠。日后现大洋到回赎，如现大洋不到者，种地不计年限。两出情愿，恐口无凭，立典地约为证用

蒙租市钱叁佰柒拾五

海亮吃

民国式拾式年二月十七日立

立合同约为证用〔骑缝〕

地是白地

中见人康计韩十

李晋安十

陈怀仁〔画押〕

陈院生出典地约

原件长二十六公分宽二十六公分

立典地约人陈院生，自因使用不足，今将（知）〔自〕己锁号村西南大地壹块，系南北畛。计地壹拾亩。开（刘）〔列〕四至，东至冯由娃，西至赵自全，南至李茂春，北至李茂春。四至分明，今情愿出典与康计韩（明）〔名〕下，耕种承（约）〔业〕。同人言明，现使过柒钱式分现大洋式拾式块文整。其现洋笔下交清不欠。日后现大洋到回赎，如大洋不到者，种地不计年限。两出（清）〔情〕愿，恐口无凭，立典地约为证用

民国式拾式年二月十七日立

立合同约为证用〔骑缝〕

地是白地

中见人何钱有十

李晋安十

陈怀仁〔画押〕

海亮吃

蒙租市钱壹佰贰拾五个

放牛工钱

院生厮二十四年出大洋四元

见人何钱有

何生贵

云升户口印照

原件长四十三公分宽三十九公分

蒙字第壹仟弍佰肆拾捌号〔骑缝处钤印一，件迹漫漶〕

户口印照

土默特总管公署为

发给户口印照事，照得本署前因本旗官兵、蒙民、喇嘛等所有田房产业，自前清拨给户口养赡以来，迄今二百余年，互相辗转，不无纠葛。当经呈请绥远省政府拟由本署清理蒙人户口房地并自行发给印照以资凭证。旋奉省政府令，开经第二四九次例会决议，如拟办理等因在案，兹查本旗　翼　甲佐所属蒙古云升，在归绥县锁号村有户口地乙段，房院□所。东至兵州亥路，南至赵争璧，西至何禄，北至善丹路，计东西□，南北□。计地□顷伍拾亩□分〔押红〕。经本署核与册档译对相符，并经该管□佐领等证明无误，自应给予印照，以资永远管业须至印照者

右照给蒙古云升收执

中华民国二十四年五月十日

土默特总管荣祥〔具名章一，钤"土默特总管之关防"印，钤"土默特总管章"印〕〔此印照以蒙汉两种文字印制，后为蒙古文〕

蒙古海亮出典地约

原件长二十七公分宽二十七公分

立典地约人蒙古海亮，自因使用不足，今将自己双号村西南西大地，南北畛。东至金太，西至卖主，南至赵耀林，北至李万万。四至分明，计地拾壹亩伍分。情愿出典与陈要名下，耕种承业。同人言明，现使过大洋圆壹百元整。其大洋笔下交清不欠。日后大洋到回赎，如大洋不到者，种地不计年限。恐口无凭，立出典地约为（正）〔证〕用

每年出租大洋壹毛伍分

成吉（士）〔思〕汗七三三年二月十三日立十

立合同约为（正）〔证〕用〔骑缝〕

白地

中见人何钱在十

赵卯卯十

邰维十

蒙古中秀过租地约

原件长二十六公分宽二十六公分

立过租约人蒙古中秀，情因赵桐名下过到王老才、〔王〕红

红名下南大地壹块。计地贰拾亩。东至李昌昌，西至郭忠，南至本主，北至赵艮卯。四至分明，今情愿过与王老才、〔王〕红红名下，耕种为业。同人言明，过租大洋叁拾元整。其洋当交不欠。日后倘有蒙民人争夺者，有中秀一力承当，恐口无凭，立永远过租约为证用

成吉思汗七三八年正月廿八日立十

立过租合同约为证〔骑缝〕

每年秋后出地租　　钱叁百伍拾文

知见人何满苍十

赵金印十

赵桐代笔

荣中义出典地约

原件长二十六公分宽二十六公分

立典地约人荣中义，自因使用不足，今将自己锁号村西南西大地计地弐拾亩，系地南北畛。东至卖主，西至河，南至王红红，北至李晋忠。四至分明，今情愿出典与王三宝名下，耕种承业。同人言定，现使过典地价糜子叁拾石。其糜子当交不欠。日后糜子到回赎。如糜子不到者，种地不计年限。恐口无凭，立典地约为证用

每年出地租粮弍斗

中华民国卅二年十二月廿日立

中见人塔部荣巨才十

刘二娃十

赵怀忠书十

云忠秀过租地约

原件长二十二公分宽二十三公分

立永远过租约人云忠秀，情因赵桐名下过到王荣名下地名锁号村西南南大地壹块，计地玖亩整。系地东西畛。东至李长小，西至郭锁，南至富太、忠秀，北至买主。四至分明，今情愿过到王荣名下，耕种承守为业。同人言定，现使过过租大洋一仟伍佰元整。其洋当交不欠，日后倘有蒙民人等争夺者，有忠秀一力承当。恐口无凭，立过租合同约为证用

民国叁拾四年十一月初二日立十

立永远过租合同为证用〔骑缝〕

知见人何满仓十

张亮亮十

赵金亮十

李明亮十

王英代笔

中义出租地约一

原件长二十六公分宽二十六公分

立种地约人中义同母，将地种与王三宝、赵郭栓二人伙种，地海刘门地式拾（么）〔亩〕，大地陆拾伍（么）〔亩〕，八圪旦地式拾（么）〔亩〕，井卜地拾（么）〔亩〕。种麦子拾（么）〔亩〕，莜麦式拾（么）〔亩〕。莜麦麦子籽，壹应（贵）〔棱〕上承种（官）〔管〕口，（除）〔出〕籽每（么）〔亩〕一升，

牛马料，种（胜）〔甚〕（除）〔出〕（胜）〔甚〕。同人说合，（竹）〔筑〕泥水（贵）〔楳〕上工吃。种（盛）〔甚〕地还（盛）〔甚〕地。〔立〕种地约为证用

（匿）〔楳〕上烧火柴长工赵郭栓

中华民国卅八年二月廿六日立

种地约为证用〔骑缝〕

中见人王焕焕十

陈怀仁书十

中义出租地约二

原件长二十六公分宽二十五公分

立种地约人中义同母，将地种与王焕焕，种瓜大地五（么）〔亩〕，与（贵）〔楳〕上锄刨。瓜地弍（么）〔亩〕。春季与（贵）〔楳〕上做工，瓜地动工，与（至）〔自〕己做工。秋后瓜〔收〕了，与（贵）〔楳〕上做工。同人说合，春秋季作工资白布壹疋。全年食用，（贵）〔楳〕上担应。〔立〕种地约为证用

瓜地伍（么）〔亩〕丁当工资

民国卅八年二月廿六日立

立种地约为证用〔骑缝〕

中见人赵怀忠十

陈怀仁书十

蒙古荣中义过租空地基约

原件长二十九公分宽二十六公分

立过租空地基约人蒙古荣中义同母，自因使用不足，今将自己（愿）〔原〕置到锁号村后街空地基壹所，南北长玖丈，东西宽连出路陆丈。开列四至，东至卖主，西至卖主，南至卖主，北至大路。四至分明，今情愿从王共和名下过与苏俊俊名下，永远修垒住宅。同人言定，现使过过租价高（粮）〔梁〕柒斗伍升。其粮当交不欠。两出情愿，各无反悔。日后有蒙民人等（挣）〔争〕夺者，有蒙古荣中义同母一力承当。恐口无凭，立过租空地基约为证用

  每年出地普秋粮叁升

  中华民国卅八年九月廿九日立

  立过租合同约为证〔骑缝〕

  中见人李升十

  王润栓十

  赵怀忠书十

归化城某某人租折（残件）

原件长三公分宽三十六公分

〔年代不详〕

  □□□每年地租钱　千

  万生永每年地租钱　千　百

  西成永赵璠每年地租钱　百

  赵殿吉每年地租钱　百

  李治兴每年地租钱　千

  何士荣每年地租钱　百

  何士荣布租一疋以二股均分，每股半疋

福义子每年地租钱　百

康悦每年地租钱　百

何深福每年糜租七升

玻璃圪庆村

赵广元每年地租钱　百，又糜租　斗　升

胡正兴每年糜租五升

任大旺每年地租钱　百

李长福每年糜租一升一合四勺

杨宽娃每年糜租二斗〇九合

陈智每年地租钱　百

王玉每年地租钱　百

什拉村

杨荣每年地租钱　百

刘玉吉每年地租钱　百

杨裕海每年地租钱　百

本村何悦福布租半疋，二股均分，每股半半疋

台吉营村陆明每年地租钱　百

台吉营张成仁每年地租钱　百

白庙子村郭秉魁每年地租钱　百　十

白庙子村郭富春每年地租钱　百　十

白庙子村郭庆年每年糜租六升七合五勺

二十家村任见长每年地租钱　百

共钱租　千，糜租　斗

万昌等地谱单、租单

原件长三公分宽三十六公分

伊太太长子万昌、次子万寿、三子万福分到锁号等村地谱单、〔地〕租〔单〕本村

　　王学忠每年出地租钱　千　百

　　赵璠宝号西成永每年出地谱钱　百

　　李治兴每年出一股地租钱　千，以四股开

　　赵殿吉每年出地租钱　百

　　康连荣每年出地租钱　百，子名惟

　　赵广元每年地租钱　百，每年出糜租　斗　勺，以三股开

　　李长福每年出糜租　升一合　勺，以二股开

　　台机营

　　陆明每年出地租钱　百

　　张成仁　百

　　二十家村

　　任见长每年出地租钱　百

　　陈建明每年出地租钱　百

　　王玉每年出地租钱　百，三股开以一股

　　刘玉吉每年出地租钱　百，以四股开，每一股

　　白庙村

　　郭庆年每年出糜租　升　合　勺

　　何悦富应三年一轮布租半疋，以二股均分，各分半半疋

　　万生永每年出地租钱　千　百

　　赵崇圣每年出地（甫）〔谱〕租钱　十

何士荣每年出地租钱　百，应出一年一轮布租一疋，以二股均分，分半疋

胡中信每年出地租钱　百三　福义子

何深富每年出糜租七升　何正刚

玻璃圪庆村

胡正兴每年出糜租　升

任大旺每年出地租　百

白庙村

过秉魁每年出租钱　百

郭富春每年出地租钱　百　十，以二股开

陈智　百

蒙古七十五每年出地租钱　百　十

什拉村

杨荣每年出地租钱　百

高明每年出地租钱　十

杨裕德每年出地租钱　百　十

玻璃圪庆

杨宽娃每年出糜租　斗□　合

归化城某人地单

原件长四十一公分宽四十二公分

三　村西廿家路南滩燕地　十　亩

四位人村西大隆卜地壹块　顷□　亩

村西大隆卜南枕头地　十　亩

村西大隆卜南头地南地　十　亩　分

村西二隆卜长畛地　十　亩　分

三　村西朝号路北地一块　十　亩

村西朝号路南北皮（库党）〔裤裆〕　十士亩　分

村西朝〔号〕路南北税活兰滩四块　亩　分　亩三分　亩分　亩　分

二村西善岱路采段道地　十　亩　分

村西南什拉路北地壹块　十二亩

三　村西善岱路东白草地　十　亩　分

村西南什拉路北合嘆地九亩

四股村南德胜地一连三块　顷　十　亩

四股村西南南大地连　十亩地二块一连　顷　十　亩

二　村南红旗墙地二块十二亩　九亩

村东北庙梁地一块　十　亩

二村北成了路东一块　十亩

村北成了路西地一块　十　亩

三　村西北恼木汗路东地　十　亩

村西北恼木汗路西地　十　亩　分

村西北恼木汗路西坐北　十　亩

村西北恼木汗路西地　十　亩

三　村西北恼木汗路西老根地北　十　亩　分

村西北路西北三尖地　十　亩　分

二　村西口蒙路北一块　十　亩　分

村西口蒙路北地一块　十　亩　分

村北房后令税地三块　亩三　亩　七亩　二中分三　村西南坡子上东西畛地　十　亩　分

分三　村西南坡子上南北畛地　　十　亩〇　厘

二　村西三圪达地一块　十　亩

二　村南章根塔路西大（其）〔棋〕盘地　廿亩

村南章根塔路西地　　十　亩

三　村南坝东丁河地　　十　亩

三　村南坝东又丁河地　　六亩

村南河西沙渠地　七亩

二　村南八圪达地一滩　　亩　三亩　　亩　分　亩　分　亩一分　亩　分　亩　分

村西南中大地壹块　　十　亩

四股　村西南大地一块　二顷

村西南大地北坝外地两块一连地　　十　亩　分　内有荒碱地一半

三　村西南大地东坝外地一块　十　亩　分

分二　村南井卜路东东地一块　十　亩

三　村南井卜路东地一块　　十二亩　分

村南井卜路西顺路地　十　亩

村南章根塔路西苗亩地　　十　亩

三　村南章根塔路东地　三亩

二　村南章根塔路西地　七亩　荒滩在外

二　村南章根塔路小（其）〔棋〕盘地　七亩　荒滩在外

玻璃圪庆村西地一块　　十一亩

公中本村南章根塔路东地　　十　亩

公中村南和尚地坐章根塔路东

以上二中地，此刻水占，日后水退地涸，以四股均

公中　村南六去地两块　东西畛坐南　南北畛坐北　六十亩

公敬神圣所用

公中玻璃圪庆村东北地一块　　十　亩　分

公中　又村东北地西丁头枕头地　　亩　分

公中　又村东南地一块　　十一亩　分

以上三块地（濮）〔谱〕在公花费所用

蒙古荣中支、荣中义出典地约

原件长二十六公分宽二十六公分

立出佃永远地约人蒙古荣中支、〔荣〕中义兄弟二人，自因使用不足，今将自己锁号村西南海流门地壹块，计地式拾亩。系地南北畛。东至荣富太，西至郭希贤，南至王共和，北至王七子。四至分明，今情愿出典与王四宝名下，永远耕种承业。同人言定，现使过佃地价糜子壹拾石整。其糜子当交不欠。两出情愿，各无反悔。日后有蒙民人等（挣）〔争〕夺者，有荣中支、〔荣〕中义二人一面承当。空口无凭，立佃永远地约为证用

每年出地租秋粮壹斗

公元一九五〇年十月初三日立

中见人刘二娃十

小三宝十

赵怀忠书十

荣中义出佃地约

原件长二十六公分宽二十七公分

立佃永远地基场面出路约人荣中义同母,民国十四年海亮同母卖过何生贵的出路,公元一九五一年与何生贵补出佃出路,南北长柒丈叁尺,东西宽壹丈伍尺。开列四至,东至王共和、何德贵,西至卖主,南至卖主,北至苏俊俊、王共和。又连东西出路,东西长陆丈伍尺,南北宽壹丈伍尺。东至王共(和),西至卖主,南至卖主,北至苏俊俊、王共和。又连西边出路通街。何德贵、苏俊俊、王共和三家同面言定伙走。各无反悔,三出情愿。日后有蒙民人等(挣)〔争〕夺者,有荣中义同母一力承当。恐口无凭,立佃永远出路约为证用

每年收地普糜于弍升

公元一九五一年三月廿八日立

立合同约为证〔骑缝〕

中见人村长张斌十

农会主任郝全亮〔名章〕十

李成立十

王润栓十

赵怀忠书十

无名氏租地约①

□□□□□□□□租到

---

① 无名氏租地约至马玉群租地约图版见铁木尔编《内蒙古土默特金氏蒙古家族契约文书汇集》,中央民族大学出版社2011年版。

□老爷名下水泉地壹块，北至屈三，东至屈四，南至本主，西至屈三，四至分明，计地六十亩。新城道南地一块，东西至达子，南至道，北至本主，四至分明，计地五十亩，共地二块一顷一十亩。言定地租每年拾贰千文，十月内交还地租钱，不许长支亦不许短欠，许种不许夺。恐口无凭，立约存照。

乾隆三十七年十一月十九日立

合同〔骑缝〕

中见人：达子十

　　　　樊进成十

赵喜赁房约

立赁房约人赵喜今赁到

王老爹名下房屋一所，前后二院，正房五间，两下房三间，前院土木下房四间，南房二间。每月房银一两七吊，共房十四间。五年为满，如日改义，有阿奇温或赖一面承当，按月交房银，不计短少。恐口无凭，立此约存照。

同人：董永德

　　　赵国君

圪令出租地约

立出租地约人圪令，自因差事紧急，使用不足，今将把栅村东南买代见路南，自己蒙古都地一段，计地贰顷整，系南北畛，请（情）愿出租与莫喜名下耕种承业，当日使过押地钱壹佰仟整。同言议定每年出地租银肆两五钱整，秋后以粮店银交足，伍拾贰年起种至陆拾陆年，秋后为满。同人言定拾伍年以理由钱主所辨，拾伍年以外，钱到归赎，钱归钱主，地归本主，无钱不计年现。恐口无凭，立出租约为照。

（后批伍拾伍年两情愿议使过押地钱捌千文）

合同为证贰张各执壹张〔骑缝〕

乾隆伍拾壹年后七月十九日立十

知见人：猛克见

　　　　刘进财

　　　　那速儿防

　　　　张开运

同中见人：色力圪楞

　　　　　程其德

　　　　　杜仁

公庆出租地约

立租地约人公庆，自因差事紧急，今将自己云社堡村水地一顷、白汗地五顷，随水三俸空地基一块，东至五枢什，南至道，西至道，北至讨圪司，四至分明。情愿出与顾清名下耕种，同人言定每年一应等出租银肆拾两整，照粮店行市交办，稍后交足。若有人争碍者，公庆一应承当。许种不许夺，不许长支短欠，亦不许涨迭，恐口无凭，立租约存照用。

计开随粘单一纸

有口看开地压地约贰张共存

乾隆五十五年七月廿五日立约

捏圪登出租地约

　　立出租地文约人捏圪登，今因差事紧急，无处辗转，今将自己云社堡村祖遗户口白地壹顷，随水一俸贰厘五毫，情愿出租与杨光彦□耕种为业。同众言定现使过押地钱肆拾八千零柒拾文整，其钱当日交足，并不短欠。每年秋后出租地地普现共钱柒千五百文，同众言定许种不许夺，不许长支短欠，不许长迭。日后若有户内人等争夺者，有捏圪登一面承当。恐口无凭，立约为证用。

　　嘉庆贰拾伍年正月初七日立

　　合同约一张

　　中见人：毛不陆十

　　　　　　顾清十

　　　　　　八十六十

　　　　　　哈不计十

聂圪登出租地约

　　立出租沙地约人聂圪登，自因使用不足，今将自己祖遗云社堡村东北户口沙地壹块，东至河渠，西至孙有子，南至本主，北至色圪登、顾清，四至分明，计地陆拾八亩。情愿出租与玉成山名下开渠打埧，洪水淤地，修理柱座，取土吃水，永远耕种为业。同人言定地价钱叁拾千零陆佰文整，其钱当日交足，并不短欠。每年与蒙古租方壹千叁佰一拾文，秋后收取，至开渠十年以外，每年地租钱贰千七佰贰拾文，永不许长迭，亦不许长支短欠。两出情愿，永无反悔。日后倘有蒙民人等争夺阻拦者，有出租地人聂圪登一面承当。恐口难凭，立合同约为证。

道光拾贰年十二月廿九日

合同贰张各执为证〔骑缝〕

中见人：杨喜连十

丁不楞十

辛作十

刘福贞十

聂圪登出租地约二

立出租沙地约人聂圪登，自因使用不足，今将自己祖遗云社堡村西北户口沙地壹块，东至儿十六、西至本主，南至本主，北至儿十六。又连地壹块，东至顾清，西至顾，南至道，北至本主。又连地贰块，东至杨二保，西至顾清，南至道，北至杨二保，四至分明，计地壹拾五亩有余。情愿出租与玉成山名下开渠打埧，洪水淤地，修理柱座，取土吃水，永远耕种为业。同人言定地价钱陆千文整，其钱当交不欠，并不短欠。每年出与蒙古地租钱叁百文，秋后收取。取土开渠十年以外，每年地租钱陆佰文，永不许长迭，亦不许长支短欠。两出情愿，永无反悔。日后倘有蒙民人等争夺阻拦者，有出租地人聂圪登一面承当。恐口难凭，立合同为证。

道光拾叁年新正月十五日

合同贰张各执为证〔骑缝〕

中见人：杨喜连十

顶不楞十

辛作十

刘福贞十

三黄宝出租地约

立出租沙地约人三黄宝，自因手中空乏，今将自己祖遗户口地云社堡村东北地壹段，东至大河，西半至柏光仁，半至玉成山，南至大皮道，北至玉成山，四至分明，不计亩数。情愿出租与玉成山名下开渠打坝，洪水淤地，取土吃水，修理柱座，永远耕种为业。同人言定地价钱壹拾仟文，其钱当交不欠。每年与蒙古地租钱壹仟文，至开渠十年以外，每年地租钱贰仟文，秋后收取，永不许长迭，亦不许长支短欠。日后倘有蒙古民人等争夺阻拦者，有出租地人一面承当。恐口无凭，立约为证。

道光十三年十一月初九

合同贰张各执为证〔骑缝〕

知见人：聂圪登十

丁（缺）

陈（缺）

三黄宝出租沙地约二

立出租地约人三黄宝，自因手中空乏，今将自己祖遗云社堡村东北户口沙地壹块，东、西、北俱至玉成山，南至二皮道，四至分明，计地拾壹亩。情愿出租与玉成山开渠打坝，洪水淤地，取土吃水，永远耕种为业。同人言定押地价钱五千五百文，每年与蒙古地租钱贰百贰拾文，自开渠十年以后，每年与蒙古地租钱四百四十文，永不许长迭，亦不许长支短欠。日后倘有蒙古民人等争夺阻拦者，有蒙古出租地人一面承当。恐口难凭，立出租约为证。

　　道光十三年十一月廿二日立

　　知见人：丁不楞十

　　　　　　董连升十

　　　　　　顾清十

　　　　　　陈空云十

三黄宝出租地约

　　立出租地约人三黄宝，自因手中空乏，今将自己祖遗云社堡村东北沙地壹块，东半至色圪登，半至丁不楞，西至顾清，南北俱至玉成山，四至分明，计地六亩。情愿出租与玉成山名下开渠打坝，洪水淤地，取土吃水，永远耕种为业。同人使过押地价钱陆仟文整，每年与蒙古地租钱壹佰廿文，自开渠打坝十年以后，每年与蒙古地租钱贰佰四十文，永不许涨迭，亦不许长支短欠。日后倘有蒙民人等争夺阻拦者，有蒙古出租地人一面承当。恐口难凭，立合同出租约存证。

　　道光十三年十一月廿三日立

　　合同为证〔骑缝〕

　　知见人：陈空之十

　　　　　　丁不楞十

　　　　　　顾清十

　　　　　　董连昇十

三黄宝出租地约二

立出租地文约人三黄宝，自因手中空乏，今将自己祖遗云社堡村东北沙地壹块，计地玖亩，东南俱至玉成山，西至顾清，北至二皮道，四至分明。同人言明情愿出租与玉成山名下耕种开渠打埧，洪水浇灌，取土吃水，修理住坐，永远为业。言定押地价钱伍仟肆佰文整，其钱即日交足，并无短欠。其他与蒙古每亩出租地钱贰拾文，至开渠十年以后，每亩出地租钱肆拾文，永远不许长迭，亦不许长支短欠。倘有蒙民争夺阻拦者，有出租地人一面承当。各出情愿，永无异说，恐口无凭，立合同约为证。

道光拾肆年贰月拾六日立约

合同贰张各执为证〔骑缝〕

知见人：丁不楞十

聂圪登十

董连昇十

书人：周钰光十

骁骑校三皇宝出租地约

立租空地基人骁骑校三皇宝，今因祖父台吉孝丹嘎兰方移归化城大西街二道罗门口东南角空地基壹块，宽壹丈捌尺叁寸，深陆丈余。同人讲明情愿租与和盛张房建盖房，永远住占。道光伍年使过押地钱伍仟，于贰拾叁年因房倾颓，人等存新建盖。三皇宝家乃困乏，央人又使过押地钱拾伍千，其钱当交不欠。

至于蒙古地租每月钱陆百肆拾捌文，按月以街市收取此钱，兑与倒拉点村蒙古孝六，每月计和盛张房，凭折收取，不许拖欠。至建盖之后，或占或转赁或拆或盖，任其自便。嗣后永不许长缩，认有早年旧约以写故纸。两出情愿，如无翻悔。日后如有蒙民人等争夺者，有三皇宝以一面承当。为恐后无凭，立约写证。

中华民国五年九月初八日田隆记陈旭另换新约，旧约无用

道光贰拾叁年陆月拾壹日

合同贰张各执为证〔骑缝〕

同人：岳起岚书

　　　打圪霸书

　　　张见书

三还宝老爷典地租约

立典地租文约人三还宝老爷，自因使用不足，今将自己毕尧气村东北园子地壹块，四至不开。将地于文远耕种，每年土地租钱八千五百文，同人言明典与温光照钱壹千五百文，现使过典租价钱肆千五百文，其钱当交不欠，每年秋后交纳，钱到回赎，钱不到不计年限。恐口难凭，立典租存照。

道光廿四年三月初九日立

随带旧折壹个

知见人：曹大仪十

　　　　张健十

回民费文玉赁地约

立赁空地基合约人回民费文玉，今赁到蒙古金贵同母遗营坊路两空地基壹块，计东西长贰拾伍丈，南北宽贰拾叁丈，东至官道，西至王庆墙根，南至王庆铺墙根，北至小道，四至分明。情愿赁到自己名下永久建盖房屋住占，同中金贵当使过自己押地钱壹拾捌千文整，每年秋后，凭折交纳，地谱市钱壹仟壹佰文。如有蒙古民人争夺者，有金贵同母一面承当。地基建盖房屋，栽树打井，由其自便，不许长租迭欠。恐口难凭，立赁空地基合约存证。

咸丰元年二月十五日立赁空地基合约费文玉立十

合同贰张各执壹张〔骑缝〕

中见人：张绍先十

　　　　麻积十

　　　　李凿贵十

　　　　立军格喇嘛十

金宝同母出租地约

立出租空地基约人金宝同母，今将自己祖遗营坊道西空地基壹块，东至大路，西至杜老二地界，南至马化龙后墙，北至杜姓刘姓后院墙未见，四至分明。情愿出租与刘范中名下，永远建盖房屋，挑井栽树，由其刘门永远住占自便。同人言明使过押租地基钱叁拾千文整，其钱笔下交清。每年秋后十月标交地谱钱贰千文，凭折收取，不准长迭、长支短欠。如有蒙民人等争夺者，有金宝母子一面承当。空口难凭，立合同地基约为证。

大清咸丰元年四月廿三日　金宝立

合同约贰张各执壹张〔骑缝〕

中见人：温世雄十

　　　　杨忠十

　　　　章干十

　　　　古天培十

刘范中出租地约

立租空地基合同约人刘范中，情因蒙古金宝之先人于乾隆年间将伊祖遗营坊大道西空地基壹块租给杜海清之父，今经人说合，金宝情愿将此空地基拨租与自己名下壹块，东西叁拾柒步，南北伍拾肆步，东至大道，西北俱至杜姓，南至马化龙，四至分明。言明自己建盖房屋，穿井栽树，永远住占或租或赁由己自便，不准金宝拦阻。金宝母子现使过押地钱叁拾千文，杜海清受过佃价钱陆拾千文，此宗钱非蒙古使用，其钱均笔下交清不欠。每年出地铺钱壹千捌佰文，冬标交付，凭折收取，不许长迭、长支短欠。如有蒙古民人等以及杜姓争碍，有金宝母子一面承当。恐口难凭，立合同约为证。

咸丰元年闰八月二十八日　刘范中立

合约贰张各执壹张〔骑缝〕

中见人：杨忠十

　　　　章格十

　　　　古天培十

白泉邨书

蒙古金贵出租地约

立出租空地基合同约人蒙古金贵，今因差事紧急，别无辗转，将祖遗应分到营房道路西东边空地基壹块，东至马化龙，西至马元，南至渠，北至本主，四至分明。东西宽陆丈，南北长拾五丈，出路通街。同人说合情愿出租与马天喜名下，任由基盖房院，耕种栽树打井，永远住占为业。当使过押地钱拾九千五百文，其钱笔下收清不欠。言明每年地普租钱七百五十文，秋后按街市钱数收取，不许长支拖欠。倘有本族蒙民人等拦阻者，金宝一力承当。恐口难凭，立出租空地基约为证。

（走路南北贰丈东至官街）

咸丰元年十月十三日

模立新约以为故纸无用

合约贰张各执为凭〔骑缝〕

中人：潘富十

　　　五福十

　　　金玉十

　　　喇嘛章各十

　　　金宝十

　　　薛太十

　　　郝廷柱十

马元出租地约

立租空地基合约人马元，情因蒙古金贵差事紧急，别无辗转，将祖遗应分到营房道路西空地基壹块，东至马天喜，西至坟园，南至杜姓，北至本主，四至分明。东西宽陆丈，南北长十七丈，出路通街。同人说合情愿租到自己名下，任由建盖房院，耕种栽树打井，永远住占为业。当出过押地钱贰拾贰千文，其钱笔下交清不欠。言明每年地普租钱七百五十文，秋后按街市钱数收取，不许长支拖欠。倘有本族蒙民人等拦阻者，金贵一力承当。恐口无凭，立租空地基合约为证。

走路南北贰丈东至官街

咸丰元年十月十三日

合约贰张各执为证〔骑缝〕

中人：五福十

潘富十

金玉十

喇嘛章各十

金宝十

薛太十

郝廷柱十

马元佃地约

立佃空地基约人马元，今因金宝母子将祖遗营房路西空地壹块，东（缺）长十二丈五尺，东至曹俊，西至沙红德，南至马天喜、马登映，北至官道，四至分明，出路朝东车行大路。同人说合情愿佃到建盖房屋，打井栽树，永远为业。当出过佃地价钱拾陆千文，笔下交清不欠。言明每年地谱钱贰百五十文，秋后交纳，不许长支短欠。倘有本族蒙民人等争碍者，金宝母子一力承当。恐口无凭，立佃空地基合约为证。

（此约故帋不用）

咸丰贰年十二月二十六日

合约贰张各执壹张为凭〔骑缝〕

中人：冯景照十

　　　章扛十

　　　杜海晊十

沙红德佃地约

立佃到空地基合约人沙红德，今蒙孀妇同子金宝将伊营房路西空地基壹亩，东至马元，西至赵明月，南至坟园，北至刘金，四至分明，出路朝东。情愿出佃与自己名下建盖，打井栽树，永远为业。使过押地钱拾贰千文，当交不欠，每年出地谱钱贰百伍拾文，冬标收取，不许长迭，长支短欠。日后如转推与六周明，倘有蒙民人等争碍，有金宝母子一面承当。恐口难凭，立合约为证。

咸丰二年十二月二十六日　沙红德十立

合约贰纸各执壹张〔骑缝〕

中见人：冯景照十

　　　　章扛十

　　　　杜海晊十

董全福租地约

立租到空地基约人董全福，今租到井宝同母井三太太祖遗营坊道路西空地基壹块，东西宽五丈五尺，南北长陆丈五尺。东至官街，北至本主，南至杜海旺，西至杜海清，出路通街，四至分明。情愿出租与董全福名下建盖房屋，穿井栽树，永远住占。同人现使过押地钱伍千叁百文，其钱笔下交清不欠。言明每年土地谱钱捌佰文，言明永远计钱按四十标收取，不许长迭，长支短欠。日后倘有蒙民亲族人等争夺者，有井宝一面承当。两出情愿，各无反悔。恐口无凭，立租到空地基合同约存证用。

大清咸丰四年三月初三日　董全福十立

立合约贰张各执为证〔骑缝〕

中见人：蒙古五十九十

五十八十

刘谦十

赵永安十

许晊十

马子文租地约

立租空地基合约人马子文，今租到井贵名下同母井三太太将自己祖遗北栅外公主府半道空地基壹块，东至池姓东墙外余地壹尺，西至官道，南至池姓，北至温姓，四至分明。情愿出租与马子文名下永远住占，同人现使过押地钱伍千文，其钱笔下交清不欠。言明每年出地谱钱街市钱柒百文，按七十标收取，不许长迭，长支短欠。日后倘有蒙民人争夺者，有井贵一面承当。两出情愿，各无反悔，恐口无凭，立租到空地基合约存证用。

立新约故俗终用

大清咸丰四年三月十八日　马子文立

立合约贰张各执壹张〔骑缝〕

中见人：康吉玉十

　　　　马天喜十

　　　　马广十

　　　　左领陀合气十

　　　　蒙古五十八十

蒙古丹府三太太同子三人出典地约

立典地约人蒙古丹府三太太同子三人井玉、井宝，今因使用不足，今将自己公主道路东屋地壹块，计地壹亩柒分半。东西拾肆丈宽，南北柒丈五尺长，东至坟地，西至道，南至马子文、池达，北至道，四至分明。情愿出典与温泰和名下永远长住，许住不许赶，起房盖屋，栽树打井，由钱主自便。各无反悔后，带老约贰张后自道光拾陆年，转典与傍人名下叁亩伍分半，与嘉庆八年民人杜珍使过钱叁拾五千文，又有嘉庆九年约丹府老太太使过钱柒千文，民人杜珍使过钱贰拾千文，笔下交情愿，后自咸丰四年丹府三太太同子井玉、井宝差事紧急，同人说合使过钱叁千五百文整，其钱笔下交清，并无短欠。日后有蒙民人争夺者，有丹府三太太同子井玉、井宝三人一面承当。每年出地谱钱肆百文，拾月标取，按街市钱与，不许长支短欠。空口无凭，立约为证用。

大清咸丰肆年三月廿三日

合同约贰张各执壹张〔骑缝〕

中见人：曹先生十
　　　　五十八十
　　　　封合气十
　　　　王诠十
　　　　池达十
　　　　佛米喜十
　　　　长命斯书

马登亮租地约

立租到空地合约人马登亮，今租到蒙古井贵祖遗应分到营坊道路西空地基壹块。东西宽陆丈，南北长拾柒丈，走路南北宽贰丈，东至官街，出入通街，东至马天喜，西至坟园，南至刘姓，北至马元，四至分明。同人说合情愿租到马登亮名下永远住占为业，起房盖宅，栽树打井，任由自便。现使过押地钱贰拾伍千文，其钱笔下交清不欠，言明每年地谱钱柒百伍拾文，秋后按街市收取，不许长支短欠。倘有蒙民人等争夺者，有井贵一面承当。两出情愿，各无反悔，恐口无凭，立租到空地基合约存证用。

大清咸丰四年三月二十七日　　马登亮十立
立合约贰张各执壹张〔骑缝〕
中见人：章噶十
　　　　曹士英十
　　　　井玉十
　　　　井宝十
　　　　马元十

马贵十

杜海清十立

归化城礼噶东达苏木下三太太同子金宝出推地约

出推空地基文约人归化城礼噶东达苏木下三太太同子金宝乳名五十四，因使用不足，今将自己十间房官道东空地基一块，计地三亩。北至赵相升，东至马元，东南至蒙古坟界，西南至朱国斌，西至官道，四至分明。同人言明情愿出推与张拱辰名下修盖房屋，挑井栽树，永远居住，不计年限，一切修改由张拱辰自便。原日现使过押空地基钱肆拾贰千文整，当时交清不欠，又言明每年秋后交蒙古地谱钱壹千文，自此以后，永不长支短欠，又不许长迭争夺。两出情愿，并无反悔。日后若有蒙古亲族民人争碍等情现，有三太太同子金宝等一面承当。恐后无凭，立出推空地基文约为证用。

大清咸丰十月初一日　立十

中见人：德力泌十

　　　　七老气十

　　　　力圪登十

　　　　王子礼十

立合同约贰张各执壹张〔骑缝〕

曹俊佃地约

立佃到空地基约人曹俊，今将同母井贵自己营坊道路西祖遗空地基壹块，南北七丈五尺长，东西四丈五尺宽，东至马和，西至刘姓，南至马法，后北至马和，四至分明。情愿出佃与曹俊名下，修盖房屋，打井栽树，由己自便，永远住占。同人言明使过押地大钱叁千五百文整，其钱笔下交清不欠，言明每年出地谱现钱贰佰伍拾文，按街市拾月标收取。日后如有蒙民人等争夺者，有同母井贵母子一面承当。恐口难凭，立佃到空地基约为证。

立合同约贰张各执壹张〔骑缝〕

中人：康起宁十

　　　自润十

　　　沙宏德十

　　　马和十

　　　曹凤喜十

咸丰伍年十一月廿三日　曹俊亲笔立

郝品润赁地约

立赁空地基约人郝品润，今赁到金贵同母情愿将自己归化城小西街坐南向北空地壹块，东西宽贰丈九尺，南北长六丈九尺，东至和合局，西至王振基，南至本主，北至官街，四至分明。情愿赁到自己名下，自备工本建盖房屋，永远住占。同中言定每月地谱钱贰佰伍拾文，按四标均收，润月不算。现使过押地基钱六千文，其钱当交不欠，嗣后准其自己转租转赁，悉由其便。许占不许逐，亦不许增长地谱钱。倘与逐撵之，情将自己自备工本房价并押地基钱一切照账如数交割，倘有召内人等狡情争夺者，有金贵同母一面承当。恐口无凭，立赁空地基约为证。

大清咸丰七年二月二十七日　郝品润立十

立合同约贰张各执壹张〔骑缝〕

在中人：范玘维十

　　　　孙人栋十

　　　　三探十

　　　　马举龙十

马和租地约

立租空地基约人马和，今租到金贵祖遗营坊道路西空地基壹块，东至张姓，西至本主，南至牛姓，北至公柱，四至分明。西南角出路，东西宽一丈，南北通至大道。同人言明情愿出租与马和名下修盖房屋，打井栽树，由己自便。限使过约大钱五千文整，每年出蒙古地谱计钱贰佰五十文，按四季标收取。日后倘有蒙民人等争夺者，有金贵一面承当。恐口无凭，立出租空地谱约为证。

咸丰七年四月十八日立十

中见人：于山席十

　　　　杜海忠十

至同治贰年五月二十日以后以为故纸无用

曹凤□佃地约

立佃空地基合约人曹凤□，今佃到蒙古孀妇金氏同子玉宝贵名下祖遗营房路西坐北空地基壹块。东西宽七丈，南北长七丈，东至地主坟，西至车路，南至路，北至刘老二，四至分明。

同人说合当过佃价钱贰拾贰千文整，其钱笔下交清不欠。日后起房盖屋，打井栽树，永远为业。言明每年与蒙古出地谱钱叁佰文，秋后交纳，不许长支短欠。日后倘有蒙民人等争碍者，有蒙古孀妇金氏同子金玉宝一面承当。恐口无凭，立佃空地基合约存照用。

立合约贰纸各执壹张〔骑缝〕

中见人：刘金十

　　　　铁铈十

　　　　张保十

咸丰八年二月廿四日　　曹凤□立十

冯华佃地约

立租空基约人冯华，情因蒙古金宝贵同母萨楞氏之故父纳旺林庆，生前于道光伍年间将伊牛桥西顺成街路南空地壹块，写立四至合约每年交纳地铺钱贰千文，租与王承德修盖舍房，永远为业。今王门将其所盖舍房推与自己名下，与伊母子商明过约。同人丈明原基东西宽两丈贰尺，东至徐姓，西至清水堂，南北长柒丈，南至杨姓，北至官道，四至分明。同人言定现使过押地钱拾伍千文，每年仍旧收取交地谱钱贰千文，凭折按四季标取使。自己情愿照旧租到住占为业。不许长支短欠，永不许长迭。如有蒙古亲族人等争论者，有金宝母子一面承当。恐后无凭，立约存照。

同治元年七月廿九日　　立约人冯华十

合同贰纸各执壹张〔骑缝〕

此约故纸无用

约见：根换十
　　　库祥十
　　　李安十
　　　康起窬十
　　　曹珍十

穆万林佃地约

立佃空地基约人穆万林今因佃到公主府道路东五十四同母今将祖遗空地基一块，东至海姓，西至大道，北至李姓，南至宋姓，四至分明。情愿佃与穆万林名下修理屋房，挑井栽树，由其自便，永远住占为业。同人言明现使过押地钱叁千文整，随宋姓押地钱五千交整，其钱笔下交清不欠。每年收地谱钱叁佰文，钱随街市，不许长支短欠，日后若有蒙古民人争夺，有五十四同母一面承当。两出情愿，各无反悔。恐口无凭，立空地约为证。

　　故纸不用
　　同治二年十一月十七日
　　穆万林立佃空地约 立十
　　立合同约贰张各执壹张〔骑缝〕
　　中见人：安永与十
　　　　　　安文明十
　　　　　　杜海晊十
　　　　　　李德泰十
　　　　　　海龙十
　　　　　　马登亮十

尤锁十

马万义佃地约

立佃空地基文约人马万义，今佃到三太太同子五十四今将自己祖遗管芳路西空地基壹块，东至道，西至董姓，南至道，北至道，四至分明。永远住占，栽树打井，由其自己便，日后修盖房屋。同人言明现附过押地谱兑钱捌千文整，其钱笔下交清不欠，每年应出地谱街市钱四百文，按十月标收取，不许长支短欠，不许长迭。倘有蒙民人等争夺者，有三太太同子五十四一面承当。两出情愿，各无反悔。恐口无凭，立佃空地基文约为证。

同治四年四月十八日 立十

中见人：张凤山十

田彦十

穆海元十

武成智十

归化城蒙古金宝金印同母出典地约

立典清水约壹分半归化城蒙古金宝金印同母，自今使用不足，今将自己□清水壹分半情愿出典与顾清、顾存仁二人名下，用清水价钱同人说合现使过典价钱壹佰贰拾吊文，其钱当交不欠。日后钱到回赎，钱不到不限年现，约外杨喜凤清水壹分半，同人说合典清水价钱壹百贰拾吊文，其钱当交不欠（钱到回赎）。日后倘有蒙民人争夺者，归化城金宝金印一面承当。恐口无凭，立合同约为证用。

大清同治年十二月十三日立十

立合同约为用〔骑缝〕

知见人：马元十

王永福十

乌尔贡布十

根焕子十

郝全福十

樊存荣转地约

立出转地文约人樊存荣，今因手中不足，三涧房村北地壹块，计四亩。系南北亩，东至本主，西至本主，南北至道，四至分明。情愿转到杨片尔耕种承业。现使过外兑钱伍仟文整，同治六年春季起种，过贰年秋后为满。许钱到回赎，如钱不到不计年限。恐口无凭，立约为证。年地租钱壹佰伍拾文。

大清同治伍年十二月廿日立

立合同约为证〔骑缝〕

中见人：把图

任玉胜出租地约

立租空地基合同文约凭据约人任玉胜，将金贵祖遗营房道路西本主空地基一块，东西长十丈，南北宽九丈。东至官道，南至车行出路，西至马德俊，北至车行出路，四至分明。情愿租与任玉胜名下永远修垒起房盖屋，栽树挑井，由其自便，永远住占。每年应出租计钱五百文整佃住，秋后交纳，永远不许长迭，不许长支短欠。日后如有亲民蒙人等争夺者，有金贵一面承当，另随过约钱九千文整，其钱笔下交清不欠，内有刘范中使过业地钱贰拾六千文整。恐口无凭，立租空地基约为证用。

大清同治六年四月二十九日

中见人：马荣十

马怅俊十

白起公十

马登亮十

任美福十

郭智十

库仓兹佃地约

立约地基约人库仓兹因佃到马花龙之妻马氏空拐角地壹段，坐归化城营坊半道路西。东至道，西至马口，南至道，北至马花龙，计地陆分余，出路通街。日后建盖穿井栽树，耕种等由己自便。同中言明每年纳地基街市钱叁百文，以四月标交清，所地基永不许长，亦不准短欠。当日交过押地基钱贰千文，日后地基以约照行。两出情愿，恐口难凭，立地基约存证。

同治六年十月廿一日库仓

立地基凭据各执壹张〔骑缝〕

任万福

金宝常

云澎

穆林佃地约

立佃空地基约人穆林，今有佃到公主府道路东空地基一块，东至海佟，北至本主，西至夜道，南至夜道，四至分明。情愿佃到五木同母名下修理房屋，挑井栽树，由自己自便，永远住占为业。同人言明现使过押地钱叁千文整，随票押地钱六千文整，其钱笔下交清不欠，每年出租地谱钱贰百五〔缺〕街市，不许长支短欠，日后倘有蒙民人争夺者，有五十四同母一面承当。两出情愿，各无反悔，恐口无凭，立空地基约为证用。

同治八年十一月十五日盼为吉祥立

立普地约贰张各执壹张〔骑缝〕

中见人：杜福十

　　　　李支金十

　　　　马登亮十

　　　　兰花兴十

　　　　海佟十

　　　　安文秀十

　　　　郭智十

赵亮佃地约

立佃地基约人赵亮，今佃到金印十间房路东空地基壹块，情愿自己佃到永远住占，起造房屋，栽种树木，挖井走水，出入开门，由其自便。所有四至长短东西宽壹拾贰丈五尺，南北柒丈五尺。北至马姓，南至北长成，东至王姓，西至大道，四至分明。同中言定现使过押地钱壹拾千文，其钱笔下交清不欠，每年地谱市钱柒百文，限至十月标凭折取钱。自立约之后不准长取短欠，亦不许长迭。而两出情愿，永无异说。日后如有蒙民人等争碍者，有金印一面承当。恐口无凭，立约存证。

大清同治十年四月十八日　赵亮立十

地基约贰张各执壹张〔骑缝〕

同治十三年十二月廿九日吾交小五千文

中人：贾贵十

　　　文玉祥十

　　　刘福十

　　　孟世魁十

　　　周存礼十

金宝金印二人出佃地约

立出佃空地基约人金宝金印二人，因使用不足，今将自己祖遗营房路西空地基壹块，东至路，西至牛姓，北至曹姓，南至路，南北长壹拾五丈，东西长壹拾五丈，四至分明。情愿出佃与杜福杜万二人名下居占，日后修盖房屋，打井栽树，由其自便。同人言明现使过押地谱价钱捌拾千文整，其钱笔下交清不欠，每年出地谱钱壹佰五十文，随街市钱交纳，永不许长支短欠。日后有蒙民人争夺者，有金宝金印二人一面承当。恐口无凭，立约为证。

同治拾年十月十五日立十

立合约为证各执壹张〔骑缝〕

中见人：郭末

福厮十

夏全十

侯义十

宋天福十

作废无用

马良俊佃地约

　　立佃空地基约人马良俊，情因于同治十一年二月间原佃到蒙古三太太同子金保、银保祖遗北栅外公主府路十间房路东空地基一块，情愿出佃与马良俊任意住占打井栽树，由佃主自便。东至坟茔，西至府道，南至李文锦，北至张万年，四至分明，南北六丈一尺五寸，东西九丈五尺。情愿出佃与马良俊名下永远为业，当使押地钱拾千文，其钱笔下交清不欠。同人言明每年出地谱市钱陆百文，不许长支，亦不许短欠。日后倘有蒙民争狡者，现有三太太同子金保、银保一面承当。此系两出情愿，恐口难凭，立佃空地基合约为证。

　　同治十一年二月十三日　　马良俊十

　　合同贰纸各执壹张〔骑缝〕

　　中见人：冯表十

　　　　　　代富十

　　　　　　黄八见十

　　　　　　孙玉林十

　　　　　　马纪十

　　　　　　康香炉十

王泰公佃地约

立佃永远空地基约人王泰公，今仅蒙古金贵金宝名下佃到营坊道路西空地基一块，东至白赵公，西至曹门，南至侣俊，北至赵明，四至分明，出路通街。愿出过押地钱贰拾叁千文整，其钱笔下交清，佃到自己名下永远为业，修理住坐，栽树取土，一应由己自便。每年共出地谱市钱伍百文，年终收取，不准长支短欠，亦不许争夺此亩，长迭租资。倘有蒙民人等争夺，此有金贵、金宝一面承当。两出情愿，永无反悔。恐口无凭，立佃永远空地基约为证。

计间东西长壹拾贰丈南北宽捌丈五尺

同治拾贰年拾贰月拾壹日王泰公立十

中见人：杜福十

　　　　赵明十

　　　　马德龙十

　　　　黄德成十

　　　　马福荣十

　　　　张学宽十

　　　　杜善十

　　　　樊之南书

金贵出赁地约

立出赁空地基约人金贵，今将自己祖遗太和馆巷西头路北空地基壹块，东边南北计长拾丈，西边南北计长拾丈零柒尺，东西计宽伍丈伍尺，东至本主墙根，西至本主墙根，南至路，北至河，四至俱各分明。情愿出赁与孟书名下住占，修盖房屋，由其自便，许住不许攀。同人言定每年地谱钱贰仟叁百文，按四季标收取，每标应付钱伍百文，日后起盖房屋，地铺不许增长，亦不许长支短欠。倘后若有蒙民人等争夺者，有金贵一面承当。此系两愿，各无反悔，恐口无凭，立赁空地基约为证。

随带老约肆张

合约贰张各执壹张〔骑缝〕

大清光绪四年新正月二十八日立十

 中人：赵廷贵十

   林培考十

   李俊升十

   申明经书

曹禄佃地约

立佃空地基文约人曹禄，今佃到金保名下应分到祖遗营坊道路西空地基壹块，东西宽八丈贰尺五，南北长十五丈。东至任姓，西至马姓，南至曹姓，北至巷路，四至分明。同人言明情愿出佃与曹禄名下任由建盖房屋，打井栽树起土，由己自便，永远为业。现使过佃价大钱贰拾伍千文整，其钱笔下交清不欠。车行向东走路出水通至官街。倘有蒙民人等争夺者，有金保一力承当。恐口无凭，立佃空地基文约为证。每年出蒙古地普街市钱伍百文，按秋后收取。

 光绪四年六月廿五日 曹禄立

  立合同约为证〔骑缝〕

中见人：马万银十
　　　　任万魅十
　　　　丁贵十
　　　　冯花十
　　　　丁玉十
　　　　马昌十

狄万荣佃地约

立佃到空白地约人狄万荣，今佃到蒙古金贵名下空白地壹段，坐落归化城营坊半道街路西。东至白起功及大道，西至曹姓，南至马俊，北至赵明各，四至分明。计东西长壹拾贰丈余，南北阔捌丈，出路通街。情愿佃到永久长占，起建修理，穿井种耕栽树，起土挖凿等由其自便经。金贵现使过咱押地基钱壹拾伍千文，其钱卧笔交清不欠。言定每年交纳地基市钱伍百文，至年终出交，不准乱取。同中言定至此以后，地基永不涨不迭，及不长支短欠。倘有人等争夺者，由地基主一面承当。各出情愿，永不反悔，恐口难凭，立佃到空白地基约合约为据。

光绪五年十一月初九日立　佃到空白地基约人狄万荣十

至光绪二十三年四月初五日同中人言明另立新约为凭

壹宅分为两院，每年出地谱市五百，杨福五日内另出市叁百

当君如有老约片帛单帐以为之无用，另立新约可凭

同中：于炳十
　　　麻世英十
　　　白起功十

杨福玉十

常觉林笔

狄万荣佃地约二

立佃到空白地约人狄万荣，今佃到蒙古金贵名下空白地壹段，坐落归化城营坊半道街路西。东至白起功及大道，西至曹姓，南至马俊，北至赵明各，四至分明。计东西长壹拾贰丈余，南北阔捌丈余，出路通街。情愿佃到永久长占，起建修理，穿井种耕栽树，起土挖凿等由其自便。金贵现使过咱押地基钱壹拾伍千文，其钱卧笔交清不欠。言定每年交纳地基市钱伍百文，至年终出交，不准乱取。同中言定至此以后，地基永不涨不迭及不长支短欠。倘有人等争夺者，由地基主一面承当。各出情愿，永不反悔，恐口难凭，立佃到空白地基约合约为据。

光绪五年十一月初九日立　佃到空白地基约人狄万荣立十

中见人：于炳十

麻世英十

白起功十

杨福玉十

常觉林笔

马万银佃地约

立佃到空地基约人马万银，今佃到金贵名下营坊道路西空地基壹块，东西宽拾壹丈，南北长壹丈贰尺五寸。东至公中五路，西至杨姓，南至马姓，北至马姓，四至分明。车行向东出路出水通至官街。同人言明限附过佃地基价大钱叁拾壹仟文整，其钱笔下交清不欠。任由己□盖房屋，打井栽树，由其自便，永远为业。倘有蒙民人等争夺者，有金贵一力承当。两出情愿，并无反悔，恐口无凭，立佃到空地基文约为证。每年出蒙古地谱街市钱五百文，秋后收取，不许长支短欠，不许长迭。

光绪五年十二月初七日立十

立出佃空地基约贰张各执一张〔骑缝〕

由民国五年五月十九日同中人曹禄、王壶义说结倒过白玉垚名下为业

同中人：马银十

　　　　曹禄十

　　　　拜公十

　　　　马登亮十

　　　　任万龙十

　　　　任万魅十

　　　　马昌十

官印保出典地约

立出典地甫约人官印保，今因使用不足，今借过巴老爷名下外兑钱二拾仟文整。因无所凭，今将自己营坊路西霍掌柜名下收讫七十钱二千五百文整，马贵名下每年收讫外兑钱二千五百文以抵利息，随带赁约二张。日后钱到回赎，钱不到不计年限。倘有蒙民人争夺者，有官印保一面承当。恐口无凭，立合同约存照用。

大清光绪八年伍月二十三日立

立合同约各执一张〔骑缝〕
知中人：六十五
　　　　长海
　　　　喜垚

拜印佃地约

立佃空地基约人拜印，今佃到金贵乳名五十四自己祖遗户口地公主府路东白地基壹段。北至马姓墙底，南至穆姓墙底，南北宽壹丈，出路东至本主地边，西至官道，出入通街。行走里边，北至长荣厮，南至海天贵，东至本主地边，西至马珍，南北长捌丈贰尺，东西宽四丈贰尺，四至分明。情愿佃到拜印名下建盖房屋，栽树打井，由己自便，永远为业。同人说合现付过佃价城市钱叁拾叁千文整，其钱笔下交清不欠。言明每年出地谱城市钱叁百文，秋标凭折收取。永不能长迭，亦不许长支短欠。日后倘有蒙民亲族人等争夺者，有金贵一面承当。恐口难凭，立合同地谱约存证。两出情愿，永无反悔。

大清光绪十一年八月十六日　拜印立十
立合同约贰张各执壹张〔骑缝〕
中见人：贾天瑞十
　　　　刘有财十
　　　　马万银十
　　　　安宏代笔

宋治国出典地约

立典地约人宋治国，今因自己钱文缺少，今将自己村东壹犁地壹段，计地贰拾亩，南北畛，东至宋治公，西至宋治正，南至河漕，北至道，四至分明。今情愿出典与罗汪威名下承种为业，同中言定作典价钱伍拾千文，系小兑其钱，当交不欠，日后钱到回赎。恐口无凭，立典约为证。

（计批每年每亩祖银五分神社发差种地人出）

光绪十三年十一月廿七日立十

立合同贰张各执壹张（骑缝）

中见人：任荣十

邢怀明十

梁钦十

刘瀿十

吴元书

宋治国出典地约二

立典地约人宋治国，今因自己钱文缺少，今将自己村西贰犁地壹段，计地贰拾亩。南北畛，东至杨润，西至宋治公，南至秦祥，北至道，四至分明。今情愿出典与罗汪威名下承种为业，同中言定作典价钱肆拾千文，系小兑其钱，当交不欠，日后钱到回赎。恐口无凭，立典约为证。

计批每年每亩祖银五分神社发差种地人出

光绪十三年十一月廿七日立十

立合同贰张各执壹张（骑缝）

中见人：任荣十

邢怀明十

梁钦十

刘濬十

吴元书

唐贵佃地约

立收佃空地基约人唐贵，情因无处住占，今佃到金印祖遗北栅外营坊道路西空地壹块，计地东西宽五丈有余，南北长五丈有余。东至牛姓，西至杜姓，南至马姓正房后墙底，北至曹姓，四至分明。情愿永远住占为业，起房盖屋，栽树打井，由其自便。同人言明现使过约城市钱柒千文，其钱笔下交清不欠。所有蒙古地谱尔钱每年应出外兑钱捌佰文，其钱四月标交纳，亦不许长迭，不准长支短欠。日后倘有蒙民亲族人等争夺者，有金印一面承当。情出两愿，各无反悔，恐口难凭，立佃到空地基合同文约为证。出入走路通大道。

大清光绪十五年六月二十一日　唐贵立十

立佃空地基约贰张各执壹张为凭（骑缝）

同中人：刘玉祥十

　　　　苗顺十

　　　　杜万十

　　　　徐泽普写十

唐宗义佃地约

立佃到空地基约人唐宗义，今佃到官应宝名下祖遗原户口地营房道路西巷内坐南向北空地基壹块，计地东西宽六丈五尺，南北长壹拾贰丈五尺。东至邸姓，南至马姓正房后墙底，西至马兹命伙墙，北至巷道，出路出水湾巷内通街，四至分明。同中人说合情愿佃到唐宗义名下永远住占，建盖房屋，栽树打井，起土打墙，由其钱主自便。同中言明现附过押地价城市钱柒千文整，其钱笔下交清不欠。每年应出地谱尔城市钱陆佰文，其钱按七月标交纳，永不许长迭，亦不许长支短欠。日后倘有蒙民人等争夺者，有官应宝一面承当。情出两愿，各无反悔，恐口无凭，立佃到空地基合同文约为证。

大清光绪十七年三月初二日　唐宗义立十

立合同约贰张各执壹张为凭（骑缝）

同中人：马万银十

沙亮十

苗顺十

马俊十

徐泽普十

于明佃地约

立收佃空地基约人于明，情因无地住占，今佃到蒙古孀妇石榴尔名下祖遗营坊道路西坐北向南空地基壹块，计地东至官道，西至丁姓马头，南至官道，北至刘姓，四至分明。同中人说合情愿佃到自己名下永远为业，起盖房屋，起土打墙，栽树打井，由其钱主自便。当面言明佃地价城市钱五千文，其钱笔下交清不欠。每年应出蒙古地谱城市钱五百文，其钱按十月标凭折交纳，亦不许长支短欠。日后倘有蒙民人等争夺者，有蒙古孀妇石榴尔一面承当。情出两愿，各无反悔，恐口难凭，立收佃空地基合同文约为证。

大清光绪十九年二月十三日　于明立十

立佃空地基约贰张各执壹张为凭（骑缝）

同中人：杨林十

　　　　陈天福十

　　　　任万魁十

　　　　马林

　　　　徐泽普写十

观音保出佃地约

立出永远开坎石头荒滩佃地约人观音保，情因差事紧急，无钱使用，今将自己祖遗毕尧斋村东北白地壹块，系南北亩。东至长骡子，西至碾娃子，南至曹占金，北至渠，四至分明。今情愿出佃与胡本因名下永远开坎石头荒滩，耕种为业。同人说合现使过佃地价银钱壹佰陆拾伍千文整，其钱笔下交清不欠。每年秋后出地租钱捌佰文，不许长支短欠。起房盖屋打井，安坟栽树，挑渠打坝，或推或卖，由钱主自便。随带贰束自须一天水半渠，地内永不许曹门埋坟。日后倘有蒙民人等争夺者，有本主一面承当。两出情愿，各无反悔，恐口无凭，立出佃开坎石头荒滩佃地约为证。

大清光绪十九年三月十五日立十

立合同约贰张各执壹张（骑缝）

中见人：梁礼十

　　　　陈德荣十

　　　　王庆荣十

　　　　闫顺代笔

官印保卖地约

立卖永远地约人官印保，自因使用不足，今将自己云社堡村东北地壹块，系东西畛。东至渠，西至路，南至王有财，北至贰路，四至分明。情愿出卖永远地杨德金名下耕种为业，同人言定现使过永远地价陆捌钱柒拾仟零伍佰文整，其钱笔下交足不欠，每年秋后出地租钱七佰文。栽树穿井，修垒住占安坟，一切由钱主自便。两出情愿，各无反悔，恐口无凭，立永远合同约为证用。

大清光绪拾玖年十月廿三日立十

立永远地合同约各执壹张（骑缝）

　知见人：顾宝娃十

　　　　　赵全娃十

　　　　　杨浚胜书

官印保出租地约

立永远长租地约人官印保，兹因差事紧急，无处周转，今将自己云社堡村东北地壹块，系南北畛，计地柒亩，西至王植槐，东至官星保，南至王植，北至杨生财，四至分明。情愿出永远长租与王植槐名下修垒住坐，栽树穿井停坟，耕种承业，不准拦阻。同人言定现使过永远长租地价陆捌钱玖拾叁千文整，其钱笔下交足。每年秋后出地租钱柒百文。两出情愿，永无反悔，日后倘有蒙民人等争夺者，有官印保一面承挡。恐口无凭，立永远长租地约为证用。

大清光绪拾玖年十月二十三日立十

立永远长租地约两张各执一张（骑缝）

知见人：赵金娃十

　　　　杨法胜十

　　　　马俊书

官印保出租地约二

　　立永远过租约人官印保，因使用不足，今将自己云社堡村东北地壹块，系东西畛，计地柒亩，东至渠，西至路，南至顾保娃，北至杨计全，四至分明。情愿过租约王有智名下，同人言定现使过租约价壹仟伍佰文整，其钱笔下交足不欠。如有蒙民人争夺者，有官印保一面承当。每年秋后出地租钱壹佰伍十文。恐口无凭，立过租约为证用。

大清光绪二十年三月初九日立十

立合约各执一张（骑缝）

知见人：楞五厮十

　　　　顾六之十

　　　　答力汗书

官应保出佃房约

　　立佃卖永远房屋院土木石连约人官应保，因使用不足，今将自己云社堡村宅院壹所，东至钱主，西至顾三小，南至通街出路二尺二宽，北至格方树，四至分明。情愿过卖与顾存纲名下，永远居住，修理主宅，永远房院价钱壹拾柒仟文整，其钱笔下交足不欠。每年秋后出补钱肆佰伍十文。如有蒙民人争夺者，有官应保一面承当。恐口无凭，立房院卖永远约合同约为证用。

大清光绪二拾年三月十三日立十

立永远约合同各执一张（骑缝）

知见人：顾六之十

　　　　顾四人厮十

　　　　王有财十

　　　　答力汗书

观音保出佃地约

立出永远长租沙地约人观音保，自因使用不足，今将自己云社堡村东北户口沙地壹段，东至大河西，半至福如子，又半至喜如子，南至贾威，北至买主，四至分明。不计亩数，情愿出租与贾峨名下开渠打坝，洪水淤地，取土吃水，修理住坐，栽种树木，永远耕种为业。同人言定现使过租地价钱壹佰零陆仟文整，当交不欠，每年秋后与蒙古地租钱叁佰文。永不许长迭，亦不许短欠。日后倘有蒙民人等争夺者，有出租地人一面承当。恐口无凭，立永远租约为证。

光绪二拾年三月廿七日立

合同为证（骑缝）

中见人：张万太十

　　　　张老有十

　　　　朱有程十

白富佃地约

　　立佃到空地基约人白富，今同中人说合佃到蒙古虎登山名下祖遗营房道路西坐北向南空地基壹块，计地东西宽叁丈七尺，南北长陆丈八尺。东至官道，西至金万库，南至道，北至道，四至分明。情愿佃到自己名下永远为业，起房盖屋，栽树打井，起土打墙，一切由其钱主自便。同中人言明现过押地城市钱壹拾五千文，其钱笔下交清不欠。所有蒙古地谱尔每年应出城市钱贰佰文，其钱十月标收取，不准长迭，亦不许长支短欠。日后倘有蒙民人等争夺者，有蒙古虎登山一面承当。情出两愿，各无反悔，恐口无凭，立佃到空地基合同约为证用。

　　光绪二十年六月初六日　白富立十

　　立佃空地基约贰张各执壹张为据（骑缝）

　　同中人：刘祯十

　　　　　　金万库十

　　　　　　刘永贵十

　　　　　　麻富兵十

　　　　　　刘永祥十

　　　　　　徐恩庆写十

马万兴佃地约

　　立佃到空地基合约人马万兴，今因无地建盖，同中人说合佃到官音保名下营房道路西巷内空地基壹块，计地壹亩。东至马万财，西至杨姓，南至坟垣，北至马万银，出入走路朝东。

情愿佃到自己名下，永远为业，建盖房屋，栽树打井，起土打墙。当面言明现使过押地钱壹拾捌千文，其钱当日交清不欠，每年出地谱尔钱贰百五拾文，其钱冬标收取，不许长支短欠涨迭。日后倘有蒙民人等争夺，有官音保一面承担。恐口难凭，立佃到空地基合同文约为证。

光绪二十年七月廿九日　马万兴立十

立佃空地基约贰张各执壹张为据（骑缝）

中见人：马林十

　　　　杨福十

　　　　马万银十

　　　　王继善十

　　　　马万财十

观音保卖地约

立出卖永远地约人观音保，自因使用不足，今将自己户口沙滩遗地壹块，东至玉成永，西至杨德政，南至大官道，北至贾峨，四至分明，计地壹顷伍拾亩有余。情愿出卖与贾威名下开渠打坝，安坟修宅，栽树穿井，囗水淤地，永远承受为业。同人言明地价银钱壹佰叁拾千文整，其钱当交不欠，每年秋后出地租银钱壹千陆佰文，永不许长支短欠。倘有蒙民人争夺者，有观音保承当。恐口不凭，立约存照。

光绪二十年十二月初一日立

计开同人使过地租约钱柒千捌佰文

立合同约贰张各执壹张（骑缝）

中见人：杨杰

王骡驹

智惠

朱友程书

马花佃地约

立佃到空地基约人马花，今同中人说合佃到官音保名下祖遗坐落在北栅外公主府半道空地基壹块，计地东至费姓，西至官道，南至赵姓，北至温姓，南北五丈，四至注明。情愿佃到马花名下永远为业住占，建盖房屋，栽树打井，起土打墙，由其自便。当面言明，现使过押地城市钱壹拾千文，其钱笔下交清不欠，每年出蒙古地谱尔城市钱壹千文，其钱按七十标收取，不许涨迭，亦不许长支短欠。日后倘有蒙民人等争夺者，有官音保一面承当。情出两愿，各无反悔，恐口难凭，立佃到空地基合同文约为证用。

大清光绪二十一年八月初一日马花立十

立空地基约贰张各执壹张为据（骑缝）

同中人：班永贵十

　　　　赵喜十

　　　　费福十

　　　　刘祯十

　　　　沙明十

　　　　徐泽普十

唐宗明佃地约

立佃到空地基约人唐宗明，同中人说合蒙古官音保名下祖遗营坊道路西巷内空地基壹块，计地南北宽陆丈，东西长壹拾壹丈。东至官道，西至安姓，南至马姓，北至马姓，出入行走南北通大道，四至分明。情愿佃到唐宗明名下永远为业，建盖房屋，栽树打井，起土打墙，由己自便。使过押地城兑钱壹拾壹千文，现使过约城市钱五千文，其钱笔下交清不欠，每年随带蒙古地谱尔城市钱五佰文，其钱秋后收取，亦不准长支拖欠涨迭。日后倘有蒙民人等争夺者，有官音保一面承挡。情出两愿，各无反悔，恐口无凭，立佃到空地基合同文约为证。

大清光绪贰拾壹年九月十八日　唐宗明立十

合同贰张各执（骑缝）（以下缺）

马林租地约

立买空地基约人马林，今置到林鞭名下营坊路西巷坐北空地基壹段，计地壹亩。东至马俊，西至丁姓，南至坟园，北至杨瑞，四至分明，榆树壹棵。同中言明地价兑钱伍拾千文整，其钱笔下交清不欠。永远为业，起盖房屋，栽树打井，起土打墙，由其马林自便，每年连旧地谱应出市钱壹千文，冬标收取，不许长支迭欠。日后倘有蒙民人等争夺者，向林鞭一面承当。两出情愿，各无反悔，恐口无凭，立买空地基弥缝约为证。

光绪二十二年二月十二日　马林立十

立买空地基弥缝约贰张各执壹张（骑缝）

中见人：马万才十

　　　　永世得十

　　　　荆师竹十

观音保出租地约

立典空地基约人观音保，今将自己营坊道路西空地壹块，情愿买（卖）与白祁公明（名）下修垒住占，东西宽六丈伍尺，南北长八丈。东至道，西至狄性（姓），南至道，北至唐性（姓），四至分明。情愿出典与白祁公，同人说合典地价钱拾壹千文证（整），其钱当交不欠，言明栽树打井，许盖不许夺。如有蒙民人等争夺者，有观音保一面承当。恐口无凭，立合同约为证。

大清光绪贰拾贰年五月十一日立十

立合同约为证（骑缝）

中见人：耳根代十

马峻十

马祥十

马登云十

满仓厮十

闫全德书十

白祁公出典地约

立典空地吉（基）约人（达木气）白祁公，自因史（使）用不足，同人说合营房道路西空地壹块，东西宽六丈伍尺，南北宽（长）八丈。东至官道，西至底姓，南至道，北至唐姓，四至分明。同人说合情愿出典与白祁公明（名）下住坐，其盖房打井栽树，起土打墙，由其己便。现出过押地城市钱陆吊文，其钱当交不欠，每年出蒙古地谱城市钱叁佰文，其钱秋后交情（清）不欠。不许长支短欠，永远为约。有蒙明（民）人争夺，有达木气同母一面承当。恐口无凭，立合同约为证用。

大清光绪廿贰年五月十一日立十

立合约为证（骑缝）

中见人：耳根代十

马峻十

马祥十

马登云十

满仓厮十

闫全德十

白祁公典地约

立典空地吉（基）约人白祁公自下无处居柱（住），央人说合今买道（到）蒙古观音保名下营房道西空地壹块，言明永远修垒居柱（住）。言明现使过过约外兑市钱伍千文整，其钱交青（清）不欠分文。言明秋后交地谱市钱叁佰文，言明说过打井栽树土木石相连，许盖许插，不许等夺。如有等夺者，有蒙古观音保一面承当。恐口难凭，立合同约为证用。

大清光绪贰拾贰年五月十一日立十

计开四至，东至官道，西至本主，南至古道，北至本主，四至分明。

中见人：耳根代十

马峻十

马祥十

马登云十

满仓厮十

闫全德书十

合约为证用（骑缝）

虎必泰出租地约

立出租永远约人与阳同祖母五十四寡妇婿亲虎必泰，自因差事紧急，别无辗转，今将乔名营子祖遗户口沙地一连柒块，东至钱主，西至贾茂，南至贾威，北至顾姓。又连地四块俱系东西畛，东至贾威，西至杨二马车，南至杨生娃、贾威，北至贾威，各四至分明，出路通行。情愿出租与贾峨名下，永远长租开渠打坝，洪水淤地，栽种树木，修理住宅，取土挖井，安坟打墓，永远承种为业。现使过押地陆捌价钱伍佰肆拾贰千五百文整，其钱笔下交清，日后不许长支亦不许短欠，永不许长迭，每年秋后出地租钱贰千贰百贰十文。嗣后倘有蒙民人等争夺拦阻者，有出租地人一面承当。两出情愿，永无反悔。恐口难凭，立合同永远长租约为证用。计地五十亩余。

大清光绪贰拾贰年十月初二日立

立合同永远长租约为证（骑缝）

知见人：刘班定十

　　　　贾喜如十

　　　　贾秉瑞

虎必泰出租地约二

立出租永远约人与阳同祖母五十四寡妇婿亲虎必泰，自因差事紧急，别无辗转，今将自己祖遗户口沙地一连叁块，系东西畛，东至渠，西至杨二马车，南至贾峨，北至贾峨，四至分明，出路通行。情愿出租与贾威名下，永远长租开渠打坝，洪水淤地，栽种树木，修理住宅，取土握井，安坟打墓，永远承种为业。同众言定现使过押地陆捌价钱壹百五拾捌千文整，其钱笔下交清，日后不许长支亦不许短欠，永不许长迭，每年秋后出地租钱五百文。嗣后倘有蒙民人等争夺拦阻者，有出租地人一面承当。两出情愿，永无反悔。恐口难凭，立合同永远长租约为证用。

大清光绪贰拾贰年十月初二日立

立合同永远长租约为证（骑缝）

知见人：刘班定十

贾喜如十

贾秉瑞

官音保出佃地约

立佃永远圐圙地约人蒙古官音保，自因差事紧急，今将自己祖遗甲剌板申村圐圙地壹块，东至崔有太，西至渠，南至崔有太，北至水渠，四至分明。情愿出佃与崔长威名下修理住占为业，同中人言定佃过价钱壹佰陆拾陆吊文整，其钱当交不欠。日后倘有蒙古民人争夺者，有佃主人一面承当，两出情愿，永无反悔。恐口无凭，立佃永远合同约为证。

大清光绪廿三年十二月十七日立

立合同贰张各执壹张（骑缝）

知见人：朱德粮十

贾彦亮十

刘滋十

左锦先租地约

立过租约人左锦先，今过到花城西付门西官印宝名下夯完地基壹块，东西叁丈七尺，南北六丈，出路通街，宽八尺，南壹半菜园大走，东至三台基，南至本主，西至本主，北至本主，四至分明。情愿过与左锦光名下永远长住，恠（栽）树打井，盖方（房）屋，又买到方（房）后榆树壹苗树，占地基南北八尺，东西壹丈。同人言明买价市钱廿千文，又史（使）过押地钱贰拾五千文，其钱笔下交清不欠。日后有蒙古民人争夺者，有官印宝一面承当。恐口无凭，立过租买地树约为正（证）用。

大清光绪廿四年十二月十五日吉立十

合同约贰张各执壹张（骑缝）

中见人：胡东年十

岳秀十

贾溢书

官音保出佃地约

立佃永远地约人蒙古官音保，情因自己差事紧急，今将自己祖遗甲剌申村西地壹段，计地叁拾亩，系东西畛，东西俱道，南至河漕，北至高□牛，四至分明。又连道西地壹段，计地壹拾亩零五分，系东西畛，东至贾义，西至外村地畔，南至秦锁锁，北至贾义，四至分明。今情愿出佃与贾义名下永远承种管业，日后栽树修理，开渠打坝为业。同人言定佃过援兑地价钱陆佰贰拾吊文整，其钱当交不欠。日后倘有蒙古民人争碍者，有官音保一面承当，两出情愿，永无反悔。恐口无凭，立佃永远合同约为证。

大清光绪贰拾五年十二月初九日立十

合同约贰张各执壹张（骑缝）

知见人：永世德十

朱德粮十

刘滋书

贾六八断典地约

立奉断典地约人贾六八即贾义，情因争论余地与讼在案，今典到蒙古观音保甲蓝板申村有西南户口熟地一段，计地三拾七亩。东至冯忠，西至道，南至河漕，北至周建基，四至分明。情愿典到蒙古观音保地三十七亩耕种为业，奉断前后共使过典地价市钱五百五拾吊整，其钱笔下交清不欠。日后准其钱到回赎，如钱不到不计年限。倘有蒙民争夺者，有观音保一力承当，恐口难凭，立奉断典地合同约为证用。

计开每亩租银伍分，秋后收取

此约不用，另立永远耕种新约

大清光绪贰拾陆年伍月贰拾伍日立十

合同贰张各执壹纸（骑缝）

奉断无中

官印宝寡妇仝子达木气出典地约

立出典永远地约人官印宝寡妇仝子达木气，自因使用不足，将自己云社堡村东地壹块，又连村南地贰块，又连村西北地四块，情愿出典与顾维业〔分家〕名下永远耕种为业，同人言明现使过陆捌钱贰拾伍吊文整，其钱当交不欠，每年秋后出地租陆捌钱壹吊玖佰五十文。日后倘有蒙民人争夺者，有达木气一面承当。恐口无凭，立永远合同新约为证用。

光绪贰拾陆年十月初五日立十

立永远合同约各执一张（骑缝）

中见人：陈保尔十

　　　　赵成美十

　　　　什全书

观音保出租地约

立出卖空园地约人蒙古观音保，今将归化城府署西南隅有自己祖遗空地壹块，正东至左姓胡姓墙根，东北角至孙姓、赵姓，西至养济院墙根，南至大路，北至大路，四至分明。计地共贰拾陆亩，内有浇地大井一眼，又有大小粪坑叁个。情愿出卖与陈有名下永远种植禾菜，栽树掘井，起盖房屋，安设坟茔为业，至于出典推卖，由其陈门自便，与吾蒙古观音保毫无干涉。同人共作卖价市钱陆百捌拾千文整，其钱笔下交清不欠。每年吾蒙古应得地谱市钱贰拾玖千文，按秋后收使，盖不许长迭长支短欠。嗣后倘有蒙民争夺此，有吾观音保一力抵当。所有前此民人租典过约据情弊至此，吾蒙古同人一概销清，毫无搅隔。两出情愿，立出卖空园地约为证。

  大清光绪贰拾陆年拾月初七日蒙古观音保立十

  立合同买卖地约两张各执一张（骑缝）

  批每年以其种菜念主□伙交情，与蒙古吃杂菜共壹百伍拾斤，并无干搅

  同中人：永世昌十

     李海明十

     徐国义十

     王安臣十

     李伯棻书

  借钱批合约人蒙古寡妇香香同幼子达木气，情因吾母子度费无文，央请〔缺〕说合借到本地户陈业荣名下城市钱捌拾千文，按月壹分生息。自光绪贰拾〔缺〕四月十七日起借钱，不另起利。将每年应得地谱贰十四千数内，以壹拾□千四百文，吾蒙古收使以玖千陆百文作为每年借钱利息。后若清还借举，将利息赎归地谱原数。情出两愿，同人批载两家原合同约后为据。

  批有嘉庆十七年蒙古纳旺尔林庆租与邢花明、胡文富原租合约，按赎地时邢花明、胡文富约与蒙古不合同人，将蒙古约批注蒙古存照证，日后倘有片纸约片〔缺〕指□蒙古与陈有无涉。

官印保出佃地约

  立佃地基约人官印保，情因愿甲拉扳申村房院一所，土正

房五间。半出路通街在西边,北至张白娃,南至周姓,东至冯居驹,出路西边,四至分明。情愿出佃与贾锐永远住坐为业,同人言定作佃价兑钱六吊文正(整),其钱笔下交清不欠。永无改悔,立佃永远约为证用。

每年出地蒲拨兑钱一百二十文

光绪二十六年十一月二十五日吉立

光绪二十六年十一月二十五日立合同(骑缝)

中见人:二阳子十

寒三居十

冯甫居十

官印宝出佃地约

立佃永远过地租约官印宝,只因使用不足,今将自己云社堡村西北顾雅港地租过与杨生娃名下。每年地租钱计贰百文,同人言定现使过过租钱壹千文,其钱当交不欠。日后打井栽树,修理住坐,一油(由)钱主自便。倘有蒙民人争夺者,有官印宝一面承当。两出情愿,永无反悔,恐口无凭,立永远过地租约为证用。

以前就(旧)约不用

大清光绪二十陆年初三日立

中见人:顾雅港十

顾雅业十

答力汗书

立地租约各执壹张(骑缝)

白起成佃地约

立佃到空地基合同约人白起成，今佃到蒙妇香香空地基一块，坐落本城莹坛道路西，坐北向南。东至于明，西至曹姓，南北俱至大道，出入走路走水俱已通街，四至分明。同人说合情愿佃到自己名下永远为业，建盖房屋，栽树打井，起土筑墙，由己自便。现使过自己过约市钱贰拾吊文整，其钱当交分毫无欠。每年随带地谱市钱陆百文，七月标凭折收交，不准长支短欠，亦不准涨迭地谱。此系情出两愿，永无反悔。如日后倘有蒙古民人等争夺，此有蒙古香香一力承当。恐口难凭，立佃到空地基合同约为证。

外随公井一眼

光绪二十七年六月初二日　白起成立十

拜永贵佃地约

立佃到空地基合同文约人拜永贵，今同中人说合，因蒙古达木欠同母名下差事紧迫，将伊祖遗坐落在营房道路西东边空地基壹块，计地东西宽陆丈，南北长拾五丈。东至杨、马二姓，西至马俊，南至官道，北至唐姓，四至分明，出路出水通街。情愿佃到拜永贵名下永远为业，起盖房屋，栽树打井，起土打墙，一切由其钱主自便。当面言明现出过押地城市钱壹拾捌千文，其钱笔下交清不欠。言明每年地谱尔城市钱柒佰五拾文，其钱秋后交纳，亦不许长支短欠，不准涨迭。日后倘有蒙民人等争夺者，有蒙古达木欠同母一面承当。情出两愿，各无反悔，恐口无凭，立佃到空地基合同文约为证用。

民国十四年二月间，情因拜荣遵母命将此院内西南角空地基摘卖与妹夫〔缺〕空地基一块，计东至拜荣，西至马姓，南至官道，北至拜荣，计东西宽叁丈五尺，南北长八丈七尺，出老路均通至官街。日后倘有诸色人等拦阻修工者，有达木气一面承当，同中批约为标。代出地谱钱每年贰百五拾文。

光绪二十八年六月二十七日拜永贵立十

立佃空地基贰张各执壹张为据（骑缝）

在中人：荣世德十

　　　　白中元十

　　　　马俊十

　　　　马有力十

　　　　麻有富十

周启明典地约

立质典地谱约据借钱合同约人周启明，情因蒙妇香香同子达木气，因手中缺乏，将祖遗大西街路南户口空地一块，先年出赁与富香园名下每年收地谱市钱伍千零肆拾文，迨后屡年转赁数主，至光绪二十七年因陈姓又卖与同和园名下。经同人说合指质自己地谱原老约据，借使周启明名下市钱叁拾伍吊，言明将每年应收地谱以抵利钱。查此项地谱原约伍吊零肆拾文，因伊借使占主钱文每年由地谱内除扣钱伍百文，现今与同和园说明每年应收地谱市钱伍千文，将新约抗并老约交自己周启明收存。嗣后准其香香钱到回赎，无钱不计年限，日后倘有香香蒙民亲族人等借端赖者，有香香同子达木气一力承当。恐口难凭，立质典地谱约据借钱合同约为证。

（计批

随带乾隆伍拾年老约壹张

旧地谱折壹个

新地谱折壹个

同和园赁地基乙（壹）张

于光绪叁拾贰年陆月初三日使过市钱伍千文）

大清光绪贰拾捌年捌月初壹日

立合同约两张各执壹张（骑缝）

中见：武禄德十

　　　张炳十

　　　姚汝功十

　　　蒙古刘巨德十

　　　要桂根十

　　　杨光世十

香香同子达木齐出租地约

立出租空地基合同约人蒙古寡妇香香同子达木齐，今将祖遗到归化城古照壁东空地基壹块，东西宽陆丈，南北长拾丈零柒尺。东至巷路赵姓，西至本主陈菜园，南至本主陈菜园，北至大路，四至分明。情愿出租与陈业荣名下修盖房屋，栽树打井，种植禾菜，由其自便，永远为业。同人说合出与咱押地过租钱肆千五百文，当日收清。每年应收地谱市钱五百文，到秋后收使，言明不许长支短欠。情出两愿，各无反悔。自此以后，如有蒙古亲族人等争夺阻碍者，有母子出力抵当。恐后无凭，立此合约两纸存照。

大清光绪贰拾玖年十月　蒙古寡妇香香同子达木齐立十

立合同约两纸各执一纸（骑缝）

中人：蒙古成保十

李伯棻十

任建堂退永远地约

立退永远地约人任建堂，今将自己云社堡村西北地壹块，系南北畛，计地四亩。东至顾五子，西至本主，南至本主，北至路，四至分明。今情愿退与原蒙古达木欠名下永远耕种为业，同人说合两出情愿，各无反悔。原地租钱壹佰五十文原带。恐口无凭，立退约为证。

大清光绪贰拾九年十一月初三日立约十

知见人：七十三十

怅法祯十

康湛书十

马根虎租地约

立租空地基约人马根虎，今租到蒙古达木欠同母祖遗十间房路东空地基壹块，南北长六丈八尺，东西宽六丈贰尺，出路水道从西走。东至坟园，西至温德维，南至马姓，北至官街，四至分明。今情愿马根虎名下永远住占，起盖房屋，栽树打井，由其自便。同人说合现使过押地城市钱壹拾叁千文，其钱当交。言明每年出地谱城市钱叁百文，不准长支短欠。日后蒙民人等争夺者，有达木欠母子一面承当。恐口无凭，立租空地合约为证。

　　大清光绪叁拾年四月十八日　马根虎立十

　　立合同约贰张各执壹张（骑缝）

　　中见人：马荣十

　　　　　　乔明十

　　　　　　穆小二十

　　　　　　马俊十

唐宗财佃地约

　　立佃到空地基约人唐宗财，今同中人说合佃到蒙古哒木气同母名下祖遗户口地，坐落在营坊半道路西巷内北向东空地基壹块，计地南北宽陆丈五尺，东西长壹拾贰丈。东至官道，西至马姓，南至马万银，北至马林，出入行走出水，南北通大道，四至分明。情愿佃到自己名下永远为业，□房盖屋，栽树穿井，起土打墙，由其己便。现出过押地城市钱五千文，其钱当交不欠。每年出蒙古地谱尔城市钱五百文，其钱秋后交纳，亦不许长支短欠涨迭。日后倘有蒙民人等争夺者，有哒木气同母一面承当。情出两愿，各无反悔，恐口无凭，立佃到空地基合同约为证用。

　　大清光绪三十一年五月初一日　唐宗财立十

　　中见人：马有富十

　　　　　　乔顺十

　　　　　　曹禄十

　　　　　　郭全十

张明十

徐恩庆十

唐宗明佃地约

　　立佃到空地基约人唐宗明，今同中人说合佃到蒙古哒木气同母名下祖遗户口地，坐落在营坊半道路西空地基壹块，计地东西八丈五尺，南北叁丈五尺有零。此系白起公名下退来，东至官道，西至本姓，南至白起公墙根底，北至本姓，出入行走出水通街，四至分明。情愿佃到自己名下永远为业，□盖房屋，栽树穿井，起土打墙，由其己便。所有押地钱蒙古地谱尔二宗原老约注明。日后倘有蒙民人等争夺者，有哒木气同母一面承当。情出两愿，各无反悔，恐口无凭，立佃到空地基合同约为证用。

大清光绪三十一年五月初一日　唐宗明立十

立空地基约贰张各执壹张为据（骑缝）

中见人：王永福十

　　　　乔魁十

　　　　丁义十

　　　　曹禄十

　　　　京都王阿訇十

　　　　白成龙十

　　　　艾玉喜十

　　　　王荣十

　　　　刘承旺十

　　　　白庭秀十

唐宗明佃地约二

　　立佃到空地基约人唐宗明，今同中人说合佃到蒙古哒木气同母名下祖遗坐落在营坊半道街路西空地基壹块，计地南北长陆丈五尺有余，东西宽壹拾五丈有余。东至大道，西至本姓，南至白起公墙根底、邸姓二家，北至二合义墙门外空地壹块，计地南北陆丈五尺有零，出入走路出水通街，四至注明。情愿佃到自己名下永远为业，起房盖屋，栽树穿井，起土打墙，由其自便。现出过押地城市钱壹拾五千文，其钱当日交清不欠。言明每年蒙古地谱尔连旧约内城市钱壹千文，其钱秋后交纳，亦不准长支短欠涨迭。日后倘有蒙民人等争夺者，有蒙古哒木气同母一面承当。情出两愿，各无反悔，恐口无凭，立佃到空地基合同文约为证用。

　　大清光绪三十一年五月初一日　唐宗明立十
　　立地谱尔约贰张各执壹张为据（骑缝）
　　中见人：成宝十
　　　　　　艾玉喜十
　　　　　　苗万福十
　　　　　　曹禄十
　　　　　　费成永福十
　　　　　　王荣十
　　　　　　徐恩庆十
　　（随带白起公退来地谱尔约一张）

王永福佃地约

　　立佃空地基永远合同文约人王永福，今同中人说合，佃到蒙古观音保名下户口空地基壹块，坐落在化城营坊道路西，坐北向南。计地东至官道，西至白姓，南至官道，北至康姓，所系地址北边东西宽七丈四尺，南边宽陆丈九尺有零，以南北长柒丈〔缺〕四至分明。情愿佃到自己名下修理房院，永远为业，如要栽树穿井，起土筑墙〔缺〕由王永福自便。同中三面现付过约城市钱壹拾千文，其钱交清不欠，随带旧约内押地价钱捌千文。每年随出地谱尔满钱壹百文，不准长支短欠，亦不许涨迭地谱尔。日后倘有蒙民人等争夺者，四邻辚轹者，有蒙古观音保一力承当。情出两愿，各无反悔，空口无凭，立佃到空地基永远合同文约为证用。

　　（计开立此约以应，如有旧约，以为故纸勿用，以此约为凭）

　　光绪叁拾壹年十月初五日　王永福亲立

　　立合同约贰张壹模各执壹张为凭（骑缝）

　　（此约倒过无义，另立新约为证）

　　中见人：刘永贵十

　　　　　　高滢元十

　　　　　　白老美十

　　　　　　王老正十

　　　　　　杨生直十

官印宝寡妇仝子达木气出租地约

立出租约人官印宝寡妇仝子达木气，自因使用不足，今将自己云社堡村西南地壹块，系地南北畛。东至顾维与，西至路，南至路，北至顾存姓，四至分明。情愿出过与赵成美名下永远耕种为业，栽树打井安坟，修理住占，一应钱主自便。同人言明现使过陆捌钱四拾陆吊文整，其钱笔下交足不欠。每年秋后出地租银钱贰佰文。日后倘有蒙民人争夺者，有达木气一面承当。恐口无凭，立永远合同约为证用。

光绪叁拾壹年十月十五日立十

立永远合同约各执一张（骑缝）

中见人：杨三毛十

杨贵何十

什全书

达木气出佃地约

立推佃地约人达木气，自因差事紧急，今将自己祖遗（缺）西南户口荒滩壹块，系东西畛。东至杨赵二姓，西至渠，南至杨老五，北至街，四至开明，计地壹顷壹拾亩有余。情愿推佃与王升名下永远耕种为业，同人言明现使过推佃地价银钱陆百柒拾伍千文，其钱笔下交清不欠。此地日后起房盖屋，修垒住占，栽树打井，做场埋坟，修渠打坝，清混水淤漫，一应由钱主自便。两出情愿，各无反悔。每年秋后出地租银钱贰千文，日后倘有蒙民人争夺者，有达木气一面承当。恐口难凭，立推佃地永远约为证用。

　　大清光绪叁拾壹年拾贰月十壹日立

　　立合同约贰张各执为据（骑缝）

　　〔新约故纸不用〕

　　知见人：冯智十

　　　　　　簟永耀十

　　　　　　蒙古陈保十

　　　　　　闫生厚十

　　　　　　王芝兰十

达木欠同母过租地约

　　立永远过租约人达木欠同母，今过到云社堡村东北洪水地一连二块，系东西畛。东至渠，西至路，南至顾银德尔，北至杨拴娃，四至分明。情愿出过与贾峨名下永远耕种为业。同人言明现使过租陆捌钱壹拾叁吊文整，其钱当交不欠。开渠打霸（坝），栽树打井，修吕（理）住占，一印（应）由钱主自便。日后倘有蒙民人争夺者，有达木欠同母一面承当。每年秋后出地租银钱八佰文，恐口无凭，立过租合同约为证用。

　　大清光绪三十壹年十一月十九日立

　　立过租合同约各执一张（骑缝）

　　中见人：张汗汗十

　　　　　　孙受娃子十

　　　　　　什全书

达木气同母出租地约

立出卖永远地约人达木气同母，自因差事紧急，今将自己祖遗西河上村东户口沙地一块，系南北畛，计地一十九亩。东至贾集善，西至集成永，南至威风子，北至大道，四至分明。情愿卖与贾德善、贾吉善名下永远耕种为业，同人言明现使过卖地价钱七吊文整，其钱笔下交清。日后永远经营创造均由钱主自便，每年秋后出银钱地租钱叁佰捌拾文。日后倘有蒙民人等争夺者，有达木气一面承当。恐口无凭，立合同约为证用。

大清光绪卅一年十二月廿一日立十

立合同约为证（骑缝）

中见人：北辰氏十

　　　　蒙古荣正德十

　　　　高芝俊十

　　　　康德十

同母达木歉出佃地约

立佃卖永远清水奉约人同母达木歉，自因使用不足，今将自己祖遗□□云社堡村四抽清水奉二厘五毫随渠使水，今情愿出佃与苏木雅名下永远使水为业。同人言明现使过佃卖永远清水奉价陆捌钱贰佰玖拾吊文整，其钱当交不欠，日后一应水由钱主自便。日后倘有蒙民人等争夺者，有本主一面承当。两出情愿，各无反悔，恐口难凭，立合同佃卖永远清水奉约为证用。

（每年秋后出水租银钱壹佰五十文）

大清光绪叁拾贰年三月初五日立十

立合同二张各执一张（骑缝）

中见人：富先厮十

陈宝尔十

尔登累力十

荣先生书十

同母达木歉出佃地约二

立佃永远清水奉约人同母达木歉，自因使用不足，今将自己原置到云社堡村四抽清水奉二厘五毫，今情愿出佃与张□珠名下永远使水为业，随渠使水，清洪水浇灌一应由钱主自便。同人言明现使过佃水价银钱贰佰玖拾吊文整，其钱当交不欠。日后如有旧约以为故纸不用，以三十二年三月廿一日立新永远约为凭。日后倘有蒙民人等争夺，此有卖主一面承当。两出情愿，各无反悔，恐口无凭，立合同永远佃水约为证用。

（每年秋出水租银钱贰百五十文）

大清光绪三十贰年三月廿一日立十

立合同约贰张各执一张（骑缝）

中见人：设进十

福来十

苏木牙十

王有十

登高十

李财十

潋灩书

达穆欻同母出租地约

立过永远水俸约人归化城蒙古金宝之孙达穆欻同母，自因〔缺〕半俸系原卖与云社堡村顾姓名下，今因顾楞五、顾钱海、顾银得尔将水推与贾秉瑞从政名下永远浇灌为业。同人言定顾姓推水蒙古情愿过约与贾秉瑞从政名下，共使过押水捌拾钱叁佰贰拾肆吊叁佰陆拾文，又共使过押水过约银钱壹佰六拾吊文整，其钱俱笔下交清，日后不许长支短欠，亦不许长迭。租价计四抽水半俸，由钱主分用自便。倘有蒙民本族人等争夺拦阻者，有原主一面承当。两出情愿，各无反悔，恐口难凭，立过永远合同水约为证。计开蒙古金宝等于乾隆年间将此水俸卖与顾姓，至同治年间因讼事与蒙古重立合同约，今将顾姓之水已经批注伊合同内与顾姓毫无干涉。至此与蒙古名下过拨水租陆捌钱叁佰文，每年秋后收讫。

立合同约为证（骑缝）

知见人：水头尔哈木楞十

蒙古成保尔十

蒙古成六十

贾秀书

达木欠同母过租地约

立过租约人达木欠同母，今过到云社堡村东北地壹块，系东西畛，东至渠，西至渠，南至顾板太，北至钱主，四至分明。情愿过与贾峨名下永远耕种为业。同人言明现使过过租陆捌钱玖吊文整，其钱当交不欠。栽树打井安坟，修理住占，一应由钱主人自便。每年秋后出地租银钱伍佰文。恐口无凭，立合同约为证用。

大清光绪叁拾贰年四月十三日立十

立合同约各执壹张（骑缝）

中见人：梅班小十

蒙古七十四十

什全书

于明租地约

立租空地基合同约人于明，今同中人说合租到蒙古虎登山岳父家祖遗营坊路西空地基壹块，东至于姓，西至官道，南至官道，北至文姓，出水出路通街，四至分明。永远为业，修盖房屋，栽树打井，养畜起土打墙，一切由自己家自便。同中人言明现交押地城兑钱柒拾千文，当交不欠。言明每年地谱城兑钱肆千文，其钱正月标交付，亦不许长支拖欠，并不许增缩地谱。日后倘有蒙民人等争端者，有蒙古虎登山一面承当。情出两愿，各无反悔，恐口无凭，立租空地基合同文约为证用。

（计批咸纪七三五年三月十六日同中将此地与王有恒，另立新约，此约勿用）

光诸三十二年八月十八日 民人于明立十

知见人：李喜十

自庆子十

王喜十

（官代书李遇唐）

达木气出租地约

立买地基合约人达木气，今将自己营房道路西巷内空地基壹块，计地叁分，东至马姓本院，西至坟垣，北至马姓本院，南至墙垣，四至分民（明）。情愿出买（卖）与马林明（名）下永远为业，口盖房屋，栽树打井，起土打墙。同中人言明，现使过押地钱壹拾伍千文，其钱笔下交清不欠。每年出地谱尔钱壹佰文，其钱冬标收取，不许长支短欠涨迭。日后倘有蒙民人等争碍者，有达木气一面承担。恐口为凭，立买空地约存正用。

光绪叁拾贰年九月十七日　达木气立约

立佃空地基约贰张各执壹张（骑缝）

中见人：永世德十

马万财十

南江海十

蒙古虎登山佃地约

立佃地基约人蒙古虎登山，今同人说合，今佃到太和馆巷空地基一块，东西长三丈有零，南北贰丈五尺有零。向东出路通街，西至张姓，东至街，南至官路，北至夏姓，四至分明。情愿出佃与贾富名下永远修理住占承业。同人言明现使过市钱陆吊文整，其钱当交不欠。每年秋后共出地谱市钱贰百文，日后不许长支短欠。倘有蒙民人争夺者，有虎登山一面承当。恐口无凭，立佃地基约为证。

大清光绪三十三年三月十九日立约

合同约两张各执一张（骑缝）

中见人：李荣

　　　　虎登山

达木歉出佃地约

立出佃永远地约人达木歉，自因官差事急紧，今将自己云社堡村西北地一连四块，系南北畛，东至顾银海，西至生娃子，北至杨舞林，南至渠，又一块东至六九，西至舞林子，北至六九，南至钱主，又一块东至王有财，西至滢维子，南至王有智，北至朱海子，各四至分明，情愿永远地与王有仁名下耕种承业。同人言明现使过永远地价陆捌钱拾肆吊五百整，其钱笔下交清不欠。每年秋后出地租钱一百五十文。两出情愿，各无反悔，恐口无凭，立永远合同约为证用。

大清光绪三十四年三月十三日立十

立永远合同约各执壹张（骑缝）

知见人：鲁三毛十

　　　　滢维子十

　　　　成保十

　　　　杨滢旺书

达木歉出佃地约

立出佃永远清水奉约人达木歉，自因使用不足，今将自己祖遗云社堡村四抽清水奉贰厘伍毫，今情愿出佃与富先子名下永远随渠使水，浇灌上地为业。同人言明现使过佃永远清水奉价银钱贰百捌拾吊文整，其钱当交不欠，日后一应由钱主自便。倘有蒙民人等争夺者，由本主一面承当。两出情愿，各无口悔，恐口难凭，立佃永远清水奉约为证用。

　　大清光绪三十四年四月初五日立十

　　立合同约贰张各执一张（骑缝）

　　中见人：陈宝尔十

　　　　　　福寿子十

　　　　　　益力图十

　　　　　　水头有有十

　　　　　　全亮十

　　　　　　云祥书

达木欶出佃地约二

立出佃永远清水奉约人达木欶，自因使用不足，今将自己祖遗云社堡村四抽清水奉贰厘伍毫，今情愿出佃与益罗图名下随渠使水，清洪水浇灌上地为业。同人言明现使过佃水价银钱贰百捌拾吊文整，其钱当交不欠，日后一应由钱主自便。倘有蒙民人等争夺者，由本主一面承当。两出情愿，各无口悔，恐口难凭，立合同永远约为证用。

　　大清光绪三十四年四月初五日立十

　　立合同约贰张各执一张（骑缝）

　　中见人：陈宝尔十

　　　　　　福寿子十

　　　　　　富先子十

水头有有十

全亮十

云祥书

文玉祥赁地约

立赁空地基合同约人文玉祥，今赁到蒙古金印名下祖遗十间房路东空地基壹块，东西宽拾贰丈叁尺，南北西边长四丈八尺五寸，东边南北长六丈五尺。东至霍姓，西至官道，南至王姓，北至赵姓，四至俱各分明。情愿赁与自己名下永远修理住占，栽树打井，出路通街，由其自便，出水向东行走。同人说合现使过押地兑钱拾伍千文整，其钱笔下交清不欠。每年地谱市钱五千文，按四标凭折收取，不许长支短欠，亦不许争长。日后倘有蒙民人等争夺者，有蒙古金印一面承当。两出情愿，各无反悔，恐后难凭，立赁空地基合约为证。

立合同约贰张各执壹张（骑缝）

〔缺〕闰五月拾叁日　文玉祥立十

中见人：张世让

　　　　王应忠十

　　　　张湖

金贵出佃地约

立佃空地基约人金贵乳名五十四，自己祖遗户口地公主府道路东白地壹段，北至长荣厮，南至李姓，出路南北长七丈贰尺，东至李姓，西至通街大路，出入通街出水，四至分明。情愿佃与马珍名下永远为业，建盖房屋，栽树打井，由自己便。同中说合现使过佃价市钱捌千文，其钱笔下交清不欠，又使过过约市钱伍千文。言明每年市钱四佰文，永远不许长迭，亦不许长支短欠，秋后凭折收取。日后倘有蒙民亲族人等争夺者，有金贵一面承当。恐口难凭，立合同地谱尔约存证。情出两愿，永无反悔。

大清〔缺〕年二月十七日马珍立十

立地谱尔合同约贰张各执壹张（骑缝）

中见人：张成玉十

　　　　王秦兴十

　　　　王元十

　　　　拜应十

　　　　沙亮十

　　　　印忠十

　　　　王俊偙代笔

崇福堂拜姓佃地约

立佃到空地基约人崇福堂拜姓，今佃到蒙古祥祥同子达木气，今因伊母子使用不便，央人说合将祖遗坐落在营坊道西巷内路北有空地基壹块，计东西宽肆丈五尺，南北长柒丈。东至马姓，西至拜姓，南至坟园土岗，北至王姓，四至分明。今同中说合已情愿佃到崇福堂拜姓名下永远为业，起盖房屋，栽树打井，起土垒墙，一应修理由己自便。同中言当附过佃地价兑钱肆拾吊文，其钱笔下交清不欠。言明每年地谱城市钱伍百文，秋后凭折收取，不准长支短欠涨迭地谱。日后倘有蒙民亲族人等争夺镠辖者，有蒙古祥祥同子达木气一面承当。两出情愿，各无反悔，恐口难凭，立合同约为证。

宣统元年三月二十五日　崇福堂拜姓立

立合同贰张壹张（骑缝）

中见人：哈福魅十

金满库十

蒙古成保尔十

润宏十

王有林十

（每年地谱市钱壹千文，又使过兑钱壹拾千文）

达木欠同母立出租地约

立推永远地约人达木欠同母，今将自己祖遗甲剌板申村西南地壹块，计地柒亩，伊因使用不足，缘因贰拾六年奉断周建基名下永远承种。叁拾壹年因永远地无价镠辖，同人说合使过城市钱叁拾捌吊伍百文，又宣统元年镠辖，同人说合使过城市钱肆拾吊文，前后共使过找足地价钱捌拾吊文整，其钱笔下交清不欠，日后永不准起事镠辖。起房栽树打井，安坟开渠打坝，由钱主自便。恐口难凭，立合同永远约为证。

大清宣统元年九月十八日立十

立推地合同约贰张各执壹张（骑缝）

（周门头叁号　蒙古贰肆号）

（另批四至旧约注明）

中见人：王贻玖十

成保尔十

亢锡三书

马大汉佃地约

立佃空地基合同文约人马大汉，今租到达木气祖遗营防道西巷内坐北向南空地基壹块，计东至曹姓，西至出路通大道，南至出路通大道，北至大路水道通街，四至分明。同中辦结情愿租到马大汉名下永远住占为业，准其起盖房屋，栽树打井，掘土垒墙，一应修理由己自便。言明前约使过押地市钱叁拾吊文，其钱交讫不欠。每年应出地谱满钱叁百文，秋后凭折收取，不准长支短欠，亦不许涨迭地谱。日后倘有蒙民人等争夺者，有达木气一面承当。情出两愿，永无反悔，恐口无凭，立合同租空地基约为证用。计东西宽柒丈叁尺，南北长壹拾叁丈七尺。

宣统三年四月初二日　马大汉立十

立合同约贰张各执壹张（骑缝）

中见人：刘祥十
　　　　刘宝十
　　　　丁富贵十
　　　　张有十
　　　　苗三度十
　　　　拜寿山十

胡天全租地约

立过租约人胡天全，今租到蒙古达木气同母香香西府衙门西面空地基壹段，东西宽四丈五尺，南北长捌丈，内有正房，墙外地基北至六尺，东西宽四丈五尺，出路通至南大道路，宽捌尺。开列四至，东至本主，西至陈发荣，南至本主，北至陈发荣。又买正房后榆树壹苗树，占地基宽壹丈，南北长捌尺。原旧约同人言明卖价城市钱贰拾吊，情愿租到栽树打井，起盖房屋，永远长住。同中言定旧约出过押地城市钱贰拾伍吊，二宗原日使清不欠。日后倘有蒙古民人争夺者，有达木气一面承当，与胡天全无干。每年应出城市地谱钱五百文，言明冬标收使，同中说合永远不能长支短欠增涨地谱钱。永无反悔，恐口无凭，立合同约贰张各执壹张为证。

宣统三年五月二十二日　胡无全立十

立合同约贰张各执壹张（骑缝）

（另有左锦光地谱约壹张，此约废纸不用）

中人：陈发荣十

　　　蒙古诚保十

　　　沈福成十

　　　安□泉十

郭维屏书人

（有蒙古达木气将自己合同地租约失落，今同中人日后出来作为废纸不用）

苗大庆租地约

立租空地基约人苗大庆，今租到达木气名下营坊道路西巷内小北巷内坐西向东空地基壹块，计东西长拾壹丈，南北宽陆丈。东至公颗小巷，西至马姓，南至唐姓，北至宽巷，出路走水道至官街，东西出路均通至官道，四至分明。今情愿租与苗大庆名下永远为业，起盖房屋，栽树打井，起土垒墙，由己自便。同中从旧约写耒使过押地兑钱壹拾贰千文，今同中人从旧约移耒，又现使过押地市钱贰拾五千文，今同中又复使过押地城市钱壹拾贰千文整，其钱当交不欠。言明地谱市钱贰佰五拾文，凭折收取，不许长支短欠，亦不许长迭租钱。倘后如有蒙民人等争夺者，有达木气一面承当。两出情愿，各无反悔，恐口无凭，立租空地基弥憽约为证用。

大清宣统三年八月二十五日　苗大庆立十

立租空地基约贰张各执壹张（骑缝）

同中人：张智十

　　　　马华十

　　　　马步孙十

　　　　贾成福十

　　　　康富贵十

　　　　马俊十

　　　　成宝十

代笔人：荆师竹

胡天会租地约

立永远租到空园地合同约人胡天会，今租到蒙孀妇香香同子达木齐祖遗到归化署西南隅大照壁东空地基壹块，正东至吾胡宅墙根，东北角至孙赵两姓界，西至养济院墙根，南至北至均系大路，四至分明，计地贰拾陆亩。又壹块东西宽陆丈，南北长拾丈柒尺，东至巷路，北至大路，西至南至均〔缺〕地毗连，四至分明。自己愿一并永远租到，任由修盖房屋，栽树打井，种植禾菜，永远为业。同人说合，应出蒙古押地过租市钱壹百千整，当日交清，每年一并应交地谱市钱贰拾肆千伍佰文，到秋后交付，不得长支短欠。情出两愿，各无反悔。自此以后，如有蒙族争议者，有香香同子达木齐一力抵当。空口难凭，立此双方合约为照。

（再查原指地谱钱向陈发荣名下借过市钱捌千文，按月壹分生息，此应既经胡天全置到，此项借钱本息，应向胡天全抵对，与陈发荣无涉。其息即将每年两项应得地谱贰拾肆千伍佰文，对内以拾肆千玖百文，吾蒙古收使以玖千陆百文作为每年能借钱息利，后若清还借本，将利赎归地谱原数。情出两愿，同人批载合约为证）

中华民国元年七月二十日即壬子六月初七日　胡天全立十合同各执一张为据（骑缝）

（至此更换新约，此作故纸）

（又于民国三十年即甲寅年五月初三日，同中原办事人将蒙妇香香同子达木齐，订明前借过兑钱壹百贰拾伍千文，按月一分生息，将每年应出地谱市钱壹拾肆千玖百文作抵借钱，息利嗣后香香将前后两项借本如数还清，应出地谱照约交付。复又有香香同子达木齐至今计算历次共借过市钱壹百壹拾壹千文，自本年五月初三日起，按月一分生息，至明年五月初三日止，一年期内，该香香如将此项借钱还清所〔缺〕愿议让不要，如过期以后，无论何时将本还清，其利仍按原借时计算得应。至此同乡注明为证）

中证人：沈福成十

福宝十

安□全十

冯宝

李静庵

丁寡妇同子丁起云佃地约

立佃永远空地基合同约人丁寡妇同子丁起云，同中佃到蒙古寡妇同伊子达木气、□全尔，将伊祖遗归化公主府路道东空地基壹块，东至拜姓，西至官道，南至拜、马二姓，北至王姓，东西宽玖丈五尺，南北长陆丈一尺五寸，四至长宽一切注明。情因前过约据于民国三年间赴县验契，将蒙古所执合同半约遗失，今同中说合又照前过旧约更立此新据为证。中人言明仍旧佃到自己丁姓名下永远为业，准许起盖楼房，栽树凿井，取土动基，出路走水，一切修理全由自己丁姓所便。倘异日如有蒙民人等争夺，以及基内缪辖等情，有达木气等一力承当。而至每年应出地谱城市钱陆百文，立此约从旧约载来押地城市钱肆拾千文。两出情愿，各无反悔，恐口无凭，立此合同文约为证。

中华民国元年阴历六月十五日　丁寡妇同子丁起云亲立

立合同约贰张各执壹张为证（骑缝）

同中人：丁起龙

　　　　邸显光

马文仕代笔

（计批于民国十年七月初五与子生义另过新约，此约作为故佲不用）

苗大庆租地约

　　立租空地基约人苗大庆，今租到虎登山名下经守营坊道两巷内小北巷内坐西向东空地基壹块，计东西长拾壹丈，南北宽陆丈。东至公伙小巷，出路走水，通至官街，西至马姓，南至唐姓，北至宝巷，东西出路均通至官道，四至分明。今情愿租与苗大庆名下永远为业，栽树打井，起土垒墙，由己自便。从旧约写来过押地兑钱壹拾贰千文，今同中又现使过现市钱贰拾伍千文，其钱当交不欠。言明每年地谱市钱贰佰伍拾文，凭折收取，不许长支短欠，亦不准长迭租钱。倘后有蒙民亲族人等争夺者，有虎登山一力承当。两出情愿，各无反悔，空口无凭，立租空地基弥缝约为证用。

　　中华民国贰年二月三日阴历癸丑正月廿六日　苗大庆立十

王福租地约

　　立租空地基文约人王福，今租到达木气同母吉明自己名下在营坊道路西，坐北向南空基地壹块，东西宽捌丈，南北长捌丈五尺。东至任继明，西至曹姓，南至公伙小巷，东西出路，东通营坊道，西通十间房，北至马姓，四至分明。同中说和情愿租到王福名下永远住占，建盖房屋，圈墙垒壁，栽树打井盖门，一应修理由己自便，出水通街。同中立券起，每年地谱城市钱伍百文，凭析收取，不准长支短欠，不许长迭地谱。日后如有蒙民人等争夺者，有达木气母子一面承当。此系空口无凭，立合租地约为证。另批当日同人使过押地城市钱壹拾千文。

立合同约贰张各执壹张（骑缝）
中见人：成宝十
　　　　康富贵十
　　　　马俊十
　　　　杨向勇十
刘汉卿书

任老喜佃地约

立佃空地基约人任老喜，今同中人说合，佃来挠木气名下户口地壹块，坐落在营房道路北。计地东西宽九丈五尺，南北长九丈五尺，东至官道，西至王福，南至大道，北至道，四至分明，出路出水通街。情愿佃到自己名下永远为业，起房盖屋，栽树打井，起土打墙，一切由其佃主自便。原日使过押地钱贰拾六千文，又现使过约城兑钱壹拾千文，每年出蒙古地谱尔计钱五佰文，其钱秋后交纳，亦不许长支短欠。日后倘有蒙民人等争夺者，挠木气一面承当。情出两愿，各无反悔，恐口无凭，立佃到空地基合同文约为证用。

中华民国贰年九月十七日　仁老喜立十
立店地基约贰张各执壹张为据（骑缝）
中见人：曹三旺十
　　　　王福十
　　　　陈宝十
徐思庆书

拜德重换合同约

　　立重换合同约人拜德，情因故祖拜印原佃到达木气祖遗归化城公主府路东，白地东、西两块相连，东边长拾肆，西边长捌丈贰尺，共宽捌丈肆尺。东至本主地畔，西至马姓，南至海姓，北至丁、杨二姓，四至注明。又连南北宽出路壹丈，东至本主，西至官道，南至穆姓，北至马姓，四至分明，出水出路向西通官道，建盖宅舍。于今因拜有禄以产赎命，经同清真寺乡老等处办，将此房院全行给与自己拜德承业。自前清光绪十一年使过押地钱叁拾叁吊，既于十九年使过钱叁拾四吊，三十年又使钱壹拾捌吊，宣统元年又使钱柒拾吊，前后四票共使过押地钱壹百五拾五吊文。现今重契约据，又使过约钱壹拾贰吊文，其钱均已交清不欠，齐此将白地两块全行佃到自己拜德名下，永远修理，住占为业，日后挖坯取土，起盖房屋，栽树打井，任由自己方便。每年共出地谱城市钱陆百文，秋后交纳，不许长缩拖欠。此系两出情愿，永不反悔。日后倘有蒙民人等争夺者，有达木气一力承当。空口难凭，立合同约为证。先前一切旧约，无论何人执出，均作故纸无用。

　　民国贰年十一月二十一号即癸丑拾月贰拾四日同中立十
　　立合同约两纸各执壹张（骑缝）
　　知见人清真寺乡老：曹禄十
　　　　　　　　　　　薛存义十
　　　　　　　　　　　艾玉万十
　　　　　　　　　　　王永福十
　　　　　　　　　　　尹万义十

杨向荣十

库真胜十

马俊十

尹万玉十

丁义十

官代书张光中笔

刘永财佃地约

立佃空地基永远合同约人刘永财，今同中人说合，佃到蒙古孀妇祥祥同子达木欠将他祖遗到营房道路西空地壹块，东至费迁垚、费福，西至马登云、赵姓，南至马八汉，东北至官路，正北至坟园，西北至马根伟，四至分明。计地东边南北长拾柒丈五尺，西边南北长拾壹丈捌尺，北边东西宽玖丈壹尺，南边东西宽七丈六尺。情愿佃到自己名下永远为业，日后如需起盖房屋，栽树穿井，挑渠起土安墙，出路走水由行东北通至营房道，言明一并由其钱主自便。同中三面，现付过佃地价租满钱捌吊文，其钱当交不欠。每年应出蒙古地谱尔城市钱贰吊文，其钱两标交还，不准长支短欠，亦不许增长地谱尔。日后倘有蒙民人等争夺者，有蒙古孀妇同子达木欠一同承当。情出两愿，各无反悔，空口无凭，立佃永远空地基合同约为据用之。

（计批立此约以后如需有费门约法，以为勿用之，以此约为凭）

中华民国叁年阳历十月十九号即阴历九月初一日　刘永财亲十立

立出租空地基合同约贰张各执壹张为证用（骑缝）

（计批六门费荣德守其院内南边摘出南北宽壹丈，西通刘姓院内，东通出官街。同中说合情与费姓老约批摘，卖与刘永财名下永远为业，日后出路走水建筑，一切任由自便。另立卖约为证。蒙古达木欠情愿认为刘姓永远为业，当收过押地价玖元，至每年连前地谱四吊城市钱，今二宗合成大洋壹元，立只按年收使）

同中人：铁花十

曹义昌十

成保十

马登云十

代笔人：马子黉

任状元佃地约

立佃空地基永远合同约人任状元，今同中佃到蒙古寡妇同伊子达木歉，祖遗营坊道中截西巷内，坐北向南，祖坟地前，有余地壹段，内有榆树贰株。计东至康姓，西至出路走水，东西宽肆尺。从南由东通出营坊道十间房，南至任、寇二姓，北至推主坟地界畔。计地东边南北长三丈三尺，西边南北长肆丈九尺，东西宽七丈贰尺，四至长宽均经载明，中人言明情愿佃到自己任姓名下永远为业，建筑房院，栽树凿井，取土动基，出路走水，一切安置全由自己任姓操持。与推主毫无干涉，日后不准推，主辄行涨逐，藉生揩赖。倘异日再有本族人等争夺，或有邻居及蒙民插行缪辖等情，有达木歉同母一力承担。今同中三面作佃地价满钱贰拾肆千五百文。其钱当文不欠。中人言明每年再出地谱满钱贰百文，不准长支拖欠，争涨减迭。此系两出情愿，并不中悔，恐口无凭，故立此合同文约为凭证用。

（计批此地内有小榆树大株任由钱主自便）

中华民国五年阴历七月十八日　任状元亲立十

立合同文约贰张各执壹张为凭（骑缝）

同中人：成宝十

　　　　穆成林十

　　　　白成骥十

　　　　康兴义十

　　　　马俊十

　　　　海天瑞十

　　　　马贵十

烦代笔人：马子赟书

任状元佃地约二

立佃空地基永远合同约人任状元，今同中佃到蒙古达木欠祖遗营坊道西巷内，坐北向南有祖坟前另有余地一段，原租到自己先祖名下永远为业，前因蒙古失去合同，双约无影，缘两造，又因地基尺寸镠辖不清，今邀集中人，妥商酌议，将此地四至尺寸，均经载明，重立此合同文约为凭。计地东至寇姓，西至出路小巷，南至自己出路走水，从东通出营坊道十间房，北至本承主，计地南边东西宽八丈三尺，北边东西宽陆丈捌尺，南北长柒丈陆尺，四至长宽一切注明。中人说合情愿佃到自己任姓名下永远为业，建筑房院，栽树掘井，取土动基，一切全由任状元自便，与推主毫无干涉，永不准推主辄行涨逐，藉生掯赖。倘异日再有本族人等争夺，或有蒙氏插行镠辖，有达木欠同母一力担荷。今同中三面仍从旧约耒押地价，大满钱贰拾壹千伍百文，每年再出地谱满钱壹百叁拾文，不准长支短欠涨迭。迄今将前者咸丰年间旧约双字，均为废纸勿用，准其此合同新约为凭，此系两出情愿，并不中悔，恐口无凭，故同中三面协立此合同文约为凭证。

中华民国五年阴历七月十九日　任状元亲立十

立合同文约贰张各执壹张为证（骑缝）

同中人：成宝十

　　　　穆成林十

　　　　白成骥十

　　　　康兴义十

　　　　马俊十

　　　　海天瑞十

　　　　马贵十

烦代笔人：马子蕡书

达木气出佃地约

立典地约人达木气，自因使用不足，今将自己甲拉板申村东壹犁地壹段，系南北畛，计地贰拾亩，东至买主，西至买主，南至河槽，北至道，四至分明。今情愿出典与宋福伶名下耕种为业，同人言定典地价兑钱伍拾捌吊伍佰文整，其钱当交不欠。日后钱到回赎，如钱不到，重地不计年限，恐口无凭，立合同约为证。

（计批每年应出租银四分半，申社官重地八所出）

民国伍年十二月廿伍日立十

立合同约（骑缝）

中见人：李月富书

边和且十

陈长庆十

达木欠出佃地约

立过租永远约人达木欠，自因使用不足，今将自己云社堡村西南地壹块，系地南北畛，东至顾存信，西至三喜，南至路，北至渠，四至分明。情愿出佃永远过租地杨生贵、杨生华名下耕种承业，同人言明现使过租陆捌钱壹拾四吊文整，其钱当交不欠，每年秋后出地租银钱贰佰文。日后有蒙民人争夺者，有达木欠一面承当。恐口无凭，立过租永远约为证用。

中华民国六年二月十九日立

立合同约各执一张（骑缝）

中见人：怅有清十

七十四十

杨彦盛十

丁维娃十

什全书

刘花荣租地约

立租空地基永远合同约人刘花荣，今同中租到蒙古孀妇同伊子达木气、□全祖遗营坊道中截路西空地基壹块，计东至官道，西至拜姓，南至官道，北至王姓，四至分明。中人说合，情愿租到自己刘姓名下，修理建筑、安置移造，及掘井栽树、取土动基、出路走水，东南两面俱行。倘异日再有本族人等争夺，或有蒙民及地基镠辖等獘，有蒙古地主达木气、口全一力承担。今同中言明，现使过约地租现洋元九块，又从旧约载耒押地租城市钱五千文，每年再出地谱城市钱叁佰文，凭折收使，永不许长支短欠、争涨地谱，比系两出情愿，并不反悔，恐口无凭，故同中三面协立，租空地基永远合同文约契据，为后存证用。

（计批将前者旧约均故俙勿用，准其此新约为证）

此民国十三年更换新约，此约作废

中华民国六年阴历三月二十五日　置主刘花荣立

立合同约两张各执壹张（骑缝）

中见人：唐祯十

　　　　白贵十

　　　　马润十

　　　　马永禄十

　　　　尹万禄十

　　　　马俊十

　　　　艾玉玺十

　　　　戴永盛十

　　　　夏富贵十

　　　　刘宽十

　　　　丁瑞十

　　　　尹万福十

　　　　杨凤翔十

马贵十

成保十

马文仕十

穆成林书

陈六十尔佃地约

立质德义堂地谱折子合同约人陈六十尔，今同中说合，因蒙古寡妇同子达木气母子，使用不便，将其租资折子借去满钱壹拾伍吊文，中人言明每月按一分五厘行息，倘有不敷，到交本一并归还。两出情愿，并不反悔，恐口无凭，立借钱合同约为证。

立借钱合同约贰张（骑缝）

中见人：安禄十

康兴义十

马振充十

民国六年阴历十月廿日　陈六十尔十立

白凤鸣堂佃地约

立承佃空地基永远合同约人白凤鸣堂，今同中佃到蒙古寡妇同子达木欠、□全尔名下，坐落营房道路西户口空地基壹块，计东至官道、白姓两界，西至杨姓，南至杨姓，北至唐姓，地址东西阔陆丈玖尺，南北长捌丈零，四至长宽均经载明。中人说合，情愿承佃到自己白姓名下，永远为业，如在此地内建筑房屋及凿井栽树，取土动基，出路走水，一切安置移造全由己白姓自便。嗣后倘有蒙民人等插行㘇辖及邻界争碍等情，有原蒙古寡妇同伊子一力承当。今同中三面，现付过约城市钱柒拾吊文，又从旧约载末押地价市钱柒吊文。言明至每年秋后，再出地谱城市钱贰百文，立折收使，不准长支拖欠、争涨地谱。系两出情愿，并不反悔，恐口无凭，故同中三面协立此合同契据，为后存证。

民国七年阴历九月初九日　承佃人白凤鸣堂亲〔印〕立

立合同契据贰张为证（骑缝）

（计批狄姓旧约以为故纸勿用，准其此约为据，蒙古承保尔）

同人：王有财十

马贵十

王禄十

库兴旺十

代笔人：马文仕十

吴生荣佃地约

立承佃空地基永远合同约人吴生荣，今同中佃到蒙古寡妇同子达木欠、□全尔名下祖遗营房道路西巷内，坐北户口空地壹块，计东至蒙古、马姓两界，西至马姓、穆姓两界，南至出路走水公巷，北至拜姓地址，东西宽伍丈四尺伍寸，南北长拾壹丈。又连东北空地一块，东至蒙古，西至本承主，南至马姓，北至拜姓，东西宽贰丈零，南北长肆丈七尺，前后四至一切注明。中人说合，情愿佃到自己吴姓名下，永远为业，起盖建筑，栽树凿井，取土动基，出路走水，一切安置移造全归吴姓自便。

倘异日再有蒙民人等争夺，或有基镠辖等情，有蒙古母子一力承挡。今同中附过佃地过约价现市钱陆拾吊文，又从旧约载秉押地价市钱柒千文，至每年秋后再出地谱城市钱一千文，不准长支拖欠、争涨地谱。此系两出情愿，并不反悔，恐口无凭，故同中人三面协力承佃空地基永远契据，为后存照。

（于民国廿六年十月廿四日另换新约）

立合同文约贰张为凭据证（骑缝）

同中人：拜寿山〔印〕

　　　　马振充〔印〕

　　　　马贵〔印〕

民国七年阴历十二月廿九日　吴生荣亲立十

同母□全、达木欠出佃地约

立过永远佃圐圙地约人同母□全、达木欠，情因自己于上年向前者出佃与崔姓，今同中人办理过佃与韩茂竹名下永远修理栽树为业，东至崔有太，西至水渠，南至崔有太，北至水渠，四至分明，出路通街与孙姓两家伙走。今同中人言明，现使过立约钱壹拾千文，嗣后倘有蒙民等阻碍者，有□全、达木欠一力承当。恐口无凭，立过佃圐圙地约永远为证。

（计批每年出地谱市钱壹佰伍拾文）

民国捌年五月十一日立十

立合同为证（骑缝）

中见人：边面模十

　　　　崔义昌十

　　　　冯景隆书

傅兴佃地约

　　立佃空地基约人傅兴，今同人说合佃到达木且太和馆巷空地基壹块，东西长三丈有零，南北贰丈五尺有零，向南出路通街，西至王姓，东至街，南至官路，北至王姓，四至分明。情愿出佃与傅兴名下永远，修理住占承业。同人言明现使过押地市钱四千文整，其钱当交不欠，每年出地谱市钱贰百文，日后不许长支短欠。倘有蒙民人争夺者，有达木且一面承当，恐口无凭，立佃地基约为证。

　　民国八年三月初十日立约

　　立合同两张各执一张（骑缝）

　　中见人：刘二仔十

　　　　　　王娃仔十

王玉堂佃地约

　　立租永远空地基合同约人王玉堂，情愿租到蒙古祥祥同子达木欠、口全尔等空地基壹块，坐落在归化城太和馆巷西口，坐北向南，东至傅姓，西至马姓，南至大路，北至大太和馆巷出路，四至分明。经中人说合，情愿租到自己名下永远住占，改揸修理，建盖楼房，凡合栽树打井取土，由己自便。当场言明每年与伊应出地谱城市钱贰吊文，其钱秋后交纳，訣伊现使过自己过约钱贰拾吊文，其钱笔下交清伊不欠，嗣后不许伊长支短欠、增长地谱。倘有伊宗族三亲六春蒙民人等争夺者，有祥祥母子等一力承当。此系两出情愿，各无反悔，恐口难凭，立租到永远空地基合同约为证用。

中华民国八年阴历四月初九　王玉堂情愿立十

立合同贰张各执壹张（骑缝）

中见人：张桂芬十

李玉十

海莲十

丁大文代笔

马万才租地约

立租永远空地基合同约人马万才，今同中人租到蒙古寡妇同伊子达木歉、□全尔，将伊祖坟地北边空地基壹块。计东至马姓，西至本坟，南至本坟，北至马姓地址，东西宽捌丈，南北长捌丈，四至长宽，一切注明中人言明。情愿租到自己马姓名下，永远为业，日后起盖房屋栽树掘井，一切修理全由自便。至每年应出地谱城市钱壹千文，立此约现附过押地城市钱壹百贰拾千文，日后倘有蒙民人等争夺者，有母子一力承当。此系两出情愿，各不反悔，恐口无凭，立此合同文约为证。

民国九年贰月初二日　马万财立

立合同约贰张各执壹张为证（骑缝）

同中人：李荣十

马贵十

马振充十

胡天全租地约

立永远接收到租资合约人胡天全，今接收到蒙妇香香同子达木齐及□全尔每年叁处所收地谱租资钱项并租约，至此自己情愿一并接收。同人言定并伊屡年借支本利及现使过合计市钱柒百叁拾捌千零壹拾肆文，每年按月壹分生息计算，嗣后或香香同子备价抽赎，原租其所得地谱，仍照租约办理，如与资抽赎作为永远推接死契，至此清结，永无狡执，为此立写合约为凭。

（计接收到租约叁张：一、清宣统三年五月；二、民国元年四月；三、民国元年七月。立每年收租市钱：伍百文，壹千文，贰拾肆千五百文）

中华民国十年七月卅日　胡天全立

合约各执壹张为据（骑缝）

中证人：王炳元（印）
　　　　沈福成十
　　　　安□全十
　　　　成保十
　　　　李静庵（印）

（再者日后倘执出收租旧折或片纸，作为废纸用此批）

蒙古香香同子达木齐及□全尔推绝地约

立永远推绝地谱租资合约人蒙古香香同子达木齐及□全尔，情因使用缺乏，屡年借支，自民国元年七月一日起至民国十年七月底止，合计本利市钱肆百柒拾捌千零壹拾肆文，为数甚多，因债顷被人逼讨，愿将自己叁处每年所收地谱租资，一并推与胡天全名下自主。同人议定作价市钱贰佰陆拾千文，至此前后统计使用市钱肆百柒拾捌千零壹拾肆文，嗣后吾香香同子备价抽赎时其所使前项数目，按壹分起息计算，如无资抽赎，亦作为永远推绝收租。再或者有蒙族争狡者，有吾香香同子达木齐、□全尔出力抵当，为此立写合约凭证。

（计随交原租约叁张：一、清宣统三年五月；二、民国元年四月；三、民国元年七月。立每年收租市钱：伍百文，壹千文，贰拾肆千五百文）

中华民国十年七月卅日 蒙古香香同子达木齐、□全尔立十

合约各执壹张为据（骑缝）

中证人：王炳元（印）

沈福成十

安□全十

成保十

李静庵（印）

（再者日后倘执出收租旧折或片纸，作为废纸用此批）

达木气粘单约

立粘单人达木气，今因有自己祖遗营坊道于明名下地租产，每年城钱四吊文，原系本族人收使，后因自己年幼，本族无后，归于族婿虎登山收使，嗣以自己长大成人，能以自立，于民国三年八月二十二日，禀奉土默特旗下长官，将本族此项遗产夺回自收，唯原约未更姓名，恐日后虎登山复夺，今央中人说合，将原约上另粘此单，再不准别人收使。又因自己现在时光不佳，经中人说合，现支过城钱叁拾叁吊，日后再不准长支短欠，再要借口生端无事生非，有中见人一面承当。所立粘单，两张各粘一纸为证行。

中见人：王福十

　　　　时忠全十

　　　　高胜云代笔十

中华民国十二年 月 日立

　　　　达木气十

马红桡租地约

　　立租永远空地合同约人马红桡，今同中租到蒙古达木欠名下祖遗通道街路东空地基壹块，东至吴姓，西至出路走水之官街，南至穆姓，北至拜姓，四至分明。中人说合情愿租到自己马姓名下永远为业，起盖楼房，栽树打井，一切修理任由己自便。中人言明每年应出地谱随街市通用洋贰元，按年收使，不准拖欠。立此现付过押地租洋叁拾元，其洋当交不欠。日后倘有蒙民人等争夺者，有达木欠一力承当，两出情愿，各不反悔，恐口不凭，同中立此租地合同文约永远为证。

中华民国十三年二月十一日　马红桡十立

立合同地约贰张为证（骑缝）

同中人：安庆元十

　　　　白福十

　　　　马振充十

蒙古孀妇达木气同母出租地约

　　立租到空地基永远合同约人蒙古孀妇达木气同母，今将自己祖遗营坊道中截路西空地壹块，计东至官道，西至拜姓，南至官道，北至王姓，四至分明。今同中说合，情愿租到刘兴宝名下，永远住占管业承守，改撞修理，建盖房屋瓦舍，栽树打井取土，任伊自便，出路走水东南两面俱行。倘异日再有本族人等争夺，或有蒙民人及地基轇轕等獒，有蒙古地主达木气一力承当。今同中言明现使过约地租现洋圆拾贰块，又从旧约载耒押地租城市钱拾五千文，每年再出地谱城市钱叁百文，凭折收使，永不许长支短欠、争涨地谱。此系两出情愿，并不反悔，恐口无凭，故同中三面协立租到空地基永远合同文约契据，为后存证用。

中华民国十三年阴历四月初八日　刘兴宝立十

立合同约两张各执壹张（骑缝）

中见人：马步朝十

王福十

刘华荣十

刘兴元十

马永福笔

满亿佃地约

立佃地基永远合同约人满亿，今同中佃到蒙古寡妇同伊子达木欠、□全尔等祖遗归化营坊道路西坐北空地基壹块，计东至王姓，西至寇姓，南至出路走水之官道，北至康姓，地基东西宽叁丈陆尺零，南北长柒丈五尺零，四至宽长一切注明。中人说合情愿佃到自己满姓名下，建盖房屋，栽树掘井，由其自便，永远为业。至每年地谱满制钱壹百文，立此约同中使过押地价现大洋捌元整，其地谱不准长支短欠，亦不许涨迭。日后倘有各界人等争端者，有收租人一力承当。两出情愿，各无反悔。恐口无凭，立此合同约贰张，各执一张为证据。

中华民国十三年阴历四月十一日　满亿立十

立合同约贰张各执一张为据（骑缝）

同中人：王福十

　　　　银晊瑞先生十

　　　　马振充十

马俊租地约

立租永远空地基合同约人马俊，今同中租到达木欠同伊弟□全尔，将伊祖遗归化城十间房道东巷内路北空地基壹块，东至马姓，西至本主，南至本主，北至马姓，东至西捌丈，南至北八丈，四至尺寸一切分明。中人说合情愿租到自己马姓名下永远为业，日后起盖房院，栽树掘井，由己自便。立此约现付过押地价钱伍吊文，至每年再出地谱钱壹吊文，不准长支拖欠，亦不许涨迭。后日倘有各界人等争夺者，有收租人一力承当。两出情愿，各无反悔，恐口无凭，立此合同约为证。

中华民国十三年六月十七日　马俊立十

同中人：康兴乂十

　　　　库成十

　　　　马级三十

妥恩佃地约

立佃空地基永远合同契约人妥恩，今佃到达木气祖遗有空地基壹块，坐落在归化城营坊道路西，其地原佃共外殳拜有贵名下，今因拜荣遵母命，将本院内西南角空地基摘卖与自己，今达知地主同亲友指明地界，摘过合同新约。计东至拜荣，西至马姓地界以墙为界，南至官道，北至拜姓，四至分明，出路走水通至官街，计东西宽叁丈五尺，南北长捌丈柒尺，注明尺寸。日后筑墙在自己尺寸内，不准越界。今同中说情愿佃妥思名下永远为业，日后准许起盖楼房，栽树掘井，各样修理由己自便。言明每年应出地谱城市钱贰百五拾文，其钱凭折收取，不准长支短欠。自立此契后，倘有蒙民亲族诸邑人等争夺以及纠葛等情者，有达木气一面承当，此系情出两愿，各无反悔，恐口难凭，立佃到永远空地基合同约，存为后证用。现付过大洋五元，其洋钱当交不欠。用中当面批摘旧约。

中华民国十四年阴历三月初五日　妥恩立十

立合同约贰张各执壹张（骑缝）

中见人：拜有财十

　　　　拜有禄

　　　　祁有才十

　　　　任三十

马德荣赁地约

立赁空地基约人马德荣，今赁到达木气祖遗营坊道路两巷内空地基壹段，东西长四丈五尺，南北宽贰丈，东至曹姓，西至道，南至刘姓，北至本主，四至分明。情愿赁到马德荣名下，栽树修井，盖房自由。同中言定现付过押房大洋贰元，其钱交清，言定每年出地谱市钱壹百文。日后如有蒙人争夺者，有达木气一力承耽（担）。此系两出情愿，各无反悔，恐口难凭，立赁地基约存证。

中华民国十四年闰四月初七日　马德荣立十

空基合同文约贰张各执壹张（骑缝）

中证人：曹义昌十

　　　　王福十

　　　　白老三十

　　　　常汝茂十

王志周佃地约

立佃空〔缺〕王志周，今同中佃到达木欠名下祖遗归化十间房尔道东空地基壹块，东至刘姓，西至官道，南至赵姓，北至马姓，此地南北宽伍丈，四至分明。中人说合，情愿佃到自己王姓名下永远为业，起盖房屋，栽树掘井，起土筑墙，由己自便。中人言明现付过押地价现大洋贰拾七元，其洋当交不欠，至每年再出地谱城市钱壹吊文，其钱按标收使，不准涨迭拖欠。日后倘有蒙民人等争夺者，有达木欠一力承当。两出情愿，各无反悔，恐口无凭，立佃空地基合同约贰张为证后用。

（地谱市钱壹吊文，按当特合现洋叁角整）

中华民国十七年二月二十六日　王志周立十

立合同约贰张为证（骑缝）

中见人：马登云十

　　　　丁大礼十

　　　　马吉十

马俊租地约

立租空地基合同约人马俊，今同中租到达木欠同伊弟□全尔名下祖遗归化营坊道路西巷内坐北空地壹块，东至买主马姓，西至本卖主，南至康、任二姓，北至马姓，计地东西宽捌丈，南北长捌丈，四至长宽一并分明。中人说合，情愿佃到自己马俊名下永远为业，起盖楼房，掘井栽树，由己马姓自便。中人言明每年应出地谱钱壹吊文，不准长支拖欠，亦不许涨迭。日后倘有各界人等争夺者，有达木欠同伊弟合力承当。两出情愿，各无反悔，恐口无凭，立此合同约贰张为证。

中华民国拾柒年叁月贰拾五日　马俊立十

立合同约贰张为证（骑缝）

中见人：康成十

康兴义十

马级三十

满义佃地约

立佃永远空地基合同约人满义，今同中佃到达木欠名下祖遗归化营坊道路西坐北空地基壹块，东至大路，西至寇姓，南至大路，北至康姓，东西宽壹拾丈零伍尺，东边南北长柒丈捌尺，西边南北长柒丈伍尺，四至分清。中人说合，情愿佃到自己满姓名下永远为业，起盖楼房，栽树掘井，取土修理，由己自便。立此约现付过押地价大洋壹拾贰元伍角，至每年再出地谱铜圆壹百枚，不准长支拖欠涨迭。倘有各界人等争夺，有达木欠一力承当。两出情愿，各无反悔，恐口无凭，立此佃空地基合同约贰张，各执一张为证。出路走水东南两面俱行。

　　立合同贰张各执一张为证（骑缝）

　　中见人：拜寿山十

　　　　　　拜寡归十

　　　　　　马子黄十

中华民国十八年四月十四日　满义立十

燕福安租地约

　　立卖空地基约人燕福安，今卖到太和馆巷空地基壹块，东西长三丈有零，南北贰丈五尺有零，向南出路出水通街，西至王姓，东至街，南至官路，北至王姓，四至分明。情愿卖到永远修理住占为业，同中言明当使过押地大洋四元，其洋当交不欠，每年地谱市钱贰百枚，日后不许长支短欠。如有蒙民人等夺者，有蒙古达木且一面承当。两出情愿，各无反悔，恐口无凭，立卖空地基约为证。

　　中华民国十八年四月二十日立

　　立合同贰张各执壹张（骑缝）

　　中见人：王吉十

　　　　　　安辅臣十

达木计出佃地约

　　立过租约人达木计，自因财政不足，今将自己云社堡村北地壹块，系南北畛，东至格方匕，西至渠，南至雇旺，北至王宝成，四至分明。情愿出佃与杨罕卜名下，永远耕种承约。同人言定，现使过租大洋元柒块整，其洋当交不欠。日后有人争夺者，有过租人一力承当。每年秋后地租同元壹百文，恐口无凭，立永远过租约为证。

民国十九年二月初七日立十

知见人：雇二小十

格方匕十

格四且十

哈立汗十

杨四玺租地约

立租到永远空地基合同文约人杨四玺，今租到归绥营坊道东巷口，坐北向南空地基壹块，计地基尺寸：东宽五丈八尺，南北长八丈，东至杜姓，西至马姓，南至公巷，北至出入通街行走，四至分明，走路出水通巷通官街。同中人说合，情愿租到自己名下，永远住占为业，日后修盖楼房，栽树掘井，起土动基，一切由其杨姓自便。同中人言明，现使过押地大洋贰圆，其洋当面交清不欠，每年应出地谱铜圆伍拾枚，秋后凭折收取，不许长支短欠，亦不许增涨地谱钱。日后如有蒙民亲族各界人等争夺者，有蒙古达木气一力承当。情出两愿，各无反悔，恐口无凭，立租到永远空地基合同约为证用。

（今于十年四月又另立新约，此约另存无用）

中华民国拾九年三月初四日　杨四玺立十

立地谱合同约两张各执壹张（骑缝）

中证人：王耀先

白富十

王得宜（印）

白福租地约

　　立租到永远空地基合同文约人白福，今租到归绥市营坊道马道巷内坐东向西空地基壹块，计地基尺寸：东西宽柒丈捌尺，东至南北长伍丈零捌寸，西至南北长六丈捌尺，北至马姓，东至马姓，西至官巷，南至曹、刘二姓，四至分明，出水走路通官巷。同中人说合，情愿租到自己名下永远住占为业，同中人言明，现使过押地大洋柒元，其洋当面交清不欠。日后修盖楼房，栽树掘井，起土动基，一切由其白福自便。每年应出地谱铜圆壹百枚，秋后凭折收取，不许长支短欠，亦不许增涨地谱钱。日后如有蒙民亲族各界人等争夺者，有业古达木气一力承当。情出两愿，各无反悔，恐口无凭，立租到永远空地基合同约为证用。

　　中华民国拾九年三月初五日　白福立十

　　立地谱合同约两张各执壹张（骑缝）

　　中证人：王耀先（印）

　　　　　　马元十

　　　　　　王得宜（印）

庞富租地约

　　立租永远空地基合同约人庞富，今同中租到蒙古达木欠同伊胞弟□全将伊租遗到归绥什间房道东空地基壹块，东至马、刘二姓，西至出路走水官街，南至文姓，北至王姓，地基东西宽拾贰丈伍尺，南北长柒丈五伍，四至尺寸一并分明。中人说合，情愿租到自己庞姓名下永远为业，准许建盖楼房，栽树掘井并取土动基，由己自便。中人言明，每年应出地谱铜圆壹百伍拾枚，按年收使，不准长支拖欠，亦不许涨迭。（缺）约同中现付过押地价票大洋五十元整，其洋当交不欠。日后如有各界人等争夺基内或有缪辖等情，有达木欠弟兄一力承当。两出情愿，各无反悔，恐口无凭，立此合同文约贰张各执壹张为证。

中华民国二十年二月十日 庞富立

立合同贰张为证（骑缝）

同中人：赵珍十

王生桂十

赵琦十

代笔：马子贽押

马正福租地约

立租空地基合同约人马正福，今同中租到达木欠祖遗十间房尔道东户口空地壹块，东西宽拾贰丈伍尺，南北长柒丈伍尺，东至马、白二姓，西至马姓，南至王姓，北至马姓，四至尺寸一并分明。中人说合，情愿租到自己马正福名下永远为业，起盖房院，栽树打井，一切修理全由自己自便。同中现使过约钱肆拾伍吊文，到每年应出地谱铜圆壹百伍拾枚。日后如有各界人等争夺者，有达木欠一力承当。两出情愿，各无反悔，恐口无凭，同中立此合同约两张，各执壹张永远为证。

立合同约贰张为证（骑缝）

中见人：马占义十

马正元十

马子文十

中华民国贰拾年叁月拾日　马正福立十

杨住寿典地约

立永远典到空地基合同文约人杨住寿，今有中人协理愿典到达木气名下祖遗在营坊道路西坐北空地基壹块，计南北长拾伍丈，东西宽拾伍丈肆尺，北至曹姓，南至路，东至佟姓，西至柏姓，四地分明。永远典到自己名下为业，栽树打井，建盖楼房，一切工程由己自便。言明每年地谱铜元壹百伍拾枚，按年到冬标，凭折收使，不准长支短欠，概不许涨迭地谱。同人现使过约大洋壹拾元，此款笔下如数交清。此系情出两愿，各不反悔，恐口难凭，立合同约为证。

中华民国二十年旧历腊月廿四日　杨住寿立十

立合同文约两张各执壹张为证（骑缝）

中见人：张耀庭十

沙世隆（印）

蒙古达木气过约约

立过约约人蒙古达木气，因差事紧急，今将自己祖遗甲拉板申村东北地壹段，计地叁拾贰亩，系南北畛，东至边四驮，西至吴羊羊，南至河漕，北至道，四至分明。今情愿出过与张五虎名下耕种为业，同人言定过约价洋叁块贰毛整，其洋当交不欠。恐口无凭，立过约为证。

（计批每年每亩租银五分）

中华民国贰拾壹年正月十六日立十

立合同约为证（骑缝）

中见人：陈生富十

　　　　梁耀龙十

　　　　张瑛书

蒙古达木气过约约二

立过约约人蒙古达木气，情因差事紧急，今将自己祖遗甲拉扳村西南地壹段，计地七亩，系南至贾荣，东至道，西至贾海亮，北至泉姓。又连南边地壹段，计地五亩，南至崔俭，北至贾晃，东至道，西至贾海亮，四至分明。今情愿出过与周存良名下耕种为业，同人言定过约价洋贰元，其洋笔下交清不欠。恐口无凭，立过约为证。

民国二十壹年正月十八日立

立合同约为证（骑缝）

中见人：高人庆十

　　　　陈法富十

　　　　边林安十

蒙古达木气过约约三

立过约约人蒙古达木气，情因差事紧急，今将自己祖遗甲拉扳村西地壹段，计地壹拾贰亩，系东西畛，北至刘沛，西至贾存金，东至河漕，南至贾晃，四至分明。情愿出过与陈法富名下耕种为业，同人言定过约价贰元，其洋笔下交清不欠。恐口无凭，立过约为证。

民国二十一年正月十八日立

中人：高人庆十

　　　贾银巨十

　　　边林安十

蒙古达木气过约约四

立过约约人蒙古达木气，情因差事紧急，今将自己祖遗甲拉板申村东地壹段，计地壹拾七亩，系南北畛，东至陈法富，西至边四驮，南至河漕，北至道，四至分明。情愿出过与陈法富名下耕种为业，同人言定过约价洋壹块五毛整，其洋笔下交清不欠。恐口无凭，立过约为证。

（计批每年每亩租银五分）

中华民国贰拾壹年正月十九日立十

中见人：五虎厮十

　　　　梁耀龙十

　　　　张瑛书

蒙古达木气过约约五

立过约约人蒙古达木气，情因差事紧急，今将自己祖遗甲拉板申村东地壹段，计地一亩，系南北畛，东至陈法富，西至张五虎，南至河漕，北至道，四至分明。今情愿出过与边四驮名下耕种为业，同人言定过约价洋贰元整，其洋当交不欠。恐口无凭，立过约为证。

（计批每年每亩出租银五分）

中华民国贰拾壹年正月十九日

中见：陈法富十

梁耀龙十

张瑛书

刘占元租地约

立租永远空地基合同约人刘占元，今租到蒙古达木气名下祖遗归绥十间房东巷内坐南向北户口空地基壹块，计地基尺寸：东西宽六丈捌尺，南北长九丈壹尺，东至苗姓，南至马姓，西至马姓，北至公巷，四至分明，出水走路通出公巷至官街。同中人说合，情愿出租与刘占元名下永远住占为业，中人言明现使过押地票大洋壹拾贰元整，其洋当面交清不欠。日后起盖楼房，栽树掘井，一切由其刘占元自便。中人言明每年应出地谱票大洋叁角，凭折收取，不短欠。日后如有蒙民亲族人等争夺者，有蒙古达木气一力承当，此系情出两愿，各无反悔，恐口无凭，立出租永远空地基合同约为证用。

中华民国廿一年阴历正月廿四日 刘占元立十

立合同蒙古地谱约贰张各执壹张（骑缝）

中证人：刘七十十

王有义（印）

刘文元十

张兴旺租地约

立租永远空地基合同约人张兴旺，今租到蒙古达木气名下祖遗坐落归绥营坊道半路西巷内空地基壹块，计东西宽壹拾壹丈叁尺，南北长壹拾叁丈柒尺，东至小巷，西至马、白二姓，南至曹、王二姓，北至官道，四至分明，出入行走出水从巷内通官街。今同中人说合，情愿租到自己名下永远住占为业，日后起盖楼房，栽树掘井，一起由其赵姓自便。同中人言明，现使过押地票洋肆拾元整，其洋当交不欠，言定每年应出地谱现洋伍角，秋后凭执收取，亦不许长支短欠，永不能增长地谱。倘有蒙民亲族各界人等争夺者，有蒙古达木气一力承当。情出两愿，各无反悔，恐口无凭，立租永远空地基合同约为证用。

（计批类出地基东西宽叁丈，南北长叁丈，又另外通出走路南北壹丈）

中华民国贰拾壹年阴历十一月廿七日　赵兴旺立十

立蒙古地谱贰张各执壹张（骑缝）

中证人：王禧光十

　　　　王有义（印）

高宝、高焕出推地约

立推永远地约人高宝、高焕，自因银钱紧急，今将自己原置到黑山子村北地壹块，计地一顷，系南北畛，东至梁项，西至水渠，南至推主，北至梁项，四至分明。今同中人言明，情愿出推与金万富名下永远成种为业，原系荒地，同人言明共作地价现洋陆拾元整,言明其洋笔下现交叁拾元,至此除讫净歉洋叁拾元整。言明限至二十三年八月底交清为据,水渠公用,出路通行官粮神社,由二十四年起按亩完纳。两出情愿,各无反悔,恐口无凭,立推地约为证。

中华民国二十二年旧历九月二十日立

立推永远地合同约贰张各执壹张为证（骑缝）

中见人：赵宣立十

老福寿十

代笔人：郭子楠书

蒙古金万富出佃地约

立佃永远过约人蒙古金万富,自因手中不便,今将自己祖遗甲拉板申村西北地壹块,计地陆亩,系东西畛,东至河漕,西至贾玉珍,南至本主,北至陈法富,四至分明。今情愿出佃过与贾晃名下,永远承种管业。同中人言定,计佃过约价现洋壹圆四角文整,其洋当交不欠。日后倘有蒙民人争夺者,有佃过约主人一力承当。日后改栽树,侵坟淤漫筑坝,任由买主自便。两出情愿,各无反悔,恐口无凭,立佃永远地约为证。

立佃合同过约为证（骑缝）

见人：魏太保十

郭根义十

贾恚文书

（每年每亩田出租银伍分）

中华民国二十三年十月廿七日立十

达木器过租约

立过租约人达木器，自因财政不足，今将自己云社堡北地壹块，系地南北畛，东至顾毛银，西至渠，南至火车道，北至渠，四至分明。情愿出过与梅典元名下耕种为业，同人言明，现使过过租现洋壹块整，其现洋当交不欠。日后由钱主人自使，恐口无凭，立合同约为政（证）。

（计开每年秋后出地租银钱壹百廿文整）

立合同约为证（骑缝）

知见人：杜赵官

　　　　顾二肉旦

　　　　梅生盛

民国二十三年十二月初三日立

兄达木气、弟拾全尔过约约

立蒙古与韩青山过约人兄达木气、弟拾全尔，今将原营坊道西马道巷子坐西向东栅子院内，北东西宽七丈叁尺，南东西宽壹拾四丈，南北长壹拾壹丈伍尺，出街东南角南北宽贰丈五尺，东北巷子通行。院内愿（原）有水井一眼，日后院内积土盖房栽树，有韩青山自便。同中说合，现使过约现白洋七元整，每年应出地谱洋壹元六分，不许长支短欠，日后如有同人争夺者，有兄达木气、弟拾全尔二人一面应当。情出两愿，各无反悔，恐口难凭，立约为证明。

中华民国贰拾四年旧历正月廿五日国历二月十八号

韩青山立十

立过约两张各执壹张（骑缝）

同中见人：张俊十

蒙古二旦十

达木齐十

拾全尔十

马汗宝过地约

立过地谱约人马汗宝，今买到什间房大东巷座南空地计壹所，计地南北长七丈五尺，东西面官尺宽五丈六尺五寸，西至马姓，北至公巷，南至刘姓，东至苗、鹿两姓，四至分明。地内有榆树贰拾贰株，下面东西四丈九尺，唯东北角有马根子，房后出流水通壹条仍归清嗣。栽树挖井，起房盖屋，一切由马汉宝自便。如有人争者，有马正清、马正海一面承当。情出两愿，各无反悔，恐口难凭，立约为证用。同中说合过地约现洋肆元整，地谱铜元壹佰贰拾枚。

立过地基约两张各执一张（骑缝）

同中见人：马汗宝十

马俊立十

代笔：韩先生十

中华民国二十四年旧历四月拾叁日国历五月拾五　马汗宝立十

任富年佃地约

立佃永远空地基合同文约人任富年，今佃到蒙古达木齐、

□全尔祖遗空地基壹块，坐落在归绥市营坊到冯源巷内，坐北向南。其地原系马发、马润佃到为业，立有佃契为凭，情因自己任富年由马姓名下置到谈产，通知蒙古认租过换新券。双方同中勘丈地界，注明尺寸，计东至任姓，西至美姓，南至公伙小巷，北至任姓蒙古。同中言明前约载写此空基内有任状元及蒙古，出路东西宽肆尺。今三面议定交通方面，今买主议让行车出路一条，东西宽陆尺，当面勒石为界，东至任姓，西至通街出路，南边东西宽肆丈二尺，北边东西宽叁丈八尺，东边南北长柒丈五尺，西边南北长五丈五尺，今将四至尺寸注明，出水走路通至官街。同中说合情愿佃到任富年名下永远为业，日后准许建筑楼房，栽树掘井，各种修理由己自便。从旧约移耒押地钱拾五千文，又使道路过约现洋陆元，其钱当交不欠。言明每年应出地谱现洋叁角，不准长支短欠。自立此约之后倘有蒙民邻家及诸色人等争夺以及纠葛等情者，均有达木齐、□全尔一面承当。此系情出两愿，各无反悔，恐口难凭，立认租过换新约合同为证。

民国贰拾伍年八月廿日　杨万福立十
立合同约两张各执壹张（骑缝）
中见人：刘永盛十
　　　　丁起龙十
　　　　拜寿山（印）
中华民国二十四年旧历四月十五日　任富年立十

张福寿堂租地约

立租空地基约人张福寿堂，今同中人说合，将伊达木气名下空地基一块，计地东西宽贰丈贰尺，南北长柒丈。东至史姓，西至马姓，南至德合明，北至官路，四至分明。情愿出租与自己名下永远为业，修盖房屋住占。旧日使过押地城市钱壹拾伍千文，又虎登山又过押地城市钱贰拾贰千文，又达木气使过押地城市钱壹拾伍千文，其钱当交不欠。每年出地谱尔现洋伍角，凭折收使，不准长支短欠，永远不准涨迭地谱。日后倘有蒙民人等争夺者，有达木气与□全尔一面承当。此系情出两愿，并无反悔，恐口无凭，立出空地基约合同为证用。

中华民国二十四年五月廿八日即旧日历四月廿六日　张福寿堂立（印）

立合同空地基约两张各执一张（骑缝）

中见人：拜永禄 如意

刘笑英代笔

杨生义佃地约

立佃到永远空地基合同约人杨生义，今佃到蒙古达木气、□全尔将伊祖遗归绥公主府路道东空地基壹块，东至拜姓，西至官道，南至拜、马二姓，北至王姓，东西长九丈五尺，南北宽陆丈壹尺五寸，四至一切注明。经中人说合，情愿佃到自己名下永远为业，言明每年应出地谱钱现大洋壹角五分，自立约之后起盖楼房、栽树打井、起土建筑等全由自己自便。倘有蒙古人民争夺者，有达木气、□全尔一力承当。缘从旧约载耒押地钱四拾吊文正。此系两出情愿，各无反悔，空口难凭，立此合同约永远存为证用。

（于民国廿五年一月廿日与杨万福另立合同为证，此约勿

用)

中华民国二十四年七月初五日　杨生义（印）立

立合同约贰张各执壹张为据（骑缝）

中人：杨万义十

　　　唐宝山（印）

　　　杨文明十

　　　拜寿山如意

　　　丁英十

　　　唐特雨代

钱永孝租地约

立租永远空地基合同约人钱永孝，今租到蒙古达木气自己父遗归续营坊道路西户口空地基一块，计地基尺寸：南北长玖丈壹尺，东西宽拾伍丈伍尺。东至官街，西至赵庞两姓，南至于姓，北至费刘两姓，四至分明，出水走路通出官街。同中说合情愿租到自己名下永远住占为业，倘有修起盖楼房，栽树掘井，一切由其钱姓自便。中人言明现使过现大洋贰拾伍圆整，其洋当交面交清不欠。同中言明每年应出地谱现洋壹元，秋后凭折收取，不许短欠，以（亦）不涨迭地谱洋。日后如有蒙民亲族各界人等争夺者，有蒙古达木气一力承当。情出两愿，各无反悔，空口无凭，立租到永远空地基合同约存证用。

中华民国二十四年阴历七月初十日阳历八月八号　钱永孝立十

立合同约两张各执壹张为据（骑缝）

同中人：马正奎十

钱永忠十

代　　笔：五立中（印）

杨万福租地约

　　立租空地基合同约人杨万福，今租到城西捣拉土木村蒙古达木气、□全尔二人名下坐落归绥市通道街中间路东空地基壹块，计东西宽玖丈伍尺，南北长六丈壹尺伍寸。东至拜姓，西至官街，南至拜姓，北至王姓，四至分明，出水走路通行官街。经中说合情愿租到自己名下永远为业，立约后此地内建筑楼房，栽树打井一切由己自便。中人言明每年应出地谱现出洋壹毛伍分，其洋按标凭折收取，亦不许长支短欠。日后倘有各界人等争夺者，有达木气、□全尔二人合力承当。此系两出情愿，各无反悔，恐后无凭，立租空地基永远合同文约为证用。

民国贰拾伍年八月廿日　　杨万福立十

立合同约两张各执壹张（骑缝）

中见人：唐宝山十

　　　　邸光条十

　　　　穆成林书

于茂英重过地约

　　立重过空地基合同约人于茂英，情因自己于前清光绪二十八年九月间租到虎登山名下空地壹块，永远为业。不想于民国二十四年间虎登山夫妇全以病故，查此地原系达木欠祖遗原产，到民国二十五年，□方请出中人说合仍到租到自己于姓名下，向达木欠立此新约永远为业。计开此地东至出路走水通出官街，西至于姓，南至官街，北至钱姓。地基宽长，北头西宽拾贰丈，南头东西插斜宽捌丈，东边南北长壹拾壹丈伍尺，西边南北长拾陆丈，统合壹亩壹分，四至宽长均经语明。□方请出中人说合情愿租到自己于茂英名下，〔缺〕栽树打井，由己自便，永远为业。中人言明每年地谱洋贰元，立此约〔缺〕洋拾元。日后倘有蒙民人等争夺等情，有原蒙古达木欠一力承当。（缺）各不反悔，恐口不凭，同中立此合同地约两张各执一张为证。

立合同地约两张为证（骑缝）

中人：王志州（印）

马贵十

马振华（印）

中华民国二十五年八月二十日　于茂英立

马三元租地约

立租空地基合同约人马三元，今同中租到达木欠同伊弟□全将其祖遗本市通街路东户口空地基壹块。东至唐韩二姓，西至佟马二姓，南至马姓，北至马姓。此地北边东西宽柒丈陆尺伍寸，中间宽壹拾丈零伍尺伍寸，南边东西宽拾壹丈玖尺，东边南北长拾丈零陆尺，西边南北长玖丈壹尺，西北角另有往西出路地基壹条，通出官街，四至尺寸一并注明。今同中说合，情愿租到自己马姓名下建盖房院，栽树打井，一切修理任由马姓自便，永远为业。言明每年应出地谱洋肆角，立此约同中现过押地租洋壹拾肆元，其洋当交不欠。日后倘有各界人等争夺等情，有达木欠同弟□全合力承当。两出情愿，各无反悔，恐口无凭，同中立此合同地约为证。

立合同地约贰张各执壹张为证（骑缝）

中见人：刘长命（印）

马正海（印）

佟瑞（印）

马全山（印）

马正福（印）

中华民国二十五年九月二十八日　马三元立（印）

韩兴茂佃地约

立佃到空地基永远合同文约人韩兴茂，今邀请人说合佃到蒙古达木欠祖遗下本市营坊道路冯源巷四号院空地基壹块，计地东至蒙古马姓两界，西至马穆二姓，南至出路官巷，北至拜姓。面积尺寸：东西宽北边七丈五尺，南边伍丈四尺五寸，南北长中间拾壹丈余，东北拐柄南北长四丈七尺余，四至一切全行注明。经中说合情愿佃到自己名下永远为业，同中三面言明使过佃地过约钱大洋拾贰元，又从旧约移耒押地价市钱柒千文，至每年秋后应出地谱钱壹千文，不准长支短欠。自立约之后，地内建筑一切仍由自便。倘有本族及各色人等争夺缪辖者，有达木欠一力承当。此系两出情愿，各无反悔，空口无凭，立出佃空地基合同文约永远存照证用。

（后戊戌年六月三日卖给庶俊，另立新约）

中华民国贰十伍年十月二十四日　韩兴茂立十

立合同文约贰张各执一张为据（骑缝）

中见人：白玉山十

马级三十

郭朝龙十

唐魁吾代（印）

马正魅租地约

立租到空地基永远合同约人马正魅，今租到计归□市营坊道路东巷口坐北空地基一块，计东西宽五丈八尺，南北长捌丈。东至杨姓，西北两面至马姓，南至官街，出水走路通行，正房后有滴水，准其出水，四至分明。同中说合情愿租计自己名下永远住占为业，日后改修房屋，起土建盖楼房，任由自便。□前者杨姓约载末押地大洋拾贰元整，每年出地谱铜元五拾枚，秋后收使，不准长支，不许增涨。日后倘有蒙民人等争夺□葛等情，有达木欠一力承当。两出情愿，各无反悔，恐口不凭，立租空地基永远合同约为证。

中华民国二十六年四月五号　马正魅立十

中人：白全十

杨若义十

杨维垚十

座竞山十

兴隆堂阑怀喜租地约

立租到永远空园地基合同约人兴隆堂阑怀喜，今租到蒙古达木齐、□全祖遗在归化城县署西南隅皿壁东空地基一块，正东至富亨元，东北角至王进财，西至养济院墙根，南至北至均系官大道，四至分明，计地贰拾陆亩。又连一块东西宽陆丈，北南长拾丈柒尺，东至巷路，北至大路，西至南至均与前地毗相连，四至分明。情愿一并租到自己名下永远为业，建盖楼房，挖窖打井栽树，□园种禾，由己自便。今同中人说合，将旧约批锁，自此以后，每年与蒙古应共出地谱大洋伍元捌角，到秋标交付，不许长支短欠，并不许增涨地谱。自过约之后，倘有蒙民人等争夺者，有蒙古达木齐、□全合力承当抵抗。此系情出两愿，各无反悔，恐口难凭，立此合同约为证。

中华民国二十六年国历五月廿八日　隆兴堂阑怀喜立十

合同各执己张为据（骑缝）

中证人：王善文十

　　　　赵贵（印）

　　　　张让三十

　　　　子祥代笔（印）

徐向荣佃地约

立佃空地基永远合同约人徐向荣，今同中人佃到蒙古达木欠、□全尔将其祖遗归化大西街坐南向北空地基壹块。计东至陈姓，西至二道巷，南至福兴景，北至官街，东西宽壹丈八尺叁寸，南北长陆丈零，四至尺寸一切注明。此空地基日后如有起盖楼房，栽树打井，修理出路，走水通街，一切由其佃主徐向荣自便。同中人说合每年地谱洋贰元，凭折收取，不准长支短欠。日后如有蒙民人等争夺者，有达木欠、□全尔一面承当。此系情出两愿，各无反悔，恐口不凭，立此合同约两张各执壹张为证。

立蒙古地谱合同两张各执一张（骑缝）

中证人：苗子正（印）

　　　　王耀先十

中华民国贰拾陆年国历玖月叁日　徐向荣立（印）

潘启成赁地约

立赁空地基约人潘启成，今同人说合，今赁到太和馆巷空地基壹块，东西长叁丈有零，南北长贰丈五尺有零，向南出路通街，西至王姓，东至官街，北至王姓，四至分明。情愿赁到蒙古达木且空地一块，永远住占修理承业，同人言明现使过押地随市大洋陆元整，其洋笔下交清不欠。言明每年出地谱随市大洋贰角，日后不许长支短欠。倘有蒙民人等争夺者，有达木且一面承当。恐口无凭，立赁空地基约为证。

民国二十六年十月一日　潘启成十立

立合同约贰张各执壹张（骑缝）

中见人：郭甫城十

　　　　刘振福十

唐玉佃地约

立佃到空地基永远合同字据约人唐玉，今佃到蒙古达木齐祖遗营坊道路西巷内坐南向北空地基壹块，面积南北长五丈八尺，东西宽三丈八尺，出路从巷内官街通行。东至唐金，西至唐宝，南至杨白二姓，北至官巷，四至分明。今同中人说合情愿佃到唐玉自己名下永远为业，日后起盖房屋，栽树打井，起土住占，概由唐玉自便，并永久住占承管为业。又同中人言明当使过押地价洋叁佰圆整，其洋交清不欠。又言明管业人每年应出地谱洋叁圆，经交业日起每逢到十二月年终支使不欠。自立约之日起，以后倘有蒙汉交界人等出而有纠葛争夺情事者，自有蒙古达木齐出头一力承当。恐口无凭，立此永远佃出合同字据存为证用。

立佃永远空地基合同约两张各执壹张为证（骑缝）

同中人：王有义（印）

　　　　费荣德（印）

　　　　马泽民（印）代笔

刘荣租地约

立租到永远地基合同文约人刘荣，今租到达木欠祖遗归绥市营坊道路西号地基壹块，东西宽柒丈△尺△寸，南北长玖丈△尺△寸，东至白姓，西至唐姓，南至王姓，北至唐姓，四至分明，出水出路通行官街。今情愿租到自己名下永远住占为业，日后起楼盖屋，栽树打井，一概由其自便。今遵土默特旗政府定章，以原价洋壹万叁仟圆整，应出百分之五蒙古过约费陆百伍拾圆，并每年应出蒙租洋拾叁圆，凭折收取。日后倘有蒙民人等争夺者，有收租人一力承当。恐口无凭，立租到永远地基合同两张各执壹张为证。

三十六年四月廿二日更正之契

中华民国三十二年三月十八日　刘荣（印）立

立合同文约两张各执壹张为证（骑缝）

同中说合人：杨万喜

郭朝龙

代笔：云占先

租字第捌零号

刘荣租地约

立租到永远地基合同文约人刘荣，今租到达木欠祖遗归绥市营坊道马道巷土号地基壹块，东西宽陆丈伍尺□寸，南北长柒丈捌尺□寸，东至刘姓，西至马姓，南至拜姓，北至唐文元，四至分明，出水出路通行官街。今情愿租到自己名下永远住占为业，日后起楼盖屋，栽树打井，一概由其自便。今遵土默特旗政府定章，以原价洋贰仟捌百圆整，应出百分之五蒙古过约费壹百肆拾圆，并每年应出蒙租洋叁圆，凭折收取。日后倘有蒙民人等争夺者，有收租人一力承当。恐口无凭，立租到永远地基合同文约两张，各执壹张为证。

三十六年四月廿二日更正之契

中华民国三十二年十一月 日 刘荣（印）立

立合同文约两张各执壹张为证（骑缝）

同中说合人：马隆

　　　　　　王有义

代笔：云占先

租字第壹玖号

靳福租地约

立租到永远地基合同文约人靳福，今将达木气祖遗归绥市西顺城街门牌五十三号地基壹块，计东西宽贰丈贰尺，南北长柒丈，东至胡姓，西至马姓，南至德合明，北至官街，四至分明，出水走路通街。今情愿租到与自己名下永远承守为业，日后起楼盖屋，栽树打井，任己自便。当遵土默特旗政府定章，以价值洋捌万柒仟元整，应出百分之捌蒙古过约费洋陆仟玖佰陆拾元整，并每年应出蒙租洋壹佰柒拾元整，凭折收取。日后倘有蒙民人等争夺者，有收租人一力承当。恐口无凭，立合同文约各执壹张为证。

中华民国三十五年三月一日　靳福（印）立

立合同文约两张各执壹张为证（骑缝）

同中说合人：靳祥

　　　　　　苗子正（印）

　　　　　　毕勒图（印）代笔

租字第贰捌号

孟财租地约

立租到永远地基合同文约人孟财，今租到达木气祖遗归绥市营坊道门牌三土号地基壹块，东西宽伍丈贰尺△寸，南北长柒丈△尺△寸，东至费姓，西至杨姓，南至同姓，北至曹姓，四至分明，出水出路通行官街。今情愿租到自己名下永远住占为业，日后起楼盖屋，栽树打井，一概由其自便。今遵土默特旗政府定章，以原价洋捌千伍百圆整，应出百分之八蒙古过约费陆百捌拾圆，并每年应出蒙租洋贰拾圆，凭折收取。日后倘有蒙民人等争夺者，有收租人一力承当。恐口无凭，立租到永远地基合同文约两张各执壹张为证。

中华民国三十五年六月十二日　孟财（印）立

立合同文约两张各执壹张为证（骑缝）

　同中说合人：白福之

　　　　　　　赵顺

　　　　　　　岳林

　　　　　　　巴秉钧代笔

租字第玖肆号

孙有仁租地约

立租到永远地基合同文约人孙有仁，今租到达木欠、□全祖遗归绥市营坊道号地基壹块，东西宽伍丈陆尺△寸，南北长捌丈△尺△寸，东至卖主，西至刘姓，南至费姓，北至出路，四至分明，出水出路通行官街。今情愿租到自己名下永远住占为业，日后起楼盖屋，栽树打井，一概由其自便。今遵土默特旗政府定章，以原价洋贰百万圆整，应出百分之八蒙古过约费壹拾陆万圆，并每年应出蒙租洋肆千圆，凭折收取。日后倘有蒙民人等争夺者，有收租人一力承当。恐口无凭，立租到永远地基合同文约两张各执壹张为证。

中华民国三十五年十一月一日　孙有仁（印）立

立合同文约两张各执壹张为证（骑缝）

　同中说合人：白玉山

　　　　　　　马吉山

　　　　　　　巴秉钧代笔

租字第贰壹壹号

寇文学租地约

立租到永远地基合同文约人寇文学，今租到达木欠、□全祖遗归绥市营坊道中间路西号地基壹块，东西宽拾肆丈△尺△寸，南北长东边伍丈柒尺△寸，西边长肆丈△尺△寸，东至官街，西至任、寇姓，南至寇、满姓，北至夏、马姓，四至分明，出水出路通行官街。今情愿租到自己名下永远住占为业，日后起楼盖屋，栽树打井，一概由其自便。今遵土默特旗政府定章，以原价洋肆百万圆整，应出百分之八蒙古过约费叁拾贰万圆，并每年应出蒙租洋捌仟圆，凭折收取。日后倘有蒙民人等争夺者，有收租人一力承当。恐口无凭，立租到永远地基合同文约两张各执壹张为证。

中华民国三十五年十一月壹日　寇文学（印）立

立合同文约两张各执壹张为证（骑缝）

同中说合人：马宝玉

　　　　　　马级三

　　　　　　巴秉钧代笔

租字第贰壹柒号

于福租地约

立租到永远地基合同文约人于福，今租到达木欠、□全祖遗归绥市通道街号地基壹块，东西宽贰丈玖尺△寸，南北长肆丈叁尺△寸，东至韩姓，西至穆姓，南至公巷，北至马姓，四至分明，出水出路通行官街。今情愿租到自己名下永远住占为业，日后起楼盖屋，栽树打井，一概由其自便。今遵土默特旗政府定章，以原价洋捌拾伍万圆整，应出百分之八蒙古过约费陆万捌千圆，并每年应出蒙租洋壹千柒百圆，凭折收取。日后倘有蒙民人等争夺者，有收租人一力承当。恐口无凭，立租到永远地基合同文约两张，各执壹张为证。

中华民国三十五年十一月十五日　于福（印）立

立合同文约两张各执壹张为证（骑缝）

同中说合人：王二虎

李永海

马吉山

巴秉钧代笔

租字第贰贰捌号

杨学祥租地约

立租到永远地基合同文约人杨学祥，今租到达木欠、□全祖遗归绥市通道街号地基壹块，东西宽贰拾贰丈△尺△寸，南北长玖丈伍尺△寸，东至白姓，西至官街，南至拜、杨二姓，北至周姓，四至分明，出水出路通行官街。今情愿租到自己名下永远住占为业，日后起楼盖屋，栽树打井，一概由其自便。今遵土默特旗政府定章，以原价洋捌百伍拾万圆整，应出百分之八蒙古过约费陆拾捌万圆，并每年应出蒙租洋壹万柒千圆，凭折收取。日后倘有蒙民人等争夺者，有收租人一力承当。恐口无凭，立租到永远地基合同文约两张，各执壹张为证。

中华民国三十六年二月十三日　杨学祥立（印）

立合同文约两张各执壹张为证（骑缝）

同中说合人：麻德明

马子蕡

马得义

巴秉钧代笔

租字第贰捌壹号

焦瑞租地约

立租到永远地基合同文约人焦瑞，今租到达木欠、□全祖遗归绥市太管巷十九号地基壹块，东西宽叁丈△尺△寸，南北长贰丈伍尺△寸，东至官街，西至官道，南至官道，北至王姓，四至分明，出水出路通行官街。今情愿租到自己名下永远住占为业，日后起楼盖屋，栽树打井，一概由其自便。今遵土默特旗政府定章，以原价洋肆拾万圆整，应出百分之八蒙古过约费叁万贰千圆，并每年应出蒙租洋捌百圆，凭折收取。日后倘有蒙民人等争夺者，有收租人一力承当。恐口无凭，立租到永远地基合同文约两张，各执壹张为证。

中华民国三十六年三月七日　焦瑞（印）立

立合同文约两张各执壹张为证（骑缝）

同中说合人：刘吉

李毓仙代笔

租字第叁零贰号

刘库租地约

立租到永远地基合同文约人刘库，今租到达木欠、□全祖遗归绥市营坊道号地基壹块，东西宽陆丈△尺△寸，南北长玖丈△尺△寸，东至于姓，西至曹姓，南至官街，北至大道，四至分明，出水出路通行官街。今情愿租到自己名下永远住占为业，日后起楼盖屋，栽树打井，一概由其自便。今遵土默特旗政府定章，以原价洋陆百零伍万圆整，应出百分之八蒙古过约费壹拾捌万捌仟圆，并每年应出蒙租洋壹万贰千壹百圆，凭折收取。日后倘有蒙民人等争夺者，有收租人一力承当。恐口无凭，立租到永远地基合同文约两张，各执壹张为证。

中华民国三十六年八月八日　刘库（印）立

立合同文约两张各执壹张为证（骑缝）

同中说合人：赵顺

马德

李桢

租字第伍叁叁号

尹贵租地约

立租到永远地基合同文约人尹贵，今租到达木欠、□全祖遗归绥市营坊道马道西十一号地基壹块，东西宽叁丈陆尺伍寸，南北长玖丈贰尺伍寸，东至官巷，西至韩姓，南至官巷，北至唐姓，四至分明，出水出路通行官街。今情愿租到自己名下永远住占为业，日后起楼盖屋，栽树打井，一概由其自便。今遵土默特旗政府定章，以原价洋陆佰万圆整，应出百分之八蒙古过约费肆拾捌万圆，并每年应出蒙租洋壹万贰仟圆，凭折收取。日后倘有蒙民人等争夺者，有收租人一力承当。恐口无凭，立租到永远地基合同文约两张，各执壹张为证。

中华民国三十六年十二月十六日　尹贵（印）立

立合同文约两张各执壹张为证（骑缝）

同中说合人：马占魁

　　　　　　苗子正

　　　　　　云占先代笔

租字第陆肆零号

达木欠出推约

立推永远合同蒙古过约人达木欠，前因将自己西瓦窑村西南坐落地壹块，系东西畛，东至李姓，西至李姓，南至蒙古坟，北至李姓，四至分明。情愿出推与李秀蕙名下永远耕种为业，同人言明现使过地价洋叁拾伍万元整，其洋当交不欠。日后倘起房盖屋，栽树打井，由其钱主人自便。每年官差神社种地人交纳，每年秋后出蒙古地租按原约城市钱壹吊贰佰文整。日后倘有蒙民人等争夺者，有达木欠一面承当。恐口难凭，两出情愿，各无反悔，立推永远过合同地约为证用。

中华民国三十七年一月廿二日　达木欠（印）立

立合同过约为证用（骑缝）

中证人：李秀芳十

　　　　陈福书十

刘富印租地约

立租到永远地基合同文约人刘富印，今租到达木气祖遗归绥市西顺城街五十一号地基壹块，东西宽贰丈贰尺△寸，南北长柒丈△尺△寸，东至胡姓，西至马姓，南至德合明，北至农街，四至分明，出水出路通行官街。今情愿租到自己名下永远住占为业，日后起楼盖屋，栽树打井，一概由其自便。今遵土默特旗政府定章，以原价洋柒佰万圆整，应出百分之八蒙古过约费伍拾陆万圆，并每年应出蒙租洋壹万肆仟圆，凭折收取。日后倘有蒙民人等争夺者，有收租人一力承当。恐口无凭，立租到永远地基合同文约两张，各执壹张为证。

中华民国三十七年二月七日　刘富印（印）立

立合同文约两张各执壹张（骑缝）

同中说合人：马功

　　　　　　苗子正

　　　　　　李毓仙代笔

租字第陆玖玖号

佟德义租地约

立租到永远地基合同文约人佟德义，今租到达木欠遗归绥市营坊道街号地基壹块，东西宽贰丈捌尺△寸，南北长肆丈伍尺△寸，东至公伙出路，西至杨姓，南至官街，北至张姓，四至分明，出水出路通行官街。今情愿租到自己名下永远住占为业，日后起楼盖屋，栽树打井，一概由其自便。今遵土默特旗政府定章，以原价洋贰佰万圆整，应出百分之八蒙古过约费壹拾陆万圆，并每年应出蒙租洋肆仟圆，凭折收取。日后倘有蒙民人等争夺者，有收租人一力承当。恐口无凭，立租到永远地基合同文约两张，各执壹张为证。

中华民国三十七年三月十八日　佟德义（印）立

立合同文约两张各执壹张为证（骑缝）

同中说合人：张文俊

　　　　　　张万富

　　　　　　云占先代笔

租字第柒贰玖号

张真租地约

立租到永远地基合同文约人张真，今租到达木欠、口全祖遗归绥市营坊道街二十九号地基壹块，东西宽陆丈△尺△寸，南北长玖丈贰尺伍寸，东至官街，西至杨姓，南至佟姓至官街，北至孟姓，四至分明，出水出路通行官街。今情愿租到自己名下永远住占为业，日后起楼盖屋，栽树打井，一概由其自便。今遵土默特旗政府定章，以原价洋柒仟万圆整，应出百分之八蒙古过约费伍佰陆拾万圆，并每年应出蒙租洋壹拾肆万圆，凭折收取。日后倘有蒙民人等争夺者，有收租人一力承当。恐口无凭，立租到永远地基合同文约两张，各执壹张为证。

中华民国三十七年三月廿三日　张真（印）立

立合同文约两张各执壹张为证（骑缝）

同中说合人：孟财

　　　　　　杨威喜

　　　　　　云占先代笔

租字第柒叁肆号

李增荣租地约

立租到永远地基合同文约人李增荣，今租到达木气、口全祖遗（缺）十六管巷四号地基壹块，东西宽伍丈△尺△寸，南北长陆丈伍尺△寸，东至王姓，西至河边，南至官道，北至河边，四至分明，出水出路通行官街。今情愿租到自己名下永远住占为业，日后起楼盖屋，栽树打井，一概由其自便。今遵土默特旗政府定章，以原价洋壹亿肆仟叁百万圆整，应出百分之八蒙古过约费壹仟壹百肆拾肆万圆，并每年应出蒙租洋贰拾捌万陆仟圆，凭折收取。日后倘有蒙民人等争夺者，有收租人一力承当。恐口无凭，立租到永远地基合同文约两张，各执壹张为证。

中华民国三十七年七月二十七日　李增荣（印）立

立合同文约两张各执壹张为证（骑缝）

同中说合人：李二毛
　　　　　　王富
　　　　　　云焕章代笔

租字第捌肆陆号

沙瑞租地约

立租到永远地基合同文约人沙瑞，今租到达木欠祖遗归绥市营坊道马道巷七号地基壹块，东西宽叁丈△尺△寸，南北长陆丈△尺△寸，东至官街，西至苗姓，南至唐姓，北至官街，四至分明，出水出路通行官街。今情愿租到与自己名下永远住占为业，日后起楼盖屋，栽树打井，一概由其自便。今遵土默特旗政府定章，以原价洋银洋陆拾圆整，应出百分之八蒙古过约费银洋肆元捌角圆，并每年应出蒙租洋银洋贰角圆，凭折收取。日后倘有蒙民人等争夺者，有收租人一力承当。恐口无凭，立租到永远地基合同文约两张，各执壹张为证。

中华民国三十八年七月六日　沙瑞（印）立

立合同文约两张各执壹张为证（骑缝）

同中说合人：乔忠

　　　　　　苗子正

　　　　　　福义

　　　　　　云志成代笔

租字第玖柒伍号

刘瑞租地约

立租到永远地基合同文约人刘瑞，今租到达木欠、□全祖遗归绥市营坊道五十四号地基壹块，东西宽伍丈贰尺△寸，南北长陆丈壹尺△寸，东至官街，西至钱姓，南至钱姓出路，北至刘姓，四至分明，出水出路通行官街。今情愿租到与自己名下永远住占为业，日后起楼盖屋，栽树打井，一概由其自便。今遵土默特旗政府定章，以原价银洋贰百圆整，应出百分之八蒙古过约费银洋壹拾陆圆，并每年应出蒙租洋银洋陆角圆，凭折收取。日后倘有蒙民人等争夺者，有收租人一力承当。恐口无凭，立租到永远地基合同文约两张，各执壹张为证。

中华民国三十八年九月一日　刘瑞（印）立

立合同文约两张各执壹张为证（骑缝）

同中说合人：苗子正

　　　　　　满永祥

　　　　　　巴秉钧代笔

租字第玖玖叁号

刘尚仁、申明亮租地约

立租到永远地基合同文约人刘尚仁、申明亮，今租到达木欠、□全尔祖遗归绥市通道街门牌壹号地基壹块，东西宽南道拾丈贰尺△寸，北道拾壹丈△尺△寸，南北长贰拾贰丈△尺△寸，东至于姓，西至官街，南至官街，北至文姓，四至分明，出水走路通行官街。今情愿租到与自己名下永远住占为业，日后起楼盖屋，栽树打井，一概由其自便。今遵土默特旗政府定章，以原价洋银币壹千贰百元整，应出百分之八蒙古过约费玖拾陆元整，并每年应出蒙租银币叁元陆角，凭折收取。日后倘有蒙民人等争夺者，有收租人一力承当。恐口无凭，立租到永远地基合同文约两张，各执壹张为证。

中华民国三十八年九月廿一日　刘尚仁（印）　申明亮（印）立

立合同文约两张各执壹张为证（骑缝）

同中说合人：王宜齐

　　　　　　马子赟

　　　　　　巴秉钧代笔

租字第壹零零贰号

白福租地约

立租永远空地基合同约人白福，今租到蒙古达木气本市营坊道马道巷坐西向东空地基壹块，计地基尺寸：南边东西宽九丈，北边东西宽壹拾壹丈，南北长壹拾叁丈柒尺，当中界东西宽四丈五尺，出路南北长壹丈伍尺，西南角南北长叁丈。南至马姓，西至王、拜两姓，东至马姓，北至韩姓，四至分明，出入走路通至公巷至官街。央请中人说合，情愿租与自己名下永远住占为业，中人言明押地大洋拾肆元，其洋当交不欠。每年出地谱大洋肆角，秋后凭折收使，不许长支短欠。日后栽树打井，起盖楼房，一切由其白福自便。倘有蒙民亲族人等争夺者，有蒙古达木气一力承当。情出两愿，各无反悔，恐口无凭，立租永远空地基合同约存证后用。

成吉思汗七三四年阳历六月十二号阴历四月廿五日　白福立（印）

立蒙古地谱约两张各执壹张（骑缝）

中证人：杨万乂十

麻苍十

王宜常笔十

白六十

毕瑞臣租地约

立租空地基合同约人毕瑞臣，今将蒙民打木气、金宝义祖遗坐落在归化城（缺）街东口路南坐南向北空地基壹块。照原契载明，南北长四丈四尺，东西宽陆丈八尺，东至韩姓，西至任姓，南至韩姓，北至官街，四至丈尺分明。央请中人说合，今将蒙古租遗空地基，情愿租与毕瑞臣名下永远住占，修盖建筑楼房，由其毕某自便。同中人等言明每年与蒙古共出空基城市钱陆吊整，按四标凭折收取，日后不准长迭拖欠。此系两族情愿，各无□悔，恐后无凭，立租空基永远合同约为照证用。

成吉思汗纪元七三五年十二月十一日　毕瑞臣立十

租到空地基合同约两张各执壹纸（骑缝）

中见人：冯孝仁十

　　　　魏华玺十

　　　　马俊（印）

代笔人：王振铎（印）

陈一明租地约

立租永远空地基合同约人陈一明，今租到蒙古达木气祖遗坐落在厚和市营坊坐西向东空地基壹块，计地基尺寸：东西宽伍丈贰尺，南北长柒丈。北至曹姓，南至仝姓，西至杨姓，东至白姓，四至分明，出水走路通官街。同中人说合，情愿租与自己名下永远住占为业，中人言明现过押地大洋壹百元整，其洋同中人交清不欠。每年出地谱随市大洋柒角，秋后凭抠收使，不许长支短欠。倘有一切修理由其陈一明自便，情出两愿，各无反悔，空口无凭，立租永远空地基合同约为证。

成吉思汗七三五年十二月十五日　陈一明立十

立蒙古地谱约两张各执壹张（骑缝）

同中人：赵顺（印）

　　　　刘永宽十

　　　　王有义（印）

白全租地约

立租永远空地基合同约人白全，今租到蒙古金子福自己祖遗户口地坐落厚和市营坊道半道街，坐北向南空地基壹块，计地尺寸：东西宽肆丈伍尺，南北长陆丈捌尺。东至官路，西至张、陈姓，南至官道，北至曹姓出路，四至分明，出水走路通出官街。同中人说合，情愿租与自己名下永远住占为业，中人三面言明现使过押地大洋贰拾元整，其洋笔下交清不欠。每年出地谱伍角，凭执收使，不许长支短欠。日后起盖楼房，栽树打井，由其白全自便。倘有蒙民亲族各界人等争夺者，有蒙古金子福一力承当。情出两愿，各无反悔，空口无凭，立租永远空地基合同约存证后用。

成吉思汗纪元七三六年壹月廿日　白全立（印）

立蒙古地谱约两张各执壹张（骑缝）

中证人：白福（印）

　　　　杨维重十

　　　　王有义（印）

周学仁租地约

立租到空地基合同约人周学仁，今租到蒙古达木欠祖遗厚和市通道街坐东向西户口地壹块。东西宽柒丈五尺，南北长七丈五尺，东至韩姓，南至王姓，西至马姓，北至马姓，并在外院南边退出出路，南北宽一丈，东西通至官街，四至尺寸一并分明。同中人等说合，情愿租到自己名下永远承守为业，俟后起盖楼房，栽树打井，一切修理全由自便。同中言明每年应出地谱随市大洋贰元整，不准拖欠。日后如有各界蒙民人等争夺者，有蒙古达木欠一力承当。此系情出两愿，各无反悔，恐口无凭，立出租空地基合同约两张，各执壹吒永远为证用。

成吉思汗纪元七三七年一月壹日　周学仁（印）立　蒙古达木欠立

立出租空地基约两张各执壹张为证（骑缝）

田房中证人：苗子正（印）

王耀先（印）

李生春

马全

白亮同子白荣租地约

立租到永远地基合同文约人白亮同子白荣，今将达木欠祖遗厚和市伊哈达巷门牌二十一号地基壹块，计南北长玖丈壹叁尺，北边东西宽伍丈九尺，南边东西宽伍丈贰尺。东至唐、苗二姓，南至马姓，西至马姓，北至公巷，四至分明，出水出路通至官街。今情愿租到自己名下永远承守为业，日后起楼盖屋，栽树打井，一任己便。当按土默特旗生计会定章，以价值叁千叁百圆，应出蒙古过约费壹百陆拾伍圆（为买价百分之五），并照章每年应出蒙租洋叁元叁角圆，凭折收取，不得长支短欠。日后倘有蒙民人等争夺者，有达木欠一力承当。空口无凭，立租到永远地基合同文约，各执壹纸为证用。

成吉思汗纪元七三八年十二月十五日　白亮（印）　同子白荣（印）立

立出租永远地基合同文约各执壹张为证（骑缝）

同中说合人：乔连忠

安二保

王有义

崇廉代笔（印）

租字第伍叁柒号

土默特旗生计会厚和分会（印）

杨在忠租地约

立租到永远地基合同文约人杨在忠，今将当浪土牧村达木气祖遗厚和市通道街门牌十五号地基壹块，计东西宽贰拾贰丈，南北长玖丈伍尺。东至白姓，西至官街，南至杨、拜二姓，北至马、周二姓，四至分明，出水出路俱通官街。情愿租到杨在忠自己名下永远承守为业，日后起楼盖房，栽树打井，由己自便。当按土默特旗生计会定章，以价值洋叁万贰千元，应出百分之五蒙古过约费洋壹千陆百元，并照章每年应出蒙租洋叁拾贰元，凭执收取。此后倘有蒙民人等争夺者，有达木气一力承当。情出两愿，各无反悔，空口无凭，立租到永远地基合同文约，各执壹纸为证。

成吉思汗纪元七三九年五月廿六日　杨在忠（印）立

立合同文约两张各执壹纸（骑缝）

同中说合人：唐宝山（印）

　　　　　　王有义

　　　　　　萧国玺（印）

　　　　　　代笔崇廉（印）

租字第陆肆叁号

土默特旗生计会厚和分会（印）

费荣德租地约

　　立租到永远地基合同文约人费荣德，今将当浪土牧村达木欠祖遗厚和市营坊道门牌四十号地基壹块，计东西宽肆丈伍尺，南北长陆丈捌尺。东至官道，西至陈姓，南至官道，北至曹姓，四至分明，出水出路通街。今情愿租到费荣德自己名下永远承守为业，日后起楼屋，栽树打井，由己自便。当按土默特旗生计会定章，以价值洋贰千元，应出百分之五蒙古过约费洋壹百元，并照章每年应出蒙租洋贰元，凭执收取。此后倘有蒙民人等争夺者，有达木欠一力承当。情出两愿，各无反悔，空口无凭，立租到永远地基合同文约，各执壹纸为证。

　　成吉思汗纪元七三九年五月　日　费荣德（印）立

　　立合同文约两张各执壹纸（骑缝）

　　同中说合人：费永祥

　　　　　　　佟英

　　　　　　　马德盛

　　　　　　　马泽民

　　　　　　　代笔崇廉（印）

　　租字第陆肆捌号

　　土默特旗生计会厚和分会（印）

唐宝租地约

　　立租到永远地基合同文约人唐宝，今将达木欠祖遗厚和市营坊道马道巷地基壹块，东西宽叁尺，南北长叁丈肆尺。东、西、北三面均至刘姓，南至杨姓，四至分明。今情愿租到自己名下永远承守为业，日后起盖房舍，任己自便。当按土旗生计会定章，以价值洋壹百元，应出百分之五蒙古过约费洋伍元，并照章每年应出蒙租洋壹元，凭折收取。日后倘有蒙民人等争夺者，有收租人一力承当。恐口无凭，立租到永远地基合同文约，各执壹张为证。

成吉思汗纪元七三九年五月三十日　唐宝（印）立

立合同贰张各执壹张为证（骑缝）

同中说合人：马明祥

　　　　　　张登荣

　　　　　　巴文蔚代笔

租字第柒壹陆号

土默特旗生计会厚和分会（印）

王宏租地约

立租到永远地基合同文约人王宏，今将当浪土牧村蒙古达木欠祖遗厚和市通道街门牌十七号地基壹块，计东西宽玖丈叁尺，南北长陆丈。东至马姓，西至官街，南至马姓，北至马姓，四至分明，出水出路通街。情愿租到王宏自己名下永远承守为业，日后起楼盖屋，栽树打井，由己自便。当按土默特旗生计会定章，以价值洋壹万伍千元，应出百分之五蒙古过约费洋柒百伍拾元，并照章每年应出蒙租洋壹拾伍元，凭执收取。此后倘有蒙民人等争夺者，有达木欠一力承当。情出两愿，各无反悔，空口无凭，立租到永远地基合同文约，各执壹纸为证。

成吉思汗纪元七三九年　月　日　王宏（印）立

立合同文约两张各执壹纸（骑缝）

同中说合人：王宜齐

　　　　　　费成福

　　　　　　唐珍

　　　　　　代笔崇廉（印）

租字第陆陆玖号

土默特旗生计会厚和分会（印）

刘尚仁租地约

立租到永远地基合同文约人刘尚仁，今租到达木欠、□全祖遗归绥市营坊道马道巷十三号地基壹块，东西宽陆丈伍尺△寸，南北长肆丈柒尺△寸，东至刘、唐二姓，西至马姓，南至刘姓，北至公巷，四至分明，出水走路通行公巷及官街。今情愿租到自己名下永远住占为业，日后起楼盖屋，栽树打井，一概由其自便。今遵土默特旗政府定章，以原价人民券玖百零叁万整，应出百分之八蒙古过约费人民券柒拾贰万元贰千四百元，并每年应出蒙租人民券贰万柒仟元，凭折收取。日后倘有蒙民人等争夺者，有收租人一力承当。恐口无凭，立租到永远地基合同文约两张，各执壹张为证。

公元一九五〇年三月十七日　刘尚仁（印）立

立合同文约两张各执壹张为证（骑缝）

同中说合人：丁庆隆

　　　　　　王有义

　　　　　　云焕章代笔

租字第壹零柒捌号

武守良租地约

立租到永远地基合同文约人武守良，今租到达木欠祖遗归绥市西顺城街五一号地基壹块，东西宽贰丈贰尺△寸，南北长柒丈△尺△寸，东至胡姓，西至马姓，南至韩姓，北至官街，四至分明，出水走路通行官街。今情愿租到自己名下永远住占为业，日后起楼盖屋，栽树打井，一概由其自便。今遵土默特旗人民政府定章，以原价人民券叁百九拾万伍仟元整，应出百分之五蒙古过约费人民券壹拾九万伍仟柒百伍拾元，并每年应出以原价千分之三的蒙租人民券贰万壹仟柒百伍拾元，凭折收取。日后倘有蒙民人等争夺者，有收租人一力承当。恐口无凭，立租到永远地基合同文约两张，各执壹张为证。

公元一九五零年七月十二日　武守良立（印）
立合同约两张各执壹张（骑缝）
同中说合人：田官
　　　　　　郭法宝
　　　　　　苏晏代笔
租字第壹号

郝建业租地约

立租到永远地基合同文约人郝建业，今租到达木欠祖遗归绥市太管巷四十号地基壹块，东西宽伍丈△尺△寸，南北长玖丈△尺△寸，东至李姓，西至马姓，南至官街，北至官街，四至分明，出水走路通行官街。今情愿租到自己名下永远住占为业，日后起楼盖屋，栽树打井，一概由其自便。今遵土默特旗人民政府定章，以原价人民券伍百万元整，应出百分之五蒙古过约费人民券贰拾伍万元，并每年应出以原价千分之三的蒙租人民券壹万伍仟元，凭折收取。日后倘有蒙民人等争夺者，有收租人一力承当。恐口无凭，立租到永远地基合同文约两张，各执壹张为证。

公元一九五零年七月廿六日　郝建业立

立合同约两张各执壹张（骑缝）

同中说合人：赵悦如

　　　　　　杨延寿

　　　　　　苏晏代笔

租字第陆号

张清贤租地约

立租到永远地基合同文约人张清贤，今租到达木欠祖遗归绥市太管巷三十号地基壹块，东西宽伍丈△尺△寸，南北长玖丈△尺△寸，东至焦姓，西至李姓，南至官巷，北至河沿，四至分明，出水出路通行官街。今情愿租到自己名下永远住占为业，日后起楼盖屋，栽树打井，一概由其自便。今遵土默特旗人民政府定章，以原价人民券贰百伍拾伍万元整，应出百分之五蒙古过约费人民券拾贰万柒仟伍百元，并每年应出以原价千分之三的蒙租人民券柒仟肆百伍拾元，凭折收取。日后倘有蒙民人等争夺者，有收租人一力承当。恐口无凭，立租到永远地基合同文约两张，各执壹张为证。

公元一九五零年七月廿六日　张清贤立

立合同约两张各执壹张（骑缝）

同中说合人：段登贵

　　　　　　周立本

　　　　　　张俊法

　　　　　　苏晏代笔

租字第柒号

毛华冉租地约

立租到永远地基合同文约人毛华冉，今租到达木欠、口全祖遗归绥市营坊道马道巷玖号地基壹块，东西宽叁丈陆尺伍寸，南北长玖丈贰尺伍寸，东至官街，西至韩姓，南至官街，北至唐姓，四至分明，出水走路通行官街。今情愿租到自己名下永远住占为业，日后起楼盖屋，栽树打井，一概由其自便。今遵土默特旗人民政府定章，以原价人民币陆百壹拾贰万伍仟元整，应出百分之五蒙古过约费叁拾万零陆仟贰百伍拾元，并每年应出以原价千分之三的蒙租人民券壹万捌仟叁百柒拾伍元，凭折收取。日后倘有蒙民人等争夺者，有收租人一力承当。恐口无凭，立租到永远地基合同文约两张，各执壹张为证。

公元一九五零年拾月贰拾贰日　毛华冉立

立合同约两张各执壹张为证（骑缝）

同中说合人：苗子正

　　　　　　程俊廷

　　　　　　尹兆祥

　　　　　　云惠盛代笔

租字第肆拾壹号

曹世光租地约

　　立租到永远地基合同文约人曹世光，今租到达木欠、□全尔祖遗归绥市营坊道伍拾号地基壹块，东西宽柒丈△尺△寸，南北长拾陆丈△尺△寸，东至白姓，西至拜姓，南至寇姓，北至白、马二姓，四至分明，出水走路通行官街。今情愿租到自己名下永远住占为业，日后起楼盖屋，栽树打井，一概由其自便。今遵土默特旗人民政府定章，以原价人民币壹仟柒百伍拾万元整，应出百分之五蒙古过约费拾柒万伍千元，并每年应出以原价千分之三的蒙租伍万贰仟伍百元，凭折收取。日后倘有蒙民人等争夺者，有收租人一力承当。恐口无凭，立租到永远地基合同文约两张，各执壹张为证。

　　公元一九五壹年元月十五日　曹世光立（印）
　　立合同约两张各执壹张为证（骑缝）
　　同中说合人：马魁
　　　　　　　　李忠
　　　　　　　　王宜齐
　　代笔人：巴秉钧
　　租字第伍号

白中义租地约

　　立租到永远地基合同文约人白中义，今租到达木欠、□全祖遗归绥市营坊道街四十号地基壹块，东西宽陆丈伍尺△寸，南北长伍丈伍尺△寸，东至拜姓，西至夏姓，南至马姓，北至马姓，四至分明，走出由南陆马姓院内琉出出路，有三家公巷通街。今情愿租到自己名下永远住占为业，日后起楼盖屋，栽树打井，一概由其自便。今遵土默特旗人民政府定章，以原价人民币叁百万元整，应出百分之三五蒙古过约费壹拾万零伍千元，并每年应出以原价千分之三的蒙租玖千元，凭折收取。日后倘有蒙民人等争夺者，有收租人一力承当。恐口无凭，立租到永远地基合同文约两张，各执壹张为证。

公元一九五壹年二月十六日　白中义（印）立

立合同文约两张各执壹张为证（骑缝）

同中说合人：满成

　　　　　王有义

　　　　　唐壁

代笔人：巴秉钧

租字第肆柒号

公安学校租地约

立租到永远地基合同文约人公安学校，今租到达木欠、□全尔祖遗归绥市县署前十三号地基壹块，东西宽叁拾丈△尺△寸，南北长伍拾丈伍尺△寸，东至救济院，西至养济院，南至官街，北至官街，四至分明，出水走路通行官街。今情愿租到自己名下永远住占为业，日后起楼盖屋，栽树打井，一概由其自便。今遵土默特旗人民政府定章，以原价人民币贰仟叁百壹拾叁万元整，应出百分之三五蒙古过约费捌拾万零九仟伍百伍拾元，并每年应出以原价千分之三的蒙租壹万九仟叁百九拾元，凭折收取。日后倘有蒙民人等争夺者，有收租人一力承当。恐口无凭，立租到永远地基合同文约两张，各执壹张为证。

  公元一九五壹年伍月四日　公安学校立（印）

  立合同约两张各执壹张（骑缝）

  同中说合人：贾增光

      安秃娃

      张寿盘

  代笔人：苏晏

  租字第壹贰捌号

陈友仁租地约

  立租到永远地基合同文约人陈友仁，今租到达木欠祖遗归绥市太管巷二十号地基壹块，东西宽伍丈△尺△寸，南北长玖丈△尺△寸，东至焦、梁二姓，西至李姓，南至官巷，北至河沿，四至分明，出水走路通行官街。今情愿租到自己名下永远住占为业，日后起楼盖屋，栽树打井，一概由其自便。今遵土默特旗人民政府定章，以原价人民币伍百万元整，应出百分之三五蒙古过约费壹拾柒万伍仟元，并每年应出以原价千分之三的蒙租壹万伍仟元，凭折收取。日后倘有蒙民人等争夺者，有收租人一力承当。恐口无凭，立租到永远地基合同文约两张，各执壹张为证。

  公元一九五壹年十二月十一日　陈友仁（印）立

  立合同文约两张各执壹张为证（骑缝）

  同中说合人：宋宝善

      张俊德

      周立本

代笔人：巴秉钧

租字第肆零贰号

国民自治区人民政府租地约

立租到永远地基合同文约人国民自治区人民政府，今租到达木欠、□全尔祖遗归绥市通道街△巷△号地基壹块，东西宽南边拾丈贰尺△寸，北边拾丈△尺△寸，南北长贰拾贰丈△尺△寸，东至于姓，西至通道，南至官街，北至温姓，四至分明，出水走路通行官街。今情愿租到自己名下永远住占为业，日后起楼盖屋，栽树打井，一概由其自便。今遵土默特旗人民政府定章，以原价人民币叁仟零陆拾万元整，应出百分之三五蒙古过约费壹佰零柒万壹仟元，并每年应出以原价千分之三的蒙租玖万壹仟捌佰元，凭折收取。日后倘有蒙民人等争夺者，有收租人一力承当。恐口无凭，立租到永远地基合同文约两张，各执壹张为证。

公元一九五二年六月十日　国民自治区人民政府立（印）

立合同文约两张各执壹张为证（骑缝）

同中说合人：马正祥

曹梦麟

丁顺

代笔人：孙树亭

租字第柒叁号

杜振之租地约

立租到永远地基合同文约人杜振之，今租到达木欠祖遗归绥市太管巷贰拾号地基壹块，东西宽伍丈△尺△寸，南北长玖丈△尺△寸，东至焦、荣二姓，西至李姓，南至官巷，北至河沿，四至分明，出水走路通行官街。今情愿租到自己名下永远住占为业，日后起楼盖屋，栽树打井，一概由其自便。今遵土默特旗人民政府定章，以原价人民币叁佰陆拾伍万元整，应出百分之三五蒙古过约费壹拾贰万柒仟柒佰伍拾元，并每年应出以原价千分之三的蒙租壹万另玖佰伍拾元，凭折收取。日后倘有蒙民人等争夺者，有收租人一力承当。恐口无凭，立租到永远房地基合同文约两张，各执壹张为证。

公元一九五二年十月十六日　杜振之立（印）

立合同文约两张各执壹张为证（骑缝）

同中说合人

代笔人

租字第壹叁壹号

何兰生租地约

立租到永远地基合同文约人何兰生，今租到打木欠祖遗归绥市营坊道街义和巷三十四号地基壹块，东西宽叁丈叁尺△寸，南北长伍丈捌尺△寸，东至赵姓，西至马姓，南至何、赵姓，北至官巷，四至分明，出水走路通行官街。今情愿租到自己名下永远住占为业，日后起楼盖屋，栽树打井，一概由其自便。今遵土默特旗人民政府定章，以原价人民币玖佰陆拾万圆整，应出百分之三五蒙古过约费叁拾叁万陆仟元，并每年应出以原价千分之三的蒙租贰万捌仟捌佰元，凭折收取。日后倘有蒙民人等争夺者，有收租人一力承当。恐口无凭，立租到永远房地基合同文约两张，各执壹张为证。

公元一九五二年十二月廿日　何兰生（印）立

立合同文约两张各执壹张为证（骑缝）

同中说合人：王有义

马明亮

代笔人：李桐

租字第壹捌陆号

马儒租地约

立租到永远地基合同文约人马儒，今租到达木欠祖遗归绥市营坊道街义和巷叁拾肆号地基壹块，东西宽贰丈叁尺伍寸，南北长伍丈捌尺△寸，东至官街，西至赵姓，南至赵姓，北至官街，四至分明，出水走路通行官街。今情愿租到自己名下永远住占为业，日后起楼盖屋，栽树打井，一概由其自便。今遵土默特旗人民政府定章，以原价人民币肆佰万圆整，应出百分之三五蒙古过约费壹拾肆万元，并每年应出以原价千分之三的蒙租壹万贰仟元，凭折收取。日后倘有蒙民人等争夺者，有收租人一力承当。恐口无凭，立租到永远房地基合同文约两张，各执壹张为证。

公元一九五三年元月十三日　马儒（印）立

立合同文约两张各执壹张为证（骑缝）

同中说合人：马明亮

代笔人：李桐

租字第壹玖柒号

陈玉卿、傅佩英租地约

立租到永远地基合同文约人陈玉卿、傅佩英，今租到达木欠祖遗归绥市大西街一人巷甲四号地基壹块，东西宽四丈△尺△寸，东端南北宽四丈六尺△寸，西端南北宽六丈一尺寸，东至官街，西至戴姓，南至许姓，北至吕姓，四至分明，出水走路通行官街。今情愿租到自己名下永远住占为业，日后起楼盖屋，栽树打井，一概由其自便。今遵土默特旗人民政府定章，以原价人民币肆佰柒拾万圆整，应出百分之三五蒙古过约费壹拾陆万肆仟伍佰元，并每年应出以原价千分之三的蒙租壹万肆仟壹佰元，凭折收取。日后倘有蒙民人等争夺者，有收租人一力承当。恐口无凭，立租到永远房地基合同文约两张，各执壹张为证。

公元一九五三年四月十三日　陈玉卿（印）　傅佩英（印）立

立合同文约两张各执壹张为证（骑缝）

同中说合人：周立本

　　　　　　周间富

代笔人：李桐

租字第贰肆零号

马连根租地约

立租到永远地基合同文约人马连根，今租到达木欠祖遗呼和浩特市通道街△巷1号地基壹块，东西△丈△尺△寸，南北长△丈△尺△寸，东至于福，西至官街，南至冯源苍，北至马福成，四至分明，出水走路通行官街。今情愿租到自己名下永远住占为业，日后起楼盖屋，栽树打井，一概由其自便。今参照土默特旗人民政府定章，以原价人民币陆佰万元整，应出百分之三点五蒙古过约费贰拾壹万元，并每年应出以原价千分之三的蒙租壹万捌仟元，凭折收取。日后倘有蒙民人等争夺者或有异议，有收租人一力承当。空口无凭，立租到合同文约两张，各执一张。

公元一九五五年壹月十二日立　呼和浩特市人民政府（印）

出租蒙人：达木欠

租到人：马连根

租约字第 164 号乙份

马有泉租地约

立租到永远地基合同文约人马有泉，今租到达木欠、双全祖遗呼和浩特市回民区营坊道街△巷50号房地基壹块，东西△丈△尺△寸，南北长△丈△尺△，计地壹亩伍分叁厘八毫，东至白姓，西至拜德，南至任姓，北至白福，四至分明。今情愿租到自己名下永远住占，兹依照定章，以原价人民币贰仟陆佰元△角△分，应出百分之三点五蒙古过约费玖拾壹元△角△分，并每年收取千分之三的蒙租柒元捌角△分，凭折付给。双方立出租和租到文约一式两份，各执一张为证。

公元一九五六年二月二十八日立　呼和浩特市人民政府（印）

出租蒙人：达木欠

双全

租到人：马有泉

租约字第 526 号乙份

马文玉、马骞租地约

立租到永远地基合同文约人马文玉、马骞，今租到达木欠祖遗呼和浩特市回民区通道街△巷 11 号房地基壹块，东西宽△丈△尺△寸，南北长△丈△尺△寸，计地△亩伍分叁厘壹毫，东至白福，西至卖主，南至卖主，北至周学仁，四至分明。今情愿租到自己名下永远住占，兹依照定章，以原价人民币叁佰柒拾元△角△分，应出百分之三点五蒙古过约费壹拾贰元玖角伍分，并每年收取千分之三的蒙租壹元壹角壹分，凭折付给。双方立出租和租到文约一式两份，各执一张为证。

公元一九五六年八月廿一日立　呼和浩特市人民政府（印）

出租蒙人：达木欠

租到人：马文玉

　　　　马骞

租约字第 651 号乙份

马玉群租地约

立租到永远地基合同文约人马玉群，今租到达木欠祖遗呼和浩特市回民区通道街△巷十七号房地基壹块，东西宽△丈△尺△寸，南北长△丈△尺△寸，计地△亩△分△厘△毫，东至卖主，西至街，南至卖主，北至马忠，四至分明。今情愿租到自己名下永远住占，兹依照定章，以原价人民币肆佰元△角△分，应出百分之三点五蒙古过约费壹拾肆元△角△分，并每年收取千分之三的蒙租壹元贰角△分，凭折付给。双方立出租和租到文约一式两份，各执一张为证。

公元一九五六年八月廿一日立　呼和浩特市人民政府（印）

出租蒙人：达木欠

租到人：马玉群

租约字第649号乙份

阿不都黑力力毛拉等为遗产分配、出售立约①

清　同治四年　1865年8月12日

伊斯兰教历1282年（蛇年）3月12日，星期五。

我们——阿不都黑力力毛拉、阿不都西热甫毛拉、买买提依明、买买提力提甫阿訇、阿不都吉力力毛拉、阿其里米西妣妣、海比拜妣妣、海底彻妣妣，均是财产的继承者。镇上热瓦合街上有五间房子、一个羊圈、一个院子和一个大门、一个库房等遗产没有分配。我们继承人中不管哪一位如无钱买下这些遗产，就向外人出售，然后我们再分配所卖金钱。

和加依尔克村的土地，一部分作为礼拜寺的瓦合甫地，一部分已经卖了。除了木西台热克镇的院子以外，我们的舅舅毛拉吉力力海里排再没有任何财产。

今后，我们或者我们的后代中如有人在上述遗产问题上告

---

① 阿不都黑力力毛拉等为遗产分配、出售立约至牙库甫巴依为艾布都来海依放牧牲畜事立约摘自王守礼、李进新编《新疆维吾尔族契约文书资料选编》，新疆社会科学院宗教所1994年编印。

状，将是无效的。空口无凭，立约为据。

证明人：依斯拉木

买买提色里木和力

买买提牙尔和加

尼牙孜等

〔宗教法庭印章1枚〕

鲁斯特木将小店及池塘、井、地作为永久施舍并交付其子管理事立约

清　光绪七年　1882年2月11日

伊斯兰教历1299年（猪年）3月22日。

立约人卡尔鲁克村毛拉库尔班之子鲁斯特木。在去阿斯塔那的树旁，即在本人地边为供过往穆斯林住宿及饮水修了一间小店，挖了一个池塘和一口井，作为永久之施舍。现将从瓦特曼河引水灌溉的6斗地连同院子及附属物归于小店，并交付我儿热衣木阿訇管理。热衣木阿訇在世之时，一应小店之修理费用由地产中出之，剩余部分用来招待客人或自用。热衣木阿訇百年之后，由其子孙主管。特此立约。

小店之东是热衣木阿訇的地，地界为坑；之北是大路；之西是为库尔班之地，地界为坑；之南为水井。

有尽力维护小店之发展者，会受到安拉之宽恕，有人破坏者，将永受地狱之苦。

〔印章4枚〕

吾买尔谢赫立约为子女分配房地产

清 光绪十四年 1888年6月3日

伊斯兰教历1305年9月23日。

立约人吾买尔谢赫。

趁我健在之时,将齐给苏库叶花园的一院15间房子以及库房、树木的所有权,209帕特曼地以及所属树木的所有权,一并永远赠送给了我的女儿莱提弗罕。另剩8间房以及库房,3帕特曼地及所属树木,永远赠送给了我的儿子赛塔尔。该房、地他们已经收讫。该地、房已与我无干。

莱提弗罕所得土地的东面是赛塔尔的房子,以墙为界;南面是马圈墙;西面是赛塔尔的园子,以墙为界;北面是赛塔尔的院子,以墙为界。

赠送给莱提弗罕的15称子杏园的东面是赛塔尔的地,以埂为界;南面以墙为界;西面是赛塔尔的桃园,以灌木为界;北面是尤素夫罕的地方,以墙为界。

另外,103称子地的东面是赛塔尔的地方,以墙为界;南面是沙依提、沙木沙克的地方,以灌木为界;有些地方是赠予人的手中剩余的地方,以渠为界。干墙内的10称子地的四界:东面是赛塔尔的地,以渠为界;南面是赠予者的园子,以墙为界;西面是赛塔尔的地,以灌木为界;北面是我自己的地,以渠为界。

给予赛塔尔的房间的东面是赛塔尔的园子,以墙为界;南面也如此;西面是莱提弗罕的房子,以墙为界;北面赛塔尔的地方,以墙为界。

另外，干墙内的一块地（有30称子地）的东面是莱提弗罕的地方，以灌水为界；南面是赛塔尔的地方，以墙为界；西面是莱提弗罕的地方，以墙为界；北面是我自己的地，以村渠为界。

另外，一块147称子地的东面是肉孜和加的继承人的地，以灌木为界；有些是阿布拉的继承人的地，以渠为界；南面也是如此；有些地方是村礼拜寺的瓦合甫地，以路为界；有些瓦合甫地，以渠为界；有些是艾尤甫巴依的地，以埂为界；有些是瓦合甫地，以埂为界。有些是买买提依布拉音的地，以渠为界；北面是莱提弗罕的园子，以埂为界，以杏树为界。

空口无凭，立约为证。

证明人：买买提汗胡达拜地

吉瓦里勒巴依

克马勒巴依

〔印章2枚〕

巴牙孜阿克萨卡力为伙种土地和借种子事立约

清　光绪十六年　1890年4月□日

立约人巴亚孜阿克萨卡力。

我将与艾布都来海依汗阿吉木伙种土地。7亩地由我父亲伙种。阿吉木将不抽回土地。

我借得种子5称子玉米（向阿布拉阿訇借）将于秋收后归还。

如果我退还该地，将是无效的。

特此立约。

伊斯兰教历 1307 年 8 月□日

〔印章 1 枚〕

印花布匠买买提给喀什乌布里海山典地及树木契约

清　光绪十九年　1893 年 1 月 26 日

伊斯兰教历 1310 年（狗年）7 月 8 日。

立约人印花布匠买买提，系已故毛拉肉孜买买提之子，家住喀什买提卡尔。现将柳树渠边约 2 恰勒克一等地连同树木典给本城乌布里海山阿訇，收典款 150 元〔银圆〕；如将典款偿还，即可收回土地。自典当之日起，该地由海山经营。该地东至典当人的地；北至沙木沙克阿訇的地；西至典当人的地；南与热合木阿卡〔大婶〕的地为邻，有的地段与阿达米提阿卡的地段为邻，有的地段与本人的地相连。

特此立约。

证明人：大阿訇艾维孜

印花布匠买买提给乌布里海山转让土地契约

清　光绪十九年　1893 年 2 月 5 日

伊斯兰教历 1310 年 7 月 18 日。

立约人喀什艾提卡居民毛拉肉孜买买提之子，印花布匠买买提。兹将祖业约 1 亩地转让给苏非海里排之子乌布里海山阿訇。

该地四界：东边与本人地相连地界之间有院墙，北边的地与沙木沙克阿訇的地相连，有地埂，南边与勒拉大婶的地相连。

恐日后有所违犯，特请乡老盖章作证。

（印章1枚）

亚库甫阿訇的继承人请努尔阿訇、喀孜斯拉木做主将遗产作价、分配事立约

清　光绪二十三年　1897年3月19日

伊斯兰教历1314年10月15日。

立约人纳额拉其街居民亚库甫阿訇的继承人，其妻买祖热妣妣、女儿塔吉叶妣妣，儿子尤素夫、依布拉音、艾尤甫、依斯哈格阿訇，别无他人。

亚库甫去世后，在未分配遗产以前，依斯哈格也去世了，剩下了其母买祖热妣妣，妹妹塔吉叶妣妣，哥哥尤素夫、依布拉音、艾尤甫。

继承人买祖热请努尔阿訇、喀孜斯拉木为我们做主，将死者的东西公正估价、分配，估值为1450个银币。根据安拉的安排，分成了216份，现分配如下：给其妻36份，尤素夫、依布拉音、艾尤甫3个每人52份，塔吉叶妣妣26份。折合成钱，每人应得如下东西：

其妻应得东西：1条毡，8个银币；1条红色礼拜毡，8个银币；1条地毯，8个银币；1条旧礼拜毡，6个银币；5个大碗，15个银币；1把大壶，26个银币；1口俄国锅，10个银币。

和加尤素夫应得东西：庄子里值600银币的1处院子，9间农田房子及所属库房道路；1间店房，折价98个银币；米夏尔独园的8称子地及树木共折合400银币；另有1称子地及树木折合50银币；搬动东西的钱共计228个银币又6分半。

尤素夫应得东西：1 条毡子，6 个银币；1 条白礼拜毡，5个银币；1 把砍土馒，6 个银币；1 对清茶壶，3 个银币；1 本《谢力黑维尕叶》经，30 个银币；1 本《白西阿叶提》经，2 个银币；1 本《古兰经》，8 个银币；1 双牛皮鞋，1 个银币；1 本《热吾则托西肖胡达》（烈士之花园）经，30 个银币；1 个椭圆形的大碗，3 个银币；1 副北京式鞍子，2 个银币；1 个托盘，80 个钱；1 把铁锤，1 个银币；1 双铜鞋，12 个银币；1 把壶，28 个银币；1 把镰刀，1 个银币；1 扇门，2 个银币；该庄子的 8 间农房，应折价 143 个银币；独园的 7 称子地，应折价 105 个银币。共计 349 个银币。

依布拉音应得：1 条毡子，4 个银币；1 条礼拜毡，2 个银币；1 把斧头，5 个银币；1 对碗，3 个银币；1 个茶碗，1 个银币；1 本《阿卡依德》（诗集），5 个银币；1 本《古兰经》10 个银币；1 本《买斯来库尔本台克英》（纯粹人之道路），5 个银币；1 本《盘杰甘杰》（五大宝库），1 个银币；1 双皮鞋，1 个银币；1 个生铁灯，1 个银币；1 口锅，8 个银币；1 个花铜碗，12 个银币；1 把洗手壶和盛水铜盆，18 个银币；1 把茶壶，6 个银币；3 块木板，2 个银币；1 本《法拉依孜》经，5 个银币；本庄子的房子应得之钱 143 个银币；7 称子地中应得 106 个银币。共计 346 个银币的东西。

艾尤甫应得：1 条白毡，2 个银币；1 本书，5 个银币；1 条黑色礼拜毡，2 个银币；1 本《盘杰阿叶提》（五节经文），6 个银币；1 本《穆黑水玛托力穆斯力民》（穆斯林必读），5 个银币；1 个托盘，3 个银币；1 口大板箱，8 个银币；1 把洗手壶，12 个银币；1 把茶壶，10 个银币；1 个盘子，14 个银币；1 口深底锅，40个银币；本院中房产应得140个银币；独园土地中应得102个银币。共计349个银币的东西。

塔吉叶妣妣应得：1条白毡，6个银币；1条线织礼拜毡，2个银币；2个碟子，80钱；1个沙罐，1个银币；1个托盘，1个银币；1把铁锤，2个银币；1个双耳罐子，10个银币；1双铜鞋，10个银币；2个铁皮盘子，1个银币；1个铁，30个钱；1条口袋，80个银币；上述伙住的房子、土地应得54个半银币。共计174个半银币。

对于以上分配，我们大家都满意。也都收到了我们自己应得的东西。今后，如果谁再提出要求，在教法面前是无效的。

买祖热妣妣所得农田旅舍的四界如下：东面是尤素夫、依布拉音、艾尤甫和塔吉叶妣妣的房子，以墙为界；南面也如上述情况；西面与阿米妣妣的贮藏室相接，以墙为界；有些地方与4个孩子的仓房相连，以墙为界；北面与肉孜巴依的房子相连，以墙为界。

尤素夫、依布拉音、艾尤甫、塔吉叶4人所得厨房、客厅、前廊、前开凉亭、1间农具房，2间马厩、凉台等的四界如下：东面是肉孜的房子，也有买买提托合提的房子，以墙为界；南面是大路，西面是小路，有的地方与胡拉木海山艾夫汗的房子相连，以墙为界；北面与买祖热妣妣的房子相连，以墙为界；与肉孜巴依的房子相连，以墙为界；仓房的东面与买祖热汗房子相连，北面与尼亚孜的房子相连，以墙为界。

另外，买祖热、尤素夫、依布拉音，艾尤甫，塔吉叶妣妣伙种的8称子地之东面是莎尼叶汗的地，以杏树为界；南面是沙依提海里排的不动产地，以杏树为界；西面与阿米娜娥旦木的地相连，以埂为界；北面与吐尔地尼亚孜胡加的地相连，以多刺灌木为界。

分给买祖热妣妣的农田旅舍，仍走以前的老路。

独园中三分之一普特地中，有艾尤甫阿訇之女斯依提妣妣的半称子遗产田。

以原有事实，写出以上契约。

证明人：穆德利斯艾则孜阿訇

（印章1枚）

和田皮匠艾沙和加为妻热比亚继承遗产立约

清　光绪二十三年　1897年12月1日
伊斯兰教历1315年（兔年）7月6日。

本人艾沙和加，职业皮匠，和田人氏。娶热比亚为妻，已42年。她为人贤良，持家有方。我百年之后，为使她生活有着落，一为胡大，一为穆圣喜悦，现将上房（堂屋），院子一半，牛圈交她所有。日后，恐儿子中有人侵占，特立此文约为证。该房东为公产，北至水沟，西至大路，南连牛圈。此外还分给好铁锅1个、壶1个、毡2条。

证明人：阿不拉斯里木阿訇

立约人：艾沙和加

（印章2枚）

赛义拉阿訇尤素夫从三人伙种的土地中分出自己一份事立约

清　光绪二十五年　1899年2月9日

具结人纳斯尔巴依、伊尔巴依，是尤素夫阿訇之子。我们和热巴其合洁渠的赛义提阿訇尤素夫合伙经营着26亩9分田地。现在赛义提阿訇要求把他自己的三分之一分出去，我们两人同意他的要求，特具此结，将9亩土地（约短三分）连同树木、3间田舍连同院落分出交给赛义提阿訇。从此，我们两人对分给他的田产不再有任何权利。

地界：东头是赛拜尔巴依和托乎提妣妣的土地，水渠为界；南头是瓦合甫地，水渠为界；两头是则依热妣妣的土地，白腊树为界。

房界：东边是巨麦海依提巴依，有杏树为界；南边是墙；西边是瓦合甫地，有水渠为界；北边是克开巴依，有墙为界。

证明人：依玛目谢力夫

　　　　莫明江等。

伊斯兰教历1316年9月28日

（印章1枚）

依布拉音海里排为子女分配财产立约

清　光绪二十九年　1903年1月23日

伊斯兰教历1320年10月23日。

我是胡孜尔村穆罕默德谢里甫之子依布拉音海里排，我承认已将1匹骡马、1锭大元宝给了我的儿子巴斯提。我承认已将1头小奶牛、2头牛、价值10两银子的房子、价值2两银子的水壶给了我的女儿海甫孜罕。由于他们年纪尚小，兹请人代收。今后，我对这些物件再无权过问。

（印章3枚）

证明人：赐物者的另一个儿子

托合太松谢赫将土地转让给乌布里海山契约

清　光绪三十二年　1906年9月30日

伊斯兰教历1324年（鼠年）8月11日。

克尔阿孜村已故那鲁黑长老之子托合太松谢赫承认，将5棵树所在地及头人所管辖的大什曼村从上渠进水的24亩以及在克尔阿孜村从茇茇沟旁进水的1亩半地，因无力交地租故转让给喀·什艾提卡礼拜大寺苏菲海里排之子乌布里海山经营，其收成用于礼拜大寺。

乌布里海山掌握了领属权，并要按时交纳地租。头人也为此做了祷告。

这24亩地东边是渠界；北边与租种寺院土地的穆阿津库尔班的地埂接壤；西边和南边都是渠界。

另外还有1亩半地的东边是谢里夫海尔阿特那边的埂界；北边是路界；西边与南边均为寺院出租地，特立此据为证。

（印章1枚）

阿吉穆罕默德尼亚孜给安瓦尔汗等三人分赠土地契约

清　光绪三十二年　1906年11月24日

伊斯兰教历1324年（鼠年）10月7日。

立约人老城穆德利斯阿吉穆罕默德尼亚孜。

我将下面从地旺大渠进水的我母亲的遗产约4称子的一块地及其地上所有的附属物，全部分赠给安瓦尔汗、阿布莱提汗、达吾莱提汗三人。

此地不再属我所有,她们可耕种使用,或者变卖。对于该地,无论是我的子女和亲戚都无权过问。

此地四界如下:东面是萨力阿訇的地,北面是买买提斯依提阿訇的地,南面是乃克尔夏合巴斯汗和热仙等人的地。

空口无凭,立约为证。

(印章1枚)

托合台逊谢赫给克夫克谢赫转让土地契约

清　光绪三十二年　1906年12月14日

伊斯兰教历1324年(鼠年)10月27日。

立约人克尔阿孜入托合台逊谢赫。

我因无力管理该地从奥斯台汗渠进水的38亩2分地,因而上完了税以后,将地让给了克夫克谢赫。

别无异议。

该地东西是胡达拜尔地之地,以杏树为界;北面是水渠。西面是大路;南面是路。

出于自愿、特此立约。

证明人:托合台吐尔逊阿訇

(印章2枚)

乌布里海山将土地分配给子女立约

清　宣统元年　1909年8月9日

伊斯兰教历1327年(兔年)7月22日。

立约人乌布里海山。

从苏盖提渠引水的我用黄金买下的苏盖提渠处 5 亩地中之 2 亩地分给我的大女儿阿米娜，1 亩半地分给我的二儿子代吾来提汗，1 亩半地分给我的小儿子艾布都来海依。他们均已收讫。他们将自己耕种使用，今后将与我无干。

该地东面是苏皮海里排和热赛的地，以埂为界。南面是买买提热里木的寺院瓦合甫地，以杏树为界，北面的一部分地是巧力旁大婶的地，一部分是大路。至此四界已明。

该地将由我的子女们以自己的名义上税完粮。

证明人：赛地汗

　　　　托合提买买提阿吉

　　　　吾斯曼阿吉等

（印章 2 枚）

海比拜妣妣等立约将土地作为子孙公地

1912 年 2 月 28 日

伊斯兰教历 1330 年 3 月 10 日。

我们是五道渠哈拉巴合人，名叫海比拜妣妣、再依乃甫妣妣。有本村用渠水灌溉的 4 亩地，连同产权和地里的树木作为子孙公地支给我们的孙子艾里阿訇，经营管理。他死了，我的后裔中谁能管理就交给谁管理，以维持他们的生活，并合理地纪念我们。

作为公地我们再无权干涉，特立此据。

这块地不能出卖，不能送人，不能改变性质。

东接艾买提和加的地，界为渠；南边是托乎提的地，界为渠；西边是托乎提妣妣的地；北边是阿布都内苏里的地。

（印章2枚）

证明人：艾山玉素甫等

米吉提司迪克将土地转让给其孙契约

1913年

字据

伊斯兰教历1331年（羊年）□月12日。

我是奇福奇村苏里唐的儿子，名叫米吉提司迪克。我承认已将我有生之年的2亩半地连同地里的树木给了我的孙子艾的尔汗达吾莱提和依布杜海汗，由他们经营管理。

东面是毛拉库尔班的地；北面是米吉提司迪克的地，界为埂；西面是毛拉库尔班的地，界为埂；南面是肉孜的地。

另外，我又把奇福奇的1亩半地也给了我的孙子艾的尔汗达吾莱提和依布杜海汗。

东面是原主的地，北面是牙库甫的地，西面是苏甫米克买买提艾力的地，南面是涝坝。

（印章4枚）

依布拉音阿訇给乌布里海山赠地契约

1914年4月12日

伊斯兰教历1332年（猴年）5月6日。

立约人依布拉音阿訇。

我已将从启来梧桐大渠进水的3称子地赠送给乌布里海山

阿吉。

今后，不论是我还是我的子孙，对于该地提出异议在教法上是无效的。

该地东面是白合提阿吉的地，有些是寺院瓦合甫管理人的地，以埂为界；北面是卡德尔的地，以埂为界；西面是公渠；南面是阿吉的地，以埂为界。

特此立约为证。

（印章2枚）

赛杜拉出租水磨索要租金事

1916年6月9日

伊斯兰教历1334年8月7日。

我是巴柯提坎人，名叫赛杜拉。

我在优奴斯王所建经文学校旁边有水磨2盘，以年租20两银子租与阿吉肉孜，但他每年仅付出我5两银子。经我上告，政府决定每年应付我14两银子，双方决定，再无更改。

证明人：苏皮尼牙孜

　　　　和加吐尔地

　　　　尼牙孜等

（印章1枚）

热依斯阿布拉喀孜委托米吉提阿訇等向欠主肉孜阿訇拉拉木索要欠物书

1917年12月9日

伊斯兰教历1336年2月24日。

我名叫热依斯阿布拉喀孜。我承认并保证：1335 年我借给肉孜阿訇阿拉拉木 250 块钱、3 件上衣、20 两银子、4 件皮袷袢、5 条皮裤、12 两半铜，共折合银子 75 两 8 钱，由于我身体不好无力前往索取，今请米吉提阿訇和米吉提托乎提作为我的代理人，请欠主把钱给他等于给我一样。

（印章 1 枚）

艾布都热黑木阿訇杰米西德给乌布里海山赠送土地契约

1918 年 12 月 26 日

伊斯兰教历 1337 年（羊年）3 月 22 日。

立约人塔尔达西曼村来提夫巴依之子艾布都热黑木阿訇杰米西德。

我将该地从克尔阿孜大渠进水的大约 4 称子粮食的土地以及其上之树木全部赠给乌布里海山阿吉。

空口无凭，立约为证。

该地东面是纳斯尔阿訇的地，以埂为界；北有水渠；西面是 5 棵梧桐树礼拜寺瓦合甫地；南面是乌斯曼巴依的地，以埂为界。该地已与我无干。

证明人：吐尔逊阿訇

（印章 2 枚）

夏巴尼吐尔逊之子与肉孜阿訇解除租金申诉立约

1919 年 6 月 15 日

伊斯兰教历 1337 年 9 月 16 日。

立约人米夏尔所属尊贵的鼻祖经文学校的夏巴尼吐尔逊和加之子。

我以友善的态度上诉肉孜阿訇海里排没有给我草圈的租金，我让他搬走，他也不搬走。

同时我又上诉他的儿子木沙有我的22两工钱。当我们两人当面对质时，将肉孜阿訇之子的22两对折为200个银元的租金。

肉孜阿訇和我都解除了申诉。从今以后不论肉孜阿訇，还是我，绝不重提这件事了。

证明人：尼扎木丁

买台买德阿吉

卡德尔伯克等人

（印章1枚）

阿依夏姆妣妣上报白俄驻喀什领事分配其亡夫遗产约

1920年1月4日

兹将我的遗产分配如下

伊斯兰教历1338年（狗年）4月12日。

我们是马日胡人，已故的马木提牙库甫财产的继承人：阿依夏姆妣妣，儿子阿布杜拉，女儿帕蒂玛。其舅买买提热依木作代表将死者情况上报白俄驻喀什噶尔的领事，领事说："清理债务以后，余者分配给继承人。"据此计算了所有遗物，除清理债务外，尚余265两6钱7分银子的东西，分配如下：

妻子阿依夏姆妣妣应得八分之一，33两2钱1分。

遗子155两。

遗女帕蒂玛应得 77 两 3 钱。

具体分配如下：

阿依夏姆妣妣分得：光皮套袜 1 双折银 6 两，毯子 1 条折银 6 两 2 分，花布墙围 2 条折银 2 5 钱，无柄水壶 1 把折银 1 两 5 钱，大锅 1 口折银 1 两 5 钱，贴花毡 1 条折银 2 两 2 钱 5 分，地毯 1 条折银 1 两 5 钱，毡子 2 条折银 3 两 6 钱，白毡 2 条折银 1 两 8 钱，碗 8 个折银 4 两 9 钱，餐布 2 条折银 1 两 5 钱，壶 1 把、茶碗 1 个折银 3 钱，小铲 1 把、火钳 1 把折银 5 钱 1 分。

以上物件阿依夏姆妣妣已如数收到。

其子阿布杜拉分得：马 1 匹、辔 1 付折银 30 两，毛驴 1 头折银 6 两，羊 2 只折银 2 两 5 钱，花布墙围 1 条折银 1 钱，兔皮裙 1 件折银 4 两，黑皮袄 1 件折银 5 两，长毛皮袄 1 件 2 两 5 钱，线单子 1 条折银 1 两，缠头白布 1 条折银 1 两 5 钱，《古兰经》1 本折银 1 两 5 钱。小本经文 1 本折银 1 两 6 钱 5 分，识字课本 1 本折银 1 钱，枕头 1 个折银 3 钱，门帘 2 条折银 4 钱，盆子 2 个折银 8 钱，灯 1 盏折银 1 钱，铜盆 1 个折银 1 两 5 钱，长嘴壶 1 把折银 1 两 5 钱，水壶 1 把折银 1 两 5 钱，铁茶壶 1 把折银 5 钱，水桶 1 只、绳子 2 条折银 6 钱，毯子 3 条折银 4 两 7 钱，火钳 1 把折银 1 钱，鞭子 2 条折银 5 钱，羊皮 9 张折银 1 两 4 钱，钻子 2 把折银 2 钱，另有零碎东西若干件折银 72 钱 5 分，共计白银 150 两。

帕蒂玛妣妣分得：牛 6 头折银 31 两，母驴 1 头折银 9 两，锅 1 口折银 2 两，零碎东西折银 35 钱，共计 77 两 5 钱。

以上物件已由马合木德热依木代表继承人如数收到。

此外，亡者还与他人在克日也有土地6亩，依孜村有土地18亩、房屋1院、柳树地4亩，城内有店铺1处，家具若干。这些财产等到宗教法庭成员集会时，把应该判给牙库甫阿訇的财物分给其遗族。

我们大家同意以上分配，特立此据。

证明人：买苏木巴依老人

那斯尔阿吉

艾买提江

乌斯曼

司哈克阿吉

（印章4枚）

艾合买提买得麻札瓦合甫地又被乌布里海山退还价款仍作瓦合甫地事

1920年2月10日

伊斯兰教历1338年（虎年）5月20日。

立约人克尔阿孜居民依玛目尼牙孜之子、热合米夏巴依之子、米芒巴依之子艾合买提。

我们从克福克扎尔手中买到白西托额拉克麻扎所属从克尔阿孜之依斯提汗渠进水处之属于麻扎瓦合甫地的三等18亩地、3间房以及库房，共付款30两白银。另上税38个银圆。我们仍想将该地作为瓦合甫地，因此，台吾菲克依拉海和乌布里海山阿吉又将钱退还了我们，我们收下了。原地仍是瓦合甫地。该地与我们无干。对该地我们无任何异议。若有异议，则是无效的。

四界已在契约中写明。

特此立约。

证明人：艾合买提

　　　　买买提提力木

　　　　库尔班

（印章2枚）

哈希木阿吉将土地、房产施舍给乌布里海山契约

1920年8月19日

伊斯兰教历1338年12月4日。

我是吾依吐拉克人，是吐尔逊阿吉的儿子，名叫哈希木阿吉。我承认已将自己的7亩半地、4间房屋以及家具施舍给乌布里海山阿吉，现已归他所有，或经营，或变卖，听其自便，我再无权过问。

今后不论是谁上告，一律无效。

地界：东边是依敏的地，界为埂；北边是路；西边是苏里坦罕的地，界为埂；南边依明阿訇的地，界为埂。

证明人：米吉提阿訇

　　　　库尔班阿訇

　　　　玉素甫等

（印章2枚）

纳瓦依肉孜租种优奴斯哈肯木的地保证按时交租及管理树林

1921年3月2日

伊斯兰教历1339年6月21日。

我是米夏白杨村人,名叫纳瓦依肉孜。

我承认租种了优奴斯哈肯木的土地,每年按时令交租,别无话说。现在优奴斯有一片树木交我管理,言明每年工钱4元,与租地无关。

证明人:海克木阿訇

　　　　阿布拉阿訇

(印章1枚)

玉田人艾力夫下特巴依给乌布里海山施舍土地契约

1921年7月17日

具结人艾力夫下特巴依,玉田人。我把自己从和田墨玉的伊明阿訇那里买来的,用且尔羌的新渠的渠水灌溉的30亩地中的15亩地,作为永久乃孜尔给了乌布里海山阿吉,把东边的其余的15亩地也作为乃孜尔,给了哈提甫胡赛音阿訇。

对这些地我不再拥有任何权利。具结为证。

给乌布里海山的乃孜尔地,东头是路,北头是伊明的地,有埂为界;西头是乌布里海山的地,有埂为界;南头是苏来曼的地,有杏树为界。

证明人:阿合麦托拉毛拉

　　　　买买提托乎提巴依

　　　　买买提克里木等

伊斯兰教历1339年(兔年)11月12日

(印章1枚)

且末人米拉甫吾守尔伯克给艾布都来海依和加赠地契约

1921年11月23日

伊斯兰教历1340年（鱼年）3月24日。

立约人且末县人米拉甫吾守尔伯克。

我已将且末县第一渠392户的2亩半地，另外还有该处之空地，民国7年丈量过的251户处之9亩6分8厘地，共计12亩1分8厘地及其所属树木一并赠给了艾布都来海依和加。该地已与我无干。

今后，关于该地，若我或我的子孙提出异议，则在教法面前是无效的。

该地东面是水渠，北面是买买提托合提之地，西面是空地，南面是司马义之地。

证明人：司马义

库尔班

吐尔逊

肉孜等

民国十年十月二十四日

（印章3枚）

胡达拜地给乌布里海山赠送草地契约

1922—1923年

伊斯兰教历1341年（马年）□月21日。

立约人胡大吉山区胡赛音和加之子胡达拜地。

我将父亲的遗产中属于我的一个儿子的上下草地的一半赠送给乌布里海山阿吉。此地非礼拜寺的瓦合甫地，也非合伙之地。

关于此地倘我及我的子女过问，提出异议，则在教法面前是无效的。

证明人：胡达拜地哥

吐尔地和加

伊布拉黑木和加

吐尔逊巴依

买买提夏阿訇等

（印章3枚）

肉孜阿吉立约由其子达洪收地租事

1925年3月10日

伊斯兰教历1343年8月14日。

立约人尊贵的鼻祖优奴斯王修建的经文学校的依布拉音海里排之子肉孜阿吉。

夏合佳航巴尔村属于我自己的而出租给居白达肉孜阿吉的地每年交25称子小麦，25称子玉米地租。从今年起4年的地租将由我儿达洪来收。按期收租，不得有误。

特此立约。

证明人：艾布都力艾海尔汗买合都木

苏皮阿訇穆特外力

（印章1枚）

大毛拉艾里阿訇之子将祖先地产分给其子立约

1925 年

伊斯兰教历 1344 年□月 24 日。

立约人五道渠居民大毛拉艾里阿訇之子。兹有我母则乃甫妣妣、祖母海比伯妣妣将其土地给我,我又把该地分给我子穆罕默德阿卜杜拉阿訇。即日起,我就失去该地的所有权。

证明人:本人父亲阿不都苏尔和加

塔依尔阿訇

沙木沙克阿訇

尼亚孜阿訇

(印章 1 枚)

依拉宏阿不都热素尔阿訇将祖业土地分给小儿子契约

1926 年 6 月 4 日

伊斯兰教历 1344 年 11 月 23 日。

立字据人五道渠花园村大毛拉依拉宏阿不都热素尔阿訇。现将该村祖业 2 亩地分给小儿子买买提阿不拉阿訇,暂由我代管。该地东至寺院公地,南至托合迪阿訇地边水井,西至色衣提阿訇的地,北面与草滩交界。由分出之日起本人对该地不再有所有权。

证明人:本村塔衣毛拉

沙木沙克阿訇

尼孜訇

阿不都热斯木阿訇

卡吾尔阿訇

(印章1枚)

宗教法庭裁决米吉提等人偿还债务书

1928年3月15日

判决

经查明：麦斯吉提村米吉提和巴拉提承认，他们租种过肉孜海里排的60亩耕地，每年应交租15恰勒克〔包谷〕。几年来，应交380恰勒克，但他们无力全部偿还，现判决，除每年按规定偿还外，其余部分分批偿还。

米吉提和巴拉提还供述说，他们租种肉孜海里排耕地期间，还为肉孜海里排无偿劳动过，肉孜海里排也应付出一定的报酬，报酬多少可按一般雇工的年报酬计算。

伊斯兰教历1346年7月23日。

(宗教法庭印章2枚)

已故乌布里海山之女安拜尔汗和其弟继承遗产契约

1928年12月1日

具结人安拜尔汗，疏附人，已故乌布里海山阿吉之女。从祖宗遗留给我和我弟弟艾布都来海依汗阿吉的遗产中，我继承接收了切拉提莱的田产8亩9分，柳树渠的田产5亩半，哈亚提莱的田产5亩1分。底下的房产，梧桐窝的田产均归艾布都来海依汗阿吉所有。此外，从父亲遗留的钱财中，我先后从艾布都来海依汗阿吉手中收到 118 两 8 银 6 分。至此，祖宗的遗产已全部分清完毕，日后我再无权过问，倘我或我身后之人重提此事，概不算数。

克尤木艾卜杜勒艾力木阿吉替我签字。

空口无凭，具结为证。

伊斯兰教历 1347 年（猪年）6 月 17 日

（印章 2 枚）

乌布里海山的继承人为土地继承权立约

1930 年 1 月 7 日

伊斯兰教历 1348 年（鼠年）8 月 6 日。

立约人甲乙村海尼弗布维、疏附县乌布里海山阿吉的继承人阿不都瓦里汗等 10 人。事由：买买提库旺卖给塔牙洪的 1 亩地我们也有 1 份，所以由阿不都瓦里汗夺回。海尼弗上告杜来提伯克。经伯克公断，上述地的所有权属阿不都瓦里汗等 10 人，也有海尼弗 1 份，我们同意了以上判决。特此立约。

（印章 1 枚）

苏皮尔阿訇等索回租地所欠工钱事

1930 年 7 月 3 日

伊斯兰教历 1349 年 2 月 6 日。

我们是吾提兰奇巴克村的苏皮尔阿訇，沙依提阿訇。

被告人木德肉孜依不都开提阿訇。

我们曾为他耕种 10 亩土地，欠我们 2 恰勒克小麦、2 恰勒克玉米的工钱，至今不还。经我们上告，他已将所欠粮食如数归还。

我们租种他的土地所欠的地租也早已偿清。

证明人：玉素甫等

（印章1枚）

依达耶提立约及时还清债务事

1930年9月19日

伊斯兰教历1349年4月25日。

我是拜西依尔克罗克苏村苏来曼和加的儿子依达耶提。我欠喀比孜阿訇25称子小麦。债主要我什么时候偿还小麦，我将及时偿还，绝不拖延。写此欠条，以作证明。

证明人：穆德里斯沙依提阿訇

（宗教法庭印章1枚）

乌布里海山在玉田的继承人分配遗产契约

1930年12月25日

伊斯兰教历1349年（牛年）8月4日。

我们是玉田乌布里海山阿吉的继承人：妻子布维沙热夫人，另一妻玛里亚夫人，女儿买衣木乃木、阿依夏姆、海尔尼沙、艾拜尔小姐，儿子艾布都来海依汗、阿布杜里黑里木阿訇，还有苏皮阿訇、木黑提热木女士的代表玉素甫阿訇。我们这些继承人集中在乌布里海山阿吉在且末县共有342亩土地、树木当由我们继承。在且什依的3块土地尚未计算在内。342亩土地折合白银1316两半。这些钱的八分之一，值82两2钱银子的土地业已分配。这些地是，在扎格奴克处塔牙洪房前的12亩，库尔来盖尔阿齐克塔克处的10亩，一共22亩。另一女儿阿依夏姆分得价值113两4钱5分银子的土地，此地是，扎格奴克村的10亩，古尔来盖尔村的10亩。另外，从外夏尔处的土地中给阿依夏姆、布维沙热分给了值30两银子的土地。此地在扎格奴克村，东部是买衣木乃木夫人的土地，以艾尔盖克地埂为界；下方是和加巴依的土地，以地埂为界；西部是塔牙洪的土地，以公路为界；朝山的方向是水渠。从古力兰盖尔分得的土地10亩，此地东部是阿木水渠；下方是依明谢依唐的土地，以地埂为界；西部是买尔阿；朝山的方向是艾布都来海依阿吉的土地，以杏树为界。分给阿依夏姆小姐的10亩土地在扎翁，东部是布维沙热夫人的土地，以地埂为界；下方是和加巴依的土地，以地埂为界；西北是塔黑尔的土地，以水渠为界；朝山的方向是阿木水渠。分给古尔兰盖尔的土地有13亩，东部是沙热夫人的土地，以地埂为界；下方是依明谢依唐的土地，以地埂为界；西部是买尔阿。其妻沙热夫人分得八分之一的土地。加上木黑提热木夫人抚乳费分给她的价值99两6分银子的土地。其地为克牙里克村伯克水渠浇灌的33亩地，此地的东部是阿木水渠；下方是库尔班伯克继承人的土地，以一排沙枣树为界；西部是公路；朝山方向是吐木尔叔叔的沙枣树。另外，分给古尔兰盖尔的42亩地，东部是吐尔第阿訇的土地，以地埂为界；下方是吐尔迪卡力的土地，以杏树为界；朝山方面是苏皮阿訇的土地，以水渠为界。分给买衣木乃木夫人价值113两银子的土地是扎格奴克村的11亩苜蓿地。此地的东部是莫明阿訇的瓦合甫地，以地埂为界；下方是海尔尼沙汗的土地，以地埂为界；西部是阿木渠。分给艾拜尔夫人的土地以地埂为界，朝山的方向是买衣木乃木夫人的土地，以地埂为界。分在古尔兰盖尔的 16 亩土地的东部是吐尔第阿訇的土地，以地埂为界；下方是苏皮阿訇的土地、以地埂为界；西部是阿木水渠和大山。另外，从外西尔的土地中还给她分了值 17 两 5 钱银子的土地。买衣木乃木夫人也分到了值 17 两 5 钱银子的土地。给艾拜尔小姐分了值 113 两 5 钱银子的土地，即位于扎格奴克的 11 亩苜蓿地。此地东部是海尔尼沙汗的土地，以地埂为界；朝山方向是买衣木乃木夫人的土地，以地埂为界。分在古尔兰盖尔的一块 16 亩土地，其东部是吐尔第阿訇的土地，以地埂为更；下方是苏皮阿訇的土地，以地埂为界；西部是阿木水渠。另外，从外西额尔的土地中还分得价值 17 两 5 钱的土地。给苏皮阿訇和加分了价值 227 两银子的土地，在玉日买的一块地是 23 亩，其东部是阿木水渠；下方是艾布都来海依阿吉的土地，有的地方是阿布杜里黑里木阿吉的土地，以地埂为界；西部是买尔阿山，以苏来曼继承人的土地地埂为界。分在古尔兰盖尔的 10 亩地，其东部是吐尔第阿訇的土地，以地埂为界；西部是阿木水渠和大山。此外，他从外西艾尔的土地中还分得值 35 两银子的土地。给阿布杜里黑里木阿訇和加分了价值 227 两银子的土地，其中位于扎马奴克的 27 亩半上地，东部是西尔巴依的土地，以马路为界；朝山的方向是依布拉音木的土地，有的地方是牙克巴依的土地，以地埂为界；分在扎格奴克的 11 亩土地，其东部是艾布都来海依阿吉的土地，以地埂为界；西部是和加巴依的土地，以艾尔开克地埂为界；下方是赛义提卡尔的土地，以地埂为界；朝山的方向是沙热夫人的土地，以地埂为界。另外，从外西艾尔的土地中还分得价值35两银子的土地。位于玉日买的3亩半土地的东部是阿木渠；下方是艾布都来海依阿吉的土地，以地埂为界；西部是买尔阿；朝山的方向是苏皮阿訇分到的土地，以地埂为界。另一块是从卡唐水渠浇灌的20亩土地。此地的位置在原凭证上业已写清。关于此地，给艾布都来海依汗阿吉退了现银2两半。给艾布都里海依汗阿吉分了值227两银子的土地，其中一块在扎格奴克村，有27亩半。此地东部是阿布杜里黑里木和加的土地，以地埂为界；下方是阿木水渠；西部是哈斯木的土地，有的地方是艾伯杜拉的土地，以地埂为界；朝山的方向是吐尔逊阿訇的土地，有的地方是牙合甫阿訇的土地，以马路为界。另一块是从艾山巴依手中买的11亩土地。此地东部是沙第尔的土地，以沙枣树和艾尔开克地埂为界；下方也是沙第尔的土地，以艾尔开克地埂为界；西部是阿布杜里黑里木的土地，以地埂为界。从外谢尔那里分得价值35两银子的土地，还从玉日买那里分得3亩半土地。此地东部是阿木水渠，下方是苏皮和加的土地，以地埂为界；西部是买尔阿；朝山方向是阿布杜里黑里木的土地，以地埂为界；又从塔塔然古分得了5亩土地，此地的位置在凭证上业已写清。在分配这些土地之时，分给艾布都来海依阿吉和阿布杜里黑里木阿訇的土地超支交给沙热夫人14两8钱，此款业已交给吐尔第阿訇。吐尔第阿訇收到了此款。吐尔第阿訇代表沙热夫人、阿依夏姆夫人、阿布杜里黑里木阿訇、艾则孜夫人，艾沙阿訇代表买衣木乃木夫人，玉素甫阿訇代表沙热夫人，艾买提海里排代表苏皮和加收到了分配给各自的土地，并且都很满意。我们互相之间没有任何瓜葛。此外，在且末的荒地、山上的草原、羊群、且末镇上的 1 个院子、羊圈、马圈、果园等一并交给了阿布杜里黑里木阿訇，他收到了这些东西。我们彼此之间没有互相争夺财产的权利。如果有人在业已分配的财产上告状则是无效的。

证明人：玉素甫伯克阿吉

　　　　司马衣伯克

　　　　尼牙孜伯克

　　　　肉孜毛拉

　　　　赛义提杜尔阿

　　　　商人吐尔逊阿訇

　　　　买买提热依木阿訇

　　　　买买提托合提阿訇

另外，为支付每年的皇粮，艾孜木夏里阿吉把从卡唐水渠浇灌的 15 亩土地交给了阿布杜里黑里木阿訇，作为 199 亩买尔阿土地每年上交公粮的费用。阿布杜里黑里木阿訇收到了土地并将交纳这些土地的公粮。今后，任何人为这 15 亩土地诉讼均无效。为了祭祀之需，吐尔第阿訇将在玉日买的 2 亩地交给了阿布杜里黑里木阿訇。我们不再拥有那块土地的所有权。为这 199 亩土地，我们或者我们的后代如果有人告状，都是无效的。我作为祖母从海尔尼沙小姐处收到了这地。特写此盖有宗教法庭印章的字据。

（印章 1 枚）

塔力甫阿吉立约归还借款事

1931 年 6 月 25 日

伊斯兰教历1350年2月8日。

立约人卡斯克人买买提塔黑尔海里排之子塔力甫阿吉。

我向阿吉阿塔温拉借了30两白银，需要归还时，我将毫不迟延地归还。

另外，我将从麻札尔渠进水的一块地卖给了阿吉阿塔温拉。8个月以后，我将分地给他。白银将由我自己负责。出于自愿，特立此约。

证明人：卡斯木

尼亚孜

吾斯曼

阿比提

（印章2枚）

托乎提亚尔和加阿不拉巴依立约按时缴纳地租事

1932年1月8日

具结人托乎提亚尔和加阿不拉巴依，热巴特礼拜寺坡村人。教师艾卜杜巴斯提上告我，说我没缴10年的50恰勒克地租。伯克经询问了情况后判决说：你可以不缴过去的地租，今后要每年缴6恰勒克地租，年景好时还要适当增加一些。于是我当时就缴了2恰勒克地租，并要在夏收时用自己的牲口驮送上缴。此据为证。

证明人：克尤木

艾则孜等

伊斯兰教历1350年8月27日

（印章1枚）

阿不拉巴依租种艾布都来海依汗土地契约

1932年3月28日

具结人阿不拉巴依肉孜,克尔哈孜村人。我以年租110恰勒克包谷租了艾布都来海依汗在其卡尔的9亩地,地租要在每年打场时节缴纳。我要上好肥,种好地,保持地力。田赋已由原主上交。

证明人：吐尔地

　　　　克海克阿訇等

伊斯兰教历1350年（虎年）11月20日

（印章3枚）

麻札经文学校教师马木提哈黑收用水磨租金事立约

1933年5月31日

具结人马木提哈黑,巴拉提哈黑之子。我当麻扎经文学堂的教师以来,收用具克利水磨租金达2年之久。而这一边的23盘磨的租金由教师艾卜都瓦力巴斯提阿訇、尤素夫阿訇收用。因此,我也从则乃甫妣妣的水磨费中收用40块银元。除此之外,我不收用任何方面的租金。此据为证。

证明人：外力阿訇

　　　　马木提汗等

伊斯兰教历1352年2月6日

斯玛依尔立约按时缴纳地租事

1934年2月10日

具结人斯玛依尔，礼拜寺坡村人，苏皮之子。木沙皮尔代的大阿訇教长阿布杜巴斯提阿訇上告我不缴纳3年的地租15恰勒克小麦和包谷。我们在被传到协里叶提之前，有些好心人出来说情，让我分期缴纳旧地租，这次暂缴4恰勒克包谷。从10月份起到新年缴纳的3恰勒克地租夏收时一起缴。今后再不拖延。

证明人：海山

克里木等

伊斯兰教历1352年10月25日

（印章1枚）

克里木阿訇等立约按时缴纳地租事

1934年3月16日

具结人克里木阿訇、肉孜阿訇、斯拉木百户长之子斯麻依尔苏皮，热巴特村人，教师阿布杜巴斯提阿訇上告我们不缴纳地租粮。我们在未去协里叶提之前商定：在20天之内，我斯麻依尔出包谷4恰勒克，克里木和肉孜出包谷9恰勒克。倘若按时缴不上去，愿受政府和宗教法庭的任何处分。此据为证。

证明人：海山

巴拉提等

伊斯兰教历1352年11月30日

（印章1枚）

买合木德卡力等通知租种优奴斯王土地的农民缴纳欠租书

1934年1月31日

伊斯兰教历 1352 年 10 月 15 日。

我们是米夏村人，名叫买合木德卡力、玉素甫阿訇、依玛目赛依杜拉、吐尔地卡力。

本乡人租种优奴斯 640 亩土地，分布情况是：

①百户长租种 100 亩。

②苏皮尔海里排租种 120 亩。

③米吉提阿吉租种 86 亩。

④肉孜租种 130 亩。

⑤米吉提艾力租种 50 亩。

⑥巴拉提玉素甫租种 10 亩。

⑦其他零星租种　　　亩。

交租情况是：

①30 恰勒克玉米；

②46 恰勒克玉米；

③6 恰勒克小麦；

④8 恰勒克小麦；

⑤4 恰勒克玉米；

⑥10 恰勒克玉米；

⑦6 恰勒克玉米；

⑧10 恰勒克小麦。

以上人等欠租者应赶快交齐。特此布告。

玉田人阿不都热合曼立约偿还借款事

1934 年 3 月 7 日

伊斯兰教历 1352 年（鱼年）12 月 1 日。

我系玉田人塔西阿訇之弟阿不都热合曼。今借得依不拉音阿訇银元30元，艾则孜阿訇之子阿西木阿訇银元10元。一旦提出要求，立即偿还。阿不都热合曼阿訇所花之钱由其哥哥尤奴斯偿还。

（喀孜穆罕默德拉西丁印章1枚）

依玛目赛都拉租得土地、园子、厕所事立约

1934年4月21日

伊斯兰教历1353年1月6日。

立约人依玛目赛都拉。

我从教授艾布都巴斯提阿訇（肉孜海里排阿吉之子）手中租得属于阿訇谱系产业的2亩园子及干湖位置上的土地，加上厕所和园子共8个月的租金，厕所，12个月的收益，共以2两银币租到手中，租金已付。

当前的什一税由租出人缴纳，零星徭役财由租借人缴纳。厕所门将由我自己安装。租期一到，厕所和园子，将由我另立字约。

证明人：谢赫哈米德

吐尔逊阿訇

（印章2枚）

赛里买妣妣租种艾里阿吉土地契约

1936年4月24日

伊斯兰教历1355年2月2日。

立约人系杜什曼村已故努尔阿訇之女赛里买妣妣。现向艾里阿吉租来三等地3亩，每年交玉米16恰勒克，籽实要饱满，艾里阿吉不得收回该地。特此立约。

　　证明人：卡斯木阿訇

　　　　　　夏艾则孜等

乌布里海山之女将遗产地转赠其兄契约

1936年5月23日

伊斯兰教历1355年（羊年）3月2日。

立约人已故乌布里海山阿吉之女买衣木乃木汗。现将父亲分给我的一份地转赠给我哥艾布都瓦里，本人不再有所有权，特此立约。

　　证明人：库尔班阿訇

　　　　　　图合迪阿訇

（印章1枚）

赛依丁阿訇立约还清债务事

1936年7月10日

伊斯兰教历1355年4月20日。

立约人斯亚特村赛依丁阿訇。事由：阿不拉卡力声称民国二十四年我欠他玉米140恰勒克，已还90恰勒克，剩余50恰勒克；民国二十三年借给我玉米142恰勒克，还90，尚欠52恰勒克，言明秋后归还，但未还；还借麦种5恰勒克，未还。他告到警察局，断我交100恰勒克玉米，我说只还42恰勒克，其余的已还清了。

日后，阿不拉卡力如因咒我死亡，我自认为是大限已到，不怨别人。

苏皮阿訇向艾布都来海依阿吉赠地契约

1936年10月19日

伊斯兰教历1355年8月3日。

立约人海三阿吉之子苏皮阿訇。

我已将依克孜克的属于我的土地坚决地赠送给了艾布都来海依阿吉。

另外，依斯提芳处属于我的土地之中，湖岸旁西面的1亩地，也坚决地赠送给艾布都来海依阿吉。

今后，若有异议，则是无效的。

特立此约，以资证明。

证明人：库尔班依玛目
　　　　艾布都热依木阿訇

（印章2枚）

肉孜阿訇接受经营阿不都来汗土地事立约

1937年5月17日

伊斯兰教历1356年3月6日。

立约人塔格达西曼村肉孜阿訇，系已故买买提巴依之子。

阿不都来汗阿吉将该村16亩三等地中的12亩苜蓿地交我经管，公粮也由我交纳；只许务好，不许使土地贫瘠，如果土地变贫瘠，除赔款外，还要把土地退回。为防日后发生异议，立此文约为证。

证明人：尤素甫阿訇

谢里卡肉孜将地施舍给其子立约

1938 年 5 月 20 日

具结人谢里卡肉孜，乔赫且也村人。我将此处用王渠的水灌溉的 1 亩 9 分地作为永久施舍之地，交给了我的孩子尤素夫阿訇，他已经收下了，今后，倘我反悔，概不算数。

地界：东头是热比亚妣妣的地；北头是阿地力夏提的地；西头是乔力潘汗的地；南头是则纳甫汗的地。

此据为证。

伊斯兰教历 1357 年 3 月 20 日。

（印章 4 枚）

某人立约死后由其子偿还债务约

1938 年 9 月 19 日

感谢伟大的真主！

玉奴斯依布拉开提阿訇、玉素甫阿訇以及其他乡亲周知：

我所欠吐尔迪苏里的借粮，小麦 5 恰勒克，包谷 6 恰勒克，我死后由我的儿子依布拉依明偿还。空口无凭，特立此约。

（印章 4 枚）

伊斯兰教历 1357 年 7 月 24 日

疏附人阿不都里艾则孜阿訇索回遗产契约

1938年

伊斯兰教历1357年□月3日。

立约人疏附已故买买提热赫木阿訇之子阿不都里艾则孜阿訇。吾兄阿卜拉手中有父母留下的财产，我委托卡迪尔汗和加等人去要，要回线毯1条、小毛毯1条、大板柜1个，空口无凭，立此文约为证。

  证明人：卡迪尔汗

     胡赛因阿訇

     尼牙孜阿訇

     沙迪克阿訇

（印章1枚）

阿不都里艾则孜阿訇收到遗产立据

1938年

伊斯兰教历1357年□月16日。

立约人疏附已故买买提热合木之子阿不都里艾则孜阿訇，今收到吾兄阿不杜拉卡尔卖地银6000两（元），卖箱子钱450元，另收到祖业房产及家具。空口无凭，立此文约为证。

  证明人：谢衣赫阿訇

     衣马木艾山

     卡迪尔汗

     尼亚孜阿訇

（印章1枚）

肉孜阿訇等补交欠租契约

1939年1月14日

伊斯兰教历1357年11月23日。

立约人买吉东村阿訇助理依斯拉木村长之子肉孜阿訇、乃再尔阿訇。

海兹热提皮尔经文学校之教授巴斯提阿訇曾上诉，乃再尔阿訇3年未曾交租，租金共计30称子。

村长赛买提阿訇准备让我们按照教法对质时，本村托合提阿訇海里排，派祖拉阿吉等人从中调解，我们同意将去年未交之4称子玉米交给他。

自吾守尔月1日起应交之10称子租子，我们将按时上交。

上诉人已撤回上诉，以后等地好了，我们将增加租金。

证明人：海山阿訇

肉孜阿訇

克里木阿訇

（印章1枚）

买买提伊明立约按时缴纳地租

1939年1月17日

具结人百户长买买提伊明，热巴特礼拜寺坡村人。我要每年向艾布杜巴斯提阿訇交纳地租小麦2恰勒克，包谷2恰勒克。每年秋收时一定按时送到。绝不迟误。空口无凭，具结为证。

证明人：艾海提

　　　　拜祖拉等

伊斯兰教历1357年11月26日

（印章1枚）

色衣提阿訇借得粮收据

1939年4月21日

伊斯兰教历1358年3月1日。

立约人色衣提阿訇，家住哈特拉村，系织布匠吐合特阿訇之子，今借得阿不拉阿訇玉米1恰勒克，言明秋收时归还，不得迟误，而且要收拾干净。空口无凭。

（穆哈买提夏日甫喀孜印章1枚）

乌布里海山之女阿依夏姆汗将房、地转让其弟苏皮阿訇契约

1939年5月17日

伊斯兰教历1358年3月27日。

立约人老城居民乌布里海山阿吉之女阿依夏姆汗。

我父从阿拉斯哈尔提之继承人手中购得之4间房及所在地皮、库房已经分配给了我们2个儿子3个女儿共5个人。这4间房及地皮、房中应属我1个女儿的一份和母亲的一份，我已无偿地移交给了我的弟弟苏皮阿訇。

该地、房已与我无任何关系，今后，有关此房、地，我或我的后代提出异议则在教法面前是无效的。

该地四界已在契约中写清。

证明人：艾布都来海山阿吉

买买提明阿訇

（印章 2 枚）

斯依提阿訇借粮收据

1939 年 6 月 1 日

伊斯兰教历 1359 年 4 月 24 日。

立约人上地村托合提阿訇哥之子斯依提阿訇。

我从阿布拉热依斯阿訇手中借得 38 称子玉米。该玉米将在麦收时将毫不迟延地全部归还。

空口无凭，立约为证。

（印章 1 枚）

阿布杜阿吉兄弟平分遗产立约

1939 年 6 月 26 日

伊斯兰教历 1358 年（狗年）5 月 8 日。

我们是阿布杜阿吉、阿布杜里阿吉。

我们的父亲去世时留下 200 两银的遗产，现经我们商量每人得 100 两，今后再无纠葛。特立此据。

（印章 2 枚）

赛里买妣妣给苏皮阿訇赠地契约

1939 年 10 月 7 日

伊斯兰教历 1358 年 8 月 22 日。

立约人提勒加依村海立木阿吉之女赛里买妣妣。

我已将从底永巴依渠进水的父亲遗产2亩地中属于我的1分半12厘地，又母亲遗留的从白西卡尔都克曲进水的1分2厘地赠送给我妹妹赛英热汗之子苏菲阿訇。此地已与我无干。

今后，不论是我赛里买妣妣或者我的后代对此地提出异议，则在教法面前一律无效。

空口无凭，立约为证。

证明人：斯地克阿訇

艾买尔阿訇等

（印章2枚）

巴拉提库尔班等为瓦合甫水磨租税事立约

1940年8月20日

具结人巴拉提库尔班、纳赛尔伊布拉黑木、吾守尔哈木丁、买买提汗亚库甫、海地洁妣妣、托乎提克菲莱妣妣、古力拜黑热妣妣，中奥尔太拜开力村人。当艾卜杜巴斯提从喀孜协会向我们索要从二九年以来的瓦合甫水磨租税的收据时，本来一盘磨交1恰勒克税，而我们写成了3恰勒克了。今后，我们再向艾卜杜巴斯提闹这种事，在协里叶提之前概不算数。此据为证。

伊斯兰教历1359年7月6日

（印章1枚）

尼亚孜阿訇等因砍伐树木事立约

1940年10月5日

伊斯兰教历 1359 年 9 月 3 日。

米夏人尼牙孜阿訇、胡赛音阿訇等谨呈：

阿布杜拉阿吉控告尼亚孜、胡赛音等砍伐他地头的树木。

据几位公正人进行调查，情况属实。被砍伐的树干归阿布杜拉阿吉，树枝归砍伐者。今后尼牙孜、胡赛音等不准乱砍麻札周围的树木，阿布杜拉阿吉也不准动用公渠两岸的树木，双方均已同意，绝不食言。

特此具结

（印章 2 枚）

乃则尔阿訇租种艾布都来海依汗土地契约

1941 年 3 月 24 日

伊斯兰教历 1360 年 2 月 25 日。

立约人兰干渠百户长乃则尔阿訇。兹租种玉田艾布都来海依汗阿吉的位于杜维渠的 20 亩苜蓿地，每年按时向他交纳一定数量的报酬，在地界种植树木，保持土地肥力，不使贫瘠、荒芜。以上土地如艾则孜阿訇照顾得更好，我则不同他争夺。特此立约。

巴格阿訇租用水磨契约

1941 年 12 月 4 日

伊斯兰教历 1360 年 11 月 15 日。

我是牙尔巴克村巴格阿訇。11 月 15 日起，哈木丁穆甫提的 1 盘水磨及所有工具租给我 1 年零半月。此水磨，我是从穆甫提阿訇海木杜拉手中租来的，租金为90称子小麦、180称子玉米。租期满时，我，巴格阿訇负责交出以上两种租据，另外两种租据交给海木杜拉阿訇。如果水流湍急冲没渠堤，所需木料等由海木杜拉阿訇负责供给，施工由我承担。

　　证明人：乌斯曼阿訇

　　　　　　加热甫阿訇

　　　　　　艾伯都拉阿訇

（宗教法庭印章1枚）

沙乌尔汗偿还债务事

1942年4月16日

伊斯兰教历1361年3月29日。

　　我是镇上木沙和加的儿子沙乌尔汗。我的哥哥阿不杜哈第尔伯克告我的状，说我借阿不里孜伯克79称子毛是他做的保人。又说我只还了33称子毛，其余部分未还，是他还的。村里有德望的人干预此事，我偿还了25称子羊毛。因此我不再欠阿不杜哈第尔任何债务。今后我若告状，也是没有根据的、无效的。立此为据。

　　证明人：沙迪克阿訇

　　　　　　海孜阿訇

（宗教法庭印章1枚）

阿依谢汗借款收据

1942年5月17日

立约人阿拉立村买买提阿訇之女阿依谢汗。

我从老城我母的亲戚热依斯阿布拉卡日阿訇手中借得10两银钱。该钱我将在从且末县返回后，毫不迟延地全部归还。绝无谎言。

空口无凭，立约为证。

伊斯兰教历1361年（鼠年）5月1日

（印章1枚）

库尔班巴拉提之子承认分配给其母的遗产事立约

1942年9月5日

伊斯兰教历1361年8月23日。

立约人吉额扎依村居民库尔班巴拉提之子买买提托合提、阿布拉巴依、艾合买提托合提、阿布巴依、艾合买提托合提托合塔西和加、阿不都热合曼阿訇。

我父将从多浪巴依渠进水的4亩地及其所有树木给了我母亲麦里彦木。该地在我父生前就已分配好了。将该地给予了我母亲麦里彦木妣妣，和我们毫不相干。不论种与卖，都是她自己的事，今后，若谁提出异议，则是无效的。

该地四界，已在契约中写明。

特此立约。

证明人：阿地力阿訇

　　　　肉孜阿訇

（印章2枚）

库尔班尼牙孜租种伊里汗阿吉土地契约

1943年6月16日

伊斯兰教历1362年6月12日。

我是克尔阿克村托合提的儿子库尔班尼牙孜。我从疏附县伊里汗阿吉处租得克尔阿克沙湖水浇地18亩,借得夏季青包谷30恰勒克。言明和他共同收割他的12亩庄稼,管理他一半果园,工钱由伊里汗阿吉自付。

我保证秋后归还他30恰勒克上等包谷,把苜蓿收割捆好,送往他家中。

特立此据

(印章1枚)

赛买提库尔班租得土地契约

1944年3月7日

伊斯兰教历1363年3月12日。

立约人托合拉克村人赛买提库尔班。现通过协商,从疏附县阿不都里汗阿吉手中典得苜蓿地20亩,典期3年,交玉米225恰勒克。该地周围之篱笆要妥为保护,特此立约。

(印章1枚)

买买提艾力继承人分配遗产事立约

1946年1月16日

伊斯兰教历1365年2月12日。

立约人买买提艾力之继承人，子哈菲孜艾布都尔，女帕提麦萨热妣妣，吾买尔卡力。

我们的父亲给我们共同留下92亩地。现经计算，已将各人所得分好，大家已经收讫。

东面是哈尼孜的地，以灌木丛渠为界；南面是墙；西面是艾布都外力帕提麦妣妣的地，以路为界；北面是寺院瓦合甫地灌木。

另一块地东面是沙地克的地，以渠为界；南面是肉孜扎克的地，以灌木为界，有些地方是帕提麦的地，以灌木为界；西面是肉孜扎克的地，以灌木为界；北面是塔里甫的地，以灌木为界。有些瓦合甫地及其树木一共卖给了热合买提阿訇。东面是艾布都外力、热合买提尼亚孜的地，以灌木为界；南面是阿比提的地，以灌木为界；西面是肉孜卡力的地，以埂为界；北面是肉孜阿吉的不动产地，以杏树为界。留给热合买提阿訇的房子东面是哈菲孜的地，以渠为界；西面是池渠，有些地方与帕提麦妣妣的院子相连，以墙为界，有些地方与客房相连，以墙和路为界，有些地方与花园相连，以墙为界。马厩的地皮、大门留给了热合买提阿訇。库房留给了帕提麦妣妣。

特此立约。

证明人：扎克尔阿孜阿訇等人

（印章2枚）

肉孜给其妻施舍房、地契约

1946年3月2日

具结人肉孜，乔赫且也村人，谢里夫之子。我把用伊海克渠水灌溉的5分地连同树木一起，加上家中的客房连同设备、道路一起，作为永久施舍，交给了我的妻子，她收下了。今后它们再不归我所有，倘我或我的子女闹出事来，全不算数。此据为证。

地界：东头是尤素夫的地，有埂为界；北头是瓦合甫地；西头是赛里木的地，有埂为界；南头是吾买尔的地，有埂为界。

客房的东面和北面是尤素夫的厩；西面和南面也是尤素夫的厩，均有墙为界。

伊斯兰教历1365年3月30日

（印章5枚）

阿卜拉卡尔因儿子割礼馈赠土地契约

1946年4月4日

具结人阿卜拉卡尔，疏附人。我把冯达拉的用冯达拉渠水浇灌的8亩中的4亩地，连同树木一起，作为我的儿子艾卜杜热伊木割礼喜日的礼品馈赠于他。他收下了。这地已不归我所有。今后，倘我或我的其他子女闹出事来，全不算数。此据为证。

地界：东头是瓦合甫地；北头是瓦合甫地；西头是路；南头是大路。

证明人：尼亚孜阿訇

斯地克阿訇等

伊斯兰教历1365年5月2日

（印章2枚）

哈西木阿訇借阿不都拉艾来木款做买卖获利均分契约

1946年6月28日

伊斯兰教历1365年（蛇年）7月28日。

立约人卡斯木阿吉之子哈西木阿訇，兹借得阿不都拉艾来木阿訇黄金1两，言明以此为本钱做买卖，获利2人均分；获利不贪污，到时还本，决不食言。

证明人：阿不拉卡力
　　　　谢衣赫阿訇
　　　　肉孜阿訇

（印章1枚）

卡迪尔汗肉孜阿訇偿还借款契约

1946年8月18日

伊斯兰教历1365年9月20日。

立约人本集市人卡迪尔汗肉孜阿訇。民国二十九年六月曾借亚生阿訇大毛拉30元钱，到民国三十五年元月，商会按市价折合1元顶1银圆，共计30银圆。让15元，其余15元在6个月内偿还。

证明人：玉苏甫汗伯克
　　　　老总伯克
　　　　图尼亚孜阿吉

（印章1枚）

肉孜苏卡借款收据

1947年7月15日

具结人肉孜苏卡，乔赫且也村人，苏里唐苏卡之子。我向疏附的阿卜拉热依斯借到黄金4两。这金子什么时候要，什么时候还，绝不迟误。此据出自谁手，金子就还给谁。

证明人：谢赫阿訇

　　　　阿卜拉热合曼

　　　　托平提

（印章3枚）

伊斯兰教历1366年8月26日

裁缝托合提阿訇等立约按时缴纳租种艾布都来海依汗土地租子事

1948年4月28日

伊斯兰教历1367年6月20日。

立约人阿斯廷约依村托合提阿訇裁缝、吐尔逊阿訇。

我租种了老城艾布都来海依阿吉的阿斯廷约衣的一块地，一年地租为18称子小麦、5称子玉米。租子绝不拖延，按时交纳，墙倒修墙，很好地看管树木。艾布都来海依汗阿吉将在5年以内，不收回该租地。

空口无凭，立约为证。

乌布里海山的继承人将草场委托买合苏提阿訇等人经营事立约

1948 年 7 月 11 日

具结人艾布都来海依阿吉、艾卜杜里艾力阿吉、苏皮阿訇、阿依夏姆夫人、艾依茹尼沙汗，玉田人，乌布里海山阿吉的继承人。对于父亲在斯赫莱的浮雕、帽子作坊，因我们自己无力经营，特委托洛浦县的买合苏提阿訇，玉田的托合提阿訇代办，他们同意也得办，不同意也得办，我们专此代立字据。倘他们执意拒绝，斯得克阿訇、肉孜阿訇等作证，可安排玉田的艾卜杜力汗阿吉经办。

伊斯兰教历 1367 年 9 月 4 日

（印章 3 枚）

艾布都来海依汗将遗产转赠其弟苏皮阿訇事立约

1948 年 8 月 26 日

伊斯兰教历 1367 年 10 月 20 日。

立约人乌布里海山阿吉之子艾布都来海依汗阿吉。

我已将从铁木耳阿吉之女法尔汗、肉孜汗手中买得的苏菲海里排街上的 2 间房子（其中包括闺房和木石库房），以及阿布拉留给其父斯地克老哥的遗产（同时也是买买提赛义德依布拉音、萨热汗等人之父）即从萨热妣妣手中购得之地中将房钱以及木石地皮库房一齐永远赠送给了我的胞弟苏皮阿訇。此地已与我无干。今后，倘若我或我的子孙对此提出异议，则在教法面前是无效的。

该地四界已在契约中写明，特立此约。

证明人：尤素甫阿訇
　　　　托合逊卡力

（印章2枚）

苏皮阿訇将其父遗产转让给其兄事立约

1948年

伊斯兰教历1367年□月20日。

立约人已故乌布里海山阿吉之子苏皮阿訇。现将疏附苏菲街亡父阿勒玛斯哈尔特之房地产及其从阿依夏姆汗手中购买的房地产让给我兄艾布都来海依阿吉。日后本人或其族人若提出所有权，在教法之前一律无效。

证明人：尤素夫阿訇
　　　　托合提卡力

吐尔逊妣妣将遗产转赠他人事立约

1949年2月14日

伊斯兰教历1368年4月15日。

立约人卡拉吐尔克村托合逊毛拉之女吐尔逊妣妣。

我已将当地母亲遗产中的一个女儿应得的羊只赠送给了依盖且木之孙买买提吐尔逊，一口锅赠送给了斯菲热汗。

该东西与其他人无干。

今后，若我和我的子孙，对此提出异议，则在教法面前是无效的。

特立此约。

（印章2枚）

证明人：沙地克阿訇

　　　　阿布拉卡德尔阿訇

吐尔逊阿訇将财产分给其子事立约

1949年5月19日

伊斯兰教历1368年（猴年）7月20日。

立约人春却拉村已故买买提斯迪克阿訇之子吐尔逊阿訇。今将一等地5亩、房屋15间、园子1座、另房前土地8亩3分（包括树木）、毯子4条、毡4条、白毡5条、新毛毯2条、大锅1口、水壶2个、茶壶2个、白洗手壶1个、黄洗手壶1个、铜洗手壶1个、大木箱1个、核桃木箱1个、圈房4个、羊200只，分给我儿子买买提依麻木阿訇，对上述财产我业已失去所有权。从今以后，我或是族人对此提出异议者一律无效。

园子东至哈尼发的园子；北至哈尼发之地；南至本人之地，另8亩地东至毛拉尤素甫之地；北至哈尼发的院墙；南至水渠。

证明人：阿不都来依和加

　　　　艾斯来水和加

　　　　尤素甫阿訇

　　　　胡加訇

阿依夏姆汗与其兄艾布都来海依分配出卖水磨款事立约

1949年6月7日

契约

伊斯兰教历1368年（猴年）8月10日。

乌布里海山之女阿依夏姆汗与其兄艾布都来海依阿吉卖给哈鲁克人买买提尼亚孜价值50恰勒克租子的水磨1座，价为8两黄金。我兄妹二人共执此契约，为划分他应得之份，特立此契约为凭。

契约中提到的50恰勒克租价的水磨，我已无权干预。今后若为此事打官司，一律无效。

特立此据。

（印章3枚）

亚库甫巴依为艾布都来海依放牧牲畜事立约

1949年7月27日

伊斯兰教历1368年10月1日。

立约人阿特加勒村居民艾则孜巴依之子亚库甫巴依。

我同意放牧玉田县老城之艾布都来海依阿吉的牲畜。现收到母羊37头，大小各6头羯羊，3头母山羊，1头公山羊，2只公山羊羔，1只母山羊羔，共计56头牲畜，已经点清、收讫。这些牲畜今后委派给谁，我将交付给谁。

特此立约。

价值15称子半大米的7只半羊，将永远留给我自己。

证明人：买买提艾力阿訇

　　　　买买提艾则孜阿訇

　　　　司马义

（印章2枚）

农班典当田契约①

立约典当田人农班，系陇榧村居住。因为急需，无钱还债。不已，夫妻商议，将祖父遗下六置田一子，坐落本村，大小共六片。先通族内，无人承受。不已，请保凭中问到州城都楼街黎讳胜秉处，实取价铜钱十千整，即日当保亲手领钱回家还债。四面言定：其田随约交与钱主，年中临田观收禾把，冷苗四六，两相承（情）愿明白。此系明卖明买，并非折债等情。田主不敢别卖。无论近远，钱到田出。钱主亦不敢阻晋（留）其田许赎。不许加所有谢纳钱粮。工件一切，系在田主办出，无干钱主之事。倘或年久月深，有生心冒认争夺者，系在约内有名人承当是实，决无反悔异言。恐后无凭，人心难信，为此，立约交与钱主收执为据。或违异言者，任从执出文约，投赴上陈理论，甘罚无辞。仍照约内追给还，不敢违□是实。证见人堂叔农兼。中保人同村方灾。

立约当田人农班。

请人依口代笔。

嘉庆十三年（1808）五月初五日。

农吉典当田契约②

立约典当田人农吉，系西化埠美村居住。因为急中，无钱

---

① 此契约原存广西大新县雷平（镇）都楼街。1956 年 11 月，广西少数民族社会历史调查组收集。

② 此契约原存广西大新县宝圩乡堪圩村埠美屯。1956 年 11 月，广西少数民族社会历史调查组收集。

使用，不已，夫妻商议，自将役田那都二片，在中处，自将问到本村黎聪处取出纹银五两三分整，又钱二千文整，即日亲手领钱回家应用。当面言定：其田交与钱主自耕自割。钱不起利。不论近远，钱到田出。钱主不得阻晋（留），田主不敢别卖。如有别卖者，钱主任从执出文约，投赴上陈理论，甘罪无辞，仍给钱主，不然是实。今恐无凭，人心难信，立约存照。

立约人农吉。请人依口代笔。

嘉庆十三年（1808）三月二十六日。

农文金典当田契约①

立约典当田人农文金、男有丰，岜贺村居住。因为急中，无钱谢纳。不已，父子商议，自将本分田土名唤那鹅□（内）一召，坐落唧村处，大小共有五片。自凭中问到州城圩街黄懋功妻农氏处典当，取价本铜钱二十千文足。即日当中保钱约两交明白。其田随约交与钱主，年中临田收租，其大苗、小苗，俱是均分作利。田无计租，钱无起利。其田不论近远，按于对期退赎，钱到田出，钱主不敢阻晋（留）文约，田主亦不敢盗卖。如有别卖等情，或有别人上占夺者，系在卖主承当，任从钱主执出文约赴上陈理论，甘罪无辞，仍依约内追赔还，不敢异言。今恐无凭，人心不古，此为存照。

中保人男有丰。农文金立典凭据。请人依口代笔。

嘉庆十四年（1809）四月初二日。

---

① 此契约原存广西大新县雷平（镇）安平村。1956年11月，广西少数民族社会历史调查组搜集。

农乐顺典当田契约①

立典当田约人农乐顺，系□□五处邑贺村居住。因急中无钱还债，债主追迫（逼）。不已，父子商议，自将分获城田土名那□五一子共四片，那马一籍共二片，坐落畨板处。凭中问到恩城东街赵老爷台印鹤书处，实取典应，出本铜钱二十二千文足整。是日亲手领钱回家支用还债。当面言定：钱无起利，田不计租，不敢私卖。年中无论大苗、冷苗，亲接钱主，禾苗成熟，临田管收均分，禾把作利。断无昧良之心，盗割之弊等情。倘后年深月久，天地巡还（循环），父衰子盛，有钱退赎者，不论近远之年，限四月之内，钱到田出，钱主不得阻晋（留）文约，而文约钱主不敢以为永远。如有等情，现有约内之言为证，不敢异言。如有横行反言多端者，系在保领人承当。为此立约存照。上陈理论，甘罚无辞，仍然照约追给原田复还。天理良心，人心难信，今欲有凭，立约为据。

立典当田人农乐顺。中保父亲农应玉。代笔兄农乐调。

嘉庆十五年（1810）七月初二日。

黎聪典当田契约②

立约典当田人黎聪，系西化埠新村居住。因为急中，无钱使用，不已，夫妻商议，自将役田那榕猛三片十四抱，地坐落

---

① 此契约原存广西大新县恩城乡恩城街。1956年12月，广西少数民族社会历史调查组搜集。

② 此契约原存广西大新县宝圩乡民智村那隆屯。1956年11月，广西少数民族社会历史调查组搜集。

□□。自身问到那隆村黄□处，取出铜钱七千文整，即日亲手领钱回家应用。当面言定：其田交与钱主自耕自割。不论近远，钱到田出，钱主不得阻晋（留）。田主亦不敢别卖。如有别卖者，钱主任从执出文约投赴上陈理论，甘罪无辞，仍给与钱主，不言是实。今恐无凭，人心难信，立约存照。

立约人黎聪。依口代笔。

嘉庆十六年（1811）七月初六日。

张王祥典当田契约①

立典当田约人张王祥，系安平北化西北甲仑村居住。今因急需，母亡无钱使用。自将本分□田那百判一片，禾六把，问到同村本族张讳王那处实典，取出本铜钱六千文。即日亲手领钱回家应用。其田归与钱主自耕自割作利。钱无起利，田不计租。不论近远，钱到田出。钱主不得阻留文约，田主亦不别典他人。此约两愿。如违，执出文契投赴上陈理论，治罪无辞，仍然照约追给原钱交与钱主是实。恐后无凭，人心难信，立此约存照。

立典当田约人张王祥。依口代笔。

嘉庆二十年（1815）三月十五日。

---

① 此契约原存广西大新县雷平（镇）那岸村甲仑屯。1956年11月，广西少数民族社会历史调查组搜集。

黄世奇典畲地契约①

立约典畲地人黄世奇，系西化埠美村住。今因急需，无钱使用，不已，兄弟商议，愿将本分畲地一边，土名厅告宽庄，机一斗五朴地。坐落科板。先通族内，无人承当。凭中问本村黎葱处实典，取出本铜钱三千文足。就日钱约两交，当面言定：其畲地随约交与钱主，年中管围，自割收取，每苗以为利息。两相久依，钱到田出，不敢异言。如有反言者，任从钱主执此文约赴堂陈理，甘受重罪，仍追约内之畲交与钱主管耕是实。今恐无凭，人心难信，立约存据。

立约人黄世奇。依口代笔。

嘉庆二十三年（1818）三月十四日。

黄世草等典当畲地契约②

立约当畲地人黄世奇、黄世草，系西化埠美村住。今因急需，无钱还债。不已，合议愿将本分畲地一片，土名唤畲科板厅梏。坐落中处。先通族内，无人承当。凭中问到同村姜宝处实当，取出本铜钱四千五百文足。就日钱约两交，当面言定：其畲地随约交与钱主，年中管耕修整，自割耕种小苗，周始收取物件以为利息。两相久依，不敢异言。如反言者，任从钱主执此文约赴堂陈理，甘受重罪，仍追约内之畲交与钱主是实。

---

① 此契约原存广西大新县宝圩乡堪圩村埠美屯。1956 年 11 月，广西少数民族社会历史调查组搜集。

② 此契约原存广西大新县宝圩乡堪圩村埠美屯。1956 年 11 月，广西少数民族社会历史调查组搜集。

欲后有凭，立约存据。

立约人黄世草。依口代笔。

嘉庆二十四年（1819）七月初九日。

梁利典田契约①

立约典当人梁利，系西化埠美村居住。今因急需，无钱还债。不已，合议愿将本分城田一片，土名唤郎护，有八把地。坐落中处。先通族内，无人承当。凭中问到本村黎葱处实当，取出本铜钱四千文足。就日钱约两交，领钱回家还债。当面言定：其田随约交与钱主，年中管耕自割，收取禾把以为利息。两相久依，钱到田出，不敢异言。如有反悔异言者，任从钱主执此文约赴堂陈理，甘受重罪，仍追约内之田交与钱主是实。欲后有凭，立此文约为证。

立约人梁利。依口代笔。

嘉庆二十五年（1820）三月十七日。

黎美典当田契约②

立约典当田人黎美，系西化埠新村住。今因急需还债，不已，兄弟商议，愿将本分祖父遗下城田五片，合共四十把。地土名唤那鸡。坐落中处。先通族内，无人承当。凭中问到西化弄崩村梁里师处实当，取出本铜钱二十五千文足。即日亲手领

---

① 此契约原存广西大新县宝圩乡堪圩村埠美屯。1956年11月，广西少数民族社会历史调查组搜集。

② 此契约原存广西大新县宝圩乡堪圩村弄朋屯。1956年11月，广西少数民族社会历史调查组搜集。

钱回家还债。当面言定：其田随约交与钱主，年中管耕自割，收取禾把以为利息。两相久依，钱到田出，不敢异言。如有反悔异言，盗卖者，任从钱主执此文约赴堂陈理，甘受重罪，仍追给约内之田交与钱主是实。欲后有凭，立此文约存据。

立约人黎美。依口代笔。

嘉庆二十五年（1820）三月十九日。

黎美当田契约①

立约加典当田人黎美，系安平西化埠美村居住，因急中无钱生理，不已，兄弟议明，愿将祖父遗下那城，土名唤那鸡，大小五片共禾四十把。地凭中问同化弄崩村梁里师处，取当价出本铜钱五千文整，即日亲手领钱回家。言讫其田随约交与钱主，年中自耕自割，禾麦两苗为利，田不计租，钱不起利。不论何年办，钱到田出，钱主亦不得阻留。倘后日或有同堂兄弟妄言争夺，系在约内当主有名承当，不干钱主。此是明典明当，并非折账等弊。今恐无凭，人心难信，为此，立当约存据。

典当田人黎美。依口代笔。

道光二年（1822）二月初九日立约。

黄庄典田契约②

立约典田人黄庄，系西化埠美村住，今因急需，无钱还债，

---

① 此契约原存广西大新县宝圩乡堪圩村弄朋屯。1956年11月，广西少数民族社会历史调查组搜集。

② 此契约原存大新县宝圩乡堪圩村埠美屯。1956年11月，广西少数民族社会历史调查组搜集。

不已，兄弟商议，愿将本分祖父遗下城田一边片，有十把地，土名那陌，坐落中处。先通族内无人承受，凭中问到本村黎葱处实典，出本铜钱三千文足，就日钱约两交，领钱回家还债。当面言定：其田随约交与钱主，年中耕管自耕自割，收取禾把以为利息。两相久依，钱到田出，不敢异言。如有反言者，任从钱主执此文约赴上陈理，甘受重罪，仍追约内之田交买主是实。欲后有凭，立约存据。

立约黄庄。依口代笔。

道光二年（1822）又二月十一日。

黄暖当田契约①

立约当田人黄暖，系西化埠美村居住，今因急需，无钱还债，不已，夫妻商议，愿将本分城田有十把地，坐落西处，土名唤那陌，祖父遗下。先通族内，无人承受，凭中问到同村黎葱处实当，取出本铜钱二千五百文足，就日钱约两交。当面言定：其田随约交与钱主，年中至秋收时，临田均分，禾把以为利息。两相久依，钱到田出，不敢异言。如有反悔异言者，任从钱主执此文约赴上陈理，甘受重罪，仍追约内之田交与钱主是实。欲后有凭，立此文约存据。

立约人黄暖。依口代笔。

道光二年（1822）三月二十日。

---

① 此契约原存大新县宝圩乡堪圩村埠美屯。1956年11月，广西少数民族社会历史调查组搜集。

李贤典当田契约①

立典当田约人李贤，系西化弄斗村居住，因为家境贫寒，无钱救活，不已奈之，兄弟父子同商议，情愿自将本分祖父遗下之粮田，土名那秾岷一片，禾六把，地坐落口处，自身亲问到西化埠美村王聪处，取出本铜钱五千文整，即日亲手领钱回家救活。就命当两面人言也，其田随约交与钱主，年中临田自耕自割，以作花利。钱无起利，地无计租。无论近远，钱退田出，钱主，亦不敢阻留。主约无钱，田主亦不敢贩卖别人。此系明卖明买，不关卖田之事。自买之后，并非折债等弊，不敢异言者。如有反言也，钱主任从执主约契赴上陈理论，甘罪重究无辞，仍然照约追给其田，交与钱主。今恐无凭，人心难信，为此立文约一张存据。田例粮卯共五十文足。

李贤立约交与钱主速收。

道光八年（1828）正月二十七日。

梁顺典当田契约②

立约典田人梁顺，系北化林更甲上利村居住，今因急用，无钱还债，债主追逼。不已，父子商议，愿将祖父遗下岷田三钱，大小二片，坐落翟板格婆处。凭中问到州城都楼街曾爷台印生惠处实当，取出本青铜钱二十五千文足，即日亲手领钱回

---

① 此契约原存大新县宝圩乡堪圩村埠美屯。1956 年 12 月，广西少数民族社会历史调查组搜集。

② 此契约原存大新县雷平（镇）都楼街。1956 年 12 月，广西少数民族社会历史调查组搜集。

家还债。钱约两交明白。三面言定：大小两苗禾成熟，迎接钱主临田分把作利。田不计租，钱无起利。此乃明佃明当，并非折债账等情。倘日后或有同堂兄弟冒言生端者，系在约内有名之人承当。恐口无凭，人心难信，为此，立约一张交与钱主收执存据。

通引人梁玉棠。中保人男金玉、金光同具。立当约人梁顺。依口代笔。

道光八年（1828）三月二十四日。

农严典当田契约[①]

立约典田人农严，系西化埠美村居住，今因急用，无钱生理，不已，父子商议，将本分祖父遗下城田，土名唤那底有一片，禾有十二把，地坐落西处。先通族内无人承受，凭中问到同化本村黎卡处实典，取出本铜钱八千文，即日亲手领钱回家生理。当面言定：其田随约交与钱主，年中管耕自割。不论近远，钱到田出。钱无起利，典主亦不敢为典两，两无异言。如有异言者，钱主任从执此文约赴上陈理论，甘罪无辞。人心难信，为此立约交钱主存照。

立约典当人农严。依口代笔。

道光十年（1830）四月初十日。

---

① 此契约原存大新县宝牙乡堪圩村埠美屯。1956年12月，广西少数民族社会历史调查组搜集。

黎周典当田契约①

立约典田人黎周,系西化埠美村居住,今因为急中,无钱应用,不已,夫妻商议,愿将祖父遗田土名那鸡一片,禾十把,地坐落□□处,自身问到同化叫茶村农傭处,取出本铜钱六千文整,即日亲手领钱回家讫用。两面言定:其田随约交与钱主,每年终临,均加利钱,每千五十文,每月利钱,限至三月。自耕自割。不论近远,钱到田出,钱主不得阻留文约。钱主不敢送盗。如有欠者,明卖明买,持契赴上陈理论,甘罚无辞,仍照约内实给。今恐无凭,人心难信,立约存照。

立约典当田人黎周。

请人依口代笔。

道光十一年(1831)十二月初三日。

黄元结当田契约②

立约当田人黄元结,系西化埠美村居住,今因家无钱还债,不已,母子商议,愿将本身祖父遗上城田一片,共有禾二十把。地土名唤那遥坐落处。先通族内,无人承当,凭中问到同化同村黎葱处实当,取出本铜钱七十一千文足,就日钱约两交,领钱回家还债。当面言定:其田随约交与钱主,年中至秋收时临田均分,禾自耕自割,以为利息。两相久依,钱到田出,不敢

---

① 此契约原存大新县宝圩乡堪圩村叫茶屯。1956年12月,广西少数民族社会历史调查组搜集。

② 此契约原存大新县宝圩乡堪圩村埠美屯。1956年12月,广西少数民族社会历史调查组搜集。

异言。如有反悔，两卖者，任从钱主执此文约赴上陈理，甘罚无辞，仍追约内之田交与钱主，欲后有凭，立约存据。

黄元结立约。依口代笔。

道光十一年（1831）四月初二日。

黎周典田契约①

立约典田人黎周，系西化埠美村居住，今因急中需钱生理，不已，与妻子商议，将本分祖父遗下城田，土名唤那鸡，共有一片，禾有八把，地坐中处。先通众人，无人承受，凭中问到同化本村黎崇宝处，取出本铜钱二十千文足，即日亲手领钱回家生理。当面言定：其田随约交与钱主，年中管耕自割。不论近远，钱到田出。钱无起利，田不计租，典主亦不敢为两典，两无异言者。如有异言者，钱主任从执此约文赴上陈理论，甘罪无辞。人心难信，为此立约交与钱主存照。

立约典田人黎周。依口代笔。

道光十二年（1932）三月二十三日。

黄元结当田契约②

立约典田人黄元结，系西化埠美村居住，今因急中需钱生理，不已，母子商议，愿将本分祖父遗下城田土名唤那达，共有一边，禾把十六把，地坐落上处。先通族内无人承受，凭中

---

① 此契约原存大新县宝圩乡堪圩村埠美屯。1956年11月，广西少数民族社会历史调查组搜集。

② 此契约原存广西大新县宝圩乡堪圩村埠美屯。1956年11月。广西少数民族社会历史调查组搜集。

问到同化本村黎聪处实典，取出本钱一百千一十二千文足，即日亲手领钱回家生理。当面言定：其田随约交与钱主，年中管耕自割。不论近远，钱到田出。钱无起利，田不计租。钱主不得阻留其田，两无异言。如有异言者，钱主任从执此文约赴上陈理论，甘罪无辞。人心难信，为此立约交与钱主存照。

立约典田人黄元结。依口代笔。

道光十二年（1832）五月十五日。

黄元生当田契约[①]

立约当田人黄元生，系西化埠新村居住。今因急中需钱生理，不已，与妻子商议，将本分祖父遗下城田，土名唤那渠，共有一片，禾有二十五把，地坐中处。先通众人无人承受，凭中问到同化本村黎崇实处，取出本银有四两整，钱有五十二文整，即日亲手领钱回家生理。当面言定：其田随约交与钱主，年中管耕自割。不论近远，钱到田出。钱无起利，田不计租。典主亦不敢为两典，两无异言。如有异言者，钱主任从执此约文赴上陈理论，甘罪无辞。人心难信，为此立约交与钱主存照。

立约典田人黄元生。依口代笔。

道光十三年（1833）四月十三日。

[①] 此契约原存广西大新县宝圩乡堪圩村埠新屯。1956年11月，广西少数民族社会历史调查组搜集。

黄暖典当田契约①

立约典田人黄暖，系西化埠美村居住。今因急中需钱生理，不已，夫妻商议，愿将本分祖父遗下膳田，上名唤鼠，共有三片，禾有二十四把，地坐落上处。先通近邻无人承受，凭中问到同化本村黄康处，实取出本铜钱二千文足，即日亲手领钱回家生理。当面言定：其田随约交与钱主，年中管耕自割。不论近远，钱到田出。钱无起利，田不计租。典主亦不敢两典，两无异言。如有异言者，钱主任从执此约文赴上陈理论，甘罪无辞。人心难信，为此立约交与钱主存照。

立约典田与人黄暖。依口代笔。

道光十五年（1835）二月二十九日。

农凤典田契约②

立约典当田人农凤，系束化约村居住。因急中无钱应用，所买得李老爷之膳田，不已，夫妻商议，愿将土名那涝共田六片，上村那龙处。凭中问到西化博埠村黎聪处，实出本铜青钱三十千文整，即日亲手领钱回家支用。当面言定：其约交钱主，年中临田自耕自割为利。钱无起利。此系明卖明买，田主不敢私卖。如有反买者，任从收执一约为据上陈理论，甘罪无辞，仍照约内之钱交与钱主。今恐无凭，人心不古，立约为证。

---

① 此契约原存广西大新县宝圩乡堪圩村埠美屯。1956年11月，广西少数民族社会历史调查组搜集。

② 此契约原存广西大新县宝圩乡堪圩村博埠屯。1956年11月，广西少数民族社会历史调查组搜集。

道光十五年（1835）六月初四日立约。

农凤连卖田契约①

立约永远卖田人农凤连，系东化约村居住。今因急中无钱应用，不已，夫妻商议，愿将祖父遗下东城田土名唤那涝格当，地共合六片，正算广阔共一丢，坐落在上村那龙处。先通族内，后问邻村，无人承受，凭中问到西化阜美村黎葱处，实出本旧铜钱三十千文足。当面言定，即日亲手领钱回家作用。其田随约交与钱主永为世代子孙管耕恒业，父殁子承，兄终弟接，任从当堂挂号钤盖印信，折归本户。年中纳例田钱一百零八十五文足，照依旧日。恐后年深月久，或有同堂伯叔妄行争夺，系约在内，自有名人承当。其田后日产出金银不关田主事；崩成湖海，钱主不敢言退赎。此是明卖明买，并非折账等弊，两无异言。若有异言者，任从钱主执文约赴当堂理论，甘罪无辞。人心不古，口舌无凭，为此立约一张交钱主收执为据。

立永约人农凤连。请人依口代笔。

道光十五年（1835）四月初十日。

梁金禄卖田契约②

立永远卖田约人梁金禄、男玉龙，更北化林更甲上利村居住。今因急中，无谷救饥，不已，父子商议，自将祖父遗下㽑

---

① 此契约原存广西大新县宝圩乡堪圩村阜美屯。1956年11月，广西少数民族社会历史调查组搜集。

② 此契约原存广西大新县雷平（镇）那岸村上利屯。1956年11月，广西少数民族社会历史调查组搜集。

田五厘，土名唤那唏一片，得禾一抱一立（把）。凭中问到本村族内梁慎处实永买，取本价铜钱一千文足，即日亲手领钱回家应用。当面言定：其田随约交与买主，年中自耕自割大小两苗，永为世代子孙恒业，父殁子承，兄终弟接。所有年中钱粮卯额墩谷夫价（役）一切，俱在买主承当，不干卖主事。自卖之后，其田纵然变出黄金，卖主不敢反言退赎；崩成河海，买主亦不敢追回本钱。此乃两厢情愿，并非折账等弊。倘日后年久月深或有何人反言争耕者，在约内有名人承当是实。今口无凭，人心难信，立约交与买主存据，当堂请印钤盖。

立永远约人梁金禄、男玉龙。中保堂弟何正。请人依口代笔。

道光十五年（1835）四月二十六日。

黎美借钱谷约书[①]

立借钱谷约人黎美，系西化圩新村，今因男亡丧事，本家穷寒，无钱谷不殡葬夫，妻极心欲自身哀。将与本村胞弟黎葱处，实借取出本钱二千足，又借谷六斗整，就六月二十三日亲手领钱，收谷卜葬使用。两人当面言讫：其钱谷共起利，其钱年中每月千二行利钱六十文，其谷年中每斗二拦利谷五补足。其本钱谷不问近远赔还，年中利息交清，不能拖欠，不待问矣。其本钱谷不敢负骗，两人对面言语是实。但人心难信，为此立约一张交与弟黎葱收执为凭。

---

① 此约书原存广西大新县宝圩乡堪圩村圩新屯。1956年11月，广西少数民族社会历史调查组搜集。

立约借钱谷黎美。

道光十五年（1835）六月二十三日。

黄暖当田契约①

立约当田人黄暖，系在西化那逐村住。因为家贫无米救饥，不已，父子商议，愿将祖父遗下名唤土名那路噉一片，年中得禾十二抱。地先通族内无人承受，凭中问到州城衙署内许三太爷处，实看田如意，应出本铜钱二千文，即日亲当保领入回家救急。其田随约交与钱主，年年管收分把作利。田不论近远，钱到田出，钱主不敢阻留。典主不敢别卖。不论两造禾苗、杂苗成熟之时，请接钱主临田分抱，卖主不敢反悔异言。所有年中养米菜钱，每千供应钱二十文、白米一斤交与钱主早晚任便，如免典主烦劳。若有年深月久，藐言不出。为此立约交钱主收执为凭。

中保人黄进。立约人黄暖。请人代笔。

道光十七年（1837）四月十四日。

何暖当田契约②

立约典当田人何暖，系在西化那逐村住。因为家穷无钱救饥，不已，夫妻商议，愿将祖父遗下粮田唤那土名格群一片。托保凭中问到州城署内李讳太太处，实看田如意应取，出本铜

---

① 此契约原存广西大新县雷平（镇）安平村。1956年11月，广西少数民族社会历史调查组搜集。

② 此契约原存广西大新县雷平（镇）。1956年11月，广西少数民族社会历史调查组搜集。

钱一千五百文足。即日亲当保领钱回家救急。其田三面言定：田交过钱主，年中秋收之时，请将钱主临田分把作利。田不论近远，钱到田出，钱主不敢阻留。典主不敢别卖或有私心，约内有名保承当。年中米养供应，随照伊人同出，典主决不敢失误。今恐无凭，人心难信，为此，立典约一张与钱主收执存据。

立约人何暖。中保人何将。依口代笔。

道光二十二年（1842）五月十一日。

农承基当田契约[①]

立约当田人农承基，系五处巴贺村居住。今因无钱还债，不已，父子商议，愿将本分祖父遗下买得城田一卒，谢纳城田二片，土名唤那作吼遂，坐落格沛处。自亲凭中问到托村赵氏农讳甫田处实当，取本铜钱六千文足，即日亲手当保领钱领回家支用。当面言定：其田随约交与钱主，不论近远，大苗、小苗、年中成熟之时，田主亲将钱退田出，钱主不得阻留，田主不敢私割。当明典明买，他人不退血本者，钱主任从执交约为据。上陈理论，甘罪无辞，仍追原田自耕自割是实。今恐无凭，人心不古，立约一张交与钱主收执存照。

立约当田人农承基。中保人胞堂叔农金荣。

道光二十二年（1842）九月十八日。

[①] 此契约原存广西大新县雷平（镇）安平村托村。1956年11月，广西少数民族社会历史调查组搜集。

黄何陈典当田契约①

立约典田契黄何陈，系在西化埠美村居住。因为无钱救〔缺〕乏度活，不已，母子商议，愿将祖父遗下啷城田，土名唤那子三片整，坐落在本处。先通族内无人承受，凭中问到同村黄康处，实出取价本铜钱五百文足，即日亲手领钱回家救乏度活，钱约两交。三面言定：其典田随约交与买主，年中自耕自割。不日田之以钱来田出，钱主不敢阻留，亦不敢盗卖别人。此是明典明买，不敢异言。如有异言者，任从钱主收执存据。

立约典田人黄何陈。

道光二十三年（1842）二月二十一日。

黄安当田契约②

立内当田约人黄安，系中化那陇村居住。因欠财东债，不已，夫妻商议，愿将本分膳田土名唤那格档一片，八把地，坐落在本处。凭中问到系西化埠新村黎卡处，实当取本铜钱二千文整，就日当中亲手领钱回家还债。三面言定：立约交与钱主，年中临田自耕自割禾麦两造。钱无起利。不论近远，钱还田退。钱主亦不敢盗卖别人。此是明典明当，口言对心，实钱实约，不敢违约是实。今口无凭，人心难信，为此立当约一张，交钱主收执存照为证。

---

① 此契约原存广西大新县宝圩乡堪圩村阜美屯。1956 年 11 月，广西少数民族社会历史调查组搜集。

② 此契约原存广西大新县宝圩乡堪圩村埠新屯。1956 年 11 月，广西少数民族社会历史调查组搜集。

立约当田人黄安。中保胞弟黄富。请人依口代笔。

道光二十四年（1844）四月初一日。

黄安典当田契约[①]

立典当田约人黄安，系中化那陇村居住。今因欠账东债，不知如何是好。不已，夫妻商议之，心愿将本分祖膳田土名唤那格档一片，八把地，凭中问到系西化埠新村黎贵处，实典取本铜钱二千文整，就日亲手领钱回家救命。当面言定：给约交钱主，临田年中自耕自割禾麦两造。钱无起利。不论近远，钱还田退。钱主不敢盗卖别人。此是明当明典，口言对心，实钱实约，不敢违约之言是实。今口无凭，人心怕信，为此立典约一张，交与钱主收执存据。

立典当田约人黄安。中保人胞兄黄灯。请人依口代笔。

道光二十四年（1844）四月初一日。

农勤慈借钱立约书[②]

立约借钱人农勤慈，系五处农村居住。因为急需，无钱使用，不已，父子商议，自亲引以凭中问到同化托村入宅农甫钿处，实借出本铜钱二千整，即日就手领钱回家使用救应。当面言定：其钱每千每月行利钱五十文足的，限至本年十月内筹办还清楚，一本连利，不敢拖欠。如有拖欠者，由钱主任从到家

[①] 此契约原存广西大新县宝圩乡堪圩村埠新屯。1956年11月，广西少数民族社会历史调查组搜集。

[②] 此约原存广西大新县雷平（镇）安平村托村。1956年11月，广西少数民族社会历史调查组搜集。

坐问，若不得，将伊缚绳牛发卖赔还。为此故也是实。恐口无凭，人心不古，所以，立纸一张收执存据。

立约借钱农勤慈。中保人家父农通爵。请人代笔。

道光二十六年（1846）六月二十一日。

黎完典当田契约①

立约典当田人黎完，系西化埠新村居住。今因无钱买牛耕种，不已，父子商议，愿将祖父遗下之田，土名唤那江洞处三片整，共诱禾二十五把地。先通族典，无人承受，不典不已，亲身问到中化伏零村黄卡，实出本铜钱五千五百文整，当面言定，即日亲手领钱回家应用。其田随约交与钱主手中，临田自耕自割，以作花利。钱无起利，田不计租。钱到田出，钱主不得阻留文约。田主不敢换典别人。明卖明买，并非盗卖私买，并非折账等情是实。今口无凭，人心难信，故立约一张交与钱主亲执收存照。

立约典当人黎完。请人代笔。

道光三十年（1850）四月二十日。

唐永兴典当茅屋契约②

立约典当破茅屋并地基人唐永兴，系在安平州圩新尾城隍庙对面居住。今因急需，无钱度活，无计可施，不得已，亲问

---

① 此契约原存广西大新县宝圩乡民智村伏零屯。1956年11月，广西少数民族社会历史调查组搜集。

② 此契约原存广西大新县雷平（镇）。1956年11月，广西少数民族社会历史调查组搜集。

到胞兄并族内亲戚等，无人承领。托中问到客人寓安平州梁升兄、刘东昌处，实共取出血本铜钱六千文足，即日亲手领钱回家度活。当面言定：其茅屋年久破坏，钱主自出血本改作青砖瓦屋与当主无干。当主虽有万金不能得赎，所有行条、瓦桷、青砖、什物一切愿交还钱主。俱一拆回只留地基。当主不敢别生枝节，亦不敢言钱主作还茅屋。此系明钱明约，并非折债等情。日后倘有何人争端滋事，系约内有名人一力抵当。恐口无凭，人心难信，故此立当约一张，交与钱主收执存据。

再批明其茅屋准限当满十年为期。日后若有出钱还赎者，系照约内本钱办足清楚，钱主只将地基交还是实。

再批明地界：前至街，后至河，左至潘姓止，右至李姓铺止，中茅房地基。

六月十三日，永兴去世，奈因无钱买寿板，不已，侄孙仁俊兼同外甥李光荣二人，即日当面钱主言定明白，即加补要铜钱二千文，回来买寿板一切烧埋在内。倘若日后言赎者，照约算足是实。

中保人胞兄明兴。场见人堂兄慈兴。通引人堂侄孙仁俊。立约当茅屋人唐永兴。请人依口代笔。

咸丰二年（1852）五月初一日。

许志进典当畲地契约[①]

立约典畲地人许志进，系茗盈州旧街住。今因急中，无

---

① 此契约原存广西大新县全茗乡新哔零屯。1956年12月，广西少数民族社会历史调查组搜集。

钱买米救饥，不已，本身亲自将祖父遗下畲地坐落土名江陇一片。凭中问到同州新咘零许显能处，取典出本铜钱八千文足，即日亲手领钱回家买米救饥。当面言定：其畲地交过钱主任耕任拔。钱无起利，畲无计租。钱赎畲出，钱主不得阻留。典主亦不敢反心别卖。此系两家允愿，明买明典，并非折债等情。今恐无凭，人心不古，为此立典契一张，交与钱主收执存。

立典约许志进。中保代笔显三。

咸丰四年（1854）四月初五日。

吴英全借钱约书[①]

立约借钱人吴英全，系五处托村住。今因急需无钱应用，夫妻商议，不已，凭中问到同村农叔甫田处，实借取出本铜青钱三十四千文整。即日亲手领钱回家使用。当面言定：其钱行利三分，限至本年十月内就将本利还清，不敢少欠。如有越限少欠者，钱主任从到家追问原本，借主亦不敢生端反悔异言。如有之，钱主任将上城田那彭一召大小共七片发卖赔清是实。恐口无凭，人心难信，实钱实约，立约存证。

保人妻赵氏。立约借钱吴英全。证人族内赵武。请人代笔。

咸丰十一年（1861）三月十五日。

---

① 此契约原存广西大新县雷平（镇）安平村托村。1956年11月，广西少数民族社会历史调查组搜集。

赵云借钱约书①

立约借钱人赵云，系五处托村住。今因急中无钱应用，母子商议，不已，问到同村堂伯农甫田处，实取出本铜钱十千文整，即日亲手领钱回家应用。当面言定：其钱每千每月行利三分整。限至本年十月内本利还清，不敢过期少欠。如有越限悬欠者，钱主任从到家追问，拖缚物件牛只赔还，借主不敢狂言异语，异论生端，反悔是实。恐后靡凭，世俗为伪，人心不古，立约一纸交与钱主手执存证为据。

中保胞弟赵武。立约借钱人赵云。

咸丰十一年（1861）七月二十日。

农秀隆当田契约②

立约当田人农秀隆，系五处巴贺村住。急中无钱应用，兄弟着急，不已，将祖遗禄知之田一子，土名叫那门一片，地布一布，坎炭一片，格李一片，头汜一片，共三十把地，坐落边村。先通族内无人承受，凭中问到同处陇榄村农士昌处实典卖，取出本铜钱十五千文整，即日亲手领钱回家使用。当面言定：其田随约交与买主，年大小苗自耕自割，以为利。钱无起利。年中纳粮钱一百八十七文。不论近远，钱到田出，钱主不得阻留文约，田主亦不敢私典别人。此系明卖明买，实钱实约，并

---

① 此约书原存大新县雷平（镇）安平村托村。1956年11月，广西少数民族社会历史调查组搜集。

② 此契约原存大新县雷平（镇）安平村陇榄屯。1956年11月，广西少数民族社会历史调查组搜集。

非折账等情。恐后无凭，人心多诈，立约一纸交与买主手执存证。

中保人胞弟农秀余。立约典田人农秀隆。请人代笔。

同治元年（1862）十一月十一日。

黎崇权典当田契约①

立约典田人黎崇权，系在西化埠新村居住。因为家穷无钱应用，不已，夫妻商议，自将本分田二片，土名那谷晗地处，凭中问典与本族黎卡，应出本钱四千文足，即日亲手领钱回家消用。其田归与买主，大苗小苗自耕自割，取作花利。钱不起利，田不计租。日后不论远近，凡钱退田出，买主亦不敢阻留。此乃两家情愿。口说无凭，人心难信，故立文约一张交与买主收执存照。

立典约人黎崇权。请人代笔。

同治二年（1863）四月十一日。

季超荣借钱约书②

立约借钱人季超荣，系中甲下渌村居住。今因无钱救急，以自商议，先通族内无人承应，亲问到同邑埠新村黎卡处，实应出本铜钱一千文整，即日当面言定，钱约两交。其钱年中行利，按每月利钱一百文算。本钱不论近远，凡钱到约出。此乃

---

① 此契约原存大新县宝圩乡堪圩村埠新屯。1956年11月，广西少数民族社会历史调查组搜集。

② 此契约原存大新县宝圩乡堪圩村埠新屯。1956年11月，广西少数民族社会历史调查组搜集。

实钱实约，并非不明等情，日后不敢反心负骗是实。今恐无凭，人心不古，为此，立约交与钱主存证。

立约季超荣。

同治四年（1865）九月初五日。

赵必冠转典当田契约①

立约转典田人赵必冠，系恩城分县东街居住。情因上年祖父典得□村赵龙祥祖父之城田□□土名唤䎽定凌二片，那患□□处，□□□□片，□当凭中问到安平五处陇美村农仕昌处实典，取出本铜钱五千文足，即日亲手领钱回家应用。当面言定，钱约两交明白。其田随约交与钱主，年中自耕自割，以禾把为利。钱无起利，田不计租。不论年月远近，钱到田出，钱主不得阻留文契。因上手原契并交与钱主。此乃明当明典，并非折债等弊。倘有年深月久，或有兄弟侄孙冒言生端者，系在约内有名人承当，不得异言是实。恐口无凭，人心不古，故立典约一张，交与钱主收执存据。

中保人胞弟赵必冕。立约典田人赵必冠。证见人三祖婆。

同治十二年（1873）五月二十四日。

农生美当田契约②

立约当田人农生美，系五处陇岜村居住。今因无钱应用，

----

① 此契约原存大新县雷平（镇）安平村陇美屯。1956年11月，广西少数民族社会历史调查组搜集。

② 此契约原存大新县雷平（镇）安平村岜贺屯。1956年11月，广西少数民族社会历史调查组搜集。

父子商议，愿将祖父遗下之田三片，土名唤䎱竹，坐落邑贺处。先招亲房无人承受，不已，托中当与邑贺村梁玉宝，实出本铜钱二千五百文足，其钱当中即日交讫。其田仍系承耕种，凡到秋成，即请钱主临田坐验，按俗分把，不敢隐匿偷盗等情，亦不敢疏懒抛荒。如有此情，不敢异言反悔。日后田主取赎照契内办，钱主不得阻留。此系明典明当，并非折债抑勒。今欲有凭，立约典田后上手收执为照。

立约当田人农生美。

光绪七年（1881）七月初七日。

黄金龙典当田契约[①]

立约典田人黄金龙，西化埠美村居住。今因急中无钱度活，不已，夫妻商议，愿将祖父遗下东城田，土名唤䎱□，坐落在面当处。凭中问到本村农乐贵处，当取出本铜钱七千五百文足，即日亲手领钱回家应用。三面言定：其田随约交与钱主，自耕自割作利。田不计租，钱到田出，不论近远，钱主不得阻留文契。买主亦不敢私卖别典。此乃明典明当。恐口无凭，人心难信，为此立约一张，交与钱主收执存照。

立约典田人黄金龙。

光绪十六年（1890）四月初二日。

---

① 此契约原存大新县宝圩乡堪圩村埠美屯。1956年11月，广西少数民族社会历史调查组搜集。

农秀仪典当田契约[①]

立约典当田人农秀仪,系安平峒贺村五处居住。今因急中无钱支用,不已,岳闰商议,愿将祖父遗下城田二片,土名唤畓底关,坐落近陇便处。年中割得禾八把地。纳粮钱五十文。是先通族内无人承受,不料问到陇槐村农生美处,实取应出本铜钱二千文整,即日亲手领钱回家支用。当面言定:其田随约交与钱主,年中自耕自割,视田以禾把为花利。钱不起利,田不计租。不论近远,钱到田出,不敢阻留,钱主不得盗卖。此系明典明当,公平交易,并非折债等情。今恐口说无凭,人心不古,为此立约一张,交与钱主收执为据。

中保人农进光。立约人农秀仪。请人代笔。

光绪二十二年(1896)七月初九日。

农世禄当田契约[②]

立约典田人农世禄,系五处托村居住。今因急中无钱还债,不已,母子商议,愿将祖父遗下城田一召,土名唤畓彭,大小共有四片,坐落在垦布数处。先问通族,后凭中问到同村农兄台立方处,实应取出本铜钱二十五千文足,即日亲手领钱回家还债。当面言定:其田随约交与钱主,任从自耕自收,年中二造以禾把为花利。钱莫起利。不论近远,钱到田返,钱主不得

---

① 此契约原存大新县雷平(镇)安平村陇槐屯。1956年11月,广西少数民族社会历史调查组搜集。

② 此契约原存大新县雷平(镇)安平村托村。1956年11月,广西少数民族社会历史调查组搜集。

阻留文契。此系明典明当，并非折账等弊。若有何人争论者，有名承当是实。今恐口无凭，人心不古，多诈难信，故立约一张，交与钱主收执存照为证。

中保堂叔农立志。立约当田人农世禄。依口代笔。

光绪二十五年（1899）六月初四日。

梁生金典当田契约①

立约典田人梁生金，系五处岜贺村居住。今因急需，无钱使用，不已，父子商议，愿将以祖父遗下城田大小共有四片，土名唤畓楷一片，畓昆炭一片，畓柯减一片，畓门一片。先通近邻，无人承受，不已，凭引问到同处陇榄村农生美处实买，取本铜钱五千文足，即日亲手领钱回家应用。三面言定：其田连约交与钱主，年中自耕自割，以禾把为花利。钱无起利，田不计租。不论何年，钱到田出，钱主不得阻留文约。此系明典明当，公平交易，并非私约之弊。恐今无凭，人心不古，故立此约一张，交与钱主收执存照。

中保男显庭。立约典田人梁生金。请人代笔。

中华民国三年（1914）四月十六日。

农永杰典当田契约②

立约典田人农永杰，系五处岜贺村居住。今因急中无银支

---

① 此契约原存大新县雷平（镇）安平村陇榄屯。1956年11月，广西少数民族社会历史调查组搜集。

② 此契约原存大新县雷平（镇）安平村陇榄屯。1956年11月，广西少数民族社会历史调查组搜集。

用，不已，兄弟商议，愿将以祖父遗上（下）城田一丢，大小一片，土名唤䉺坡。坐落在迩陌孔之处。年中获稻三十把地。先通族内，后询近邻，无人承受，不料，凭中问到同区陇檋村农大业是实应典，取出本洋银一百毫足，即日亲手领银回家应用。三面言定：以禾把为花利。银无起利，田不计租。莫言遐迩，银到田约两出，银主不得阻留。此系明典明当，公平交易，并非私约等弊。恐口无凭，人心不古，故此立约一张缴与银主收执存照。年中纳粮银一毫五仙。

中保舍弟永猷。立约典田人农永杰。依口代笔。

中华民国八年（1919）四月初九日。

朱老连借当契[①]

立当字人朱老连，为因家下缺少银用，自己借到姜应魁名下借过纹银陆钱正。其银言定照月加四行利，限至来年正月内相还，不得过限。如有过限，自愿将山场坐落土名领□老连名下一股作当。今欲有凭，立借存照。

代笔　姜绍魁

乾隆四十二年十二月廿二日　立

杨文元等佃契

立佃字人天柱县属居仁里干洞寨杨文元、杨文显、龙求才，鸠还寨林天益，佃到文堵寨姜佐周之地土名鸠怀，住坐开山种

[①] 朱老连借当契至姜登熙等分银合同摘自陈金全、杜万华主编《贵州文斗寨苗族契约法律文书汇编》，人民出版社2008年版。

粟等，顾求经主法，毫无过犯，亦不得停留，面生歹人，连戾地主，执字赴公禀究，自干罪戾。所字是实。

乾隆五十一年七月十八日　立

范世珍借契

立借字人岩湾寨范世珍，今因家下缺少银用，无处得出，亲自问到文斗寨姜映飞名下，借过本银四两整，亲手领回应用。其银限在十二月还清，不得有误。如有误者，各自换约出当。今恐无凭，立此借限字为据。

亲笔　范述尧

乾隆五十一年十一月二十四日　立

姜发元借当契

立借当字人姜发元，为因生理缺少银用，无从得出，自己借到姜仕朝、映辉二人名下实借过银叁两伍钱整，照月加叁行息，不拘远近相还。自愿将到分下先年得买田一丘坐落地名也丹抵当。日后本利交还，如有不归，仰当头发卖。恐后无凭，立此借当字为据。

凭中　姜周杰

依口代笔　朝佐

乾隆五十六年八月初四日　立

姜万镒借契

立借字人姜万镒，为因生理缺少银用，自己亲身问到姜映辉兄名下，实借文（纹）银贰拾两整，亲手领回应用。不俱远近还，不得有误。立借字是实。照月加三。

亲笔

乾隆五十八年十二月十二日　立

姜文甫典田契

立典田约人中房姜文甫，为因家下缺少银用，无出，自愿将到祖田坐落地名眼翁大田壹丘，凭中出典与邓大朝名下承典为业。三面议定典价文（纹）银拾叁两整，亲手领回应用。其田不俱（拘）远近，价到赎回，不得异言。恐口无凭，立此典约存照。

立典田人　姜文甫

凭中　姜岩生

代笔　曹辰周

乾隆五十九年十二月十四日　立

范文澜借银契

立借字人岩湾寨范文澜，今因无银使用，自己借到文斗寨姜绍望、映辉二人名下，实借过本银一两九钱整，入手应用。其银言定加四行息，不拘远近归还，不得有误。恐后无凭，立字为据。

乾隆六十年十一月二十日　亲笔立

姜文甫典田契

立典田约人姜文甫，为因缺少口粮，无出，自愿将到土名坐落眼翁禾田贰丘，凭中出典与邓天朝名下承典为业。当日三面议定，典……两六钱整，亲手收回……其田任凭银主耕种，不俱（拘）远近，价到赎回。今恐无凭，立此典田约存照。

外批：其田元（原）主耕种，见十大朝多收一挲，二股均分。

凭中、笔　曹辰周

嘉庆三年十二月初三日　立

龙绍远、光华佃契

立佃字人岩〔湾〕寨龙绍远、光华，今佃到文斗下寨下房姜宝周、宗义等、上房姜映辉、绍牙二家先年得买张晚觉地名白号山头壹两之山，下房宗义、宝周二人占贰钱，绍牙、映辉二家占五钱，共合七钱，宗德、宗义、宗智私买甫口之贰钱五分，六房上寨光前、绍宗名下占壹两，佃与龙绍远、光华栽杉种粟，限至五年成林后分合同。原议五股均分，栽手占贰股，地主占三股，不得荒芜，以到后论，俱佃与龙姓栽植，立佃字是实。

代笔　陆大忠

嘉庆贰拾叁年九月十四日　立　佃字

范锡畴借当契

立借当字人岩湾寨范锡畴，今因要银，无出，自愿将到本名田壹丘，地名杨求，禾谷三把，上凭绍芬，下凭绍学，左凭草坡，右凭木林，四至分明，请中出当与杨武庙、李先和兄弟名下。本银贰两正，亲手收用。其银自借之后，逐年照月加三行利，不得有误。如有误者，任从银主上田耕种，二比不得异言。今恐无凭，立此借当字为据。

外批：此银日后相还，每钱作谷叁拾六斤抵利。

父　宗尧　笔

凭中　杨世华

嘉庆二十四年五月廿八日　立

范宗尧借当契

立借当字人范宗尧，今因要银无出，自愿将到嫂姜氏福香继受夫杉木三块，壹块地名翻到，此木捌股均分，本名占壹股；壹块地名卧谷，捌股，本名占壹股；又壹处地名引补两，此木四股均分，本名占壹股。今将此叁处木植出当与兄姜映辉，本银壹拾两整，亲手领回应用。其木自当之后，不俱（拘）远近，卖托将银照月相还，不得有误。如有等情，任从银主管业。今恐无凭，立此当字为据。

外批：引补两之木，内有壹股当与李先和名下，未有赎清，亲笔立批是实。

将来开木林之账。

凭中　范继尧

嘉庆二十四年八月廿四日　立

邓有训典田契

立典田约人邓有训，为因先年得典岩湾范老目田一丘，地名南湾，今凭中转典与文斗下寨姜映辉□叔名下承典为业。当管典价银拾伍两整，亲手领回。其田自典之后，任从姜姓招人耕种管业，邓姓不得异言。恐后无凭，立此典字为据。

外批：日后赎取向姜姓赎，不干邓姓之事。

凭中　潘绍祥、张正全、姜□□

道光二年二月十九日　有训亲笔　立

姜光齐借当契

立借当字人上寨姜光齐，为因家下缺少银用，无处得出，自愿将到地名党庙大田一丘，原先当与姜映辉大爷之田，今又转当，本银三十两正，亲手领用。其银言定照月加三利，其田所当二契，不俱（拘）远近归还，不得有误。今欲有凭，立此借当契存照。

代笔　姜开甲

道光二年二月二十三日　立

姜光齐借当契

立借当字人上寨姜光齐，因家下缺少银用，无处得出，自愿又将到地名党庙大田一丘，当与姜映辉大爷，本银三十两正，亲手领用。其银言定照月加三利，其田所当，不得有误。如有误，任银主下田耕种。立此借当契存照。

凭中、代笔　姜开甲

道光二年二月二十三日　立

杨思礼父子佃契

立佃帖字人天柱岩〔湾〕寨杨思礼父子，今蒙主家姜朝胡、朝琏义让山地，地名从故挖山，佃与我父子种粟栽杉。木植长大作叁股均分，地主占贰股，栽手占壹股。自佃之后，务要勤力栽木成林，不得怠荒，又不许私分与别人种粟栽木。如有此情，栽手全无杉木之分。

今欲有凭，立此佃帖为据。

凭中　姜宗智

代笔　姜光照

道光二年十月初一日　立

姜魁元借契

立借字人姜魁元，为因生理缺少本银，借到姜绍略先生名下实借去本银伍拾两，逐月加三行息，不拘远近脱货归还，立此借字为据。

锡禄　书

道光二年十月初五日　立

姜文经佃契

立佃字人平敖寨姜文经，佃到文斗寨相口、绍祖、绍齐、相连等之山一块，地名井堵，种粟栽杉，限五年杉木成林。以作五股均分，地主等占三股，栽手占二股。如过限不成，栽手并无系分。立佃字是实。

亲笔　姜文炫

道光四年二月二十八日　立

姜志长、引长兄弟借当契

立当字人姜志长、引长弟兄二人，为因父亲忘（亡）故，无银用度，自愿将到培丁之山名下所占一股，出卖与本房姜宗玉叔父名下，今被岩顺具控有名在案，我兄弟无银理落，自愿将到也丹大田一丘作当宗玉叔，田在于我弟兄理落。如有日后费……我志长、引长弟兄出银来捕（补），照本利归还宗玉叔，我弟兄不得生非别意。如有生非别意，在宗玉叔仰当头下田耕种，我母子不敢声言。今欲有凭，立此当字为据。

凭中　姜述圣、保长姜映宗

代笔　姜邦彦

道光四年十月廿四日　当主姜志长　押　立

姜魁元借当契

立当限字人姜魁元，因生理借到姜映辉本银九十两，将到土名东走大田贰丘作当限，明年内二月本利归还，不得有误。如有〔误〕者，自任召（照）月加二五行息。立此当限字为据。

锡禄　笔

道光四年十二月廿六日　立

姜开渭、姜朝杰佃契

立佃字人上寨姜开渭、姜朝杰，今佃到下寨姜绍略弟兄三人之山一块，地名南加萨，上凭建揆山，下至冲，左凭岩洞，右凭小冲，种粟栽杉。限至五年成林，另分合同，分为五股，地主占三股，栽手占二股，二比不得异言。恐后无凭，立此佃字是实。此木堂字右子木为当。五年不成林，修理管业。

道光八年十一月二十八日　开瑞　笔　立

姜老邱、老方佃契

立佃栽杉木字人堂兄姜老邱、老方，今佃到堂兄姜光模名下山场，土名冲黎。今言定四六均分，地主占六股，栽手占四股。日后栽手要卖，先问地主，地主不要，方可出外。杉木长大成林，召（照）股均分，二比不得异言。恐后无凭，立此佃字为据。

凭中　姜宗德、光清

天福　笔

道光九年八月廿八日　立

龙文瑜佃契

立佃帖字人高让寨龙文瑜父子，今佃到文斗下寨姜映辉、绍韬、绍吕三家之山，地名党假令，上凭地主山场，下凭岩洞，左凭冲，右凭岭，四至开清。日后木大，作为五股均分，地主占三股，栽手占贰股。限三年内杉木成林。若有不成，任地主另佃与别人。龙姓父子不〔得〕异言。恐后无凭，立此佃字为据。

道光十年八月二十四日　立

龙武现　亲笔

龙文瑜佃契

立佃帖字人高让寨龙文瑜父子，今佃到文斗寨姜映辉、绍韬、绍吕占地六股，龙绍本、绍宾占地四股，此山地股分为十股，地名党假令，上凭地主山场，下凭岩洞，左凭岭，右凭冲，四至开清。日后木大作为五股均分，地主占三股，栽手占贰股。限三年内杉木成林，若有不成，任另佃与别人，龙姓父子不得异言。恐后无凭，立此佃字为据。

道光十年八月二十四日　立

亲笔　龙武现

姜生乔借当契

立借当字人姜生乔，因要银使用，无处得出，自愿将到屋地基上一块，界至：左凭故保年之屋，右凭玉美之屋，下凭坎，上抵阳沟，四至分明。今凭出当与本房姜绍熊名下实借本银四两八钱，亲手领回应用。其银照月加叁行利，不拘远近相还。今欲有凭，立此借当字为据。

代笔　姜邦彦

道光十年十月初五日　立

姜桐荣借当契

立借当字人姜桐荣，为因要银应用，无处可出，自愿[将]到岩扳坡田与朝胡开垦作当本房姜绍熊叔名下，实借银拾壹两七钱五分，亲手领回应用。其银照月加叁行息，不拘远近归还。立此借当是实。

外批：日后还大宝，照样小宝五三付。

凭中　邦彦

亲笔

道光十一年七月初二日　立

姜绍齐借当契

立借字人文斗寨姜绍齐，要钱用费无出，自将到本城还清沉万昌宝号足钱四十四千文，限至一月内归还，不得有误。今恐人心不古，立此借字为据。

凭中、借手　蒋光子

姜绍齐　亲笔

道光十一年十二月初三日　立借

姜绍略借契

道光十一年十二月廿九日，绍略名下因鸟或生理折到绍齐银贰拾贰两，并潘绍达六两七钱在内。

亲笔

姜权借当契

立当字人文斗寨姜权，为因道光十年在城欠缺规费，无处拨借，自己登门求到黎平城李魁老爷名下拨借本利银共陆拾叁两四钱，限至去岁归还。奈因备办不出，自愿将到地名井忧田大小贰丘……

外批：口价叁两九钱。

凭中　姜通□

道光十二年四月初五日　亲笔　立

姜璧彰佃契

立佃字人平鳌寨姜璧彰，今佃到文堵寨姜绍红、绍略二人之山，坐落地名污赖溪。其山界限：上凭水沟，下抵溪，左凭绍周，右凭溪，四至分明。今佃挖种生理栽杉，言定伍股均分，地主占叁股，栽手占贰股。限至五年成连（林），不得有误。今欲有凭，立佃字是实。

姜文龙　笔

道光十二年九〔月〕初十日　立

姜绍怀、廷贵佃契

立佃种田字人姜绍怀、廷贵，今佃到姜映飞、朱卓廷二家之田地名党庙也陇大田一丘，后秋收朱、姜二姓收田租谷二股，廷贵、绍怀二人收佃种谷二股。召田出谷四大股均分。

凭中　姜通义

立佃田合同各存一张为据　半书

道光十二年九月十四日　绍怀　笔立

范玉恒佃山契

立佃字人岩湾寨范玉恒，今佃到斗下寨姜绍略弟兄等之山一块，名冉友金，界至：上凭姜通戴，下凭姜廷应，左凭岩洞，右凭冲，四至分明。议定五股均分，地主占叁股，栽手占二股，限在五年之内存（成）林。如有不存（成），栽手毫无系分。立佃字是实存照。

  凭中 母旧（舅）姜福保
  代笔 弟范文治
  道光拾贰年拾贰月初四日 立

姜相荣借契

道光十一年七月初二日姜相荣，到借本房伯爷姜绍熊名下之纹银，今限在十四年二月之内本利归还。如有过限，任凭银主耕种管业，借主不得异言。今欲有平（凭），立此限字是实。

  凭中 姜翎
  相荣 亲笔
  道光十三年九月初四日 立

龙文品、龙光渭佃契

立佃帖字人天柱县高让寨龙文品、龙光渭二人，今佃到文斗寨姜映辉、相德二人名下之地名翁有之山，界至：上登顶，下抵田沟，左凭冲，右凭岭下以浪沟为界，栽杉种粟。其木五股均分，地主占叁股，栽手占贰股。限至五年内成林。如有不成林，栽手并无系分。日后木长大，照依股数均分。今欲有凭，立此佃字为据。

  今佃帖贰纸 半书

代笔　姜邦彦

道光十三年九月廿一日　　立

姜昌华、老恒兄弟借契

立借字人姜昌华、老恒兄弟二人，为因生理家下缺少银用，无出，自己亲身借到姜绍齐名下本银文（纹）银四钱正，亲手领回应用。其言银定照月加三行利，不俱（拘）远近归还，不得有误，把堵抵当。今恐吾（无）凭，立此借字为据。

昌华　亲笔

道光十三年十一月廿四日　　立

蒋景明、仲华叔侄佃契

立佃字人蒋景明、仲华叔侄二人，今因佃到文斗下寨姜映辉、绍吕、钟英之山，坐落土名火焰山一块，界至：上凭顶，下凭路，左凭朱姓之山为界，右凭岭以下杨思礼屋各（角）为界；外一块，上凭朱姓之山为界，左凭姜相清之山为界，右凭地主为界，下凭路，四至分明。佃种粟栽杉，议定五股均分，地主占叁股，栽手占贰股，限至五年栽木成林。如有不成，栽手无分。恐后无凭，立此佃字为据。

外批：不许种茶。

中凭湾下，下凭杨思礼屋各（角）为界。

凭中　姜春发、起宾、荣渭、邦彦

仲华　亲笔

道光拾肆年三月二十五日　　立　佃

龙绍宾佃契

立佃字人龙绍宾，自己佃到姜映辉名下地一块，地名南晚，栽杉种粟。日后木长大成林，分为五股，地主占三股，栽手占二股。界至：左右凭载渭，上登顶，下至河，四至分明。立此字是实。

亲笔

道光十五年九月初二日　立

范朝宗佃契

立佃字人岩湾寨范朝宗，本来二人今佃到文堵姜绍熊、绍齐、钟泰之地，土名虎皮，种粟栽杉。言定五股均分，地主占三股，栽手占二股，限至五年内俱要成林，不得荒忾（芜）。口说无凭，立此佃字为据。

代笔　献瑶

道光十五年十一月初四日　立

姜光典卖仓契

立断卖仓贰间字人姜光典，为因缺少银用，无处得出，自己将到仓贰间出卖姜绍熊名下承买为业。凭中议定价银叁两六钱五分，亲手收用。其仓任凭买主拆蚤（早）拆辞（迟），我卖主房族弟兄不得异言。倘有异言，俱在卖主理清，不干买主之事。今欲有凭，立此卖字是实。

内添四字。

凭中　姜绍清

道光十五年十二月廿八日　亲笔　立

姜世元、世英借契

立限字人加池寨姜世元、世英二人，今佃到文斗寨姜映辉、相系、相弼等名下银贰两正，蒙姜元连、相生二人耽代（担待），限二月廿五日备办足数归还，不得有误。如有违误，任凭木主追取相生、元连二人。恐说无凭，立此限字是实。

凭中　李正应

代　世继笔

道光十六年二月十七日　立

范锡寿佃契

立佃字人岩湾寨范锡寿，今佃到文斗姜绍吕、绍熊、绍齐、钟英叔侄等土名冉的上地凹坎，下田耕种，言定每石除壹斗，余下贰股平分，以后照佃字存分。

道光十六年十二月廿五日　亲笔立

姜占魁借当契

立借当字人姜江氏同继子姜占魁，为因有事在司，缺少银用，无出，自愿请中将到坐落土名眼翁田大小贰丘，约谷十三担，今将凭中出当与龙里司寨罗天才名下，实借过本银叁拾两整，亲手领回应用。其银言定，限至五月十五日之内归还，不得短少为（违）误。今欲有凭，立此借当字。

外批：过限昭（照）月加叁行利。

本年七月廿二日将此当业，卖与姜绍熊为业，银价罗天才手收清。

凭中　曾开泰、姜通义

占魁　亲笔

凭中　龙绍宾

姜通义笔批

道光十七年四月初八日　立

李必才佃契

立佃种园字人李必才，今因佃到文斗寨姜绍齐、绍熊兄弟二人之园，种园一湖（幅），不许栽上，不许〔栽〕下，以（只）许栽坪。今欲有凭，立此佃字为据。

内加二字。

凭中　龙仕吉

代笔　龙文光

道光拾七年十一月十伍日　立

全福生佃契

立佃字人大杨寨全福生，今因自己佃到文斗寨姜廷贵、起实、载□、姜绍吕弟兄叔侄等众之山，地名番故得，界至：上凭龙绍远所栽为界，下凭田角，右（左）凭岭以下至田，右凭冲田为界，四至分明。限至三年成林，倘若不成林，应凭地主另佃别人，全姓日后不得异言。如成林，日后木植长大，五股均分,地主占叁股,栽手占贰股。立此照佃字为据。

请代书　舒正望

道光十柒年十一月十九日　立　佃字

姜光宗借契

立借谷字人姜光宗,今借到姜钟□粮谷壹石重玖拾斤,限在秋收之时本利共还壹百捌拾斤,不得有误。今欲有凭,立此借谷字为据。

亲笔

道光十八年五月初三日　立

王永祥、文大亨借讨契

立借讨字人王永祥、文大亨,今因砍白号山之木,欲经翁扭之山,奈无老路所过,只登门借讨姜绍熊、绍齐、相清、相德所共左边岭之山,下截又与姜连合所共右边之山。我王、文二姓夫子细心拖拉,不得推坏。恐口无凭,立此借讨字为据。

凭中人　朱和具兄、苏荣光兄

依口代笔　潘道生

道光拾八年九月廿五日　立讨借字仝前

龙光运、宗达佃契

立佃字人龙光运、宗达二人,今因佃到文斗寨姜绍雄、绍齐、侄钟泰之山,地名白号山一块,上凭顶,下凭荒坪,左凭岭,右凭冲。限至伍年成林,倘有不成林,应〔凭地〕主另佃别人，我龙姓毫无分。恐后无凭，立此佃字为据是实。

外批：方定杉木伍股均分，地主占叁股，栽手占贰股。

亲笔　宗达

道光拾八年十一月初八日　立

姜显智借契

立借谷字人姜显智，为因家下缺少粮食，自己借到与姜绍齐兄谷九十斤，八九月秋收还一百八十斤，不得短少，立此借字是实。

亲笔

道光十九年三月十八日　立

范锡贵佃契

立佃字人岩湾寨范锡贵，今因佃地栽杉，自愿佃到文堵寨姜绍熊、绍齐兄弟二人地壹块，土名坐落也周。上凭田，下凭溪，左右凭冲。种粟栽杉，限至五年之内俱要成林。议定三股均分，地主占二股，栽手占一股，自愿将耕牛作当。如有不成林者，锡贵自竿（甘）耕朱（牛）补培（赔），栽手杉木毫无系分，锡贵不异言。今欲有凭，立此佃字存照。

绍钦　笔

道光十九年七月廿日　立

李如兰佃契

立佃字人下寨李如兰，今佃到姜绍熊、绍齐、钟泰叔侄名下土名冉陋卡山种粟栽杉。日后五股均分，地主占三股，栽手占贰股，不得异言。恐后无凭，立此佃字为据。

凭中、代笔　李如葵

道光廿年十二月初九日　立

姜宗撵佃契

立佃栽杉种粟字人文斗下房姜宗撵，今佃到上房姜绍吕、绍齐、钟英、相荣、相谔、相濡、熙华灯笼会之山，坐落土名皆锐宗撵田角，上凭路，下凭冲，左凭壬午之山，右凭天祥之山，四至分明。言定五股均分，地主占叁股，栽手占贰股。限至五年成林，如有不成，我栽手并无系分。今欲有凭，立此佃字为据。

宗齐　笔

道光廿二年正月廿日　立

姜贵保佃契

立佃种栽杉木字人姜贵保，今佃到姜绍熊、绍齐、钟泰叔侄之地一块，土名培拜破（坡）；又一处，地名汪粟，共二处。议定伍股均分，地主占三股，栽手占二股，限至五年，木植成连（林）。日后长大，照股均分，不得为误。如有不成，任凭地主修理，佃主不得异言。立此佃字是实。

外批：培拜一块，界至上凭祖魂，下凭大冲，左凭李□之木，右凭岩□之木。又一处汪粟，界至上凭岩梁为界，下凭溪，左凭相德之地，右凭光□之地。

道光二十二年九月廿八日　代笔　姜昌后　立佃

姜光汉佃契

　　立佃字人姜光汉，今到姜绍熊、绍齐兄弟叔侄山，地名皆要山，上凭田，下凭田，左凭大冲，右凭田角，四至分明。当日凭中议定五股均分，地主占三股，栽手占二股。日后木长大成林，照五股均分，限定三年内成林。如有不成林，栽手无股，另招别客种。今欲有凭，立此佃字为据。

　　内添二字。

　　姜光禹笔

　　道光廿二年十一月七日　立

姜朝顺佃契

　　立佃字人姜朝顺，今因佃到姜绍熊、绍齐、天祥山一块，地名松周，此山界至：上凭大路，下凭冲，左右凭冲，四至分明。此山地主、栽手五股均分，地主占三股，栽手占二股。今欲有凭，立佃字是实。

　　东走佃字。

　　代笔　姜德宏

　　道光廿三年二月初二日　立

薛正元、阳天鹰佃契

　　立佃字人黄养半坡薛正元、阳天鹰今上门佃到曾老议、老□弟兄二人之土，地名乌荣溪洞头，界限上凭红路，下凭溪，左凭岭红路，右凭冲岩湾为界，四至分明。其地栽杉种粟，言定五股均分，地主占三股，栽手占二股，日后不得异言。今恐无凭，立佃字是实。

外批：地内□木两家在中。

道光廿四年正月廿七日　薛正元　亲笔立

姜兆理典契

立典田字人弟姜兆理，为因要银使用，自己将到祖遗之田，地名冈都路头田一截，若（载）谷五石，当日凭中出典与胞兄兆龙、叔先荣二人名下承典为业。当日定义（议）价银一两五钱正，亲手领回任用。其田自典之后，任凭银主耕种管业，典主不得异言。不俱（拘）远近，价到赎回，两无异言。口说无凭，立典字是实。

凭中　父亲通明、叔通学

道光廿四年二月初三日　通粹笔立

姜相荣等借当契

立借当字人姜相荣、相弼、昌宗、钟芳、世禄、钟□、焕彩、李正通、如葵等，为因要银使用，无处得出，亲身借到姜绍吕三爷名下，实借纹银一两正，亲手领回应用，各人自愿将抵头作抵。恐口无凭，立此借当字为据。

外批：相荣、相弼共田，土名皆休，老福所种之田作抵。

昌宗将皆党伸之田作抵。

宗芳、钟□、世禄三人将白堵田，恩诏种田作抵。

李正通将猪作抵。

焕彩将皆晚秧田一块作抵。

李如葵将皆皮休一节作抵。

凭中　天祥

本望　笔

道光二十四年二月十七日　立

三老家共银一两，绍昌放与众有名之人办公事。芳笔批

姜光典卖仓坪契

立卖仓坪一块姜光典，为因缺少粮食，无处得出，自己问到姜绍熊名下〔承〕买为业。议定价银三钱六分，亲手收用。任凭买主管业，卖主房族弟兄不得异言。所有焕巧未□，今欲有凭，立卖字是实。

凭中　龙昌贵

道光廿四年六月廿日　亲笔　立

姜开荣典田契

立典田约人上寨姜开荣，为因缺少银用，情愿将到田壹丘，地名乌杂卡，界至：上凭载渭田，左、右、下俱凭典主田，四至分明，凭中典与姜绍熊四爷名下，实典价银叁钱整，亲手收回。其田自典之后，每年上租谷叁担陆斤，不得短少。今欲有凭，立此典字是实。

凭中　姜老齐

代笔　姜凌汉

道光二十四年七月初九日　立

姜先宗典契

立典田契人姜先宗，为因缺少银用，无出，自愿将到祖遗地名白堵高坎田大小二块，今将作典与姜兆龙名下。银五两五钱，亲手领回应用。其田限至四年以上，不俱（拘）远近相赎。今恐无凭，立此典田契为据。

外批：东道中人钱共银一钱，日后赎田要补。

通戴戬子。

凭中、代笔　姜开元

道光廿四年十月廿七日立

姜宗揆佃契

立佃帖栽杉种粟字人下房姜宗揆，今佃到上房姜绍熊、绍齐、侄姜钟太三人名下之山一块，地名冉强，界至：上凭岭，下凭大冲，左凭姜绍屡之山，右凭姜钟英之山，四至分明，此山地主栽手分为伍股，地主占叁股，栽手占贰股，限五〔年〕成林。倘有不成，栽〔手〕无分。今欲有凭，立此佃字据。

凭中、代笔　姜天祥

道光廿伍年九月廿八日　立

范长庚佃契

立佃种田字人岩湾寨范长庚，今佃到文斗下寨姜绍熊、绍齐、钟泰之田，土名皆垒田一丘，足（逐）年秋之时，请主上田，照田多少除粮，年分其有，日后随主退早退辞（迟），日后不得异言。恐口无凭，立此佃种字为据是实。

道光二十六年五月二十日　亲笔长庚　立

龙宗达、薛元顺佃契

立佃字人高让寨龙宗达、薛元顺，今佃到文斗上下二寨姜绍吕、绍熊、朱镐、开杰等之山，地名从干榜四十两之山一块，界止（至）：上凭岭，以下截凭冲，左上截凭岭，下截凭冲，右凭岭，四至分明，佃与二人栽杉木，言定五股均分，地主占叁股，栽手占贰股，即伍年成林。恐口凭（说）无凭，立此佃字为据。

凭中　李天才
亲笔　龙宗达
道光贰拾八年七月二十三日　立

姜老福佃契

立佃种田字人上房姜老福，今佃到下房姜本宏名下田大小三丘，地名岩板坡，言见十年，足年上田分谷，见担除斗，二比不得异言。恐无凭，立此佃字为据。

道光二十九年二月二十八日　老口笔立

龙文瑜等佃契

立佃栽杉种粟字人高让寨居九怀约人龙文瑜、光渭、光星、林文述等，今佃到主家上寨姜毓萃、通代、光辉、下寨姜绍熊、姜绍吕、钟英等之山地名冉安，二截岭，第一半截岭地八股山，第二半截岭地九股山。此二岭界至：上登顶，下凭老木，左右凭冲为界，四至分明。自佃之后，努力栽杉，限在五年成林，另分合约。若不成林，栽手无分。日后木长大，言定五股均分，地主占叁股，栽手占贰股。恐后栽手出卖，先问地主。今恐无凭，立此佃字为据。

外批：毓萃存一张，通代存一张，绍熊存一张。

凭中　龙和锦

佃契三纸　半书

道光贰拾九年四月十一日林文述　笔　立

姜光月典契

立典田字人姜光月，为因缺少银用使用，无出，自愿将到地名白堵田大小二丘；出典与名下承典为业。当日凭中议定加（价）银一两五钱正，亲手收用。其田自典之后，任从典主耕种管业，卖主不得异言。典字是实。

凭中　姜老泰

代笔　姜际恩

道光二十九年五月十九［日］立

姜相弼、老显佃契

立佃种菜圆（园）堂垦字人姜相弼、老显二人，为因无园种菜。登门佃到本房姜绍吕、绍熊、钟英三老家之园一块，堂垦内外，地名从汉杂种菜。恐后无凭，立此佃字为据。

相弼　笔立

道光二十九年八月十五日　立

王乔贵佃契

立佃种粟栽杉字人黄闷寨王乔贵，今因佃到文斗下寨之山姜绍熊、绍齐、侄钟泰、姜光本之山，地名冉拜，其山界址（至）：上凭顶，下凭大路，左凭绍齐之山，右凭冲以载渭为界。限至伍年成林，若有不成林，栽手无分。日后长大伍股均分，地主占叁股，栽手占贰股。恐口无凭，立此佃字为据。永远发达。

道光叁拾年十月十一日　代笔　舒益顺　立

姜绍齐典契

立典田字人姜绍齐，为祖遗南眼山尾之事，今蒙亲戚改劝，二比自愿和息，三老家无处出银，自将私名下先年得买姜朝荣之田，土名冉翁大〔田〕三丘，出典与堂孙姜世贤私名下。当日凭中出典价银〔某〕两〔某〕，亲手收足。其田界：左凭冲，右凭冲，上凭绍吕田，下凭绍吕田，任凭银主耕种，典主不得议（异）言。日后典主备赎回，银主不得议（异）言。恐后无凭，立此典田字为据。

内添四字。

凭中　姜钟英、绍吕、钟奇、钟泰

道光三十年十二月二十四日　绍齐亲笔　立

姜青宇借当契

立借当字人姜青宇，为因缺少银用，无出，亲自问到姜富宇名下，实借纹银捌钱整，自愿将亲手所栽杉木壹块，坐落地名阶垃作当。此木分为五股，青宇占一股，不俱（拘）远近相还。恐口无凭，立此借当字为据。

凭中　姜绍熊

龙宗达、薛映福、姜佼生佃契

立佃栽杉种粟字人龙宗达、薛映福、姜佼生，今佃到文斗寨姜绍齐、侄钟奇之山，地名松立，界趾（至）：上凭土坎，下凭相国、正胡，左右任冲。所有栽杉限至五年成林，分为五股，地主占叁股，栽手占二股，日后不成林，栽手无分。其有山内蓄佃老木一根□修薛映福一半，山主一半。恐口无凭，立此佃字为据。

姜钟英借当契

立借字人姜钟英，今因借到姜老祥本银柒两正，亲手领回应用。其银将寨脚姜老光所种之田壹丘作抵，逐年尚谷柒百斤，不得短少斤两。今欲有凭，立此借为据。

子姜世德　亲笔

凭中　姜钟碧、朱达才亲家

咸丰肆年六月廿七日　立

彭玉杰、李老保佃契

立佃种字人彭玉杰、李老保二人，今佃到姜绍齐公名下之田，地名南收田，上下大小共计九丘，言定秋收之日凭田见石除斗，贰股均分，自佃之后，不得□□□□。今立佃字是实。

王杰　笔

咸丰五年十二月廿八日　立

姜大兴佃契

立佃田种字人姜大兴，今佃到□绍齐晚公名下田大小肆丘，地名□□，计谷叁拾石，耕种面议。秋收之日请田主登田看收，其田谷除□，二比平分，田主收壹股，佃户收壹股。自佃之后，随佃户耕种，佃户说□，田主方招别人，不得耕种数□□□随意另招别人。今欲有凭，立此佃田种字是实。

代笔　姜光宗

咸丰六年九月初九日　立佃

姜开智典契

立典田自字人姜开智，为因要银用度，无处得出，自愿到将先年得买典姜开杰之田一丘，地名从忧，今移典与姜兆龙名下承典为业。当日凭中议定典价银叁两正，亲手领回应用，其田自典之后，任凭典主耕种管业。恐口无凭，立此典契存照。

外批：其典之后，限□□□年后到赎回。

内添三字：□三字。

凭忠（中）　　引乔

咸丰陆年十一月廿九日　　亲笔　立

薛元顺佃契

立佃栽杉种粟字人薛元顺，自己佃到文斗下寨姜绍昌、绍齐、侄钟英三老家父子山，地名干榜，界至：上凭顶，下凭，左凭岭，右凭冲，四至分明，当日言定五股均分，地主占叁股，栽手占二股，限三年成林。若不成林，任凭地主另招别人栽管，〔栽手〕并无系分。日〔后〕木植长大，先问地主，另分合同为据。恐口无凭，立此佃字为据。

咸丰七年三月廿七日　　亲笔立　佃

姜老根佃讨契

立佃讨地基建屋居住姜老根，今佃讨到姜钟奇、钟泰、姜昌连之地基，地名羊报，界止（至）：前凭大阶，后凭三老家之地，右凭昌连，左凭老宗，四至分清。来历（日）主家要地起屋，我佃主各去别处讨居，再无异言。倘我佃主滋事，佃主自当不干招主之事。恐口无凭，立此佃字为据。

代笔　王文鸿

咸丰七年八月十一日　　立

姜光祖借契

立借屋地平字人姜光祖，今借到姜昌连叔侄名下地平壹块，地名杨阜。给此借字，以后勿礼行为。恐口无凭，立此借字子孙发达为据。

代笔　姜世扬

咸丰柒年十一月初八日　立

姜邦正佃契

立佃帖字人姜邦正，今因佃到本房姜钟碧之山，地名乌宜栽杉种粟，界至：上凭田坎，下抵沟，左凭冲，右凭地主田角，四至分明。其山日后长大，以作五股均分，地主占叁股，栽手占贰股，限至五年之内。不得成林，地主另佃与别人，栽手不得反悔。立此佃字是实。

邦彦　笔

咸丰八年二月初八日　立

姜应元佃契

立佃种田字人姜应元，今田（佃）到姜绍吕三爷叔侄之田，地名党莱田，大小七丘。足年秋收之时，贰股平分，见石除斗，不得短少。恐口无凭，立佃种田字是实。

凭中　姜凤翔

咸丰八年十一月廿八日　德宏　笔立

范福乔佃契

立佃字人岩湾范福乔，因无地种粟，今佃到文斗姜钟琦、钟泰、钟碧、生先名下之山，土名渡船口，界限：上凭小路，下凭岩洞，左凭岭以小冲为界，右凭冲，四至分清。佃后言定五股均分，地主占三股，栽手占二股，限五年内满山俱要成林，另分合约。如不成林，栽手无分。不许客上招客，不许私当他人。恐口无凭，立佃字为据。

代笔　范本大

咸丰九年二月初八日　立

范炳贤、炳燥、炳文兄弟佃契

立佃帖字人岩湾寨范炳贤、炳燥、炳文弟兄三人，今佃到文斗寨姜钟奇、钟太、钟碧、侄钟德、世俊叔白弟兄名下之山，地名四里塘，界至：上凭顶，下抵河边，左凭世德之山，右凭岩湾四公山为界，四至分清。今佃到栽杉种粟，日后木大成林，以作五股均分，地主占叁股，栽手占贰股。其有日后木不成林，地主另招别客，栽手并无系分。立此佃字为据。

代笔　姜邦彦

咸丰九年十月初九日　立

姜兆佳、姜兆成佃契

立佃栽杉种粟字人加池寨姜兆佳、姜兆成，今佃到文斗寨姜钟奇、世贡、世模三老家之山，地名加什唐，小地名穷蜡夏，上凭顶，下凭溪，左凭大红路，右凭沛清山为界，上截以岭，下以冲至溪。此山言定五股均分，地主占三股，栽手占二股。限定三年成林，若不成林，地主另招别人佃种。今欲有凭，立佃字为据。

代笔　姜德宏

咸丰十年正月十日　立

姜天渭佃契

立佃栽杉种粟字人姜天渭，今佃到上房姜钟奇、世贤、世模三老家之山，地名党宜，界限：上凭田，下凭田，左凭岭以世模为界，右凭岭以路为界，四至分明。限三年成林，若不成林，任凭地主另招客，我父子并无异言。日后木植长大成林，先问地主，方可出卖。立此佃种字为据。

咸丰十年正月十五日亲笔　立

杨昌伍、魏延元佃契

立佃栽杉种粟字人杨昌伍、魏延元，今佃到文斗下寨姜钟奇、钟泰弟兄之土地名汪粟，界至：上凭本主之山，下凭溪，左凭相德之山，右凭冲水为界，四至分明；又一处地名松立，界上凭顶，下凭冲，左凭小凹以下，左凭相开之山，四至分明。其地栽杉种粟，言定五股均分，地主占三股，栽手占二股。木植长大，另分合约。今恐无凭，立佃字为据。

内添一字。

外批：地内老木二人均分。

凭、笔　薛元顺

咸丰十年二月十五日　立佃

林文连兄弟佃契

立佃种粟栽杉字人鸠怀林文连弟兄，为因无墦耕种，自己登门央求到文斗下寨主家姜相国、姜钟奇、昌连等所共之山，地名培格老路岭坡土一块，界限：上凭顶，下抵半坡地垠为界，左凭岭以老路为界，右凭冲为界，四至分明。其地日后栽杉长大，议定伍股均分，地主占叁股，栽手占贰股。恐后无凭，立有佃字为据。

凭中　姜德宏

咸丰十年六月二十三日　文连亲笔　立

龙武辉佃契

立佃种栽杉木字人龙武辉，今〔佃〕到文斗下寨姜钟齐、钟泰、昌莲三人之山场一块，土名乌格，其山界：上凭水沟，下凭溪，左凭大岩，右凭世谟之为界，四至分明。当日言定五股均分，地主占三股，栽手占二股。其山限至五年成林，若有不成，任凭地主另佃别人。今恐无凭，立有佃字为据。

代笔　龙文甫

同治元年十二月十四日　立

姜开熊佃契

立佃地种粟栽杉字人上寨姜开熊，今佃到下寨姜钟奇名下地一块，土名乌榜种地栽杉。面议伍股均分，地主钟奇占贰股，名卿占壹股，共合地主叁股，栽手占贰股。日后长大成林，照佃字股数均分合同，不得争论。界至：上凭田角以水沟为界，下凭乌榜溪，左凭冲，右凭岭。不得荒芜寸土。今欲有凭，立此佃地栽杉字是实。

姜光宗　笔

同治二年二月初九日　立

姜钟述、潘老七佃契

立佃种栽杉木字人文斗寨本房姜钟述、潘老七二人，今佃到本寨姜钟奇、熙麟二家之山一块，地名污其，山界上登顶以腰为界，下至污坊（乌榜）溪，左右凭冲，四至分明。此山地主叁大股均分，钟奇占半股，熙麟占二股半，共合三股。当面言定伍股均分，栽手占贰〔股〕，地主占叁股。议定五年成林，如不成林，栽手并无分，地主各招客。口言无凭，立佃字为据。

三小家之山，二家各执一纸为据。

凭中　姜松珍、松吉

松珍　笔

同治二年九月二十四日　立

范本光佃契

立佃栽杉木字人岩湾寨范本光，佃到文斗寨姜钟奇、钟泰、世模、世俊叔侄之山，地名污晚。此山山界至：上凭岭，下凭田，左凭四公山，右凭范锡裕山，四至分明。二比言定此山地主、栽手分为五股，地主占叁股，栽手占贰股。限定五年成林，若不成林，栽手无分。恐口无凭，立此定字为据。

凭中、代笔　姜恩诏

同治二年十二月二十六日立

范锡荣、里林佃契

立佃字人本寨范锡荣、里林二人，为因缺少地种，自己登门问到文斗上、下寨姜毓英、钟奇并范绍儒、绍礼、本英、本性、本顺等所共四公之山，地名衣赖。其山界限：上凭顶，下凭河，左凭姜世模之山，右凭姜、范二性（姓）之山为界，四至分明。倘有股数不清，在地主理落，关栽手相契。今欲凭中议定五股均分，地主占叁股，栽手占贰股。其山限至五年之内务要长大成林。若凡不成，栽手无股，另招别人。口说无凭，立此佃为据。

外批：佃字文斗上寨存一张，文斗下寨存一张，本英存一张。

代笔、凭中　范润章

同治四年二月十八日　立

龙老天、姜荣发佃契

立佃栽杉种粟字人龙老天、姜荣发二人，今佃到姜钟泰、钟芳、相珍、登荣所共之山一块，地名污□□□，上凭田，下凭溪，左凭岩板坡之小毫溪，右凭钟碧之山，四至界限分清。今我二人所栽，限至五年成林。若不成林，二人栽手无分，任我地主另招别客。栽手并弟兄人等，不得异言。若有日后木植长木成林，原系五股均分，栽手占二股，地主占三股，另分合同字为据。

外批：主地分为四大股，钟泰弟兄占贰大股，相珍占一大股，登荣占一大股，合成四大股均分。

代笔　□□□

同治九年十月十五日　立

张益孟佃契

立佃字人上寨张益孟，因无地种粟，今凭中登门佃到下寨姜钟碧名下山场一块，土名白号，典山界趾（至）：上凭埂路，下凭小盘路抵世俊之共山，左凭冲以黄闷之山为界，右凭冲，四抵分清。凭中自佃之后，言定种粟栽杉，限至五年之内，满山俱要成林。如不成林，栽手无分。口说无凭，立此佃字为据。

中、笔　李如葵

同治十年十二月初六日　立

姜氏玉秀典契

立典田字人姜氏玉秀，为因缺少银用，无处得出，自愿将到下冉翁田大小二块，今将出典与姜恩召名下承典为业。当面议定价银一两整，亲手领回应用。自典之后，任凭恩□耕种管业，日后价到赎回，我等不得异言。今欲有凭，立出典字为据。

同治拾壹年十月卅日　立

凭中　恩召

钟璧　亲笔

姜永兴、发德佃契

立佃栽杉种粟字人姜永兴、发德二人，今佃到上房姜钟芳、钟碧、侄世官、世模、世清三老家之山。内分山股数多小（少），各执字为凭。其山佃与下房二人栽杉木，成林照五股均分，栽手占贰股，地主占三股。界止（至）：上凭顶，下凭路，左凭岭，左凭大冲，四至分清。日后栽手出卖，先问地主，后问别人。栽手乱卖，未问地主，勿怪主家多言。口说无凭，立此佃字为据。

地名：冉下尼。

光绪三年十二月二十八日　永兴　笔立

李先晚佃契

立佃种地栽杉木字人李先晚，今佃到姜钟璧之山，地名污宜，上凭田，下凭熙年□□，左右凭主家之山。恨（限）至三年成林，倘有不成林，栽手无怂（分），四至分清。恐口无凭，立此佃字为据。

光绪五年正月十八日　立

凭中、代笔　作金

姜世珍等借当契

立借字人姜世珍、世龙、世法、登泮等，因生理借到本家祭祀会银壹元洪平肆拾玖两捌钱玖分，其银照月加三分行利。珍自愿将冉休长田壹丘作抵，法将南休长田壹丘，龙将皆要大田壹丘，泮将冉荡也风大田壹丘作抵。恐口无凭，立此借抵（字）为据。

世清、世臣　过付

光绪十四年正月廿三日　泮　亲笔立

姜老宗、龙老天佃契

立佃种地栽杉木字人姜老宗、龙老天二人，情因无地种，自愿登门佃到姜钟碧、侄世官、世凤等之山一块，地名从告，挖界至：上凭山顶，下凭大冲，右凭世俊之山，左凭名乡之山。其栽杉地主栽手分为伍股，地主占叁股，栽手占贰股。所有栽杉之后，限至五年成林。若有不成林，栽手无分，地主另招别人。恐口无凭，立此佃种栽杉木永远发达存证。

凭中、代笔　克贞
光绪十四年十月初五日　立

姜正元、正科佃契

立佃种地栽杉木字人姜正元、正科二人，今佃到姜钟碧、侄世官、世凤叔侄地一块，土名白堵，界至：上凭田，下凭田，左凭领（岭），右凭领（岭）与田角大路为界。限至五年成林，不得荒芜。若不成林，栽手无分。二比言定，地主栽手分为五股，地主占三股，栽手占二股，四抵分清。恐口无凭，立此佃栽杉木字永远存照。

父　亲笔
光绪十四年十二月初六日　立

姜世官借契

立借银字人姜世官，情因缺少银用，无处得出，自愿登门借到姜卓□老爷名下本银叁两整，其银逐年每两□谷五十斤。不俱（拘）远近归□字赎同（回）。立此借字为据。

外批：以作寨脚路边田作抵。

凭中　龙□茂

光绪十五年十月十一日　亲笔立

范某某佃契

立佃种地合同栽杉木字人岩湾寨范某某，情因登门佃到文斗［寨］姜世珍、世模、世官三老家之山壹块，地名尾现，界趾（至）：上凭范本发山，下抵河，左凭冲与洪为界，右凭马姓山与大冲为界。此山地主、栽手言定五股均分，地主占叁股，栽手占贰股。恐说无凭，立此佃种地合同永远发达存照。

光绪拾玖年捌月二十日　立

扬荣发佃契

立佃种地栽杉木字人鸠榜扬荣发，今佃文斗下寨世官、世凤弟兄之山壹块，地名鸠榜小地，名冉奢歪，界趾（至）：上凭田，下抵路，左凭姜开口之山为界，右凭主家之山为界，四至分明。此山地主栽手分为五股，地主占三股，栽手占贰股。其山限至五年成林，若不成林，栽手无分，另招别人。自栽杉日后不得荒芜，务要勤俭种。日后栽手要卖，先问地主，不收，方卖别人。恐口无凭，立此佃字栽杉木永远存照。

□　代笔

光绪廿年十月初十日　立

范有保、炳治佃契

立佃栽种粟字人范有保、炳治二人，今因求到文斗下寨姜世俊、世官、世凤、世臣弟兄叔侄，上寨姜卓相之山一块，地名刚晚，小地名依缌，其山界限：上登岭番至污晚溪为界，下凭大河，左凭世俊弟兄之山，右凭四公之山，污晚之界：上登岭番至大河，下凭田，左凭四公之山，右凭禁山，四至分清。地主栽手分为五股，地主占三股，栽手占贰股，限至五年成林，若不成林，栽手办（并）无系分。倘有出卖，先问地主，不收后问别人。恐说无凭，立此佃种栽杉字为据是实，远（永）远存照发达。

内添二字。

代笔　姜登文

光绪廿一年九月初二日　立

佃字三张　半书

姜有开等佃契

立佃山种粟栽杉约人下寨姜有开、天发、志楚、志儒、侄生富、载口等六人，为因无地种粟，自愿登门求到列位老爷：姜元卿、瑞卿、贵卿，侄齐相、卓相、国相、德相三大房并下寨姜世安、世凤等共山一块，地名黄闷溪□□侗脚，其山界限：上凭岭，下抵乌或溪，右凭元卿叔侄共私山，左凭姜世清弟兄之山为界，四至分清。其山佃种栽杉之后，占（暂）定五年成林木植，不敢另招别人混种以及荒芜等情。候木植成林之后始分合约，地主占叁股，栽手占贰股；倘有荒芜等情，我栽主毫无系分。今欲有凭，立此佃字是实。

代笔　姜熙豪共立三张

元卿、侄国相并姜世凤各执一纸

光绪贰拾壹年十一月初一日　立

潘明富佃契

立佃字人潘明富，为因无地种，佃到文斗下寨姜世官、世民、世成弟兄地下松力之山壹块，界至：上凭姜交明弟兄之山为界，下凭姜超梅弟兄之山为界，左凭冲，右凭岭为界，四字（至）分清。地主栽手分为五股，地主占叁股，栽手占贰股。限至五年成林，若不成林，各□□□□之手无分。恐无凭，立此佃字为据是实。

代笔　杨通德

光绪贰十贰年正月廿八日　立

龙万宗等佃契

立佃种栽杉木人上寨龙万宗、姜送主、林主、化贤四人，今因佃到下寨姜世凤、登兴、登泮、登科、登高、潭氏卧姑等之山一块，地名九龙山丢祺，界限：上凭土垦，下凭盘路，左凭主家之山，右上截凭水冲以德相之山，右下凭超桂弟兄叔侄之山，四界限分清。此地山主、栽手分为五股，地主占三股，栽手占二股。地主之三股又为叁拾六股。今佃到世凤伯侄二股，潭氏卧姑四股，登兴、登泮、登科、登高弟兄名下九〔股〕，余存上寨姜焕乡、德相、国相、杰相等共占廿一股地土在外。限至五年成林，逐年挖修，栽手有分。若不挖通之土，栽手无分，任凭主家另招别人佃种。长大成林，另分合同各执。恐后无凭，立此佃字为据是实。

内落二字，天（添）了。

姜相德　亲佃笔

光绪廿二年正月廿八日　立佃

范炳芝佃契

立佃栽杉字人岩湾寨范炳芝，因无地种，自己佃到文斗下寨姜钟笔、世官、世凤叔侄之山一块，地名皆列。此山界限：上凭罗姓之山，下凭田，左凭范姓之山，右凭岭与姜姓之山为界，四至分明。此山地主、栽手分为五股，地主占三股，栽手占二股。限定五年□山成林，若有不成林者，栽手毫无忿（分）。是实存照。

内添一字。

子基盛　笔

光绪二十六年四月十一日　立

姜贞祥、胜祥兄弟典契

立典田字人下寨姜贞祥、胜祥弟兄，为因缺少粮食，无银用度，无处得出，自愿将到我弟兄受分祖遗之田壹丘，地名岩板坡，约谷贰担半，界限：上凭路，下凭世凤大伯之田，左凭路，右凭银主之田，四至分明，今凭中出典与上寨朱家煋名下承典为业。当中议定价宝银贰两整，亲手收足应用，未欠分厘。自典之后，任凭银主上田分花三年。我弟兄并房族人等不得异言。如过三年之外，不俱远近价到赎回，二比不得异言。口说无凭，立此典田字为据是实。

外批：内口一字银过……

请中、代笔　姜世龙

亲押　姜胜祥

光绪贰拾柒年二月二十六日　立

姜世臣借契

立借银人姜世臣，为因缺少银用，无处得出，自己登门借到姜恩临名下本银柒两零贰钱，亲手收回应用。其银逐月加三行息，不拘远近归还。恐口无凭，立此借银为据。

其银过银主戥。

亲笔

光绪卅一年正月十三日　立

姜世官典契

立典田字人下寨姜世官，为因缺少银用，无处寻出，自己将到祖遗之田一丘，地名衣赉，约谷四担，界限：上凭典主之田，下抵世凤之田，左凭岭，右凭岩板，四抵分清，今将凭中出典与上寨朱家振名下承典为业。当日凭中三面议定价足宝银四两整，亲手领足应用，不欠分厘。其田自典之后，任凭银主下田耕种管业，我典主弟兄父子以及外人不异言。限至三年收花之后，不俱远近，价到赎回。今欲有凭，立此典田字为据存照。

外批：银过银主戥子，左边小田在内。

凭中、代笔　堂侄姜登儒

光绪三拾二年三月十八日世官亲押　立

龙万顺、姜送祖佃契

立佃种栽杉木字人上寨龙万顺、姜送祖二人，今佃到下寨姜世凤、登熙、登泮、登科、登高、潭氏卧姑等之山一块，地名九龙山。界限：上凭土垦，下凭盘路，左凭主家之山，右上截凭小冲，以德相之山石，下截凭超桂弟兄叔侄之山，四界分清。此山地主栽手分为五股，地主占三股，栽占二股，地主之三股又分为叁拾六股。今佃到世凤伯侄二股，潭氏卧姑四股，登熙、登泮、登科、登高兄弟名下九股，余存上寨姜焕卿、德相、国相、杰相等共占廿一股□□□。限至五年成林，逐年□修，栽手有分。若不□□之土，栽手无分，任凭主家另招别人佃种。长大成林，另分合同各执。恐后无凭，立此佃字为据。

光绪叁拾叁年正月二十八日　某某某　笔　立

姜世官、世凤借当契

立借字人姜世官、世凤二人，因为生理缺少银用，无处得出，自愿将到祖遗之田，界：上凭登礼之田，下凭世臣之田，左凭路，右凭世凤之田，四抵分清。其田约谷八石，今将出抵与姜恩临生先名下足银壹拾叁两贰九分正，亲手收足应用。其银照月加三行利，限至十二月之内归还，不得有误。如有误者，任凭银主上田耕种，永远管业，田主不得异言。口说无凭，立此抵字为据。

光绪三十三年九月十七日　世凤　亲笔立

凭中　姜登儒

姜盛祥典契

立典田字人姜盛祥，情因缺少银用，无处得出，自愿将到名下占之共田，今将名下出典与姜登沅、登廷贰人名下承典为业。当面议定价银贰两整，亲手收回应用。自典之后，任凭银主下田分花，典主不得异言。今欲有凭，立此典田为据。

此田地名冉翁。

凭中、代笔　世官、世臣

宣统元年二月十三日　立

姜世美父子借当契

立借银字人下寨姜世美父子，为因缺少银用，无处得出，自愿将到祖遗之禾田壹丘，地名保中抱，界至：上凭山，下抵仓平，左右凭坡，四抵分清。今将抵与上寨潘继宗名下之新宝银陆两四钱正，亲手收足应用。其银照月加三行利，限本年十二月内归还，不得有误。如有误者，田作典字管业分花，房族弟兄不得异言。空口说无凭，立此抵字为据是实。

外添七字。

凭中　姜凭发

光绪三十四年二月二十五日　子姜登鳌　亲笔立

宣统元年三月十七日收世美之银六两正，七月廿三日又收银叁两六钱正。今凭龙吉恩还清，当拨周智手收。继宗亲笔批。

姜登行、元昌佃契

立佃地基开店字人姜登行、元昌二人，得买本家之老店（卖二千囗百八十文），今切一即以今借到姜世清、登儒、元福父子三人名下之地基后，至日久店门未开，此地各归各业。恐后无凭，立此字约为据，永远发达存照。

代笔　荣昌

凭中　登儒、老卯

宣统元年四月初五日　立

姜世官典契

立典田字人下寨姜世官，为因缺少银用，无处得出，自愿将到祖遗之田，地名冉翁里架凹田大丘，界趾（至）：上凭里架，下凭本名之田，左抵污杂卡大冲，右凭本名，其山约谷拾石，四抵分清，今将请中出典当与上寨中房姜铨相老爷名下承买为业。当中议典价新宝足银壹拾肆两贰钱整，亲手收足应用。其田自典之后，今凭中言定父子自愿任凭银主招人上田耕种管业，日后房族弟兄不得异言。倘有不清，俱在本名理落。恐无凭，立此典当字为据存照。不俱（拘）远近，价到赎回。

内添四字。

凭中、代笔　姜世法

宣统元年五月卅日　世官　清（亲）押立

易元泉移典契

立移典字人易元泉，为因先年得典下寨姜世官之田，地名皆追之田壹块，界限：上凭山，下凭山，左凭山，右凭路，四字（至）分清。今请中移典与中房姜周栋名下承典为业。当面凭中移典价宝银五两整，亲手收足，未欠分文。其田移典之后，任凭银主下田耕种管业。倘有不清，俱在我移典主尚（上）前理落，不关银主之事。恐口无凭，立此移典字为据是实。

外批：涂捌字，添贰字。

凭中　姜兴贵

宣统贰年五月拾二日　元泉　笔立

民国甲寅年八月十四日姜登宰将价赎回　元泉笔批

孙什保等佃契

立佃种栽杉木字人孙什保、姜正举、超煜三人，今因佃到姜杰相兄弟、周义、周礼兄弟、姜世美、登熙、登奎、超煜等共山一块，地名皆也多住，其山界限：上凭渡船田，下凭河边大路，左右冲凭（凭冲），四字（至）分清。此山言定栽手地主分为五股，地主占三股，栽手占贰股，孙什保、姜正举共栽壹股，超煜栽壹股，限至五年成林，栽手有份，另立合同。若不成林，地主另招别人栽种。日后木植长大，栽手留禁砍伐，照股数均分。倘有出卖，先问地主之家不收后，问他人。恐口无凭，立此佃种栽杉木字为据是实。

五家各执一张。

中华民国贰年贰月十叁日　超烦　笔立

姜熙浩、熙明兄弟典田契

立典田字人姜熙浩、熙明弟兄，为因要银应用，无处得出，自愿将到祖遗田壹丘，约谷五石，地名吼派，界限：上凭典主田与姜超腾之田，下凭典主与姜熙盛田，左凭冲，右凭路，四抵分清，今将登门出典与姜世美名下承典为业。当面凭中议定典价老宝足银陆两正，亲手收足应用。其田自典之后，任凭银主耕种管业，我典主不得异言。限三以足，价到赎回。如有不清，典主理落，不干银主之事。口说无凭，立此典字为据存照。

外批：其银过银主之戥，内涂一字。

凭中、代笔　姜恩临

中华民国三年阴历二月十一日　立

姜登科典契

立典田字人姜登科，自愿将冉睹三老家之清明之共田，出典与登儒名〔下〕承典为业。议定钱四百文，亲手收回应用。其田至（自）典之后，任凭钱主管业。恐口无凭，立此典字为据。

登科　笔

民国三年十二月廿三日　立

林荣才佃契

立佃种杉木字人九怀林荣才，自己登门佃到文斗寨姜世臣、世美、登沆、登宰、登廷叔侄之山,地名九怀,界限:上凭田抵熙侯叔侄之山,下抵土埂以熙豪之山,左凭大冲,右凭冲,四抵分清。此山土、栽伍股均分,地主占叁股,栽手占贰股。自佃之后,务宜殷勤栽杉种蓄,限至五年成林,另分合同。日后栽手出卖,先问地主,地主不收,后问别人。恐口无凭,立此佃种栽杉永远发达存照为据。

凭中、代笔　姜登津

民国四年十月十九日　立

姜登鳌典契

立典田准赎字人下寨姜登鳌,为因要银用,无处得出,自愿将祖遗之田壹丘,地名皆从翁,界限:上凭本名山,下凭本名园地,左凭本名园地,右凭本名间垦塘以水沟为界,四抵分清。今凭中登门典与上寨朱家煜名下足银肆两正,亲手收足应用,不欠分毫。自典之后,其银限本年阴历十月内归还,并无有利。如有过十月内,此任凭银主下田耕种管业。价到赎回。倘有不清,典主理落,不干银主之事。口说无凭,立此典田准赎字为据是实。

凭中　易元泉

民国六年阴历七月初一日　登鳌　亲笔立

某某佃契

立佃种地栽杉木字人某某,情因登门佃到姜世清、世龙、世法、世口、世美、登津、登科、登熙、登文、登沆、登甲、登廷之共山一块，地名下冉宜，界趾（至）：上凭田，下凭水冲，左上截凭岭，下截凭冲，右凭岭以下至渡船田角为界，四抵分清。此山土、栽分为五股，土占三股，栽占二股。自佃之后，务宜勤俭栽杉，不可荒芜，限定五年成林。如不成林，栽手无分，另招别人。恐说无凭，立此佃种地栽杉永远发达存照为据。

中华民国丁巳年十月初九日

世达之稿　登科笔　姜如贤、吕朝二人　佃

姜登廷借契

立借字人下寨姜登廷，为因要银用，无处得出，自愿借到下房姜永乡之本足银一两零二钱整。照月加五行利。不居（拘）远近本利归还，银字两交。口说无凭，立此借为据。

凭中　登选

民国庚申年五月廿九日　亲笔　立

姜永辉借当契

立借钱字人姜永辉，今将坐屋并地一间，前凭坎，后凭沟，左凭大路，右凭姜老兴弟兄屋，抵与姜登敖元钱七仟四百文，限五日内归还无利，过限加三息。口说无凭，立此借字为据。

凭中　姜桥赐、登科

民国十一年四月十九日　亲笔　立

和氏香等分割田地合同

立合同凭孀妇和氏香，同男和那，同侄和毛、和均等，为因氏等具报和玉成刀棍越界夺业等事，一案报经杨约公，兹蒙约公念在二比亲族不妒忍令对参商，央同亲族人等在下劝解和息，西木处迁瓜山箐田地自山头至山脚两半均分开，其东南方一连并东北山头，和均开垦过熟田一形坐落大栗树止，饬令和玉成管业河边西北一带，二比均各允服无异，自和之后，照纸各管各业，不得越界侵压，亦不得异言反悔，隙仇滋事，恐后无凭，立此合同，凭据事实。

道光二十年四月初四日

代字人王玉汝

凭中见证人　和光　瓦冲

立合同凭据　孀妇和氏香，同男和那，同侄和毛、和均

姜吉祥等分关契

立清白分关人姜吉祥、上贤、士风、启才、富宇、风宇、和宇、得中、文学、文佐等，为因众□□买得污革、□石、千石三处山场。□□卖空，倘山内存落脚木根数枝，三阄均分。遗山不载，拘（俱）系荒地，我三阄同心公议，将此三处山场分平均分，照字研勿，当天发誓，并不反悔。那阄异言，执字鸣官，自甘祸罪。启才、富宇、祖保□□尚宇、凤宇、金晓、乔保占落一号污革溪山，照勾管业，并无异。恐有外人争论，那阄俱出，在众理清。恐后无凭，立合同为据。

祖保、长保二人四两四钱

记坛、启才、冉周三人陆两陆钱本

富中贰两本

唐乔、老干共壹两本

保……两本

……两本

加桓、良保二人共壹两本

……两本

……贰两五钱本

凤宇贰两五钱本

银锁贰两五钱本

□□贰两五钱本

金晓贰两五钱本

□□贰两五钱本

□□共计叁拾肆两本

乾隆二十五年七月十一日　立

合同□□　半书

姜洪美等分木合同

立合同议约人姜洪美、富宇、佐周、文科等，今有共木一块，土名丢又山。洪美、富宇二人占木一股，今已砍伐起造。余存佐周、文科二人一股留存蓄禁。日后另除头脚木与佐周、文科外，余九根，放在贰大股炭共均分。恐后无凭，立此存照。

四房地租早已出银一两二钱，补清相贤。文科、起凤、香保、严吉凭中。

凭中、代笔　文勃

乾隆贰拾八年一月十二日　立

合同各执存照　半书

姜玉保、岩保兄弟分银合同

立合同字人上寨姜岩保、玉保弟兄二人，为因先年得买□知赖之木，今备（被）六房姜光祖□□恐有日后事务不明，所用银两俱在二家均分，二家不得反悔。今恐无凭，立合同为据。

凭中　姜岩生

代笔　姜绍魁

立合同为据　半书

乾隆四拾玖年七月廿日　立

龙飞池、廷彩分木合同

立分合约字人中房龙飞池、廷彩，为因先年得买上寨龙保三连木代（带）地，分为二大股，廷彩、飞池、保三三人占地一大股。其有老木，保三并无系分。日后长大，保三发卖，并无租地。老富所栽仔木，日后长大发卖，老富各自全收，亦无租地。恐后无凭，立此合约存照。

飞池　笔

乾隆五十七年八月廿一日□　立　半书

姜廷望等分山合同

立分山合同约人姜廷望、国衍、映辉、绍牙、映光、映友、香绞、贵乔等，为因有共山一所，地名冉中勇，其界上抵顶，下抵大溪，左凭姜廷盛冲，右凭姜明岭，此山在契，未曾经分，二□请中登山画（划）界均分，姜廷望兄弟分占上边，映辉众人分占下边。其中分界，上半截依旧界岭为界，下半截以直冲至溪为界，埋岩不得移动。自分以后，廷望管业傍廷盛上边，映辉管业傍姜明下边，永无罩占。恐山中有老木，各占各管。恐口无凭，立此合同各执一纸为据。

凭中　姜明、冯盛海

廷望　亲笔

嘉庆二年七月十九日

姜绍略等分关契

立分关字人姜绍略、绍熊、绍齐三人兄弟，为父亲分占祖遗之田并父亲所买之田，至今人口日增，田产益广，欲合种以同收，恐彼早而此晏，幸承严父精明公平均派，我等弟兄俱居心平意愿，自今分田之后各照分关殷勤耕种，世代管业，日后不得异言。其有山场杉木尚未分拨，俟后砍伐售卖仍照三人均分。恐后无凭，立此田产分关永远发达为据。

绍略收：党庙祖田二块，魁元长田一块，党宜田大小六块，南鸠平鳌、张化田二块，南鸠水沟田一块，岩板坡，平敖田一块，坎下旧田一块，污鸠、绍舜田三块，水沟下二块，又收蔼田一块，捕生与绍滔共一块，党卡一处，皆党令一块，又一小块，内除朝押田上下二块，祖田一块，在严党田上坎共除三块与绍略名下耕种管业。

绍熊收：官美田六块，大朝田七块，朝煜二块，之丢绍祖田四块，朝贵一块，大孔旧田一块，岩板坡、绍淹并旧田大小七块，鸠休田三块。

绍齐：南鸠、光具大小六块，北堵大小五块，污鸠、光周田九块，朝琏田三块，南鸠下三块，皆料田一块，故道田一块，也朗田一块内加绍舜田三块、官蔼田一块共四块，绍齐占。

外批：卧天木一块，栽手绍齐、汝梭、妹申所共，地主映辉、绍滔共买；污晚田坎下木一块，绍齐、汝梭、妹申共买。

凭中　福保、绍吕

绍韬　笔

合同为据

嘉庆廿四年正月朔九日　　立

范咸宗、范玉堂等主佃分成合同

立分合同字人范咸宗、咸秀、维远、维祺等四公之山，地名依赖并乌晚溪一所，左凭文斗下寨姜朝琦之木，右凭文斗下寨姜绍宏并四公等之木，依赖下边凭大河，乌晚下边凭范维远之田角，四至分明。先年付与本地范玉堂、玉华贰人佃种栽杉，今木植成林，二比自愿分立合约，言定五股均分，地主占叁股，栽手占贰股。自分之后，栽手务要逐年修理，不得荒芜，倘有此情，栽手毫无系分。其有栽手之二股，恐有出卖，先问地主，如地主不收，另卖别人。凭后无恐，立此合约，各执一纸，永远存照。

立分合同二纸为据　半书

嘉庆二十四年二月初九日　　地主范绍源　立

姜光齐等主佃分成合同

立分合同本房姜光齐、光辉弟兄等所有山场一块，地名冉加，先年招到姜昌盛栽种杉木，今长大成林，二股平分，栽手占一股，地主占一股，今凭中二比自愿立分合同永远存照。

外批：此山界至上凭大路，下凭上坎先年光士栽为界，左凭冲以老油山为界，右凭岭以下寨老玉为界，四字（至）分明。日后长大发卖，照依此契均分。

内添二字。

代笔　开泰

凭中　姜光明、开甲

立合同为据　半书

嘉庆廿五年九月廿八日　立

姜绍祖等与张姓主佃分成合同

立合同人文斗寨地主姜绍祖、述贤、侄相麟、婶母引述，因有祖山一块，先年付与张姓所栽，今杉木成林，二比分立合约，言定伍股均分，地主占三股，栽手占贰股。栽手之占贰股，正西占一股是实，其有老合同贰张，姜绍祖存一张，范绍联存一张，今照老合约业是实。

弟绍联　字

道光元年十二月廿五日　抄

姜绍略等分田契

立分哄字人姜绍略、绍熊、绍齐三人兄弟，为父亲分占祖遗之田，并父亲所买之田，至今人口日增，田产益广，欲合种以同收，恐彼早而此晏，幸承严父精公平均派，我等弟兄俱属心平意愿，自今分占之后，各照分闪殷勤耕种，世代管业，日后不得异言。其有山场杉木尚未分拨，俟后砍伐售卖仍照三人均分。恐后无凭，立此田产分开字永远发达为据。

绍略收：党庙祖田二丘，魁元长田一丘，党宜田大小六丘，南鸠平鳌、张化共二丘，南鸠文水沟一丘，岩板坡平敖田一丘，坎下旧田一丘，污鸠、绍舜田三丘，水沟下二姬，又官蔼田一丘，捕生与绍滔共一丘，党卡一处，皆党令一丘，又一小丘。

绍熊收：官美包六丘，大朝田七丘，朝显田二丘，之丢绍祖田四丘，朝贵田一丘，大孔旧田一丘，岩板坡绍淹田二丘，旧田大小六丘，鸠休田三丘。

绍齐收：南鸠、光具田大小六丘，北堵祖田又伊得买之田大小五丘，污鸠、光周田九丘，朝琏田共三丘，南鸠下旧田三丘，皆料共田一丘，故道田一丘，也浪田一丘。内加绍舜田叁丘、宏蔼田壹丘，共加四丘与绍齐占。内除朝理田上下二丘、祖田壹块在口党田上坎，共除三丘与绍略名下耕种管业。

外批：卧天木本绍齐、汝梭、妹申共买栽手，映辉、绍滔共买地主。污晚木一块，绍齐、汝梭、妹申共买。

外将白堵得买朝理田上下二丘、祖田壹丘，在口党田坎上与绍略占，内除绍舜田三丘、官蔼田壹官与绍齐占。

合同为据〔半书〕

凭中　福保、绍吕

绍滔　笔

道光四年正月阴九日　立

外批：加细字，换田。述圣笔

龙玉宏、绍本兄弟分木合同

立分合同字人龙玉宏、绍本兄弟二人，因先年栽到地名培格之山，上凭田，下凭盘路，左凭冲，右凭路，四至分明。因姜映辉亦得买此山，栽手二比不爱多事，自愿将此老木之栽手作二股平分，其山之嫩木各是映辉管业，老木二家平分，栽手日后二比不得异言。今欲有凭，立分合同为据。

凭中、代笔　姜绍牙

二比自愿分合同为据〔半书〕

道光十年十月十四日　立

朱卓廷、姜映飞田地分成合同

立分合同字人朱卓廷、姜映飞，今因姜光齐将地名克庙也陇大田一丘，典当与朱姜二姓，因此争论，蒙中排解，将此田付与人佃种，逐年熟谷，二家均分，不得争论多寡。立此合同各存一纸为据。

内天（添）一字。

外批：此田谷二股平分。

凭中　姜廷贵、通义

代笔　姜绍怀

合同二字，各存一纸为据　半书

道光十二年九月十四日　立

姜映辉、连合分山合同

立分单字人姜映辉、连合二人，为山一块，地名翁扭，其有界限：上凭陆姓之山，下凭田，左凭岭，右凭冲，四至分明。此山分为十股，映辉名下占九股，连合名下占一股。日后写与别人栽种成林。照此单内股数多寡均分，日后二家不得异言。恐后无凭，立此分单为据是实。

合同为据　〔半书〕

凭中　龙玉宏

昌基　笔

道光拾叁年六月廿日　立

姜绍熊等主佃分成合同

立分合同契人姜绍熊、绍齐，因先年有地壹块，土名冲黎。界至：上凭顶，下凭田，左右凭岭，佃与姜老方栽杉，面议伍股均分，地主占叁股，栽手占贰股。姜老方栽手贰股出卖与姜光照名下为业。至今木长大成林，均分合约。日后发卖坎（砍）伐下河，地主占叁股，栽手贰股，二比不得争论。其有蒿修栽手逐年修理，不关地主之事。今欲有凭，立分合同契贰纸，各执一纸为据。

姜光宗　笔

立分发达合同贰纸各执壹张存照

道光十八年五月十五日　立

党假令山分木合同

党假令分清单

一甲分七股：绍吕占六股，昌厚占一股。

二甲分七股：玉宏一股，钟英占；绍本一股，自存；玉美一股，绍吕收；绍吕又占盛周贰股；绍宾占二股。

三甲分十股：维元弟兄占绍兴一股，又占今五一股，余青宇、晚白二股，又分八小股，相荣占六股，维元占一股，钟英占一股，又余映科、述昌、玉兴六股，此山凭凹以上截映科、述昌等之六股，系绍吕、绍熊、钟英三老家共占，凭凹以下，映科等六股，钟英私占。

四甲为十股：子贵九股，今保边一股，共十股。继元占五股，钟英占五股。

四张：钟英存一张，相荣存一张，钟泰存一张，绍元存一张。

道光贰十贰年二月廿四日　相荣书　立

立□□□永远发达　半书

姜绍吕等分木合同

立分合同字人下寨姜绍吕、上寨姜开榜、凌汉，木坎伐下河，今已分清，小地名冉下宜，界限：上凭顶，下凭盘路，左凭岭，右凭冲，原系地主分为五股，姜绍雄弟兄占三股，绍吕三老家与凌汉弟兄共占壹股半，开榜占半股，共合五股分清，我等同心合意立此合同，永远为据。

外批：合同三纸，开榜笔一纸，世藩一纸，凌汉笔壹纸。

开榜存壹纸，世藩存壹纸，凌汉存壹纸。相荣批。

凭中　姜相荣

道光廿二年九月十五日　开榜　笔立

立分合同为据　半书

姜绍吕等分山合同

立分合同字人姜绍吕、绍熊、朱镐、姜开杰等，今因有山场壹块，地名干榜，原先派四十两之山，界至：上凭顶，下凭冲，左凭岭以下截凭冲，右凭岭，四至分明。其山之股数，朱镐名下占山贰拾贰两五钱，姜绍吕名下占山三两七钱五分，姜绍熊占山壹十一两二钱五分，姜开杰占山贰两五钱。自今已（以）后，有名人等照依合同股数均分，日后子孙不得混争。今欲有凭，立此合同，各执一纸为据。

绍吕、绍熊、朱镐、开杰各执一纸。

合同各执一纸为据　半书

凭中　薛元顺、李天才

凌汉　笔

道光廿八年七月廿四日　立

姜钟奇等分关契约

立分关字人姜钟奇、钟芳、弟媳姜氏玉秀三人，为因父亲分占祖遗之田并父亲所买之田，至今人口日增，田产益广，欲合种以同收，恐彼早而此晏，不幸严父早故，我等弟兄瓜平均派，俱属心平意愿。自今分占之后，各照分关殷勤耕种，世代管业，日后不得异言。其有山场杉木尚未分拨，俟后砍伐售卖，仍照五股均分。恐后无凭，立此田产分关字永远发达为据。

姜钟芳收：子鸠田大小五丘，冉翁，也笼坎下一丘，以至上沟田共十四丘，也依岭脚一丘，九污、杂曹二丘，冉高五丘。

姜钟奇收：污杂贾田共八丘，岩板坡共三丘。光绪十年十一月三十日批上：冉翁、也风田一丘拨与世官管业，世凤弟兄无分。世模笔批，凭堂叔钟碧，堂兄世俊、世清。

姜氏玉秀收：岩板坡田三丘，冉翁启滨田一丘，下冉翁朝田、之田贰丘。

姜兴隆收：光模岩板坡之田大小五丘，寨脚大小贰丘。又批：也丹与名卿所共之田一丘，刚金安与相珍所共之田一丘，仍在世官、世凤弟兄所共。模批。

姜兴仁收：岩板坡樟树祖遗之田大小贰丘，启滨之田一丘与世德边界一丘，九休一丘，冉依一丘。

合同为据　半书

凭　堂兄、侄姜钟泰、世模、世扬笔

咸丰九年贰月初一　立

姜世杨等主佃分成合同

立分合同字人姜钟奇、昌连，因先年佃栽姜世杨弟兄之山一块，土名报楼，界趾（至）：上凭世模之山，下凭田，左右凭小冲，四至分清。地主栽手分为伍股，地主占叁股，栽手占贰股，栽手之贰股又分为四股，世杨弟兄占贰股，钟奇弟兄占一股，昌连叔侄占一股。其木今已长大成林，日后砍伐照合同股数均分。恐口无凭，立此合同二张，各执一张存照。

合同贰张发达为据　半书

凭中　姜昌明

姜世模　笔

同治元年玖月初九日　立

范本顺等分山合同

立分合同字人岩湾寨范本顺叔侄、文斗寨姜钟奇、钟太、钟碧弟兄，因有山场壹块，名岗晚，小名衣赖，二比为股数不清争论。范绍涵、绍方之贰股，今蒙款上众等劝改，二比争依（议）绍涵、绍方所占之贰股平分，姜钟奇弟兄等占壹股，本顺叔侄占壹股，共分绍涵、绍方之贰股。界：东至范本性之田角，西至河，左抵姜世模山，右抵四公共之山，四趾（至）分明。从今以后栽杉木成林发卖，照此合同管业为据。

凭款上众等。文斗总理姜名卿、世杨，平鳌姜义达、旺王干，岩湾范本英、本性。

分发达合同为据 半书

姜相珍 笔

同治元年九月二十日 立

姜钟奇等分山合同

立分合同字人文斗寨姜钟奇，钟太、钟碧弟兄，岩湾寨范本顺叔侄，因有山场一块，名岗晚山石衣赖，二比为股数不清争论范绍涵、绍芳之贰股，今蒙□上众等劝改二比争议绍涵、绍芳所占之贰股，二比凭（平）分，姜钟奇弟兄占一股，本顺叔侄占一股。□□绍涵、绍芳之贰股，界：东抵禾胜田角，西抵大河，左抵姜世模，右抵四公之山，四至分清。从今以后，栽杉木成林发卖，照此分清合同管业为据。

凭款上众等文斗姜世杨，总理姜名卿、姜义远、姜相珍，平鳌姜国玕，岩湾姜勋，范本英、本性。

外批：为先年尔我所争，今木发卖与范老贞，弟照此合同腾（誊）过来□□□□□□。

姜相珍　笔

立有合同各执一纸　半书

同治元年九月二十日

姜相珍等分银合同

光绪四年柒月十四日，卖翁罗往宋砍伐下河，此山分为叁大股。上房壹大股作八小股，姜相珍叔侄占四半，姜恩显、李作章叔侄二家占叁股半。下房壹大股作贰小股，姜世模弟兄、李作章叔侄贰家占壹股；姜昌运、世模贰家占一股，又分为叁小股，世模占贰股，昌运占壹股。上寨壹大股作四小股，姜昌运叔侄占叁股，范镜湖占壹股。

合同六纸　半书

凭中、笔　姜钟芳、山客姜风桥

相珍存一张，范镜湖存一张，恩显存一张，姜昌运存一张，世模存一张，李作章存一张。

姜映祥等分地基合同

且五伦之以天合者，君臣而外，厥惟父子主恩者也，以父子有亲亲之恩，决无相违之意，宜永以为好而无尤（忧）。然江流曾有各派，树大岂无分枝，于是父子相议革故鼎新，而我子孙众多，难于约束，今将始祖富宇公所遗地基定为三鼎，各自修造，映祥公占上一幅，映魁公占中一幅，映辉公占右边一幅。以后各存一纸，永远发达存照。

凭中　姜开宏、朱冠梁

笔　姜相齐

合同永远发达　半书

光绪十五年十月三十日　立

姜开宏、姜世官兄弟分山合同

立分合同人姜开宏、姜世官弟兄，所共之山，地名党陋，界至：上凭田角，下抵水冲，左凭冲，右凭恩诏弟兄之山，四抵分清。其山地主分为贰大股，开宏占壹大股，世官弟兄占壹大股，日后子孙照合同均分。恐口无凭，具此合同贰纸永远发达存照。

内添二字。

交明　笔

具分合同为据　半书

光绪十六年六月十八日　立

姜钟碧等分银合同

光绪十六年十二月初八日，众等卖污诸溪冉强拾叁两，山只卖凭岭以上边之老木岭，下边岭玉污棋出卖议价柒拾两零，除合食栽手外，我等拾叁两，地主占银肆拾两零玖钱五分。所有各在山股数开列于后，永远照此分单管业，不得争多论少，众人清查清楚。立此为据。

故柳□、三□二公共占山四两伍钱正：此肆两伍钱作八小股，派每股占伍钱陆分贰厘五毫。熙华、熙成占山二股，超梅、超桂弟兄占华伍钱陆分贰厘伍毫。熙献、熙宽弟兄等占山贰钱捌分壹厘贰毫五毛。世俊、世清叔侄占山四小股，贰两贰钱伍分，该熙侯占山玖分肆厘。元卿、望卿占熙成伍钱陆分贰厘伍毫。元卿私占熙年、熙仕、熙故、超运等山柒钱肆分九厘七毫五毛。

佑三、□山占山壹两正，熙华、熙成占壹股，超梅、超桂弟兄叔侄占华山股五钱正。元卿、望卿二人占成股山伍钱正。

□天占山一两正，分为叁小股：钟碧三老家占山贰钱柒分七厘五毫，保□占山伍分五厘五毫，□老六占庆廷山叁钱叁分三厘。熙华、熙成占一股，□□、□□占华山壹钱六分六厘五毫，元卿、望卿占成股山壹钱六分六厘五毫。

映祥、映林、士朝、士模四人占山一两，分为贰股：熙华、熙成占山映林一股，元卿、望卿占成股山贰钱五分，超梅、超柱弟兄叔侄占华山贰钱五分。余一股分为四小股，名卿□□□旺占士朝山壹钱贰分五厘，世俊、世法弟兄占映林、士模叁钱七分五厘。

富宇占山壹两：钟碧三老家全占。

保格占山壹两，分为贰股：世俊、世法弟兄叔侄占一股，五钱正。余一股分为拾小股，世俊、世法又占八小股，四钱正；熙华、熙成占贰小股，超梅、超桂弟兄占华五分，元卿占成股山五分。

永拉占一两正：世正、世法弟兄叔侄全占。

中房占贰两正：士朝占山八钱陆分六厘七毫，又占一钱六分六厘，凌云、凌汉共占叁钱柒分四厘，凌云又私占得买一钱六分六厘，开池、开仕共占山一钱贰分，凌横占山一钱六分六厘，又占一钱三分三厘三毫，此一钱三分三厘三毫，只等买上半边岭至污皆，或下半边岭至污横木得买。

保富占伍钱正：开智占一钱五分，开熊弟兄占山一钱正。超梅、超桂弟兄占华山一钱贰分半，元卿、望卿占成山一钱贰分半。

此分单中准合同以后照此管业分派。凡一切前后字约分单，均不得自扯为议论此单，永远□达存照。

存有印信合同：中房元卿存一张，二房超梅存一张，世俊存一张，中房永□存一张。

光绪拾陆年十二月十二日，下寨上房姜熙豪　笔　誊查有合同四张□□。

姜世凤等分银合同

光绪廿年九月初四日，乌庸汪速山与客人姜贤清、任五喜砍伐下河，议价银壹拾陆两零八分，除□五钱七分六厘，又除前后合食银壹两七钱六分，实占银壹拾五两五钱正。此山六股均分，每股派银落贰两五钱正。熙成、熙献、熙侯、熙麟、超梅四老公等子孙占山五股，世凤、世观、世臣弟兄占山壹股。日后照股数均分，不得争多论寡，立此合同字存照。

凭中人　姜贤清、任五贵

姜熙豪　笔立

姜世臣、世美兄弟分关合同

立分关后裔人姜世臣、世美弟兄二人，情因祖所遗下来之田，至今□□日增，田产益广，欲令种以同收，恐被早而此晏，幸承严父由自守产以来数十有余之年，业已可得宽心，今凭房族侄亲眼平分均派，我同胞之兄弟俱属心平意愿。自今分占之后，务宜勤俭耕种，世代管业，日后不得异言。所分之后而事件，有福同享，有祸同当，不得推闪。如有推闪，今严父凭房族侄分之业亦不望乎。其有山场杉木尚未分拨，俟后砍伐发售卖，仍照二人均分，不得相争。恐后无凭，立此关分田产永远发达存照。

分占乌假哉一榜连间垦，共计大外拾陆丘，外加荒田叁丘在内，又党。

姜世臣占八处，牛一榜田四丘，又南休上边一榜，共计大小六丘，又依菜一块贰间，又寨脚壹块荒田在内，共计八处。分占井料一榜大小共计四丘，又乌休外边一榜连间垦共计陆丘。

又姜世美占八处，下乌休也甲壹丘，又冉沙守一块二间，又南休岭上下边大小叁丘、冲内壹丘，又板研奢大小贰丘，过路（田）壹丘，又也浪上下贰丘，又屋边壹块贰间，共计捌处。

外批：内除从项，涂一处。

凭　族兄姜世官、世俊、世青、世凤

世龙　笔

立此分关永远发达存照　半书

光绪贰拾贰年拾月朔三日　立

王大炳等分山合同

立分合同字人王大炳、姜化贤弟兄、姜世官弟兄、姜世珍弟兄，先年先祖合会伙得买姜廷瑜土名番故，得山一所，此山分为五两，中房占〔二〕两，此贰两以作拾贰两五钱均分，众会得买廷瑜半股，此半股以作六股均分，每人名下占一股。历先祖嘉庆间管业以来，毫无异论，不意于道光二十七年卖木与客人坎（砍）伐，因显宗争论，我等此山查出实契，显宗自愿□□廷瑜父亲出断卖字，我显宗自干不辨，今我会伙内，恐后无凭，立此合同分单字为据。

外批：王大炳弟兄占三股，姜化贤弟兄占一股，姜世官弟兄占一股，姜世珍弟兄占一股；王大炳存一纸，化贤存一纸，世官存一纸，世珍存一纸。

代笔、凭中　姜卓春

立分合同永远为据　半书

光绪贰拾叁年六月十六日　立

姜钟碧叔侄、范伍连主佃分成合同

立分合同字人先年范伍连佃栽文斗下寨姜钟碧叔侄之山一地名冉苔扯，界限：上凭土垦，下凭土垦与范保连之山为界，左凭岭与往山为界，右凭冲与范老初之山为界，四字（至）分明。此山地主、栽手分为五股，地主占三股，栽手占贰股，地主栽手不得异言。若有异言，照合同分。口说无凭，立此分合同为据永远发达。

内添四字。

姜钟碧存一纸，范伍连存一纸。

凭中、代笔　姜卓寿

合同永远发达　半书

光绪廿四年九月廿一日　立

姜永兴等佃契并主佃分成合同

立分合同字人姜永兴、发德二人，先年佃栽到上房姜钟碧、世珍、世官、世龙叔侄之山壹块，地名冉下宜山，界趾（至）：上凭顶，下抵路，左凭岭，右凭冲，此山地主栽手伍股均分，地主占叁股，栽手占贰股。其栽山人务宜勤俭，每年蓐修。日后栽手人卖者，先问地主，地主无收者，后问别人。恐说无凭，立此分合同栽杉永远发达存照为据。

合同贰纸为据　半书

光绪贰拾伍年十二月十九日　永兴　亲笔立

姜世臣、姜凤文等主佃分成合同

立分合同字人嘉（加）池寨姜凤文，为因先年佃到文斗下寨竹园边姜世臣等兄弟囗人之山，地名冉牛，另名铺见，其山界限：上凭拱路，下凭土坎抵范姓之山，左凭范本正与炳乡之山，右凭姜登泮之山为界，四至分明。此山土栽分为五股，地主占叁股，栽手占贰股。木已成林，二比特立合同各执，日后坎（砍）伐下河照依合同均分，不得生端异言。书立合同，各执一纸承照。

凭中　文斗姜世官

代笔　加池姜恩宽

光绪卅年三月初八日　立分

立分合同，各执壹纸是证　半书

姜世臣等分山合同

　　立分油山合同字人姜世臣、世龙、世美、世法、登科、登泮、登宏、登文、登高、登选、元标、元桢叔侄公孙等，情因祖父遗石油山一大块，地名岗南。今凭中分为四幅：姜世臣、世美弟兄占左边贰幅；上幅界限：上凭盘路，下凭世清、恩显之山，左凭霞岭，分落世龙、世法、登科、登泮、登宏、登文、登高、登选、无标、元桢叔侄公孙，左边油山为界，右凭冲；下幅界限：上凭分落姜世龙叔侄公孙土垦边界，下抵山，左凭岭，以世龙叔侄公孙分落，右边油山，左凭冲为界，四抵分清。今凭中分落之后，各管各业，不准乱砍妄占，以后子孙不得异言。今欲有凭，立此分油山合同字为据存照。

　　外添六字。

　　凭中本房　姜世官

　　代笔下房　姜肇彬

光绪叁拾壹年十二月十一日　立　半书

姜昌保等佃契并主佃分成合同

　　立佃栽并分合同字人姜昌保、寅卯、登宰、永标、孙什保、李作舟、姜正茂等，佃到本房姜登杭、登宰、登廷名下有山壹块，地名松浩，上凭盘路与山主……，左凭岭，右凭岭与小冲为界，四至分清，今栽杉种粟成林，日后照五股均分，地主占叁股，栽手占贰股，贰股日后七股均分，二比不得异言。恐口无凭，立此合同为据是实。

凭中、代笔　登津

合同二纸永远发达存照　半书

中华民国二年九月初二日　立

姜世清等分山合同

立分合同字姜世清、世龙、世法、世臣、世美、登绍、登科、登泮、登熙、登文、登沆三老家等，今有对门河山场一块，地名番故场南，另名皆垢沟坎下，界限：上凭盘路与沟为界，下抵犁嘴，左右凭冲，四字（至）分清。此山因今年三月内卖与上寨姜德相、松口二人坎（砍）伐下河，卖价卅一两八分正，土、栽五股均分。德相先年得买高元长、姜恩顺二人之栽手贰股。土占三股，又分为廿股，恩临、如相公孙占山三股半，我三老家占山十六股半。因世清父子尚未寻出契据，只据佃字簿子为凭，说是世清父子私业，是以世臣之长子登儒执此簿据，现出绍齐公写有道光年间佃帖系是三老家所共之山。因此对簿系三老家共业，世清父子退价与众等分派，心干（甘）意愿无异。今凭亲族朱冠棵、吴纯祖、姜正〔才〕另分合同，日后三老家子孙照此合同永远管业。与恩临等共山等世清簿据、佃帖、新佃贴壹（一）概涂销。若在（再）寻出，具（俱）是故纸。恐后无凭，立此合同三纸为据。

登泮存一纸，世美存一纸，登熙存一纸。

合同三纸为据　半书

凭中　朱冠棵、吴纯祖

代笔　姜正才

民国三年三月二十八日　立

姜超武等分山合同

立分合同字人岩湾、文斗上下三寨姜超武、范修泽、姜登廷、姜义成弟兄，共得买文斗上寨姜正义、正智、正德兄弟之山场杉木并阴地，地名党宜，另名党加，其山界限：上凭大路，下凭田，左凭往平敖（鳌）田角为界，右凭地土直下小冲为界，四字（至）分清。此山股数分为九股，得买贰股，余柒股作为三大股，得买一半小股。日后山内木植长大，卖得银多少，子孙照依合同分派，不得争论。恐口无凭，立有合同字为据。

分合同为据　半书

凭中　范修龙、姜元彩

登廷　笔

中华民国戊午年十一月廿九日　立

姜熙豪等分山合同

立分单合同字人姜熙豪、侄超焜、世美、登沼、登津、登高、登文、登儒、登交、加什姜凤黄等，因有山场一块，地名知什，界：上凭范如恒之主坟为界，下凭大岩以土垦抵三老家、凤黄等之山，左凭冲，右凭加什姜姓义等之山。此山分为贰大股，熙豪、侄焜共占一大股，世美、登沼、登津、登文、登池三老家占一大股，又分为卅六股，世美、登儒、登交占十贰股，登沼、登津占十二股，凤黄得买登选、登科、元彬、元贞、世法、世龙、登奎、登泮、登熙、元标、元良九股八，登文占一股贰，登池占登高一股，股数分清。恐口无凭，立此分单合同字为据。

外批：加什寨姜老长砍伐下河，凭中议价□钱五千四百八十文。

第二张超烦存，第一张登廷存，加什凤黄存第三张。

凭中　姜名学

立分合同叁张　半书

民国九年八月初六日　登儒笔立

姜世美等分合同

立分合同约人姜世美、子侄登槐、登廷、登香、登鳌、登宰、登梯、孙元□等，今因伯母谭氏玉秀去世，所遗田丘除开葬费之外，余存地名党庙之大田壹连贰间，约谷叁拾石，今凭族戚议将此田除为公共逐年祭祀之资，立碑禁止，凡我子孙不得行奸私卖。如有此情，子孙执行此合同禀官惩究。恐后无凭，立此合同贰纸，永远存照为据。

凭　族戚姜超元、登熙、登□、登泮、永标、傅志恒、杨顺隆、姜为煌

合同贰纸各据一纸　半书

中华民国甲子年三月初一日　姜为煌笔

姜登熙等分银合同

立分清单字人斗寨姜登熙、登津、登香,加池寨姜凤沼、炳干等所有共山壹块,地名党兄,另名观音滩头,今凭中卖下幅与加池姜成相砍伐作贸。当面议木价元钱贰拾陆仟陆佰八十文,除食在外叁拾陆股分派,每小股占钱伍佰文,要除姜炳干兄弟栽手钱四千五百文,此山分为叁拾陆股,姜登津、登仁兄弟占拾贰小股,登喜、登延兄弟占玖小股,姜凤沼、文科、公孙占三小股,得买姜世臣父子的,姜登熙、登高、登泮兄弟占三小股,登科、登文、登元兄弟占三小股,姜凤沼、文科得买登选、母侄元彬叁小股,姜炳干、炳珍兄弟得买世龙、世法、登银三小股,众等合共三拾陆小股。日后不得争论,照此清单股数管业为据,永远存照。

外批:界限上凭土垦,下凭大河,左凭冲,右凭元贞等之共山为界。

登津执一张,凤沼执一张,登香执一张,炳干执一张。

内添贰字。

合同为据　半书

民国二十壹年壬申岁贰月廿二日　继元笔立

盈江傣族刀德高当契

立当田文约人刀德高,为因缺少应用,情愿将祖父遗留口粮田一段,布种四箩,出当到其德何二哥名淮名下,净纹银八十两整。其田坐落遮倒尾,其田东至杨家田,南至克家田,西至本家田，北至谢家田，四至开明在契。其量当主完纳，田有好支银主自见后时，言定踰年每两纳谷一箩，候秋收之日，将田中一色好谷量完，不致短少升合。如有短少，任从银主自行耕种，当主不得异言。倘有内外人等异言争竞，当主一面承当。此系二比情愿，中间并无逼迫私债等情，恐后无凭，立此当契存照。实当银八十两整，踰年纳谷八十箩。

嘉庆十七年（1812）二月初六日立。当田文约人刀德高。其银五两一。称戥子银平。当契为据。

凭中刀有仁。代字舍弟刀德富。

盈江傣族刀宽勐卖契

立吐退文约人刀宽勐同子帕朽，为因祖父遗留将（给）自己口粮田，布量五箩一段，坐落拱母田。其田东至大路，北至土练田，南至黄果树，西至小保田高垦（埂），四至开明。踰年卖主上纳田差银二银在契。情愿写立吐退与刀专勐买下，实接受价银四十三两整。自度（卖）之后，任从银主耕种，卖主不得异言。倘有家族子孙内外人等争竞，有卖主一力承当。此系二比情愿，中间并无逼迫，亦无私债准折。一日不能取赎，无力不得加找。今恐人心不古，立此永远度段（断）为据。实接受价银四十三两整。

嘉庆十七年（1812）十二月十八日立。度段文约人刀宽勐同子帕朽，永远实□。凭族刀贺准、开唤等，姪婿秤达猛。代字人刀理众志。

盈江傣族刀德高等当契

立加找田契文约人刀德高同男维建、维科，为因家中应用不敷，情愿立契加找到其德何二先生名下，净银五十两整入手应用。其银加入小沙河田价内，其四至、箩种俱在原契书明，恐口无遇，立此加找为据。实加找净银五十两整。

嘉庆二十四年（1819）七月十四日立。加找田契文约人刀德高同男维建、维科。加找为据凭中父刀有仁、胞弟刀德富。代笔克林鹤书。

盈江傣族管专线当契

立借银文约人管专线，维家下缺少应用，情愿立约借到刀洛猛员下，实借净银二十两整。自借之后，言定每年每两行谷利三箩，至秋收之日，将一色好谷量完，不得短少颗粒。如有短少，将家下值钱物件变卖准还，不得异言。恐口无凭，立此借约为据。

道光二十二年（1842）三月初四日。

盈江傣族刀线准当契

立当纯看寨文约人刀线准，为因家中缺乏应用不足，今情愿将祖父遗留己面分租谷，出当到族弟刀护准名干，实接受当银八两整。到秋收之日，将租谷银主收卖，当主不得刁难，恐口无凭，立此当约为据。是实。实当租谷二百箩整。

道光二十四年（1844）十月三日。

盈江傣族刀富国当契

立加找田契文约人刀富国、刀助国,情因先年胞兄当赛色田一段,目今胞兄身故无处出办,情愿立约加找到沛明李五爷名下,实加找净银十一两整入手应用。其有原价箩种四至书明,原契俟到六年之后,有力取赎,无力看田加找。恐口无凭,立加找为据。是实。

道光二十六年(1846)十一月十六日。

盈江傣族刀继绪当契

立卷当田契南甸护理刀继绪,为因公用不敷,情愿将新衙后新开田亩一段,布种十二箩。东至塞猛凹,南至沙曩村,西至站房旧基地,北至明蔺寨头,四至书明在卷。立约当与映辉余客长名下,实接受新销价银二百两整。自当之后,任凭银主招佃照至管业耕种,日后有力取赎,无力不致加找,倘有内外人等异言争竞,有当主一力承当。无论年月远近,银到田归,不得刁难。此系二比情愿,中间并无逼迫、私债等情。恐口无凭,立当契为据。

实当新城田一段布种十二箩,接受新销价银二百两整。

咸丰二年正月二十二日立卷。

画字银二两五钱。

盈江傣族刀辅国当契

立加找田价银约人刀辅国,为因堂弟刀富国身故无处出力,情愿加找到沛明李五爷名下，实加找净银十一两整。其田赛色田一段，布种三箩。因先前原纸六十五两，今又加找净银十一两入手取纳应用，日后有内外人等异言争竞，有辅国一面承当。日后有力取赎，无力不得加找。此系二比情愿，中间并无逼迫强情，恐口无凭，立此加找为据。是实。

咸丰五年十一月二十四日。

盈江傣族干崖土司刀盈廷退还当田契约

〔世袭干崖宣抚〕司正堂刀，立收敷支约永远为据。情因杨军门大人临腾，不敷，情愿将族目刀体勐祖父遗留口粮田，先年当入衙内，情愿退还与伊，坐落翁遮寨脚，布种十二箩，实收原价银一百七十两整。日后永为己业，此系二比情愿，中间并无逼迫等情。倘有内外人等异言争竞，有本司一力承当。恐口无凭，立此收敷印券文约为据。

实收原价银一百七十两是实。

立收敷印券信官刀盈廷。

光绪元年十月初十日言。

此纸因田银不合，于光绪二十四年九月三十日赎回。

盈江傣族刀品阳卖契

立卖田契文约人刀品阳，因年历应用不敷，情愿将祖父遗留分受得户练田一段，布种谷三箩。东至刀朗勐田，南至刀品章田，西至刀守忠田，北至刀守志田，四至书明在契。情愿立约出卖与贤孙刀富国员下，实接受银六十五两净整。自卖之后，任从银主管业耕种,日后子孙不得过问,有力不得取赎,无力不致加找。二比心服情愿,其中并无逼迫等情,倘有家族内外人等争竞,有卖主一力承当。今恐人心不古,立此卖田契是实。

光绪十三年十一月二十四日立。

整酒画字银二两五钱,外批官租谷六箩是实。

盈江傣族干崖土司发给刀运准买田执照

世袭干崖宣抚使加三级刀,为今据旧城刀贯勐、结勐有口粮田一块,布种三箩,名那户费田。坐落南掌河边,东至窑瓦田垦(埂),南至岩子脚,西至刀英勐田垦(埂)、杨白田垦(埂),北至洪母田沟,四至开明,当堂杜断。共有九百七十七丈,内有岩坎坑凹荒坝一百十丈,照章纳税。除绘图存案外,合行给予执照。为此照仰该刀运准即便遵照。须至执照者,附绘田图一纸。

右仰刀耀廷、运准准此。

合杜价银二百两整。

光绪二十九年正月二十八日给。

盈江傣族验契

姓名:卖主旧城刀贯勐、刀结勐。

种类:将伊口粮田一块、谷种三箩,卖与业主收管。

坐落:南掌河逼。

面积:共有九百七十七丈,内有岩坎坑凹荒坝一百十丈。

四至:东至窑瓦田沟,南至岩子脚,西至刀英勐田垦(埂)

杨白田，北至洪母沟。

卖价：银二百两整。

契纸：干崖土司给予执照一张、田图一张。

日期：光绪二十七年正月二十八日。

云南财政厅印发业主如发刀洛勐子运准。中人土司执照。

中华民国三年十二月二十四日给。

盈江傣族刀正洪当契

立当田契文人刀正洪弟正亮、正刀，为因应用不敷，情愿将先父富国承买得刀品阳户练田一段，在原布种三箩，现种二箩，其田四至书明老契。今情愿请凭立约，当到芒市太太莲下，实接受当价纹银七十两整。当即言定自当之后，其田任随银主管业，仍复放与正洪等耕种。所有递年出放应纳田中租谷六十箩，照数量交，不敢短少升合，如有差欠等弊，任从银主将田别招佃种，当户不得异言。日后有力取赎，无力再行量田加找。但无论年月远近，银还契归，不得刁难。此系彼此情愿，于中并无逼迫相强等情，恐口无凭，特立当契为据。是实。

实当户练田一段，布种三箩，除四邻占去现存布种二箩。今又踩出一箩。接受当价银七十两整，年纳租谷六十箩。

光绪三十年腊月二十七日立。

画字钱六百文。

再批：每年每箩种台栅河银三两，共布种三箩，每年共台栅河银十二两，三年共台栅河三十六两。前后共借一百零六两。

盈江傣族干崖土司发给刀洛勐口粮田执照

世袭干崖宣抚使司宣抚使加三级刀，为今据旧城洛勐刀如发办公出力，查收野山田地烟租，由署踩给东门寨田一份，布种五箩。坐落东门寨首，西南至新城刀闷准田、东门寨刀应勐田，东南至屯留〔寨〕冯波红田，东北至下桑令〔寨〕刀贺准田，西北至南若河。勘断四至，以赏该目酬厥勋劳。照章纳税。讫合行给予执照。为此照仰该刀如发、洛勐，即使遵照，须至执照者，此田即归该刀洛勐永远管业。又批右仰刀如发子孙准此。

光绪三月二年四月初四日给。

盈江傣族刀安绪当契

立当田文约人刀安绪，为因家应用不敷，情愿有祖父遗留口粮田一份，坐落三台坡脚，布种六箩。东至三台坡脚，南至糖栗凹门口，西至克岳二姓田，北至李姓田，四至书明在契。今情愿立约当到芒市太太员下，实当净银六十两整。自当之后，任从银主管业耕种，田主不致异言。倘有内外人等争竞，有当主一力承当。日后有力取赎，无力量田加找，二比不得刁难，其官租归银主完纳。此系二比情愿，于中并无逼迫等情。恐口无凭，立此当契为据。

光绪三十三年四月初三日立。

画字银一两。

盈江傣族何秉锐转当契

立加找文约人何秉锐、何秉才，为因先祖向刀德高承当得小沙河田一段，布种四箩，田至粮数，具在老契书明，情愿请凭中正，将刀德高加找一纸，复转当到芒市祖太员下，实加找银五十两净整，自加之后，任从银主管业收放。日后刀姓子孙执稿取赎，其何姓子孙不得取续加找。恐口无凭，立此加找为据。是实。

中华民国三年四月二十一日立。

盈江傣族干崖土司借契

立印券干崖宣司刀保图，于民国三年六月内借到刀润斋、刀静庵名下纹银二百四十两，民国四年十一月初十日又加借来银一百一十两，前后共借着纹银三百五十两。言定每年每两行息谷一箩。自兹之后，即以弄合寨波红过所细零田租发为息谷，每至秋收即使照券收取，勿论年月远近，银到券归。恐口无凭，特立此银券为据。

中华民国四年十一月十二日。

立印券干崖宣抚司刀保图。

中华民国八年旧历六月十三日复验。

盈江傣族龚兴邦当契

立借字文约人龚兴邦，为因应用不足，今情愿立约借到胤峰二大人员下，实借英洋八十质（价四钱二分），折合纹银三十三两六钱。每年每两行息谷一箩，共行息谷三十三箩六升。是至秋收之日，不致短少颗粒。如有拖欠，任随银主追还本金，借人不得异言。此系二比情愿，并无逼迫等情。恐口无凭，立此借字为据。是实。

中华民国五年（1916）七月二十八日。中华民国九年（1920）七月初六日转当与刀保诈，只付英洋五十盾，每月行息二盾整。

盈江傣族刀显廷当田给佛爷的当契

立当田契文约人干崖旧城刀显廷，为因正用不敷，愿将祖遗己面分受得口粮田一段，名唤捧凸母，坐落旧城街后，布种七箩五升。东至刀焕生田，南至路，西至刀弼廷田，北至刀四安田。又一段名唤南掌田，布种五升。东至刀镇安田，南至刀卓安田，西至刀线准田，北至南掌水沟。四至田名、箩种载明在契。其此二段田，前曾抵当于干崖司署，今由司署赎回，情愿请凭立约，当到南甸遮岛大佛寺大法师禅下，实接受当价大龙元一千七百元净整。当面言定，自借之后，每年共行息谷三百箩，每至冬收，愿将田中一色光头好谷，驮送到寺清交，不致短少升合，如有短少，任凭银主取田，别招佃种，当主不致异言。日后有力取赎，无力量田加找，银到契归，二比不得刁难。此系彼此同愿，于中并相强等情，恐口无凭，立此当契为据。是实。实当如前。

中华民国十七年（1928）阴历三月初二日。

盈江傣族姜兆弼送契

立送契文约人姜兆弼，兹将情愿自己之坐地一所，坐落大门外，四至等载于老纸，与老契一张，一并送归刀团总卓庵员下，为业管理。自送之后，我族子孙内外亲族人等，不得干涉异言。倘谁干涉异言过问，自我姜兆弼一力承担完全责任。倘谁冒认，准其执字鸣官惩治。今恐人心不古，特立此送契字样为据。是实。

中华民国二十八年（1939）阴历十一月十八日。

盈江傣族刀位准卖契

立绝卖田文契人刀位准同侄安光，今因先母丧务正用，愿将祖遗留口粮田一份，布种谷二箩。东至刀弼安田垦（埂），南至刀贯准田垦（埂），西至方正合田垦（埂），北至街方坝。又一份口粮田，布种谷一箩。东至思德邦田垦（埂），西南至刀安忠田垦（埂），北至小南底河，二份四至开明。请凭议定绝卖与刀安荣名下，实绝卖大洋一百一十五元整。当日一疐收足。自卖之后，任随银主收为管业。此系三面议定，各无异言，日后如有亲族人等争执混闹，应由出卖人自行当承，不涉买主之事。此是两愿各无反悔，恐后无凭，特立此绝卖田契为据。存照。

中华民国二十八年（1939）十二月二十二日。

盈江傣族刀位准当契

立当田契文约人刀位准同侄安光，为因正用，愿将垫朗杏丧事费用，得此顿汗寨已面田一份，转当与刀安荣名下，实当到大洋六十元整。自当之后，任随银主收放，当主不致异言。恐后有亲族等人争执混闹，应由当主自行承当，不涉银主之事。此系二比情愿，其中并无逼迫相强等情，恐后无凭，特立此当契为据。存照。

中华民国二十八年（1939）阴历十二月二十二日。

盈江傣族干崖土司借契

立借字干崖宣抚司刀承钹，为本署缴纳公烟，正用不敷，特向卓安刀团总名下，实借用到新币一千五百元整。自借之后，言定每百元每件行谷息六箩，每年共行着谷息九十箩整。由中华民国二十九年起，将那满寨之官租拨给，每至秋收之际，当照数清拗，不致差少，本署当负责追缴足额。欲后有凭，特立此借字是实。

经手人刀应生、恩德邦。承还保人刀完松、线福臣。立借字人刀承钹。

民国二十九（1940）年阴历十月二十日。

盈江景颇族排早山官卖契

实立杜断田契文约人本村排早山官，情因家中正用不敷，将先祖遗留本田一段，布种三箩。坐落在南木河，东至齐尚老四田为界，南至齐大河，西至尚第大田裕垦（埂），北至齐小岭干。其田四至开载在契。情愿请凭中证立约，杜断到杨成富君员下为业，实接受杜价英洋一千二百三十五盾净整入手。自杜之后，任随银主耕种管理，杜主不致异言。此系二比甘情意愿，于中并无逼迫相强等情。日后有力不赎，无力不能过问。如有内外人员于中争竞，有杜主一力承挑。恐后无凭，立此杜契，永远为据。是实。

中华民国三年（1914）七月初五日。

盈江景颇族郑嘴毛腊卖契

实立杜卖田契文约人郑嘴毛腊。情因家中正用不敷，有先祖遗留本田一段，布种二箩。东至齐买主田裕界，南至大河，西至齐勐岗新挖弄，上齐梁六怒田裕埂，北至齐杨绍昌田裕界。其田布种四至书明在契。情愿请凭中证立约，杜断到杨成富君员下，永为世代管业。实接受杜价纹银二十两，英圆八十甲净整，入手正用。自杜断之后，任买主耕种管理，杜主不能异言。

中华民国十年（1921）十月十三日立。

盈江景颇族排早山官卖契

立杜卖断田契文约人勐岗〔寨〕排早山官、早们官，拱布〔寨〕尚头目，洪扎〔寨〕弄情，因二姓之先祖开挖出山田一段，坐落勐岗大河边，布种二箩。东至齐荒山，南至齐河坎头，西至齐嘴毛腊田裕〔埂〕，北至齐岭干边。此田情因二姓争让，请凭地方持事人等，从中帮助排解说合。二姓情愿凭中证立约，杜卖到杨成君名下执契管业，实接受杜价英洋一百盾整。自杜之后，任随银主耕种管业，杜主不致异言。此系二比心情意愿，于中并无逼迫相强等情。杜后有力不能赎取，无力不能过问。

如有二姓内外人等争竞，有杜主一力承当。其银早山官分用英洋六十盾；尚头目分用得英洋二十盾；持事人分去英洋二十盾。恐后无凭，立此杜契为证，永远杜契为证，永远存照。是实。

中华民国十年（1921）腊月二十七日。

中华民国十四年（1925）二月二十日勐岗山又加找去杜价英洋一百四十盾整，是实。

盈江景颇族姜华选当契

立当田契文约人姜华选，为因应用不敷，情愿将祖父遗留自己本田一段出当，布种二斗二升，坐落回龙河寨子脚。东至齐河，南至齐凹子，西至齐沟，北至齐赵姓田塄（埂），四至开明在契。情愿立约，请凭中证言明，抵当到与五官寨四官名下为业。实接受抵当价铜钱五十八千六百文净整，入手取拿应用。当同中证田契两相交明，并无私情准折。当面言定，自抵当之后，任随受主插犁耕种照纸管业。田无租谷，钱无利息。当主不致异言，有力取赎，无力加找，不论年月远近，钱到田还。倘有内外人等异言争竞，致有当主一力承当。此系二比情愿，其中并无逼迫相强等情。今恐人心不古，立此当契为据。是实。

中华民国十五年（1926）正月二十日。

中华民国十六年（1927）正月二十日姜华选立加找田价铜钱六千五百文。自加找之后，任随受主插犁耕种，照加找纸契管业。前日当同中证言定，抵当回龙河田加找铜钱之后，两相交明，若要取赎，言定六年以后，钱到田还。立加找契为据。是实。

盈江景颇族梁腊摸卖契

立杜契文约人梁腊摸同子腊摸堵父子二子，为因家下应用不敷，将自己坐落梁子路下地一堂。其地四至，东至大路，南至陈姓地头，西至买主，北至大路。四至开明。立约杜与本寨杨国元名下，实接受大洋一十五甲整，入手成用。自杜之后，任随银主管业耕种，杜主不致异言。日后有力不可取赎，无力不能加找。系是二比情愿，子孙世代不可提及，倘有家常人等异言此地等情，有卖主父子二人一力承当。今恐人心不古，立此杜契为据。是实。

中华民国二十年（1931）七月初八日。

盈江景颇族谢尚芳典契

立出典卖田契文约人谢尚芳、尚发同母李氏，为因父手堕欠账目紧迫缺用，将有本业田一份，坐落回龙河边，一半昔马路边，大小丘数四十有零。东至邵姓田，南至大路，西北至河，四至分明。秧田坐落河边，四至又俱分明。布种三箩。并无全粮。今请凭中立出典卖与早八老官大人台前照管，实接受典田价净色英元亢整，入手正用。即日言明，其田两相交明，并无贷利准折。此田原佃三年取赎，银主不致扣勒阻挡，或者无银赎取任随加求。此系二比情愿，中间并无相强。恐口无凭，立此典卖田契为据。

中华民国二十二年（1932）正月十六日。

盈江景颇族赵有相典契

立实典田契文约人赵有相，为因家下正用不敷，情愿将祖父遗留自己本田一段，坐落寨子脚，布种二箩。东至河，南至寨子脚，西至沟，北至河。四至开明在契。情愿请凭中证立约，出典到排兴隆名下，实接受典价小洋一百八十三甲整净，入手应用。自典之后，任从受主照至耕种管业，典主不致异言把持，日后有力只准取赎，无力不得借事加找。年份不拘远近，银到契还，二比不得刁难。倘有家族内外人等争竞，有典主一面承当。系是两心情愿，于中并无相强等情，亦无私债准折。今恐人心不古，立此典契为据。是实。

实典田二箩，接典价小洋一百八十三甲是实。

中华民国二十六年（1937）五月初六日。

盈江景颇族王连蕃卖契

立实杜卖田契文约人王连蕃，为因正用不敷，愿将祖父遗留向李姓杜买得田一段，坐落黑泥塘，塘边大小十六丘，布种一箩。东至齐李生林田隔垦（埂），西至齐杜主隔垦（埂），南至齐杜主隔垦（埂），北至齐满其田，四至一一书明在契。请凭中杜卖到与垦东弄名下，实接受杜价英洋现金老钱二百盾净整，入手应用。杜卖之后，任随钱主子孙永远照契插犁，耕种世授之业。杜主子孙永远有力不得取赎，无力不得加找，永远不得过问。倘有家族内外人等争竞，有杜主一力承当。此系二比干心意愿，其中并无相强等情。彼即钱契两相交明，亦无私债准折。恐后人心不古，故特立下杜卖契文约为据。是实。英洋现金老钱二百盾净整，入手应用，杜卖是实。

中华民国三十一年（1942）正月十六日。

盈江景颇族杨大鳖当契

立实抵当田契文约人杨大鳖，为因应用不敷，情愿将自己本田一份，坐落黑泥塘，其田二丘。东至齐杨姓田格垦（隔埂），南至齐李姓田格垦（隔埂），西至齐李姓田格垦（隔埂），北至齐杨姓田格垦（隔埂），布种一斗七升。秧田一丘配足，坐落袜蜡蚌坡脚。四至坐落，籽种秧坂书明在契。情愿请凭中证立约纸，当与袜靠而干先生名下，实接受抵当田价英洋钱六亢六甲净整，入手应用。自抵当之后，田归抵主耕种，每年缴纳租谷九箩，不得短少。倘有租不清，任随银主另招佃种，抵当主不致异言。倘有内外人等争竞，有抵主一力承当。日后有力取赎，无力加找，年月不拘远近，钱到契归，二比不得刁难。系是二比情愿，其中并无逼迫相强等情。恐口无凭，立此抵当田契为据。是实。

中华民国三十二年（1943）正月十五日。

盈江景颇族袜靠当卖契

立实送卖田契文约人袜靠当同子麻干等，为因少数田耕种不方便，情愿将自己祖父遗留下本田一份，坐落蚌林小河边。东南至小河银主田，西至小坡，北至木袜格同家秧田格垦（隔埂）。四至坐落书明在契。情愿请凭中证立约，送卖与袜靠而赶先生名下，立接受送卖田价银英洋四十五甲净整，入手应用。自送卖之后，任随银主照至耕种受理，永为子孙世守之业，倘有内外人等争竞，有送卖主一力（承）当。日后有力不得取赎，无力不得加找，世代子孙永远不得过问。此系二比情愿，其中并无逼迫相强等情，恐口无凭，立此送卖为据，永远存照。是实。

中华民国三十四年（1945）五月初三日。

盈江景颇族李文佐转当契

立实典田转当契文约人李文佐，为因应用不敷，情愿将自己向卡兰家所承典来田一段，坐落涨沟上边，东至、南至挖靠用、挖靠干宗隔垦（埂），西至坡银主隔垦（埂），北至转典主隔垦（埂），布种二箩。秧田四丘，坐落蚌林小河边。四至坐落，籽种秧坂书明载契。情愿请凭中证立约，转典当到与袜靠而干先生名下，实接受转典田价英洋银二百五十五甲净整，入手应用。银契两相交清之后，任随银主耕种管理。转典当主有力不得取赎，无力不得加找，世代永远不得跟问。如有原典当取赎之日，可向银主直接取赎或加找，转典当主不致异言。倘有内外人等争竞，有转典当主一力承担。此系二比情愿，其中并无逼迫相强等情。恐口无凭，立此转典当田契为据。是实。

中华民国三十六年（1947）正月十六日。

盈江景颇族杨小双卖契

立出转杜田契文约人杨氏小双同孙杨玉金等，为因家中正用不足，情愿将自己向李应周、李金寿、李元寿社买得黑泥塘田一段，布种三箩。今将老契转杜，东南西北四至丘垦（埂）在老契载明。情愿请凭中证立约，转杜到尚麻乓名下，接授杜卖田价银小洋五百甲整，转杜主入手取用。其田自杜之后，有力不得取赎，无力不致加找，杨姓子孙不得根问。倘有内外人等争竞，有杜卖主一力负担。系是二比情愿，于中并无逼迫等情。银约两相交清，并无债账准折。今恐人心不古，恐口无凭，立出转杜文约为证。是实。

中华民国三十六年（1947）二月十六日。

盈江景颇族睦然贵章当契

立实抵当田契文约人睦然贵章同子睦然干、睦然懦等，为因应用不敷，情愿将自己本田一段。东至齐小河，南至小河，西至齐汉人荒坝，北至齐大沟。秧田二丘配足。四至坐落、籽种秧坂书明载契。情愿请凭中证立约，抵当与挖靠而干先生名下，实接受抵当借用英洋银一百三十五甲净整，入手应用。自抵当借用之后，二比言定限期至一个月清还，若有到期不还清事，任随银主照算五分行息，不得差欠短少，抵当主不致异言。倘有内外人等争竞，有抵当主一力承当。银到契归，二比不得刁难。系是二比情愿，其中并无逼迫相强等情。恐口无凭，立此抵当借用为据。是实。

中华民国三十七年（1948）七月初八日。

盈江傈僳族朱老二卖契

立杜卖田契文约人崩林寨朱老二，情因家中应用不敷，情愿将自己本田一段，立约出杜卖与李应忠名下，实接受杜价纹银五十两净整，入手应用。其田坐落：东至齐坡脚，南至坡脚，西至齐朱老六田格垦（隔埂），北至齐控沟外。田头左右两小漕子，俱在契内，四至书明在据。自杜卖之后，任随受主管业耕种，永为世代子孙之耕业。杜主之子孙永远有力不得取赎，无力不得加找。此系二比情愿，于中并无私债准折等情。倘有内外异言争竟，立有杜主一力承当。恐有后代人心不古，故此立下杜卖文约存照为据。是实。

实杜本田一段，接受杜价银五十两整，所杜是实。

同治十三年十一月初三日立。

盈江傈僳族二官当契

立典当田契文约人崩林二官，为因家中应用不足，情愿立约出字，将己面水扳田一断（段），坐落地黑泥塘边。当与大头目双至名下，田一段接受田价钱二十千文净整。钱净九七八，其田当主又租种，每年冬收水利谷子，每千谷子一斗，不得短少。如有短少，钱主插犁耕种，当主不得异言。系实二比情愿，中间并无逼迫等情。今恐人心不古，立下田契为据。实是。

光绪二年四月十五日立。

盈江傈僳族李应福当契

立当田契文约人李应福，为因家中应用不敷，情愿立约当到熊头人名下，实接受田价钱二十三千文净整，入手愿用。其田坐落黑泥塘河边田一段，东至齐李姓田，南至齐沟，北至齐本家田，西至齐李姓田，四至开明在契。自当之后，任随钱主插犁耕种，田主不得异言。不论年月远近，钱到契归，二比不得刁难，有力取赎，无力加找。系是二比情愿，中间并无逼迫等情。今恐人心不古，立此当契为据。实是。

光绪八年三月十六日立。

盈江傈僳族李应洪卖契

立卖杜契文约人李应洪，为因家下应用不足，情愿将自己本田一段，立约杜卖到本寨栋六名下，实接受杜卖田价钱一百吊零三十一千文入手应用。其田坐落黑泥塘河头田一段，秧田沛（配）足。自杜之后任随杜（钱）主耕种为业，杜主不致异言。有力不得取赎，无力不得加找。其田倘有内外人等争竞，有杜主一力承担。此系二比情愿，中间并无逼迫等情。今恐人心不古，立此杜契为据。实是。

光绪三十三年正月十八日立。

盈江傈僳族栋二卖契

立卖杜契田文约人杨柳栋二为因家中应用不敷，情愿将自己本田一段，立约杜到与本地栋六名下，实接受杜价钱三十二千文净整，入手应用。其田坐落龙塘河边，东至齐坡脚，南至齐沟，西至齐坡脚，北至齐坡脚，四至开明在契。其田自杜之后，认随钱主插犁耕种管业，杜主不致异言。系是二比情愿，并无相强，倘有内外人等争竞，有杜主一力承当。田杜主子子孙孙，世世代代永久不得异言过问。日后有力不得取赎，无力不得加找。今恐人心不古，立此杜契为据。是实。

光绪三十四年五月初一日立。

盈江傈僳族栋五卖契

立卖杜契田文约人沧桐栋五，为因家中应用不敷，情愿将自己本田一段。立约卖到与本地栋六名下，实接受卖田价钱二十五千文整，入手应用。其田坐落龙塘河边，东至齐坡脚，南至齐泡桐栋六格垦（隔埂），西至齐栋三格垦（隔埂），北至齐栋三田，四至开明在契。秧田配足。自杜之后，认随钱主插犁耕种管业，卖主不致异言。系是二比情愿，并无相强，倘有内外人等争竞，有卖主一力承当。卖主子孙世代不得过问，日后有力不得取赎，无力不得加找。今恐人心不古，立此杜卖为据。实是。

光绪三十四年二月初十日。

盈江傈僳族李朝万卖契

立实杜卖田契文约人李朝万。为因家中缺乏正用不敷，情愿将自己祖父遗留本田一段，坐落黑泥塘田。东至放水沟，南至梗栋田隔垦（埂），西至小河边，北至龚家田垦（埂），又栋家田垦（埂）。其田共有大小二十八丘，布种三箩。已将四至种头开明在契，愿凭中证立约，杜卖到蚌林寨双值大头目名下，永远杜归为业。接受杜归田价钱足三百九十九千文净整，入手应用。其田自凭中证杜归之后，任随受主世代管业为主，其杜卖主世代子孙不得取赎，永远不致异言过问。其田倘有内外人等出而异言争竞，自有杜卖主一力承担。

中华民国二年（1913）六月十八日立。

盈江傈僳族刘姓换田合同

立合同凭据立约人刘世发、申朝芳二人。因有围墙田一段，祖父首二姓争论，至于鸣官理论。凭刀思鸿助司主大人亲驾到关，将此田均分二分。至事刘姓亦难放水，情愿请凭亲族人等，于中说合，申姓情愿将自己面分田，让与刘姓开沟放水；其刘姓情愿将自己面分田河边二丘，吐出与申姓为业。自立凭据之后，二姓不得异言争论反悔。如有哪边反悔者，罚银三十六两。今恐人心不古，立此合同凭据，永远存照。是实。

光绪三十三年（1908）三月初八日立。

李学荣借契

立借文约书人李学荣，系巨甸岩古村住，为因使用，今情愿借到打米杵和大爷名下，实借银叁两整，应其银限至三月内如数还清，若有误限，情愿行谷利每两息壹斗。时熟交清，不致欠少升合。

嘉庆二十一年四月十二日又借银二两整入应用，其银照前行息。

嘉庆二十年腊月初五日，立约人李学荣。

程登云借契

立借银子文约人程登云，今凭仲（中）借到，赵先生名下银子拾两整，凭众二家言定，每月每两加叁分行息，每年不得短少分厘，恐口无凭，立书借约为据。

  在场人　张口山

  陈儒林　笔

  咸丰十一年七月初一日立出借约人程登云〔画押〕

杨结贵借契

  立借银洋文约人杨结贵，为因手艺缺本，无处筹措，只得请凭立借到程把事项下，实借大洋九块，彼时入手艺业应用，并无贷利准折银约，两相交明，自借之时言定每月行息五角，月清月款，不致欠少，日后本利不清，有保人是问，恐口无凭，立借字为据。

  保人　杨志仁（画押）

  光绪十七年七月十八日

夏景姚借契

  立出借约人夏景姚，今请凭中证借到，程把事员下广布五件，凭中言明每件加利息包谷贰斗，限至秋收如数还清，其布限至明年三月内一并清还，恐口无凭，立出借约一纸为据。

  凭中　冯言寿

  保人　何把事

  光绪二十年二月二〔十〕九日立借约人夏景姚

  代笔　杨峻山

陈国富借契

立出借白银文约人陈国富，经凭中证借到程把事名下白银十两零一钱，比（彼）即凭证面议，其银利息清油八十一斤，禁（应于）本年冬腊月一并运来称交，不得短少斤两。即银两借至来年对期如数一并相还，并不得拖欠分厘，倘过期无银，从中一力（律）有梁国才硬保耽（担）承，恐后无凭，故立借约一纸为据。

硬保耽（担）承人　梁国才

凭证人　　马洪兴

代笔人　　许焕文

光绪二十四年又三月十九日立借约人陈国富（画押）

坝租阿鲁若借契

立出借银文约人坝租坐的阿鲁若[①]，借到程把事名下市银六两整，即日言明谷子利息每年贰斗，在初依牛窝子过手交银利谷子，不能少欠升合。恐口无凭，故立借字为据。

凭中人　梁国才

代字人　赵国财

光绪廿六年七月廿日立借字人阿鲁若（画押）

坞丘斯格次尔借契

立出借字文约坞丘斯格次尔（注：坞丘是地名，斯格次尔

[①] 注：坝租是地名，阿鲁若是人名。

是人名），今来凭证借到陈把事名下，借出白银十两，厂银十两，共计二十两整。比（彼）日当凭证言明议定白银十两，每年行包谷利贰石；厂银十两，每年行银利三两。其银借至本年，本利一并相还，不得短少分厘升合，如若本利均无，一力（律）有保人承耽（担），恐口无凭，立出借约一纸为据。

  硬保承还者不坳杂鸡 同在

  小官人家黑二保

  凭证人 朱官富

  代字人 曹风亭笔

  光绪二十六年十月廿六日立出借字人坞丘斯格次尔

粮叔典卖契

  立当麦地文约人粮叔，为因缺用，情愿将自己祖田麦地一块作当打米杵瓦吉名下净银一两五钱整入手用，其田……四至并开明有银之日任从赎取，无银之日永远耕种，田主立此当约存照。

  嘉庆十二年十月初十日卖田人粮叔

  代字 李全

  嘉庆十三年二月二十八日又加银二两五分。

伙头干儿苴典卖契

  立当文约书人伙头干儿苴系本村住，为因缺少使用，今情愿将自己祖遗干地一块出当与本村南山和吉名下，实当文银叁拾两整入手应用，其地坐落黑古罗，东至大河水止，南至岩子止，西至海水止，北至窗瓦菊止，四至开明，其地任随银主种去，日后有银赎取，无银主永远耕种，当主不得反悔，今有人心难免，立当是实。

嘉庆十三年十一月二十二日

立当约人　伙头干儿苴

凭中　亲人国良、国栋

巨甸更妈典卖契

立加添文约书人巨甸更妈，为因女故，缺少使用，情愿添到打米杵禾吉〔名下〕，净银壹两整入手应中，日后不得异言加添等，与立此添约存照。

嘉庆二十三年腊月十日　添立约人更妈（画押）

凭中人　禾布

和均毛典卖契

立当水田过名文约书人和均毛，系巨甸里大村住民，为因家中缺乏使用，无处借贷，情愿将祖遗两分大小五块，当同凭人出当到鲁甸打米杵处和吉名下，当净银叁拾两整……自当之后，任随银主格手拨佃耕种……日后有银之日，任随赎取，无银之日，任随拨佃耕种，当主不敢异言。

凭中见证元相中

谢毡、泺和日，谢茶一元

嘉庆二十二年十月十六日立当水田文约人和均毛

瓦意典卖契

立当山地文约人瓦意，系鲁甸里打米杵小村住，为因急迫使用，无处借贷，情愿将父祖买获山地一块，坐落须力瓜阻，请凭立约当到与本府瓦志名下为业，实按受当价银壹两五钱整入手应用，东至函约止，西至一石瓦麻甲止，南至山根子止，逐山运四至开明，当日银田两相交明，中间并无私债货物准折，亦非逼迫成交，日后有银任随赎取，无银永远耕种，恐口无凭，立此文约存照。

咸丰四年腊月十一日
凭中人瓦智　　奉银二分
立当山地文约人　　瓦意
代字人阮雄成　奉银二分

李德泰典卖契

立当干田文约人李德泰系鲁甸里打米杵小村住，为因正用紧急，将祖遗干田一块，托凭当与本村和占元名下，实授过价制钱二十七千五百文，川元肆拾柒块整……自当之后，任随银主照约管业，俟后有银赎取，无银永远耕种。

凭证人
民国七年二月二十六日立当干田文约人

潘氏分田契约

立遗书公分田产人潘氏，系本宗婶母，受赘为妇。昔我父潘良大，胞叔良厚兄弟二人，家业均兴。父叔两造无嗣。我父况育二女，次女适人，留我在家，招接赘夫潘金元承守家业，遗兴无废。因命蹇无嗣，而夫早逝，诚忠守孀无异。其胞叔所招同族侄子潘弟足为继，生有六男，长次已故。据道光十年，我凭妹夫廖光福、蒙良床二人，招接继兄弟足三男抚养为嗣，承管家业，顶当户口，待老送终。今已有孙，母子和睦无逆。因道光十九年，缺人佣雇，接第六男孩顾养在边，望长佣作，代他娶媳。年今稍长，得妻负恩，留居多载，与家反目，意欲各爨。不已，经请房族中人，将家业均分。四五六三兄弟，各执拈阄受业，不敢拣择争取，各照分单各管。只奈老四、老五二人，因见六得宠而心中不悦，起欲争兢（竞），故以凭中又将仓头田一处，价值三两；又拉救田二丘，价值二两；又寨古朗束田三丘，价一两；又寨古八两。每两价禾六十六秤。此数处归与老四五二人均占，乃在膳田分出。其余养老膳田，土名那梭田一段，苗禾三十屯，归与真接之子老三管业，永为子孙丧祭之田。四五六兄弟三人，不得扯动分散侵占。今我老口公分，兄弟各管业。今凭立书之后，不敢争兢（竞）□□生端，后悔异言。如有此者，任凭老三执字到官，自干其逆（罪）。四五六者，今恐无凭，确立分书合同，付与老三亲手收存，永远为据。

计开家业田山各处土名于后：那梭田一处，禾苗三十屯，永为养老膳田，归与老三子孙管业。

又额外均分：

寨古田一处，奇乙山田边一处，更鸾田一处，大盘山一处，房头田一处，达落山一处，仓头田一处，路朝竹山一处。

此四处一共该苗二十二屯，此数老三管业。

又浪枯田一处苗三屯。

凭中人潘学钝、金玉。

学美笔。